D1669010

Studien und Materialien
zum Straf- und Maßregelvollzug

herausgegeben von
Friedrich Lösel, Gerhard Rehn und Michael Walter

BAND 23

# Psychologische Kriminalprognose

Wege zu einer integrativen Methodik
für die Beurteilung
der Rückfallwahrscheinlichkeit
bei Strafgefangenen

Klaus-Peter Dahle

Centaurus Verlag
Herbolzheim 2005

Klaus-Peter Dahle, geb. 1960, PD Dr. phil., Dipl.-Psychologe, Fachpsychologe für Klinische Psychologie und Psychotherapie, psychologischer Psychotherapeut, Fachpsychologe für Rechtspsychologie. 2005 Habilitation für Psychologie. Er ist wissenschaftlicher Hochschulassistent am Institut für Forensische Psychiatrie der Charité Berlin. Zahlreiche Publikationen, insbesondere zur Straftäterbehandlung, zu den lebenslängsschnittlichen Verlaufsformen delinquenter Entwicklungen, den Möglichkeiten und Grenzen psychophysiologischer Verfahren der Täterschafts-beurteilung und zur Methodenentwicklung psychologisch-forensischer Diagnostik.

Die Deutsche Bibliothek – CIP-Einheitsaufnahme

**Dahle, Klaus-Peter:**
Psychologische Kriminalprognose : Wege zu einer integrativen Methodik für die Beurteilung der Rückfallwahrscheinlichkeit bei Strafgefangenen / Klaus-Peter Dahle. - Herbolzheim: Centaurus-Verl., 2005
   (Studien und Materialien zum Straf- und Maßregelvollzug; Bd. 23)
   Zugl.: Berlin, Freie Univ., Habil., 2005

ISBN 3-8255-0607-X

ISSN 0944-887X

© CENTAURUS Verlags-GmbH & Co. KG, Herbolzheim 2005

Satz: Vorlage des Autors
Umschlaggestaltung: Antje Walter, Hinterzarten
Druck: primotec-printware, Herbolzheim

# Vorwort

Kriminalprognosen – oder genauer: individuelle Kriminalrückfallprognosen – haben im deutschen Strafrecht vielfältige Funktionen und mitunter sehr weitreichende Folgen. Sie beeinflussen nicht nur Auswahl und Bemessung strafgerichtlicher Sanktionen, sondern steuern auch die Modalitäten ihres Vollzuges und bestimmen nicht zuletzt über die Frage nach dem geeigneten Zeitpunkt der Beendigung vor allem freiheitsentziehender Sanktionen. Mit den so genannten „Maßregeln der Besserung und Sicherung" (§§ 61 ff. des Strafgesetzbuchs [StGB]) sieht das deutsche Strafrecht zudem einen Maßnahmenkatalog vor, der sich allein an der Erwartung zukünftiger Strafrechtsverstöße eines Täters orientiert und sich ausschließlich durch eine entsprechende Prognose legitimiert. Gerade für diese Maßregeln hat der Gesetzgeber mit dem „Gesetz zur Bekämpfung von Sexualdelikten und anderen gefährlichen Straftaten" sowie mit der Neueinführung der vorbehaltlichen (§ 66a StGB) und der nachträglichen (§ 66b StGB) Sicherungsverwahrung unlängst die Anwendungsschwellen gesenkt und die Anordnungsmöglichkeiten deutlich ausgeweitet. Dies unterstreicht nicht nur den Bedarf an validen Prognosemethoden. Es zeugt auch für das Vertrauen, das der Gesetzgeber offenbar in die Möglichkeiten einigermaßen zuverlässiger Vorhersagen setzt. Immerhin bedeutet eine Sicherungsverwahrung (§§ 66 ff. StGB) oder eine psychiatrische Maßregel (§ 63 StGB) einen potentiell lebenslangen Freiheitsentzug auf der bloßen Grundlage von Erwartungen an das zukünftige Verhalten des Betroffenen.

In strafrechtlichen Anwendungsbereichen von Kriminalprognosen mit weitreichenden Folgen sehen Gesetzestexte und Rechtsprechung die Hinzuziehung von Sachverständigen vor, die den Rechtsanwender bei seiner Entscheidungsfindung mit fachlicher und methodischer Expertise unterstützen sollen. Ihre Aufgabe ist es, die Rechtsentscheidung in ihren verhaltensprognostischen Aspekten auf eine rationale und wissenschaftlich fundierte Grundlage zu stellen. Hierzu sind jedoch Prognosemethoden erforderlich, die auch wissenschaftlichen Kriterien genügen. Sie müssen insofern auf empirisch belegten Zusammenhangserwartungen beruhen, eine objektive Anwendung ermöglichen und vor allem valide Einschätzungen gewährleisten. Der streng einzelfallorientierte strafrechtliche Kontext bedingt es zudem, dass die herangezogenen Methoden eine spezifische Analyse individueller Besonderheiten erlauben müssen; ein Vorgehen, das ausschließlich auf gruppenbezogene Durchschnittserfahrungen baut – wie z. B. die statistischen Prognoseinstrumente –, wird den rechtlichen Anforderungen nicht gerecht. Erforderlich ist vielmehr eine idiographische Methodik (zumindest deren Einbezug), die in der Lage ist, die im konkreten Anlassgeschehen realisierte Tatdynamik und ihre Hintergründe zu analysieren und die hierfür verantwortlichen Faktoren zu identifizieren. Weitere Vorgaben an Inhalt oder Methodik von Prognosebeurteilungen sucht man in Gesetzestexten hingegen vergeblich. Auch die Rechtsprechung hat bislang keine sehr weitreichenden inhaltlichen oder methodischen Anforderungen formuliert. Es überrascht daher nicht, dass verbindliche methodische Standards für strafrechtliche Prognosebegutachtungen einstweilen nicht in Sicht sind.

Gemessen an der Bedeutung und Tragweite strafrechtlicher Prognoseentscheidungen mag es jedoch überraschen, dass systematische Grundlagenforschung und wissenschaftlich fundierte Methodenentwicklungen zur Kriminalprognose hierzulande mehr als rar sind. In der deutschsprachigen Literatur werden verschiedene methodische Ansätze diskutiert, deren Beforschung jedoch weitgehend aussteht. In der Praxis obliegt derweil dem Gutachter die Wahl einer für den jeweiligen Einzelfall geeigneten Methodik, was einer gewissen Willkürlichkeit bei der Auswahl und Anwendung methodischer Strategien im Rahmen sachverständiger Prognosebegutachtungen Vorschub leistet und zu einer wenig befriedigenden, weil uneinheitlichen Rechtspraxis beiträgt. Auf der anderen Seite ist insbesondere (aber nicht nur) im angloamerikanischen Ausland seit geraumer Zeit eine sehr rege Forschungsaktivität zu beobachten. Dort wurde in den vergangenen Jahren eine Anzahl moderner Prognoseinstrumente entwickelt, die vergleichsweise umfassend beforscht wurden und mittlerweile auch in Deutschland zunehmend Beachtung finden. Mitunter werden sie bereits in der Praxis angewendet, systematische Untersuchungen ihrer Übertragbarkeit auf hiesige Verhältnisse und der Zuverlässigkeit der mit ihnen unter den hiesigen Bedingungen erzielbaren Einschätzungen fehlen indessen weitgehend. Darüber hinaus ist noch einmal festzuhalten, dass diese Verfahren allein nicht den hiesigen Rechtsansprüchen an den Individualisierungsgrad strafrechtlicher Prognosebeurteilungen genügen, da es sich durchgängig um aktuarische Instrumente handelt, die gruppenbezogene empirische Durchschnittserfahrungen wiedergeben. Selbst wenn sich die Instrumente bei hiesigen Stichproben bewähren würden, wären daher weitere Methodenentwicklungen erforderlich, um die Instrumente in eine umfassende Strategie, die auch idiographische Beurteilungen umfasst, zu integrieren.

Bei der Berliner CRIME-Studie handelt es sich um ein Forschungsprojekt, das die skizzierten Defizite aufgreift und zu reduzieren sucht. Ihre wesentlichen Ziele waren eine systematische Untersuchung der international derzeit meistdiskutierten Prognoseinstrumente an hiesigen Tätergruppen, die Untersuchung der erzielbaren Anwendungsobjektivität und Vorhersagegüte einer dezidierten klinisch-idiographischen Prognosemethodik sowie – vor allem – die Entwicklung einer universell anwendbaren, wissenschaftlich fundierten und den hiesigen rechtlichen Anforderungen genügenden Methodik zur Beurteilung der Rückfallprognose von Straftätern, die die unterschiedlichen methodischen Ansätze einbezieht und integriert. Ihr Kernstück ist eine unausgelesene Stichprobe von ursprünglich rund 400 männlichen erwachsenen Tätern, die im Jahr 1976 in die verschiedenen Anstalten des Berliner Strafvollzuges gelangt waren, zu diesem Zeitpunkt erstmals ausführlich untersucht wurden und deren weiterer Werdegang seither in verschiedenen Schritten nachvollzogen wurde.

Zu den Forschungsarbeiten haben eine Reihe von Institutionen und Personen beigetragen, denen an dieser Stelle gedankt werden soll. Hierzu zählt zunächst die Deutsche Forschungsgemeinschaft, die das Vorhaben seit dem Herbst 2000 mit mehreren Sachmittelbeihilfen unterstützt und hierdurch die Arbeiten am Projekt überhaupt erst möglich gemacht hat. Ferner hat die Gustav-Radbruch-Stiftung mit einer finanziellen Unterstützung wesentlich zur Nachuntersuchung der Probanden beigetragen. Schließlich ist die Behörde des Berliner Beauftragten für Datenschutz und Informationsfreiheit zu nennen, die mit ihrer Expertise das Projekt in ihren datenschutzrechtlichen Belangen beratend begleitet und hierdurch zahlreiche Erhebungsschritte ermöglicht hat.

An konkreten Personen ist zunächst der ehemalige Direktor am Institut für Forensische Psychiatrie, Prof. Dr. Wilfried Rasch (✝ 27.8.2000), zu nennen. Er hat mich nicht nur seinerzeit an die praktische Prognosebegutachtung herangeführt. Er war es auch, der 1976 die zugrunde liegende Basisstudie initiierte und mir die Daten aus dem damaligen Projekt für die weitere Beforschung der Probanden überlassen hat.

Zu nennen ist weiterhin Prof. Dr. Max Steller, Professor für Rechtspsychologie am Institut für Forensische Psychiatrie. Ihm verdanke ich nicht nur meine Tätigkeit am Institut für Forensische Psychiatrie. Mit seinem – damals eher unerwarteten – Auftrag, für ein rechtspsychologisches Lehrbuch einen Beitrag über Standards und Methoden der Prognosebegutachtung beizusteuern, hat er mein Interesse geweckt und mich dazu gebracht, mich dem Thema auch aus einer wissenschaftlichen Perspektive zu nähern.

Besonderer Dank gebührt schließlich den Mitarbeiterinnen und Mitarbeitern des CRIME-Projekts sowie zahlreichen Diplomandinnen und Diplomanden, ohne deren Engagement die Umsetzung des Vorhabens nicht möglich gewesen wäre. Besonders hervorzuheben sind dabei die beiden DFG-Mitarbeiterinnen Frau Dipl.-Psych. Dr. Katja Erdmann und Frau Dipl.-Psych. Vera Schneider sowie die ehemalige studentische Hilfskraft des Projekts, Frau Dipl.-Psych. Franziska Ziethen, die mit Kompetenz und Tatkraft ganz wesentlich zum Erfolg des Projekts beigetragen haben.

Klaus-Peter Dahle

# Inhalt

# 1 Grundlagen der Kriminalprognose

## 1.1 Kriminalprognose und Strafrecht: rechtliche Grundlagen

„Wer auf vernünftige Weise zu strafen gedenkt, der züchtigt nicht wegen des schon begangenen Unrechts, sondern um des zukünftigen willen." (Plato)

### 1.1.1 Zukunftsbezüge im Strafrecht

Sichtet man deutsche Gesetzestexte mit dem Ziel, Aufschluss über die Absichten zu erlangen, die der Gesetzgeber mit der Androhung und dem Vollzug von Strafen für die Verletzung strafrechtsbewehrter Normen hegte, so stößt man auf den § 46 des Strafgesetzbuchs (StGB), der die Grundsätze der Strafzumessung regelt. Gleich im ersten Satz heißt es dort: „Die Schuld des Täters ist Grundlage für die Zumessung der Strafe." Insoweit sich also die Strafzumessung aus der Schuld des Rechtsbrechers ergibt, lässt sich folgern, dass die Strafe zunächst dem gerechten Schuldausgleich, d. h. der nachträglichen Vergeltung für ein in der Vergangenheit begangenes Unrecht dienen soll. Unmittelbar darauf schreibt derselbe § 46 StGB jedoch vor, dass auch „... die Wirkungen, die von der Strafe für das künftige Leben des Täters in der Gesellschaft zu erwarten sind, (...) zu berücksichtigen (sind)". Es sollen bei der Strafzumessung also nicht nur Schuld gesühnt, sondern darüber hinaus auch zukunftsbezogene Absichten verfolgt werden. Weitere Strafzwecke, die nicht mehr unmittelbar auf den Einzeltäter und seine Tat abzielen, werden erst an späterer Stelle und auch nur indirekt angedeutet, beispielsweise wenn § 47 StGB, der die Verhängung kurzer Freiheitsstrafen regelt, vorschreibt, dass (Freiheits-) Strafen auch „zur Verteidigung der Rechtsordnung" verhängt werden können.

Juristische Lehrbücher über Strafrechtslehre und Straftheorien unterscheiden in ihrer Systematik gewöhnlich „absolute" und „relative" Strafzwecke. Die absoluten Strafzwecke beziehen sich demnach auf das konkrete in der Tathandlung schuldhaft realisierte Unrecht und zielen – ganz im Sinne des § 46 Satz 1 StGB – auf Ausgleich und Vergeltung. Sie sind somit am vergangenen Geschehen orientiert. Die relativen Strafzwecke werden hingegen als ziel- bzw. zukunftsorientiert beschrieben, sie können das durch die Tat realisierte Unrecht in seiner Bedeutung für die Strafzumessung „relativieren". Ihr Anliegen ist es, zukünftige Normübertretungen zu verhindern, d. h. innerhalb des Rahmens, der durch die absoluten Strafzwecke gesetzt wird, in jedem Einzelfall die Zielgenauigkeit strafrechtlicher Sanktionen im Hinblick auf ihre präventive Effizienz zu optimieren (vgl. z. B. Boers,

2003). Einige der relativen Strafzwecke zielen dabei auf die Allgemeinheit als Adressaten, indem etwa durch Androhung und exemplifizierte Verhängung von Strafen potentielle Rechtsbrecher von möglichen Delikten abgeschreckt („negative Generalprävention") oder ganz allgemein die Rechtsnormen durch die Strafandrohung gestärkt werden sollen („positive Generalprävention"). Andere relative Strafzwecke zielen hingegen unmittelbar auf den Rechtsbrecher als Person, der durch den Vollzug von Strafe resozialisiert („positive Spezialprävention") oder – sofern die Befürchtung weiterer Rechtsbrüche besteht – durch entsprechende Maßnahmen unschädlich gemacht und von weiteren Taten abgeschreckt werden soll („negative Spezialprävention"). Moderne Strafzwecktheorien bemühen sich um die Integration der unterschiedlichen Zweckvorstellungen unter dem Dach so genannter „Vereinigungstheorien" (vgl. z. B. Jescheck & Weigend, 1996).

Konsequenz der Zukunfts- oder „Folgenorientierungen" des Strafrechts (Streng, 1995) ist es, dass Kriminalprognosen – genauer: individuelle Kriminalrückfallprognosen – das Strafverfahren in nicht unerheblichem Maße steuern. So können bereits im Vorfeld eines strafgerichtlichen Hauptverfahrens, trotz der grundsätzlich gebotenen Unschuldsvermutung bei jedem noch nicht rechtskräftig verurteilten Beschuldigten, unter bestimmten Umständen seine vorläufige Unterbringung in der Untersuchungshaft (§ 112a Strafprozessordnung [StPO]) oder im psychiatrischen Krankenhaus (§ 126a StPO) oder auch andere Maßnahmen (etwa die vorläufige Entziehung seiner Fahrerlaubnis gem. § 111 StPO) angeordnet werden, sofern die Befürchtung (erheblicher) weiterer Straftaten besteht. Im Hauptverfahren beeinflussen Prognosen Auswahl und Bemessung von Strafen und anderer Rechtsfolgen und bestimmen über die Frage ihrer Vollstreckung mit (§§ 46 ff.; §§ 56 ff.; §§ 59 ff. StGB, § 17 JGG). Im Vollzug vor allem freiheitsentziehender Strafen orientieren sich die Rahmenbedingungen (z. B. die Frage eines offenen oder geschlossenen Vollzugs, § 10 Strafvollzugsgesetz [StVollzG]) ebenso an prognostischen Erwägungen wie die Gewährung von Lockerungen und Beurlaubungen (§§ 11 ff. StVollzG). Schließlich setzen die Beendigung einer Freiheitsstrafe und insbesondere die Frage nach dem geeigneten Zeitpunkt hierfür oftmals die prognostisch günstige Erwartung zukünftigen Legalverhaltens voraus (§§ 57, 57a StGB).

Neben Strafen sieht das deutsche Strafrecht mögliche Folgen von Rechtsbrüchen vor, die sich gar nicht an der Schuld des Rechtsbrechers orientieren. Im Zuge der so genannten „Zweispurigkeit" des deutschen Strafrechts stellen die „Maßregeln der Besserung und Sicherung" (§§ 61 ff. StGB) einen strafrechtlichen Maßnahmenkatalog dar, der unmittelbar an die Erwartung zukünftiger (erheblicher) Rechtsbrüche beim Betroffenen anknüpft und sich ausschließlich durch dessen in diesem Sinne definierte „Gefährlichkeit" legitimiert. So kann der Strafrichter durchaus auch bei „schuldunfähigen", weil psychisch gestörten oder suchtmittelabhängigen Tätern, bei denen eine Bestrafung rechtlich ausgeschlossen ist (§ 20 StGB), im Fal-

2

le entsprechender Prognosen die Unterbringung in einem psychiatrischen Krankenhaus (§ 63 StGB) oder die Unterbringung in einer Entziehungsanstalt (§ 64 StGB)
anordnen. Aber auch bei schuldfähigen Straftätern kann bei Erwartung zukünftiger
erheblicher Rechtsbrüche über die Strafe hinaus eine zusätzliche Sicherungsverwahrung angeordnet werden (§§ 66 ff. StGB). Vor allem die Unterbringung im
psychiatrischen Krankenhaus und die zuletzt genannte Sicherungsverwahrung stellen dabei ganz gravierende Eingriffe des Staates in die Persönlichkeitsrechte der
Betroffenen dar, da sie einen potentiell lebenslangen Freiheitsentzug bedeuten
können. Eine Entlassung ist erst und nur dann möglich, „wenn zu erwarten ist, dass
der Untergebrachte außerhalb des Maßregelvollzugs keine rechtswidrigen Taten
mehr begehen wird" (§ 67d [2] StGB) bzw. nach zehn Jahren Sicherungsverwahrung, „wenn nicht die Gefahr besteht, dass der Untergebrachte infolge seines
Hanges erhebliche Straftaten begehen wird" (§ 67d [3] StGB).

Letztlich handelt es sich bei den Maßregeln der Besserung und Sicherung um
Schutzvorschriften, die in erster Linie dem Ziel dienen sollen, die Gesellschaft vor
besonders gefährlichen Personengruppen zu schützen. Sie unterstreichen jedoch die
Bedeutung von und den Bedarf an Prognoseeinschätzungen im deutschen Strafrecht und das Vertrauen, das der Gesetzgeber offenbar in die Möglichkeit einigermaßen zuverlässiger Rückfallprognosen setzt. Nicht zuletzt hat er erst kürzlich in
einer Reihe von Gesetzesnovellen die Möglichkeiten zur Anordnung insbesondere
der Sicherungsverwahrung deutlich erweitert (Reform des § 66 StGB im Zuge des
„Gesetz(es) zur Bekämpfung von Sexualdelikten und anderen gefährlichen Straftaten" [BGBl 1998, I, 160-163]; Einführung vorbehaltlicher Sicherungsverwahrung
in § 66a StGB in 2003 sowie die in diesem Jahr erst eingeführte nachträgliche Anordnung von Sicherungsverwahrung in § 66b StGB [BGBl 2004, I, Nr. 39]) und
mit der Reform der Strafprozessordnung auch die Notwendigkeit regelhafter Prognosebegutachtungen durch Sachverständige bei Entlassungsentscheidungen aus
dem Strafvollzug erheblich ausgeweitet (§ 454 [2] StPO). Ursprünglich waren es
die Bundesländer, die den Schritt zur nachträglich angeordneten Sicherungsverwahrung auf der Grundlage entsprechender Prognosen gegangen sind. Diese Gesetze wurden jedoch vom Bundesverfassungsgericht als verfassungswidrig verwor-
fen. Beanstandet wurde jedoch nicht die grundsätzliche Einführung einer nachträglich angeordneten Sicherungsverwahrung aufgrund von Verhaltensprognosen;
das Gericht hat lediglich die Länder für nicht zuständig erklärt, weil die entsprechenden Kompetenzen dem Bund vorbehalten sind. Grundsätzlich ging das Gericht
durchaus davon aus, dass „... in seltenen Ausnahmefällen ein so hohes Maß an Ge-
wissheit über die Gefährlichkeit bestimmter Straftäter besteht, dass eine Freiheitsentziehung zum Schutz anderer Menschen notwendig erscheint" (BVerfG, 2 BvR
834/02 vom 10.2.2004). Der Bundesgesetzgeber hat diesen Schritt inzwischen
nachvollzogen (s. o.).

## 1.1.2 Kriminalprognosen durch Sachverständige

Da schon jede Strafzumessung prognostische Einschätzungen erfordert, ist in den allermeisten Fällen, in denen Rechtsvorschriften im Rahmen strafrechtlicher Entscheidungen die Berücksichtigung prognostischer Erwägungen verlangen, dies die alleinige Aufgabe des Rechtsanwenders. Sachverständige Hilfe durch Rechtspsychologen oder forensisch geschulte Psychiater (Volckart, 1997, nennt sie „große Prognosen") ist den – im Vergleich zum Gesamtaufkommen prognostischer Entscheidungen zahlenmäßig seltenen – Fällen vorbehalten, bei denen es um besonders erhebliche Rechtsgüter geht, bei denen außergewöhnliche psychische Besonderheiten des Rechtsbrechers eine Rolle spielen oder bei denen es (etwa bei Jugendlichen) in besonderer Weise um eine grundsätzliche Weichenstellung für die weitere Entwicklung des Betroffenen geht. Neben vollzugsbezogenen Entscheidungen über Vollzugsform, Vollzugslockerung oder Beurlaubung ist hierfür die Frage der Aussetzung des Restes einer längeren befristeten oder lebenslangen Freiheitsstrafe (§§ 57, 57a StGB) vermutlich der häufigste Anlass, etwas seltener auch die Frage nach der Anordnung (§§ 63 ff. StGB) oder Aussetzung freiheitsentziehender Maßregeln der Besserung und Sicherung (§§ 67b, d StGB).

Bei Entscheidungen über eine Bewährungsaussetzung des Restes von Freiheitsstrafen verlangt die Strafprozessordnung, dass bei lebenslanger oder – bei bestimmten Anlassdelikten (Verbrechenstatbestände und andere schwerwiegende Sexualoder Gewalttaten) – auch bei befristeter Freiheitsstrafe von mehr als zwei Jahren vor einer solchen Aussetzung das Gutachten eines Sachverständigen einzuholen ist. Dieses Gutachten „... hat sich namentlich zu der Frage zu äußern, ob bei dem Verurteilten keine Gefahr mehr besteht, dass dessen durch die Tat zutage getretene Gefährlichkeit fortbesteht" (§ 454 [2] StPO). Die Anordnung einer freiheitsentziehenden Maßregel setzt die prognostische Erwartung weiterer erheblicher Straftaten aufgrund einer schuldmindernden oder -ausschließenden psychischen Störung (§ 63 StGB), aufgrund eines Hangs zum Konsum berauschender Mittel (§ 64 StGB) oder aufgrund eines Hangs zu erheblichen Straftaten (§ 66 StGB) voraus. Die Bewährungsaussetzung der (weiteren) Vollstreckung dieser Maßregeln erfolgt hingegen aufgrund der prognostischen Erwartung, dass der Betroffene außerhalb des Maßregelvollzugs nunmehr keine weiteren rechtswidrigen Taten mehr begehen wird (§ 67d StGB) oder, im Fall einer primären Bewährungsaussetzung, dass der Zweck der Maßregel – die Verhinderung zukünftiger erheblicher Straftaten – auch ohne ihre Vollstreckung erreicht werden kann (§ 67b StGB)[1].

---

[1] Am Rande sei angemerkt, dass auch außerhalb strafrechtlicher Vorschriften Kriminalprognosen eine zunehmend wichtige Rolle spielen, z. B. bei Indikationsentscheidungen für sozialtherapeutische Präventionsmaßnahmen. Ihre Bedeutung ist der empirisch mittlerweile gut belegten Erfahrung geschuldet, dass sich erfolgversprechende sozial- und psychotherapeutische Maßnahmen am

Wie noch zu zeigen sein wird, sind „sichere" Kriminalprognosen, d. h. irrtums-risikofreie Einschätzungen über das zukünftige Verhalten von Menschen, schon aus theoretischen Gründen nicht möglich. Strafrechtliche Entscheidungen auf der Grundlage von Kriminalprognosen sind daher stets Risikoentscheidungen (Frisch, 1994). Dies erfordert den Einbezug weiterer Gesichtspunkte im Rahmen der Ent-scheidungsfindung (z. B. die Abwägung von Rechtsgütern einschl. der Verteilung von Risikolasten, Verhältnismäßigkeitsüberlegungen oder die Bestimmung von Erheblichkeitsschwellen, vgl. Volckart, 1997), die außerhalb psychowissenschaftli-cher Expertise liegen und daher dem Rechtsanwender obliegen. Aufgabe des Prog-nosesachverständigen ist die Bereitstellung verhaltens- und erfahrungswissen-schaftlicher sowie methodischer Expertise mit dem Ziel, die richterliche Rechtsent-scheidung in ihren verhaltensprognostischen Aspekten auf eine wissenschaftlich fundierte, rationale Grundlage zu stellen. Seine Rolle ist die des Gehilfen des Rich-ters (Rasch, 1999), seine rechtliche Funktion die eines Beweismittels, der „... mit seiner Sachkunde bei der Beschaffung von Beurteilungsgrundlagen bzgl. einer Be-weisfrage mitwirkt" (Eisenberg, 2002, 1501). Der Sachverständige unterliegt inso-weit den rechtlichen Rahmenbedingungen des Strafverfahrens und hat die einschlä-gigen – insbesondere beweisrechtlichen – Vorschriften, denen ein Strafverfahren unterworfen ist, im Rahmen seiner Arbeit zu beachten.

Die skizzierte Rolle und ihre Implikationen sind nicht spezifisch für den Progno-segutachter, sie entsprechen vielmehr der Aufgabe forensischer Sachverständiger im Strafverfahren schlechthin. Sieht man von gelegentlichen Grenzfragen zwischen notwendiger sachverständiger Befunderhebung und – nicht zu den Aufgaben eines Sachverständigen gehörender – Ermittlungstätigkeit (etwa wenn bei der Beurtei-lung einer Person die Erhebung von Fremdanamnesen geboten wäre) einmal ab, so tangieren Beweisthemen-, -methoden-, oder -verwertungsverbote oder andere be-weisrechtliche Vorgaben der StPO das konkrete Vorgehen des Psychosachverstän-digen indessen eher selten[2]. Eine nicht so seltene Ausnahme gerade bei Prognose-gutachten stellt jedoch die Bindungswirkung rechtskräftiger Gerichtsurteile, die im Rahmen des aktuellen Verfahrens oder bei früheren Verfahren getroffen wurden, dar. So finden sich in der Vorgeschichte von Sexual- oder Gewaltstraftätern gele-gentlich Hinweise auf mögliche frühere versuchte oder vollzogene ähnliche Hand-

---

Ausmaß und den konkreten Inhalten der individuellen Risikofaktoren für strafrechtliche Rückfälle orientieren sollten (vgl. Dahle & Steller, 2000). Dies setzt eine entsprechende Risikoanalyse und mithin eine fundierte Kriminalprognose voraus.

[2] Es gibt aber Ausnahmen. So musste unlängst erst der Bundesgerichtshof feststellen, dass für eine Begutachtung „... ein Untersuchungskonzept, das eine Totalbeobachtung durch ärztliches und nichtärztliches Personal oder sogar durch Mitgefangene anstrebt, um Erkenntnisse über die Per-sönlichkeit des Angeklagten zu sammeln, die er von sich aus nicht preisgeben will, (...) rechtlich unzulässig (ist)" (BGH 10.9.2002 1 StR 169/02 zit. in *Recht & Psychiatrie, 22*, 2004, S. 36).

lungen, deren Berücksichtigung die Prognose nicht unerheblich beeinflussen würde, bei denen das Gerichtsverfahren wegen unzureichender Beweislage jedoch mit
einem Freispruch endete. Gerade bei Entlassungsprognosen finden sich im rechtsgültigen Urteil zum Anlassdelikt mitunter auch Feststellungen zur Motivlage oder
zur psychischen Situation des Täters zum Tatzeitpunkt, die sich aus psychologischer Perspektive ganz anders darstellen können.

*Fallbeispiel*: Im Rahmen eines Entlassungsverfahrens war die Prognose eines wegen
einfach vollendeten und zweifach versuchten Totschlags seit neun Jahren im Strafvollzug befindlichen Mannes sachverständig zu begutachten. Anlass war eine Messer-
stecherei zwischen dem Täter und den drei Opfern in einer Eckkneipe.

Nach dem Urteilstext stellte das Gericht folgenden Sachverhalt fest: Der Täter hatte mit seinem Vater zuvor eine andere Gaststätte besucht. Sie waren hier einem der
späteren Opfer – einem in der Gegend (Berliner Kiez mit hohem Deliktaufkommen)
als Schläger bekannten und einschlägig vorbestraften Mann – von der Ferne begegnet
und hatten die Gaststätte daraufhin gewechselt. Das Opfer kam später mit einer weiteren Person – ein ebenfalls einschlägig vorbestrafter Mann – in die Kneipe und setzte
sich neben den Täter an den Tresen. Aus nicht weiter geklärtem Anlass kam es zu einem Streit zwischen dem körperlich größeren Mann und dem (zum Tatzeitpunkt 22-
jährigen, körperlich eher schmächtigen und mit 2,9 ‰ zum Tatzeitpunkt erheblich al-
koholisierten) Täter, der in den vorausgegangenen Monaten bereits mehrfach Opfer
von Attacken durch unterschiedliche Personengruppen geworden war. Im Verlauf
steckte der Vater dem Sohn heimlich das Tatmesser in die Parkatasche – der Vater
hatte es sich nämlich, nachdem er Jahre zuvor einmal Opfer eines Überfalls geworden
war, zur Angewohnheit gemacht, das Haus nur mehr mit Pistole und Messer bewaff-
net zu verlassen. Kurz vor dem Tatgeschehen kam der Bekannte des Opfers, der sich
bis dahin an einem Geldspielautomaten aufhielt, hinzu, um – seiner Aussage nach –
den eskalierenden Streit zu schlichten. Zum selben Zeitpunkt kam eine weitere, bis
dahin unbeteiligte Person ebenfalls hinzu, um den Streit zu schlichten; der Täter identifizierte diese Person jedoch als zu den anderen beiden gehörig. Aus Zeugenaussagen
und Tatortzeichnungen der recht beengten Räumlichkeiten in der Eckkneipe folgerte
das Gericht ferner, dass sich die drei späteren Opfer zum Tatzeitpunkt im Kreis um
den Täter in einem Abstand zwischen einem halben und einem Meter versammelt hatten. Unmittelbar nachdem die beiden bis dahin unbeteiligten Personen sich hinter dem
Täter angefunden hatten, zog dieser das Messer aus der Tasche, stach unvermittelt
nacheinander auf alle drei ein und flüchtete.

Trotz der skizzierten gerichtlichen Feststellungen schloss das erkennende Strafge-
richt im Rahmen der Strafzumessung eine konkrete Bedrohung des Täters durch die
späteren Opfer wie auch die subjektive Wahrnehmung einer Bedrohungssituation
durch den Täter zum Tatzeitpunkt ausdrücklich aus, erkannte indessen den Alkoholi-
sierungsgrad im Sinne einer erheblich eingeschränkten Schuldfähigkeit gem. § 21
StGB als strafmildernd. Aus psychologisch-sachverständiger Perspektive mag man
erheblichen Zweifel am expliziten Ausschluss der zumindest subjektiven Wahrnehmung einer Bedrohungssituation durch den Täter zum Tatzeitpunkt hegen. Selbst ohne eigene Opfererfahrung, ohne einen sich chronisch bedroht fühlenden Vater, mit
dem man zusammenlebt, und ohne die soziale Urteilsfähigkeit trübende Alkoholisie-

rungsgrade würden vermutlich die meisten Menschen bei der Vorstellung, dass sich mehrere bekannte Schläger im Rahmen eines eskalierenden Streits in engem Kreis um einen versammeln, Bedrohungsgefühle empfinden[3].

Da sich bei der Rekonstruktion des Anlassgeschehens die Annahme unterschiedlicher Motivlagen des Täters auf die Analyse seiner Risikopotentiale auswirkt, wären Konsequenzen für die prognostische Einschätzung wahrscheinlich. Indessen gilt auch hier grundsätzlich das Prinzip der Verlässlichkeit rechtsgültiger Urteilsfeststellungen, unabhängig davon, ob abweichende Beurteilungen für den Betroffenen prognostisch günstig oder ungünstig zu werten wären. Im Zweifelsfall, d. h. bei deutlichen Anhaltspunkten für ein gegenüber dem Urteilstext abweichendes (psychisches) Geschehen mit bedeutsamen Konsequenzen für die prognostische Fragestellung, ist es jedoch empfehlenswert, dass der Sachverständige seine abweichenden Einschätzungen im Gutachten offen legt und die Implikation für die Prognosebeurteilung erörtert.

Ein wichtiger rechtsstaatlicher Grundsatz, dem auch das Strafverfahren unterliegt, ist schließlich der so genannte Zweifelssatz. Demnach müssen die Beurteilungsgrundlagen, die zu einer für den Angeklagten belastenden Rechtsentscheidung führen, zur Überzeugung des Gerichts feststehen, etwaige verbleibende Zweifel dürfen nur zu seinen Gunsten gewertet werden (vgl. z. B. Eisenberg, 2002). In diesem Sinne wird von der Diagnose solcher prognosebedeutsamen Merkmale, die für eine ungünstige Prognose sprechen würden, ein höherer Zuverlässigkeitsgrad erwartet als für die Diagnose „günstiger Merkmale". Im Extremfall kann dies bedeuten, dass dasselbe „fraglich vorhandene" Merkmal bei demselben Probanden in derselben Gerichtsverhandlung bei der einen Rechtsentscheidung – z. B. Frage der Schuldfähigkeit – zu seinen Gunsten als vorhanden und bei einer anderen Rechtsentscheidung – Frage der Rückfallprognose – als nicht vorhanden zu werten ist (vgl. Volckert, 1997). Es ist Sache des Rechtsanwenders zu definieren, bei welchem Zuverlässigkeitsgrad das Merkmal zu seiner hinreichenden Überzeugung feststeht; der Sachverständige hat ihm hierzu jedoch die erforderlichen fachlichen Grundlagen über die Zuverlässigkeit seiner diagnostischen Befunde zu vermitteln. Inwieweit dem Zweifelssatz im Rahmen einer Entlassungsentscheidung derselbe Stellenwert zukommt wie bei einer Einweisungsentscheidung im Rahmen einer Hauptverhandlung, scheint indessen auch unter Juristen nicht eindeutig. So formuliert z. B. Volckert (ebd.) auch für Entlassungsprognosen unzweideutig: „Merkma-

---

[3] Der Vollständigkeit halber ist anzumerken, dass der Sachverständige, der im Rahmen der Hauptverhandlung die Schuldfähigkeit des Täters beurteilen sollte, aufgrund der festgestellten Alkoholisierung eine Schuldminderung i. S. des § 21 StGB als gegeben ansah. Für den Fall einer Bedrohungssituation schloss er indessen eine aufgehobene Schuldfähigkeit i. S. des § 20 StGB, was die Bestrafung des Täters verhindert hätte, nicht aus.

le, die sich bei der Prognose für den Probanden ungünstig auswirken, müssen feststehen. Merkmale, die sich für ihn günstig auswirken, brauchen nur möglich zu sein" (S. 22). Dem widerspricht das Kammergericht in Berlin, wenn es feststellt: „Umstände, aus denen sich eine (...) günstige Entwicklung ergibt, müssen feststehen; sie dürfen nicht unterstellt werden" (Beschluss vom 16.10.2001; 1 AR 1240/01 – 5 Ws 658/01; zit. in *Bewährungshilfe* (2), 2002, S. 230) – allerdings werden bei Fortsetzungsprognosen für die Sicherungsverwahrung über zehn Jahre hinaus (§ 67d Abs. 3 StGB) wieder deutlich höhere Anforderungen an die Zuverlässigkeit ungünstiger prognostischer Merkmale gestellt (Urteil des Bundesverfassungsgerichts vom 5.2.2004; 2 BvR 2029/01; vgl. auch Kröber, 2004). All diese offenbar auch unter Juristen bestehenden differenten Auffassungen unterstreichen, dass es Sache des Rechtsanwenders ist, die rechtlichen Vorgaben im Einzelfall zu interpretieren und festzustellen, welchen Sicherheitsgrad er bei den verschiedenen Entscheidungsanlässen zu seiner hinreichenden Überzeugungsbildung für erforderlich hält.

Im Zusammenhang mit dem Zweifelssatz scheint sich jedoch auch zwischen Juristen und Psychowissenschaftlern ein Missverständnis abzuzeichnen. Es geht hierbei um neuere aktuarische Prognoseinstrumente, die im Kern zumeist aus der Beschreibung und Operationalisierung einer Reihe prognostisch bedeutsamer Merkmale und ihrer Verdichtung zu einem zusammenfassenden Prognosescore bestehen. Einige von ihnen sehen die Beurteilung der Ausprägung der einzelnen Prädiktoren auf einer Ratingskala mit entsprechenden Zwischenkategorien für mittlere Ausprägungsgrade vor. Diese werden vergeben, wenn das fragliche Merkmal im konkreten Fall nicht sehr prägnant erscheint oder die mit dem Merkmal einhergehenden Verhaltensbesonderheiten nur auf bestimmte Lebensbereiche beschränkt sind und nicht das Verhalten grundsätzlich prägen. Offenbar verstehen einige Juristen diese Zwischenkategorien als „zweifelhaft vorhanden" i. S. des juristischen Zweifelssatzes (vgl. z. B. das Editorial der Zeitschrift *Recht & Psychiatrie*, 19 [3], 2001), nicht aber als Quantifizierung des Ausprägungsgrades eines Merkmals. Aus psychologischer Sicht scheint dies eher ein Missverständnis der den Verfahren zugrunde liegenden Logik zu sein. Sollte sich die Auffassung einer Wertung mittlerer Ausprägungsgrade im Sinne des Zweifelssatzes jedoch in der Rechtsprechung durchsetzen, wären diese Prognoseinstrumente – jedenfalls so, wie sie derzeit konstruiert und auch validiert sind – für das deutsche Rechtssystem unbrauchbar.

## 1.1.3 Fachliche Qualifikation des Prognosesachverständigen

Die Auswahl eines für eine konkrete Fragestellung geeigneten Sachverständigen obliegt dem Rechtsanwender, der die Rechtsfrage letztlich zu entscheiden hat (vgl. §§ 73 ff. StPO). Dieser hat nicht nur die konkrete Person des Gutachters auszuwählen, sondern er entscheidet insbesondere auch über die im Einzelfall erforderliche Profession. Für kriminalprognostische Fragestellungen kommen dabei in erster Linie Rechtspsychologen und forensisch geschulte Psychiater in Frage, gesetzliche Vorgaben gibt es hierzu jedoch nicht. Die Rechtsprechung stellte sich bislang zur Frage der Kompetenzabgrenzung psychologischer gegenüber psychiatrischer Expertise bei Kriminalprognosen weitgehend neutral (vgl. z. B. BGHSt 34, 55), wobei die juristische Kommentarliteratur widersprüchlich erscheint (zusammenfassend: Tondorf, 2002; vgl. aber auch Eisenberg, 2002). Es sind jedoch Tendenzen unverkennbar, in Fällen, in denen etwa endogene oder exogene Psychosen oder neurologische Schädigungen eine (tatursächliche) Rolle spielen könnten, ärztliche Sachverständige zu bevorzugen, „... weil sie bei der diagnostischen Beurteilung der Krankheit einen intensiveren ausbildungsmäßigen Schwerpunkt" (Tondorf, 2002, S. 38) aufweisen[4].

Wird auf der einen Seite mit der psychopathologischen Ausrichtung der Psychiatrie argumentiert, so steht auf der anderen Seite der Nachweis der Eignung speziell psychiatrischer Expertise und Methodik für die Beurteilung der Verhaltensprognose bei Personen ohne (gravierende) psychische Störungen noch aus. Es „...fehlt eine Begründung dafür, inwieweit ein Arzt für die Beurteilung der in der Mehrzahl der Fälle relevanten nichtmedizinischen Fälle (...) kompetent sein könnte" (Eisenberg, 2002, 1827); prägnanter formuliert der Psychiater Wilfried Rasch: „(Es) ist kritisch zu fragen, wie ein Arzt aufgrund seiner medizinischen Kenntnisse etwa die Gefährlichkeit eines chronisch Kriminellen beurteilen könnte, zumal Prognosestellungen in der einschlägigen wissenschaftlichen Diskussion als eine der schwierigsten Leistungen überhaupt gelten" (Rasch, 1999, S. 32). Dabei ist noch einmal festzuhalten, dass es bei der Prognosebegutachtung darum geht, für eine zu treffende Rechtsentscheidung eine rationale und wissenschaftlich begründete Grundlage zu schaffen. Wie noch zu zeigen sein wird, ist es hierfür sowohl aus rechtlichen als auch aus methodischen Gründen erforderlich, zunächst ein möglichst vollständiges Erklä-

---

[4] Seit Inkrafttreten des „Gesetz(es) über die Berufe des Psychologischen Psychotherapeuten und des Kinder- und Jugendlichenpsychotherapeuten" (PsychThG; BGBl I, S. 1311) am 16.6.1998 und der damit einhergehenden gesetzlichen Anerkennung einer entsprechenden psychologischen Ausbildung als Heilberuf für psychische Störungen deutet sich eine Entwicklung an, entsprechend qualifizierten Diplompsychologen auch die Prognosebeurteilung psychisch kranker Rechtsbrecher zuzubilligen (vgl. z. B. die entsprechende Neufassung des nordrhein-westfälischen Maßregelvollzugsgesetzes [MrVG-NRW] vom 15.7.1999).

rungsmodell der bisherigen Delinquenz und insbesondere der Anlasstat der Person, deren Rückfallprognose beurteilt werden soll, zu entwickeln. Dies setzt den Rekurs auf entsprechende Handlungstheorien voraus, die, um eine tatsächlich hinreichende Erklärung zu liefern, durch vielfältige weitere theoretische Überlegungen – die je nach Anforderung der Fallkonstellation z. B. aus der Entwicklungspsychologie (etwa bei jugendlichen Tätern), der Sozialpsychologie (etwa bei Gruppen- oder Beziehungsdelikten), der Psychologie der Wahrnehmung und Informationsverarbeitung (etwa bei Taten in affektiven Ausnahmesituationen) oder anderen psychologischen Disziplinen stammen können – zu ergänzen sind. Potentiell ist für die Erklärung von Tathandlungen die gesamte Breite der Theorienbildung der Psychologie – als der Wissenschaft von den Formen und Gesetzmäßigkeiten des Erlebens und Verhaltens von Individuen und Personengruppen – von Belang. Der Prognosesachverständige sollte insoweit einen guten Überblick über die psychologische Theorienlandschaft haben und über die erforderlichen methodischen Kompetenzen verfügen, um den wissenschaftlichen Wert der einzelnen Konzepte und ihre jeweiligen Anwendungsbezüge erkennen und beurteilen zu können. Hier weist ohne Zweifel die Psychologie den „intensiveren ausbildungsmäßigen Schwerpunkt" auf.

Unabhängig von Kontroversen über theoretische und methodische Beiträge der unterschiedlichen wissenschaftlichen Disziplinen und der speziellen Eignung der in den Fächern vermittelten Kompetenzen für die Problematik von Kriminalprognosen im Strafrecht ist jedoch festzuhalten, dass von ihrer Grundausbildung her weder das Studium der Psychologie noch der Psychiatrie per se die nötigen Voraussetzungen in hinreichendem Umfang vermitteln. Gerade Kriminalprognosen erfordern fundierte Spezialkenntnisse der sehr breit gefächerten kriminologischen und kriminalpsychologischen Literatur einschließlich ihrer theoretischen, empirischen und methodischen Grundlagen. Diese sind nicht Gegenstand der üblichen Studiengänge und müssen bislang weitgehend nachträglich erworben werden. Für die praktische Kompetenz, eine fundierte Kriminalprognose zu erstellen, mag daher die Sorgfalt, mit der ein potentieller Gutachter sich den erforderlichen Überblick verschafft hat, entscheidender sein als die Frage seiner professionellen Herkunft (Kröber, 2000).

Für die dem Richter abverlangte Beurteilung der Eignung potentieller Sachverständiger könnte es zukünftig eine Hilfe sein, dass die in Frage kommenden Berufsgruppen mittlerweile Zusatzqualifizierungen anbieten und, nach entsprechender Weiterbildung und Fachprüfung, nach außen sichtbare Zertifizierungen vergeben (für Psychologen den von der Föderation Deutscher Psychologenvereinigungen vergebenen Titel „Fachpsychologe für Rechtspsychologie"; für Psychiater den Zusatztitel „Forensische Psychiatrie"). Diese Entwicklung ist jedoch noch vergleichsweise neu; inwieweit sie in der Praxis angenommen werden wird, bleibt abzuwarten.

## 1.1.4 Rechtliche Anforderungen an Inhalt und Methodik von Prognosegutachten

Die in den Gesetzesvorschriften zu den verschiedenen Anlässen gewählten Formulierungen für die jeweiligen prognostischen Fragestellungen sind vielfältig. So ist etwa nach §§ 57 bzw. 57a StGB die Bewährungsaussetzung des Restes zeitlich befristeter oder lebenslanger Freiheitsstrafen dann möglich, wenn „...dies unter Berücksichtigung des Sicherheitsinteresses der Allgemeinheit verantwortet werden kann" (§ 57 [1] Satz 1 Nr. 2 StGB), wobei (jedenfalls bei gravierenden Anlasstaten) ein Gutachten festzustellen hat, „... ob bei dem Verurteilten keine Gefahr mehr besteht, daß dessen durch die Tat zutage getretene Gefährlichkeit fortbesteht" (§ 454 [2] StPO). Die Aussetzung einer Maßregelunterbringung im psychiatrischen Krankenhaus erfolgt dann, „... wenn zu erwarten ist, daß der Untergebrachte außerhalb des Maßregelvollzugs keine rechtswidrigen Taten mehr begehen wird" (§ 67d [2] StGB), und eine Sicherungsverwahrung ist nach zehn Jahren zu beenden, „... wenn nicht die Gefahr besteht, daß der Untergebrachte infolge seines Hanges erhebliche Straftaten begehen wird, durch welche die Opfer seelisch oder körperlich schwer geschädigt werden (§ 67d [3] StGB)[5]. Für die Einweisung in eine freiheitsentziehende Maßregel ist hingegen „die Erwartung" (§ 63 StGB) bzw. „die Gefahr" (§ 64 StGB) oder „ein Hang" (§ 66 StGB) zu „erheblichen Straftaten" durch den Täter prognostisch festzustellen.

Die Vermutung liegt nahe, dass der Gesetzgeber mit der Wahl unterschiedlicher Formulierungen die Absicht hegte, den jeweiligen Anlässen entsprechend abgestufte Sicherheitsschwellen für die erforderlichen Prognoseentscheidungen in die Gesetzestexte einzubauen. Dennoch geht es bei all diesen Prognosen stets um Aussagen über die Wahrscheinlichkeit zukünftiger strafrechtsrelevanter Handlungen. Auch hier gilt: Die Festlegung eines für die anstehende Rechtsentscheidung erforderlichen Wahrscheinlichkeitsgrades liegt in der Kompetenz des Rechtsanwenders, der die Gesetze jeweils entsprechend auszulegen hat. Der Prognosesachverständige hat den Richter durch Vermittlung seines für die Beurteilung des jeweiligen Falles relevanten Fachwissens und durch Vermittlung der mit seiner Methodik erzielten Erkenntnisse jedoch in die Lage zu versetzen, für seine Entscheidungsfindung von dieser Expertise angemessen Gebrauch zu machen.

Einige der zugrunde liegenden Gesetzestexte formulieren prognostische Fragestellungen in Rechtsbegriffen, die keinem verhaltenswissenschaftlichem Begriffssystem entstammen und auch nicht an entsprechende Konstrukte angelehnt sind. Sie bedürfen der Übersetzung in ein psychologisches Begriffssystem, um sie ent-

---

[5] Nach einer Frist von zehn Jahren ist somit eine besondere Qualifizierung der prognostisch zu erwartenden Straftaten erforderlich, im übrigen gilt auch bei Entlassung aus der Sicherungsverwahrung der zuvor erwähnte Abs. 2 des § 67d StGB (vgl. hierzu das Bundesverfassungsgerichtsurteil vom 5.2.2004 [2 BvR 2029/01]).

sprechenden Methoden zugänglich zu machen. Hierzu zählt beispielsweise die bereits erwähnte Frage nach dem „Hang zu erheblichen Straftaten" (§ 66 StGB; vgl. hierzu z. B. Kinzig, 1998; s. a. Kröber, 2004) als Voraussetzung für die Anordnung einer Sicherungsverwahrung oder die Rechtsfigur der „in der Tat zutage getretenen Gefährlichkeit" (§ 454 StPO), der sich ein im Entlassungsverfahren tätiger Gutachter gegenübersieht. Prognosemethoden sollten insoweit Konzepte bereitstellen, diese Begriffe in psychodiagnostisch handhabbare Konstrukte zu überführen. Andernfalls besteht das Risiko, dass der Prognostiker seine eigenen Auslegungen und Vorstellungen von „Gefährlichkeit" oder „Hang" verfolgt – ohne dass dies in der Kommunikation mit dem Rechtsanwender notwendigerweise offensichtlich werden muss. Transparenz ist letztlich nur vor dem Hintergrund methodischer Standards, die diese Übersetzungsprozesse einbeziehen, zu gewährleisten.

Konkrete inhaltliche oder methodische Anforderungen an Prognosegutachten sucht man in den Gesetzestexten hingegen vergeblich. Anders als beispielsweise zur Frage methodischer und inhaltlicher Standards bei Glaubhaftigkeitsgutachten (vgl. hierzu BGHSt 45, 164) hat sich auch die Rechtsprechung zu dieser Frage bislang nicht sehr weitgehend geäußert (vgl. Birkhoff, 2001; Lesting, 2002). Einige grundsätzliche rechtliche Anforderungen an Inhalt und Methodik von Prognosegutachten lassen sich aus der Funktion des Sachverständigen im Strafverfahren und der bislang vorliegenden Rechtsprechung gleichwohl ableiten.

Zunächst ist unbestritten, dass es bei der gerichtlichen Sachverständigentätigkeit um die Zurverfügungstellung wissenschaftlich fundierter Expertise geht. Der prognostische Beurteilungsprozess muss insoweit einer als wissenschaftlich zu bezeichnenden, d. h. einer rational begründeten, intersubjektiv überprüfbaren und möglichst auch empirisch belegten Methodik folgen. Prognosen auf der bloßen Grundlage vorwissenschaftlicher („klinischer") Erfahrung, Intuition oder spekulativer Zusammenhangsvermutungen werden dieser Aufgabe nicht gerecht. Nicht zuletzt ergibt sich aus der Rolle des Sachverständigen als Gehilfe des eigentlichen Entscheidungsträgers ein Transparenzgebot hinsichtlich des methodischen Vorgehens, und zwar sowohl im Hinblick auf die zugrunde liegenden diagnostischen Befunde als auch hinsichtlich ihrer Wertung im prognostischen Beurteilungsprozess. Diese Forderung wurde erst kürzlich durch das Bundesverfassungsgericht noch einmal nachhaltig unterstrichen:

> „Bevor der Richter das Prognoseergebnis auf Grund eigener Wertung kritisch hinterfragen kann, hat er zu überprüfen, ob das Gutachten bestimmten Mindeststandards genügt. So muss die Begutachtung insbesondere nachvollziehbar und transparent sein (...). Der Gutachter muss Anknüpfungs- und Befundtatsachen klar und vollständig darstellen, seine Untersuchungsmethoden erläutern und seine Hypothesen offen legen (...). Auf dieser Grundlage hat er eine Wahrscheinlichkeitsaussage über das künftige Legalverhalten des Verurteilten zu treffen, die das Gericht in die Lage versetzt, die

Rechtsfrage des § 67d Abs. 3 StGB eigenverantwortlich zu beantworten." (BVerfG, 2 BvR 2029/01 vom 5.2.2004)

Dass diese an sich nahe liegenden Anforderungen an forensische Sachverständigengutachten keineswegs der gängigen Praxis entsprechen, belegen mittlerweile vielfältige Untersuchungen zur Qualität von Prognosegutachten. Sie ergaben bislang regelhaft erhebliche methodische und handwerkliche Mängel in großem Umfang, weswegen diese Form qualitätsprüfender Forschung der Gutachtenpraxis auch als „Elendsdiagnostik" (Steller, 1991) in die Literatur eingegangen ist (z. B. Kinzig, 1997; Nowara, 1995; Pierschke, 1998).

Wichtige inhaltliche Anforderungen an forensische Prognosegutachten mit bedeutsamen Implikationen für die Wahl der Methodik ergeben sich indessen aus der Rechtsprechung und der strafrechtlichen Kommentarliteratur. So forderte das Berliner Kammergericht in seinem Beschluss vom 11.12.1998 von Prognosegutachten nach § 454 StPO nicht nur „eine umfassende und in sich nachvollziehbare Darstellung des Erkenntnis- und Wertungsprozesses des Begutachteten" im Sinne des bereits erwähnten Transparenzgebotes. Im Hinblick auf die Inhalte eines Prognosegutachtens heißt es zudem:

> „Für eine (sic) prognostisches Gutachten ist es hierbei unerläßlich, sich mit der den Straftaten zugrunde liegenden Dynamik und den sonstigen Tatursachen, wie sie sich auch aus den Urteilsfeststellungen und einem vom Tatgericht gegebenenfalls eingeholten Gutachten ergeben, auseinanderzusetzen und die Entwicklung des Täters im Hinblick auf diese Tatursachen während des Strafvollzuges darzustellen. Auf der Grundlage dieser Informationen hat das Gutachten eine Wahrscheinlichkeitsaussage über das künftige Legalverhalten des Verurteilten zu treffen." (KG, 5 Ws 672/98; zit. nach *Neue Zeitschrift für Strafrecht* (6), 1999, S. 320)

Es wird somit eine auf den Einzelfall zugeschnittene Beurteilung des Täters gefordert, die eine Analyse der spezifischen Hintergründe für das konkrete Anlassgeschehen ebenso einschließt wie die Untersuchung der spezifischen Entwicklung seiner individuellen Risikofaktoren im Verlauf des Strafvollzuges. Hierauf hat das Gutachten seine Wahrscheinlichkeitseinschätzung zu stützen. Letztlich präzisiert das Kammergericht damit die Erwartungen des Gesetzgebers, wonach bei (Prognose-)Entscheidungen über die Bewährungsaussetzung befristeter oder lebenslanger Freiheitsstrafen vom Entscheidungsträger abverlangt wird, dass er „...bei der Entscheidung (...) namentlich die Persönlichkeit des Verurteilten, sein Vorleben, die Umstände seiner Tat, das Gewicht des bei einem Rückfall bedrohten Rechtsguts, das Verhalten des Verurteilten im Vollzug, seine Lebensverhältnisse und die Wirkungen zu berücksichtigen (hat), die von der Aussetzung für ihn zu erwarten sind" (§ 57 Abs. 1 Satz 2). Die Auslegung des Kammergerichts wurde mittlerweile mehrfach durch andere Gerichte bestätigt (z. B. OLG Nürnberg, Beschluss vom 22.8.2001

– Ws 942/01) und entspricht auch der einschlägigen Kommentarliteratur (vgl. Eisenberg, 2002). Auch ohne ausformulierte gesetzliche Vorgaben kann daher der Anspruch einer streng individualisierten, d. h. auf die spezifischen Besonderheiten des Einzelfalls fußenden und mehrere diagnostische Teilaufgaben umfassenden Beurteilung als eingeführte rechtliche Anforderung an Prognosegutachten i. S. der aktuellen Rechtsprechung gelten.

Diese Anforderung hat nicht nur inhaltliche, sondern auch methodische Implikationen für den Gutachter. Die geforderte Auseinandersetzung mit der „den Straftaten zugrunde liegenden Dynamik und (den) sonstigen Tatursachen" setzt nämlich in letzter Konsequenz eine auf wissenschaftlichen (empirischen, theoretischen) Erkenntnissen fußende *idiographische* Methodik voraus, die auch in der Lage ist, die im vorliegenden Einzelfall relevanten personalen und situationalen Tathintergründe zu analysieren und in ein Erklärungsmodell für das relevante Verhalten des Probanden zu integrieren (vgl. im Einzelnen Abschn. 1.2.1). Statistische Methoden der Kriminalprognose, die derzeit die einschlägige Prognoseliteratur bestimmen, können eine solche individualisierte Analyse bereits von ihrer Anlage her nicht leisten. Sie fußen prinzipbedingt auf statistischen Durchschnittserfahrungen. Der alleinige Rekurs auf statistische Methoden und Instrumente genügt den rechtlichen Anforderungen an Kriminalprognosen daher nicht.


## 1.2 Theoretische Grundlagen von Kriminalprognosen

„Ungewiss die Zukunft, in ständigem Fluss alles ist." (Yoda)


### 1.2.1 Wissenschaftstheoretische Aspekte

Prognosen lassen sich als Anwendungen von Theorien auf konkrete Problemstellungen auffassen; sie gelten gemeinhin – neben Interventionen – als ihre härteste Bewährungsprobe. Eine Theorie in diesem Sinn ist jede Art von Begriffssystem, das in der Lage ist, bestimmte Phänomene zu erklären, d. h., „(jedes) ... System, das zur Erklärung bestimmter Arten von Vorgängen geeignet ist, kann grundsätzlich auch zu ihrer Vorhersage verwendet werden" (Albert, 1971 [Original: 1957], S. 127). Demnach lassen sich auch Kriminalprognosen als Anwendungen von (Handlungs-, Verhaltens- oder Kriminal-)Theorien auf bestimmte Fallkonstellationen konzipieren (so z. B. Spieß, 1985), die hierfür erforderlichen formalen Denkschritte charakterisierte Volckart (1997) als einen Akt deduktiven Schlussfolgerns nach den Regeln der Syllogistik.

Sofern eine Kriminalprognose die Anwendung einer Theorie und ihre Bezugnahme auf den Einzelfall beinhaltet, hängt die Zuverlässigkeit der Vorhersage – bei Vermeidung logischer Denkfehler – zunächst von der Güte bzw. der Gültigkeit der herangezogenen Theorie ab. Einschränkungen bestehen ggf. durch Unsicherheiten, die bei der diagnostischen Erfassung der für die Beurteilung im Einzelfall benötigten individuellen Merkmale (Prädiktoren) entstehen. Diese lassen sich jedoch mit mess- und testtheoretischen Mitteln beschreiben und kontrollieren; sie stellen insofern kein grundsätzliches Problem dar.

Ein Problem besteht jedoch darin, dass sich Kriminalprognosen nicht auf die bloße Anwendung einer Theorie beschränken. Es gibt nämlich keine Handlungs- oder Kriminaltheorie, die geeignet wäre, die Breite denkbarer strafrechtlicher Verfehlungen in all ihren Facetten und möglichen Verflechtungen hinreichend zu erklären. Zwar wurde gelegentlich der Versuch unternommen, kriminologische Generaltheorien mit vergleichsweise weit reichendem Geltungsanspruch zu formulieren (z. B. die „General Theory of Crime"; Gottfredson & Hirschi, 1990). Abgesehen von bestehenden Zweifeln, ob diese Ansätze tatsächlich geeignet sind, neben dem Bereich „klassischer Kriminalität" auch speziellere Deliktformen wie z. B. „white color crime", Sexualstraftaten oder Beziehungsdelikte abzudecken, weisen sie indessen einen Abstraktionsgrad auf, der konkrete Verhaltensvorhersagen nahezu ausschließt und bestenfalls Post-hoc-Erklärungen erlaubt.

Die verfügbaren Erklärungsansätze mit hinreichendem Konkretisierungsgrad für die Formulierung zukunftsbezogener Zusammenhangserwartungen beziehen sich hingegen auf mehr oder weniger eingeschränkte Ausschnitte aus dem Gesamtspektrum kriminellen Verhaltens. Ausdrücklich oder auch nur stillschweigend beschränken sie sich auf eingegrenzte strafrechtsrelevante Verhaltensphänomene (Sexualdelikte, Aggressionsdelikte, Drogendelikte, Jugendkriminalität usw.) und Geltungsbereiche (bestimmte Alters- oder Personengruppen und/oder bestimmte soziokulturelle Umfelder), vor allem aber betonen sie stets nur Einzelaspekte im Bedingungsgefüge menschlichen Verhaltens (Temperamentfaktoren, generalisierte Sozialisationserfahrungen, Einstellungsmuster, soziale und situationale Einflüsse u. v. m.). Einzelne Theorien sind für sich genommen daher kaum je in der Lage, die in einem speziellen Fall das Tatgeschehen bedingenden Faktoren auch nur einigermaßen erschöpfend zu beschreiben. Im Begriffssystem von Albert (ebd.) handelt es sich um Quasitheorien, also um Teiltheorien, die – sich teils ergänzend, teils überschneidend, teils auch konkurrierend – einzelne Facetten des Gesamtphänomens strafrechtsbedeutsamer Handlungen herausgreifen und in Einzelaspekten zu erklären suchen.

Um der im Vorabschnitt dargestellten rechtlichen Anforderung nachzukommen, im Rahmen der Prognosebegutachtung ein spezifisches Anlassgeschehen hinsichtlich seiner „Dynamik und den sonstigen Tatursachen" aufzuklären, stellt sich dem

Prognostiker daher die Aufgabe, aus der Fülle der in Frage kommenden Ansätze zunächst diejenigen herauszufiltern und zusammenzustellen, die im vorliegenden Einzelfall überhaupt von Belang sind und – zusammengenommen und in ein in sich schlüssiges Gesamtmodell integriert – eine hinreichende Erklärung für die Genese des Anlassdelikts bieten. Diese Anforderung geht über einen bloßen deduktiven Schluss weit hinaus. Im Grunde handelt es sich um die Entwicklung einer auf die Besonderheiten des Einzelfalls zugeschnittenen individuellen Spezialtheorie, wenn auch auf der Grundlage bereits bestehender und bewährter Erklärungsansätze. Sie muss sich daher im Rahmen einer als wissenschaftlich zu bezeichnenden Methodik an den wissenschaftlichen Anforderungen an Theorienbildungen messen lassen. Das bedeutet, sie muss in sich und in ihren Außenbeziehungen zu bewährten Theorien und empirischen Erfahrungen widerspruchsfrei sein (logische Konsistenz), sie sollte auf ein einheitliches bzw. kompatibles Begriffssystem Bezug nehmen (semantische Konsistenz), möglichst sparsam mit unbelegten bzw. unbelegbaren Zusatzannahmen (Einfachheit) und intersubjektiv nachvollziehbar und überprüfbar sein (vgl. hierzu z. B. Gadenne, 1994). Die Zuverlässigkeit einer Kriminalprognose bestimmt sich somit nicht nur aus der Güte einzelner Handlungs- bzw. Kriminaltheorien. Sie hängt auch von der Relevanz der herangezogenen Erklärungskonzepte für den vorliegenden Einzelfall, ihrem Erschöpfungsgrad bei der Erfassung der individuell bedeutsamen Zusammenhänge und nicht zuletzt von der Qualität der Integration der herangezogenen Teilerklärungen ab (vgl. Dahle, 1997). Aufgabe einer wissenschaftlichen und den rechtlichen Anforderungen genügenden Methode der Kriminalprognose ist es demnach, einen Rahmen für die erforderliche Entwicklung eines solchen individuellen Erklärungsmodells bereitzustellen. Sie sollte zudem Maßstäbe zur Kontrolle ihrer Umsetzung bieten.

Die Notwendigkeit zur Entwicklung eines auf den Einzelfall zugeschnittenen Erklärungskonzepts für die Genese der Anlasstat im Rahmen der Prognosebeurteilung wirft Fragen nach dem Verhältnis zwischen allgemeiner (oder für definierte Personengruppen geltender) Theorie und den individuellen Besonderheiten und Gesetzmäßigkeiten des Einzelfalls (eben der „Individualtheorie") sowie nach dem grundlegendem methodischen Vorgehen auf. Einige Autoren betrachten solche Individualtheorien weitgehend als spezifische Realisationsformen allgemeiner Gesetze bzw. Theorien. Sie seien demnach prinzipiell geeignet, die spezielle Erscheinungsform und Wirkungsweise allgemeiner Gesetze im Einzelfall zu moderieren, ggf. auch zu modifizieren, sie blieben aber letztlich spezielle Komponenten der übergeordneten allgemeinen Gesetze (vgl. Meehl, 1954; s. a. Wiggins, 1973). Damit wird dem allgemeinen Gesetz eine Primatstellung eingeräumt, die gewissermaßen den Rahmen vorgibt, innerhalb dessen individuelle Besonderheiten ihren Raum haben und ihre spezifische Wirkung entfalten können. Diese Sichtweise legt für die Rekonstruktion der Anlasstat ein methodisches Vorgehen nahe, das dem deduktiven Denkschema des Juristen bei der Subsumtion eines Sachverhalts unter eine Rechtsnorm nicht unähnlich ist. Man sichtet die für ein Anlassgeschehen potentiell in Frage kommenden Erklärungsmodelle, leitet aus ihnen Hypothesen ab und prüft systematisch, ob die Voraussetzungen und Rahmenbedingungen der jeweiligen Theorie im Einzelfall gegeben sind. Angesichts der Vielschichtigkeit strafrechtsrelevanter Verhaltensphänomene, der sehr großen Heterogenität möglicher Motive und Anlässe für die unterschiedlichen Delikte und der Unüberschaubarkeit potentiell in Frage kommender Theorieansätze ist es indessen zweifelhaft, ob ein solches Vorgehen sinnvoll oder tatsächlich auch nur möglich ist. Realistischer erscheint es, bei der retrospektiven Analyse der Hintergründe für das Anlassdelikt induktiv vorzugehen, d. h., aus der biographischen Rekonstruktion der Geschichte der Person, aus der Rekonstruktion ihrer Vorgeschichte strafrechtsrelevanter (und psychologisch ähnlicher) Handlungen und nicht zuletzt aus einer sorgfältigen Tathergangsanalyse des Anlassgeschehens Hypothesen über individuelle Gesetzmäßigkeiten (d. h. über Gewohnheitsbildungen, Wahrnehmungsbesonderheiten, Kompetenzdefizite, Einstellungsmuster, Verhaltenstendenzen in bestimmten Situationen usw.) abzuleiten, die dann systematisch geprüft und spezifiziert werden. Auch in diesem Fall wäre die Bezugnahme auf allgemeine Theorien notwendig. Sie hätten aber eher eine sekundäre Stellung im diagnostischen Urteilsbildungsprozess, gewissermaßen als kontrollierender Faktor. Individuell vorgefundene Gesetzmäßigkeiten mit Bezug für das Anlassgeschehen wären demnach im zweiten Schritt in den Rahmen allgemeiner (und entsprechend abstrakterer) Theorien einzubetten und an ihnen zu überprüfen.

Die Anforderung des Rechtssystems, im Rahmen der Beurteilung der Rückfallprognose eines Rechtsbrechers die spezifischen Hintergründe der bisherigen Delinquenz des Betreffenden aufzuklären, seine Entwicklung im Hinblick auf diese spezifischen Faktoren im Verlauf eines Freiheitsentzugs zu analysieren und hierauf ein Wahrscheinlichkeitsurteil zu begründen, legt es somit nahe, die Prognosebildung nicht von vornherein als bloßen deduktiven Prozess zu konzipieren. Es sind auch induktive Schritte erforderlich, die entsprechende idiographische Methoden und Herangehensweisen implizieren (vgl. Jüttemann & Thomae, 2001; Laux, 2003 u. a.).

## 1.2.2 Verhaltenstheoretische Aspekte

Sieht man von einigen sehr seltenen und extremen Verhaltensphänomenen ab, so ist wohl unstrittig, dass menschliches Verhalten nicht allein durch die personalen Merkmale der handelnden Person determiniert ist, sondern sich vielmehr stets vor dem Hintergrund situationaler Gegebenheiten realisiert. Verhalten ist insofern eine Folge der Interaktion zwischen der agierenden Person mit ihren (aktuellen und überdauernden) Merkmalen und der sie umgebenden Situation als Handlungsfeld (Lewin, 1963), mit all den Gelegenheiten, die sie bietet, und den Anforderungen, die sie stellt. Freilich kann die Bedeutung situationaler und personaler Faktoren für das Zustandekommen einer Handlung variieren. So gibt es Situationen mit hohem Anforderungsgehalt an ein bestimmtes Verhalten – etwa wenn es darum geht, sich nach dem Einkauf im Supermarkt an die Schlange vor der Kasse anzustellen oder sich während des Gottesdienstes ruhig zu verhalten – ebenso wie solche mit relativ geringem Anforderungsgehalt und entsprechend größeren Freiheitsgraden für unterschiedliche Verhaltensweisen. Auch gibt es Personengruppen mit unterschiedlichen Sensibilitäten für situationale Gegebenheiten und Anforderungen: solche, die sich habituell sehr stark an vermeintlichen äußeren Erwartungen orientieren und ihr Verhalten daran auszurichten suchen (z. B. selbstunsichere Persönlichkeiten), ebenso wie solche, die auch unterschiedlichste Situationen sehr einseitig wahrnehmen und interpretieren (z. B. misstrauische Persönlichkeiten), oder solche, die dazu neigen, immer wieder bestimmte situationale Gegebenheiten und Gelegenheiten aktiv herzustellen (z. B. Personen mit pädophilen Neigungen, die immer wieder Spielplätze oder ähnliche Örtlichkeiten aufsuchen).

Für Kriminalprognosen – genauer: für entsprechende Rückfallprognosen – bieten extreme Konstellationen günstige Voraussetzungen für treffsichere Vorhersagen. Stellt sich die rückblickende Analyse des Anlassdelikts in einem konkreten Fall beispielsweise so dar, dass es sich bei der Tat des Betroffenen um ein an sich atypisches singuläres Verhalten vor dem Hintergrund einer ungewöhnlichen Ausnahmesituation mit extremem Anforderungsgehalt handelte, wird die Erwartung etwaiger Rückfälle vermutlich gering sein. Eine Wiederholung der für ein analoges Verhalten erforderlichen Rahmenbedingungen wäre unwahrscheinlich. Es könnte sich z. B. um ein klassisches Beziehungsdelikt oder um eine Verzweiflungstat gehandelt haben. Für bestimmte situationale Konstellationen mit erheblichem Anforderungsgehalt, so genannte Notwehrtatbestände, bestehen sogar gesetzliche Ausnahmeregelungen, die eine Bestrafung des Täters verhindern. Stellt man auf der anderen Seite fest, dass beim Anlassgeschehen in hohem Maße verfestigte personale Besonderheiten die Dynamik bestimmten und die Tatsituation nur eine untergeordnete Rolle spielte, als solche nicht ungewöhnlich war oder aktiv vom Betroffenen aufgrund seiner (überdauernden) Bedürfnisse hergestellt wurde, wird die Prognose vermutlich deutlich ungünstiger aussehen – jedenfalls solange nicht gute Gründe die Annahme nahe legen, dass sich die verantwortlichen personalen Faktoren in der Zwischenzeit nachhaltig verändert haben. Probleme bereitet das breite „Mittelfeld", in dem rückblickend weder außergewöhnliche situationale noch personale Faktoren eindeutig im Vordergrund standen, sondern beide Aspekte gleichermaßen zur Genese des Anlassdelikts beitrugen. Etwaige Rückfälle im Sinne von Wiederholungshandlungen mit ähnlicher Ursachenstruktur sind in diesen Fällen zwangsläufig nur mit Einschränkungen vorherzusagen, da sich die Prognose weitgehend auf die personalen Handlungsvoraussetzungen beschränken muss. Es gibt indessen gute Gründe für die Annahme, dass gerade in Fällen mit gravierender Gewaltkriminalität als Anlassdelikt die Voraussetzungen für zuverlässige Kriminalprognosen oftmals eher günstig sind. Dies liegt vor allem daran, dass solche Handlungen im Normalfall mit sehr hohen Hemmschwellen versehen sind und entsprechend selten vorkommen. Es besteht daher von vornherein die Erwartung, dass für die Genese eines solchen Anlassgeschehens entweder außergewöhnliche situationale Umstände oder aber ausgeprägte personale Faktoren verantwortlich waren, um diese Hemmschwellen zu überwinden. Schwierigere Ausgangsbedingungen im Sinne der oben skizzierten Mittelfeldproblematik wären hingegen eher bei geringfügiger bis mittelschwerer Ausgangsdelinquenz zu erwarten, wo oftmals diffuse Handlungsbereitschaften auf der personalen Seite mit mehr oder weniger gewöhnlichen Gelegenheiten oder Anforderungen auf der situationalen Seite zusammentreffen und in dieser Interaktion für das Zustandekommen des Anlassdelikts verantwortlich sind.

Unabhängig davon ist jedoch festzuhalten, dass die Zuverlässigkeit von Kriminal- oder ganz allgemein von Verhaltensprognosen durch die eingeschränkte Vorhersagbarkeit situationaler Rahmenbedingungen begrenzt wird. Dies gilt selbst für den theoretischen Idealfall einer inhaltlich und handwerklich perfekten Prognose mit vollständiger Aufklärung aller personalen Risikofaktoren. Nicht zuletzt ist (jedenfalls bei Entlassungsprognosen) der Geltungszeitraum der Prognose sehr lang, und es besteht das Risiko, dass irgendwann ungewöhnliche Ereignisse, Lebenskrisen oder andere Rahmenbedingungen eintreten, deren Vorhersage im Einzelfall außerhalb der Möglichkeiten seriöser wissenschaftlicher Prognosen liegt, die jedoch die Rückfallerwartung nachhaltig verändern. Die Möglichkeit des Irrtums liegt insoweit zu einem gewissen Grad im Wesen jeder Verhaltensvorhersage, sofern diese nicht auf ein bestimmtes und bekanntes situationales Umfeld beschränkt wird. Es ist daher sinnvoll, zwischen Prognoseirrtum – dem Nichteintreffen einer Verhaltensvorhersage – und Prognosefehler zu unterscheiden. Als Prognosefehler sind dabei fehlerhafte Anwendungen einer Prognosemethode, also Verstöße gegen ihre zugrunde liegenden Standards und Regeln, zu verstehen. Fehlerfreie Prognosen in diesem Sinn schließen somit Irrtümer nicht aus. Es ist aber zu erwarten, dass eine methodisch fundierte Prognose das Risiko eines Irrtums auf das Ausmaß des nach aktuellem wissenschaftlichen Kenntnisstand Möglichen reduziert.

## 1.2.3 Kriminaltheoretische Aspekte

Die von der Rechtsprechung erwartete Aufarbeitung der „den Anlasstaten zugrunde liegenden Dynamik und (...) sonstigen Tatursachen und der Entwicklung des Täters während des Vollzuges im Hinblick auf diese Tatursachen" setzt bei der Prognosebegutachtung die Bezugnahme auf Erklärungsmodelle für delinquentes Handeln voraus. Hierfür kommen zunächst Kriminaltheorien in Frage, deren Ziel es ja gerade ist, mögliche Ursachen und Hintergründe für delinquente Handlungen herauszuarbeiten. Es ist hier nicht der Ort, die zahlreichen kriminaltheoretischen Ansätze darzustellen, die mittlerweile vorgeschlagen wurden; entsprechende Übersichten (wenn auch selten erschöpfende) finden sich in den meisten kriminologischen Lehrbüchern bzw. in den einschlägigen Monographien (z. B. Lamnek, 1994, 1996), eine Zusammenfassung neuerer Ansätze gibt z. B. Schneider (1997), eine Auswahl speziell individualpsychologischer Modelle finden sich auch bei Egg (2003). Einige spezielle Ansätze widmen sich gezielt den Umständen strafrechtlicher Rückfallereignisse oder den Rahmenbedingungen für die Aufrechterhaltung und Beendigung krimineller Rückfallkarrieren (z. B. Besozzi, 1999; Mischkowitz, 1993; Stelly & Thomas, 2001; vgl. auch die entsprechenden Bezüge aus der längsschnittlich orientierten Entwicklungskriminologie, z. B. Maruna, LeBel, Burnett, Bushway & Kierkus, 2002; Thornberry & Krohn, 2002) oder auch dem Prozess des Abbruchs eingeschlagener kriminogener Entwicklungen (z. B. Sampson & Laub, 1993 oder Shover & Thompson, 1992). Unabhängig von der Stoßrichtung der einzelnen Ansätze gilt, dass ihre empirische Fundierung recht unterschiedlich ist. Gemeinsam ist all diesen Theorien jedoch, dass sie stets nur Ausschnitte des Gesamtphänomens delinquenter oder krimineller Handlungen abdecken und daher kaum je in der Lage sind, für sich genommen das Bedingungsgefüge eines spezifischen Geschehens im Sinne der o. g. Anforderung hinreichend aufzuklären.

Wichtig ist weiterhin, dass sich die meisten Kriminaltheorien weitgehend auf den Bereich klassischer Kriminalität bzw. antisozial-delinquenter Entwicklungen konzentrieren. Zur Erklärung von Strafrechtsverstößen, die etwa mit psychischen Störungen zusammenhängen (wie es bei Patienten des psychiatrischen Maßregelvollzugs definitionsgemäß der Fall ist), zur Aufhellung von Gewalthandlungen vor dem Hintergrund außergewöhnlicher Belastungssituationen oder anderer besonderer Formen von Delinquenz eignen sie sich daher nur bedingt. Hier ist der Rekurs auf entsprechende Störungstheorien, auf allgemeinpsychologische Handlungs- und Verhaltenstheorien, ggf. auch auf sozial- oder entwicklungspsychologische Ansätze erforderlich. Diese sollten dementsprechend zum Grundinventar psychowissenschaftlicher Expertise von Prognosesachverständigen gehören.

## 1.2.4 Entscheidungstheoretische Aspekte

Abschließend seien für dichotome Prognoseentscheidungen, wie sie letztlich im Strafrecht erforderlich sind, einige entscheidungstheoretische Aspekte angesprochen. Damit sind im hiesigen Kontext nicht psychodiagnostische Entscheidungstheorien gemeint, wie sie im Rahmen der Beschreibung und Modellierung diagnostischer Beurteilungsprozesse eine Rolle spielen (siehe hierzu Kap. 5.4). Es geht vielmehr um einige mathematisch-entscheidungstheoretische Grundlagen, die für die Beurteilung der Zuverlässigkeit von Prognosen unter verschiedenen Randbedingungen und für die Einschätzung der Verteilung von Irrtumsrisiken bedeutsam sind. Die Kenntnis dieser Zusammenhänge ist für jede rational zu nennende Entscheidungsfindung unter Risikobedingungen essentiell; der Prognostiker – nicht zuletzt aber auch der eigentliche Entscheidungsträger, dem ggf. die entsprechenden Kenntnisse zu vermitteln sind – sollte daher mit den wichtigsten entscheidungstheoretischen Gesetzmäßigkeiten vertraut sein. Ihre wesentlichen Grundbegriffe sind zunächst die so genannte Basisrate (auch Grundrate oder Prävalenz) und die so genannte Selektionsrate (auch Auswahlrate).

Unter der Basisrate versteht man im Rahmen von Prognosen den Anteil derjenigen Personen, für die das zu prognostizierende Ereignis eintreffen wird; also z. B. bei Rückfallprognosen im Rahmen von Entlassungsentscheidungen aus dem Strafvollzug den Anteil der Personen, der mit erneuten (gravierenden) Straftaten rückfällig würde – und zwar sowohl die rückfälligen Entlassenen (so genannte „falsch Negative") als auch diejenigen nicht entlassenen Personen, die rückfällig geworden wären, wenn man sie entlassen hätte (so genannte „valide Positive"). Es handelt sich insofern um eine theoretische Größe, die man – jedenfalls im strafrechtlichen Kontext von Kriminalprognosen – nur in seltenen Ausnahmefällen tatsächlich bestimmen kann.

Bei der Betrachtung von Basisraten sind drei Aspekte von Bedeutung. Zunächst ist das Kriterium wichtig, anhand dessen man die Rückfälligkeit beurteilen will – ob z. B. alle strafrechtsrelevanten Ereignisse gelten sollen oder nur eine bestimmte Auswahl. Nicht selten findet man in empirischen Untersuchungen zur Rückfallhäufigkeit nämlich Einschränkungen dergestalt, dass ausschließlich einschlägige Delikte, d. h. Neuverurteilungen aufgrund derselben Straftaten wie die Anlasstat, analysiert werden. Diese Einschränkung bedeutet beispielsweise bei Personen mit Tötungsdelikten, dass vielfältige auch sehr gravierende Ereignisse, wie z. B. Erpressungs-, Raub- oder Vergewaltigungsdelikte, nicht als Rückfall gewertet würden. Zu beachten ist, dass sich die „Einschlägigkeit" etwaiger Rückfälle an juristischen Bewertungskategorien bemisst und nicht an der psychologischen Ähnlichkeit der (z. B. motivationalen) Hintergründe für das Anlass- und Rückfallgeschehen.

Von Bedeutung ist weiterhin die Bezugsgröße, auf die sich die Basisrate beziehen soll. Im hiesigen Kontext geht es um Personengruppen, für die entsprechende Prognosen überhaupt in Frage kommen – also beispielsweise Strafgefangene mit längeren Freiheitsstrafen. Diese Bezugnahme ist nicht ganz unwichtig, denn nicht selten findet man Missverständnisse dergestalt, dass bei der Nennung von Basisraten die Verhältnisse in der Gesamtbevölkerung zugrunde gelegt werden (z. B. bei Kühl & Schumann, 1989, oder Volckart, 2002, der Anteil von Tötungsdelikten in der Bevölkerung). Dies führt zur fälschlichen Annahme absurd geringer Basisraten, wodurch die Analyse von Irrtumsverteilungen erheblich verzerrt wird. Im strafrechtlichen Umfeld geht es jedoch nicht um zufällig aus der Gesamtbevölkerung rekrutierte Personen, sondern um eine hochspezielle Risikoklientel, die bereits einschlägig in Erscheinung getreten ist und deren Rückfallwahrscheinlichkeit beurteilt werden soll. Die Grunderwartung erneuter (gravierender) Straftaten dürfte bei dieser Gruppe im Vergleich zur Gesamtbevölkerung deutlich höher sein.

Wichtig ist schließlich auch der Zeitraum, für den die Prognose gelten soll. Vor allem bei Entlassungsprognosen ist der Anspruch des Gesetzgebers an den zu beurteilenden Geltungszeitraum extrem hoch; er umfasst letztlich das gesamte zukünftige Leben des Betreffenden. Selbst wenn man den Zeitraum eingrenzt und etwa strafgesetzliche Bewährungs- oder Führungsaufsichtsfristen oder die Löschungsfristen nach dem Bundeszentralregistergesetz zugrunde legt, geht es – jedenfalls bei gravierenden Anlassdelikten – stets um vieljährige Zeiträume. Dies hat Anlass zu Kritik gegeben. Mitunter wurde die Beschränkung auf einen überschaubaren Zeitrahmen (mit regelmäßigen Neubeurteilungen) gefordert, weil valide Prognosen für einen längeren Zeitraum nicht möglich seien (z. B. Nedopil, 2000). Der Einwand ist aus verhaltenstheoretischer Sicht durchaus plausibel, da mit zunehmendem zeitlichem Abstand vom Beurteilungszeitpunkt das Risiko unvorhersehbarer Lebensereignisse und damit von Entwicklungen im Umfeld der Betroffenen steigt, wodurch die Rückfallwahrscheinlichkeit beeinflusst werden kann. Er entspricht gleichwohl nur der halben Wahrheit. Er gilt nämlich nur für Personen, die als nicht rückfallgefährdet beurteilt und infolgedessen aus der Strafhaft oder dem Maßregelvollzug entlassen werden. Für diesen Personenkreis ist es evident, dass mit jedem neuen Bewährungstag das Risiko einer Fehlprognose steigt: Je kürzer der Betrachtungszeitraum, umso größer ist die Wahrscheinlichkeit, dass die günstige Prognose zutrifft. Für Personen, die als rückfallgefährdet eingeschätzt werden, gilt hingegen das Gegenteil – auch wenn dies nicht auffällt, solange sie im Vollzug verbleiben. Gleichwohl gilt hier umgekehrt, dass die Wahrscheinlichkeit, dass die ungünstige Prognose zutrifft, mit der Länge des Betrachtungszeitraums immer größer wird. Auch dieser Zusammenhang ist verhaltenstheoretisch plausibel, da selbst bei Hochrisikopopulationen z. B. gravierende Gewalttaten relativ seltene Ereignisse im Verhaltensstrom der betreffenden Personen darstellen und es erst entsprechender situa-

tionaler Konstellationen, Anforderungen oder Gelegenheiten bedarf, die die Risikopotentiale entfalten lassen.

Da die Irrtumsrisiken mit zunehmender Zeitdauer in Abhängigkeit vom Prognoseergebnis in unterschiedliche Richtungen laufen, stellt sich die Frage nach einem
im Hinblick auf die Beurteilung der Güte von Prognosen sinnvollen Beobachtungszeitraum. Hierzu liegen bislang nur wenig empirische Befunde vor. Das Problem
besteht darin, dass die zu untersuchenden Prognoseentscheidungen keinen Einfluss
auf die Entlassung der beurteilten Personen gehabt haben dürfen, da andernfalls nur
Irrtümer bei den als günstig eingestuften Fällen überprüfbar wären. Vorliegende
Studien lassen aber vermuten, dass zumindest bei gravierenden Delikten Kriminalprognosen oftmals erst nach einem längeren Zeitraum von mehreren Jahren ihr prognostisches Potential vollständig entfalten (z. B. Hemphil, Templeman, Wong &
Hare, 1998).

Unter der Selektionsrate versteht man denjenigen Anteil aus der interessierenden
Bezugsgruppe, für den eine bestimmte Entscheidung getroffen wird; bei Rückfallprognosen im Rahmen strafrechtlicher Entlassungsentscheidungen ist dies der Anteil derjenigen Personen, die aufgrund einer ungünstigen Beurteilung im Straf- oder
Maßregelvollzug verbleiben. Die Selektionsrate spiegelt somit das Ergebnis der
Risikoabwägungen der Entscheidungsträger wider, und es ist nahe liegend, dass
hierin sowohl prognostische Einschätzungen über die jeweilige Personengruppe als
auch rechtliche und kriminalpolitische Vorgaben über das Ausmaß einzugehender
Risiken sowie schließlich persönliche Einstellungen und Werthaltungen des Entscheidungsträgers eingehen. Es ist anzunehmen, dass die Selektionsrate bei verschiedenen Personengruppen (z. B. mit unterschiedlichen Anlassdelikten oder Altersgruppen) variiert und nicht zuletzt von gesellschaftlichen Strömungen (z. B.
abnehmende Risikobereitschaft bei Sexualdelinquenten im Verlauf der letzten Jahre) abhängt. So lag die Quote vorzeitig entlassener Gefangener bei einer Stichprobe
des Regelvollzugs der JVA Berlin–Tegel mit gravierenden Gewaltdelikten (und
entsprechend langen Haftzeiten) aus den 90er Jahren beispielsweise bei rund 40 %
(vgl. Schneider, 1999), wohingegen eine spezielle Stichprobe von Sexualstraftätern
aus demselben Zeitraum und dem Regelvollzug derselben Vollzugsanstalt nur zu
rund 18 % vorzeitig zur Bewährung entlassen wurde (vgl. Ziethen, 2003).

Die entscheidungstheoretische Bedeutung der Basis- und Selektionsrate liegt
nun darin, dass beide Größen (in mathematisch äquivalenter Weise) die Güte von
Prognoseentscheidungen und die Verteilung von Irrtumsrisiken beeinflussen. Dabei
lassen sich als Gütekriterien, je nach Anforderung, ganz unterschiedliche Aspekte
betrachten: beispielsweise die Gesamttreffer- bzw. -fehlerquote (Anteil der insgesamt korrekt bzw. falsch eingeschätzten Fälle), die Sensitivität (Anteil der korrekt
identifizierten Rückfälligen an den tatsächlich Rückfälligen), die Spezifität (Anteil
der korrekt als nicht rückfällig eingeschätzten Fälle an den tatsächlich Nichtrück-

fälligen), die so genannte Positive oder Negative Predictive Power (Anteil der Rückfälligen [bzw. Nichtrückfälligen] an den als rückfällig [bzw. nicht rückfällig] eingeschätzten Fällen) und viele andere mehr (weitere z. B. bei Mossmann, 1994). Die letzten vier Qualitätsmerkmale beziehen sich explizit auf die Basis- bzw. Selektionsrate, die sich somit unmittelbar auf die Kennwerte auswirken (vgl. Abb. 1).

**Abbildung 1** Ergebniskategorien dichotomer Prognoseentscheidungen (am Beispiel vorzeitiger Entlassung aus dem Strafvollzug) und hieraus abgeleitete Kennwerte

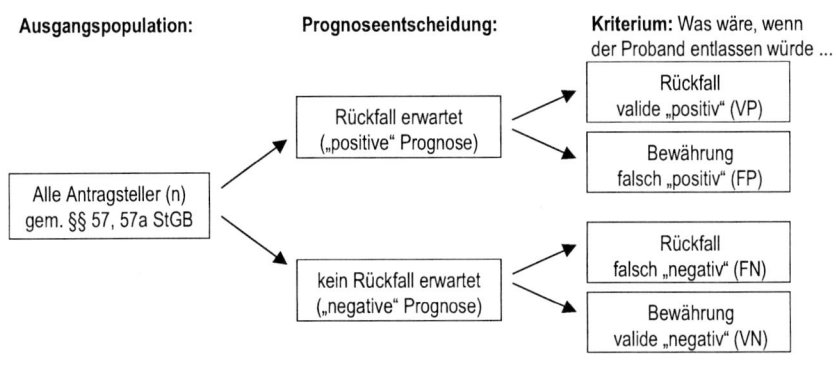

**Definitionen entscheidungstheoretischer Kennwerte (Auswahl):**

| | |
|---|---|
| Basisrate (BR): | $(VP+FN)/n$ |
| Selektionsrate (SR): | $(VP+FP)/n$ |
| Trefferquote (CF): | $(VP+VN)/n$ |
| Fehlerquote (FF): | $(FP+FN)/n$ |
| Sensitivität (TPR): | $VP/(VP+FN)$ bzw. $VP/n \cdot BR$ |
| Spezifität (TNR): | $VN/(VN+FP)$ bzw. $VP/n \cdot (1-BR)$ |
| positive predictive power (PPP): | $VP/(VP+FP)$ bzw. $VP/n \cdot SR$ |
| negative predictive power (NPP): | $VN/(VN+FN)$ bzw. $VN/n \cdot (1-SR)$ |
| Odds ratio: | $(VP \cdot VN)/(FP \cdot FN)$ |
| relative improvement over chance: | $[CF-BR \cdot SR+(1-BR) \cdot (1-SR)] / [1-|SR-BR|-BR \cdot SR+(1-BR) \cdot (1-SR)]$ |

Nun lässt sich zeigen, dass der Gewinn an Zuverlässigkeit, den man durch den Einsatz einer validen Prognosemethode erzielen kann, nicht nur von der Basis- und der Selektionsrate, sondern auch von der interessierenden Zielgröße abhängt. Besteht das Ziel darin, eine hohe Gesamttrefferquote zu erzielen, so lohnt der Einsatz der Prognosemethode nämlich vor allem dann, wenn sich Basis- und Selektionsrate im mittleren Bereich bewegen. Der Gewinn gegenüber einer Zufallsentscheidung sinkt in dem Maß, wie sich die Größen Randbereichen annähern. In extremen Fällen, etwa bei Basisraten unter 5 %, kann man auch bei Einsatz sehr valider Methoden gegenüber einer an der Basisrate orientierten Zufallsentscheidung keinen nennenswerten Gewinn mehr erzielen – jedenfalls im Hinblick auf das Ziel einer bedeutsamen Erhöhung der Gesamtzahl korrekter Prognoseentscheidungen. Besteht das Ziel jedoch darin, mit Hilfe der Prognose möglichst viele Rückfällige korrekt zu identifizieren (also eine hohe Sensitivität zu erzielen), so lohnt der Einsatz der Methode gerade bei extremen Basis- und Selektionsraten. Das bedeutet, dass sich z. B. in Fällen extremer Gewaltkriminalität (wo die Basiserwartung einschlägiger Rückfälle eher gering ist) durch den Einsatz valider Prognosemethoden die Rate falschnegativer Entscheidungen – also Entlassungen von Personen, die tatsächlich einschlägig rückfällig würden – durchaus signifikant reduzieren lässt. Mit einer bedeutsamen Verringerung falsch-positiver Urteile wäre bei diesen Verhältnissen indessen nicht zu rechnen. Ein Rechenbeispiel (Tabelle 1) verdeutlicht die Zusammenhänge, eine Einführung in ihre mathematischen Hintergründe gibt z. B. Wiggins (1973).

Tabelle 1  Rechenbeispiel zur Wirkungsweise unterschiedlicher Basisraten
($n = 100$) bei einer Selektionsrate[a] von 25 % und einer Testvalidität von .35 (nach Kersting, 2003)

| | Basisrate: 50 % | | Basisrate: 5 % | |
| | Zufall | Test | Zufall | Test |
| --- | --- | --- | --- | --- |
| VP | 12,5 | 20 | 1,3 | 4,5 |
| FP | 12,5 | 5 | 23,8 | 20,5 |
| VN | 37,5 | 45 | 71,3 | 74,5 |
| FN | 37,5 | 30 | 3,8 | 0,5 |
| Korrekt (Treffer): | 50 % | 65 % | 72,4 % | 79 % |
| Spezifität: | 75 % | 90 % | 74,9 % | 78,4 % |
| Sensitivität: | 25 % | 40 % | 24 % | 90 % |

[a] die Effekte von Basis- und Selektionsraten sind mathematisch äquivalent

Der Wert einer Prognosestrategie lässt sich insofern nur dann abschließend beurteilen, wenn die Bedeutung, die den einzelnen Kriteriumsereignissen und insbesondere den beiden Irrtumskategorien beigemessen wird, bekannt ist. Diese Bemessung stellt im strafrechtlichen Feld der Kriminalprognose jedoch nichts anderes als eine Rechtsgüterabwägung dar, die ureigenste Aufgabe des Richters ist – es geht um die Balance zwischen dem Risiko eines rechtlich wie tatsächlich an sich nicht erforderlichen (weiteren) Freiheitsentzugs (das den Rechtsbrecher trifft) und dem Risiko erneuter (gravierender) Straftaten (das das potentielle Opfer trifft). Gelänge es, den Richter zu einer zusammenfassenden Quantifizierung der Wertigkeit, die er den einzelnen möglichen Irrtümern bei einer gegebenen Fallkonstellation beimisst, zu bewegen, so ließe sich die Prognoseentscheidung ohne weiteres mit entscheidungstheoretischen Mitteln optimieren (siehe hierzu Wiggins, 1973). Eine solche Quantifizierung erscheint jedoch im derzeitigen Strafrechtssystem unrealistisch, so dass sich die Aufgabe des Prognosesachverständigen in der Praxis darauf beschränken muss, die grundlegenden entscheidungstheoretischen Zusammenhänge – vor allem in Fällen extremer Basisraten und im Hinblick auf die Folgen extremer Selektionsraten – zu vermitteln.

Abschließend soll noch auf einen weiteren entscheidungstheoretischen Zusammenhang hingewiesen werden, der das Verhältnis zwischen Basisrate, Selektionsrate und Validität einer Prognosemethode betrifft. Es ist leicht nachvollziehbar, dass eine „perfekte" Prognose ohne jegliche Irrtümer nur dann möglich ist, wenn Basis- und Selektionsrate identisch sind. In jedem anderen Fall sind Fehlentscheidungen der einen oder anderen Art unvermeidlich. Dies bedeutet nichts anderes, als dass die Güte einer Prognosemethode (gemessen an der Gesamttrefferquote der Entscheidungen) durch das Verhältnis zwischen Basis- und Selektionsrate begrenzt wird. Je stärker die beiden Größen auseinander klaffen, umso geringer ist die theoretisch überhaupt erreichbare Trefferleistung einer Prognosemethode (eine Einführung in die mathematischen Hintergründe und einige Rechenbeispiele finden sich bei Wiggins, 1973). Dieser Zusammenhang legt es nahe, die prinzipiell variierbare Selektionsrate durch die Wahl geeigneter Entscheidungsschwellen der nicht beeinflussbaren Basisrate (bzw. einer entsprechenden Schätzung) anzupassen, um die Zuverlässigkeit der Prognose zu optimieren; eine solche Strategie ist bei Validierungsstudien sinnvoll und nicht unüblich. Sie entspricht indessen nicht den rechtlichen Anforderungen an Prognoseentscheidungen im strafrechtlichen Kontext. Sie würde voraussetzen, dass man auf eine einzelfallbezogene Rechtsgüterabwägung der Irrtumsrisiken, die z. B. der Schwere der im Risikofall zu erwartenden Delikte Rechnung zu tragen sucht, verzichtet.

## 1.3 Empirische Grundlagen von Kriminalprognosen

„Wer in der Zukunft lesen will, muss in der Vergangenheit blättern." (Andre Malraux)

Empirische Studien über Ursachen, Häufigkeit und Verlaufsformen delinquenten Verhaltens, über Häufigkeit und Bedingungen für Rückfall und Bewährung, über Voraussetzungen, Möglichkeiten und Effekte von Interventionsbemühungen u. ä. m. stellen einen Grundbestand wissenschaftlich kontrollierter Erfahrung dar, ohne die eine als wissenschaftlich zu bezeichnende Kriminalprognose nicht denkbar wäre. Bereits die Rekonstruktion der Hintergründe für das Anlassdelikt im Rahmen einer Prognosebeurteilung verlangt letztlich die Bezugnahme auf Verhaltens- oder Kriminaltheorien und setzt damit Kenntnisse ihrer empirischen Bewährung voraus. Aber auch bei der abschließenden Einschätzung der Rückfallwahrscheinlichkeit sind empirische Erfahrungen unumgänglich. Sie sind die einzige Grundlage, auf der sich entsprechende Aussagen überhaupt begründen lassen. Nun ist hier nicht der Ort, eine inhaltliche Übersicht über den jeweiligen Stand der vielfältigen Forschungen zu geben, die für kriminalprognostische Fragestellungen potentiell relevant sein könnten. Im Folgenden sollen aber einige grundlegende Forschungszweige angesprochen und in ihrer jeweiligen Bedeutung für die Prognosebeurteilung skizziert werden.

### 1.3.1 Basisraten und empirische Rückfallquoten

Neben den im Vorabschnitt beschriebenen entscheidungstheoretischen Zusammenhängen haben Basisraten im Rahmen von Kriminalprognosen noch eine weitere wichtige und durchaus praktische Funktion: Sie können dem Prognostiker eine Grundvorstellung von den Größenordnungen der Verhältnisse vermitteln, die er einschätzen soll. Sie können gewissermaßen den Urteilsprozess auf ein Ausgangsniveau eichen, das bei vergleichbarer Sachlage im Falle statistischer Durchschnittsverhältnisse zu erwarten wäre, und stellen damit eine erste grobe Einschätzung der Ausgangswahrscheinlichkeit etwaiger Rückfälle dar. Für diesen Zweck wäre es sinnvoll, die Basisrate eines Personenkreises zu kennen, die dem zu beurteilenden Fall einigermaßen ähnelt. Pauschalangaben – etwa zur durchschnittlichen Rückfälligkeit von Rechtsbrechern nach Freiheitsentzug – helfen hingegen kaum weiter, da hier sehr heterogene Gruppen mit sehr unterschiedlichen Voraussetzungen im Hinblick auf das Anlass- und das Kriteriumsereignis enthalten sind. Ideal wären Basisraten über Rückfallquoten von Rechtsbrechern, die der zu beurteilenden Person etwa im Hinblick auf das Geschlecht, die (grobe) Altersgruppe (Jugendliche oder Erwachsene), die Art und Schwere des Anlassdelikts und ggf. die Vollzugsinstitution (Strafvollzug oder forensische Psychiatrie) entsprechen.

Das Problem besteht darin, für einen vorliegenden Fall überhaupt zu einer Basisrate zu gelangen. Es wurde bereits erwähnt, dass es sich hierbei um eine theoretische Größe handelt, deren reale Größenordnung unbekannt ist. Somit lassen sich nur Einschätzungen vornehmen, die auf Erfahrungen beruhen, die man bislang mit der Rückfälligkeit vergleichbarer Personengruppen gemacht hat. Entsprechende systematische Erfahrungssammlungen gab es in Deutschland jedoch lange Zeit nicht. Mitte bis Ende der 80er Jahre wurden von der Dienststelle Bundeszentralregister beim Generalbundesanwalt zwar entsprechende Statistiken herausgegeben. Diese differenzierten allerdings nicht zwischen verschiedenen Anlassdelikten, so dass sie für prognostische Anwendungszwecke nahezu unbrauchbar waren. Unlängst wurde nun ein neuer Anlauf gestartet, eine Rückfallstatistik auf der Grundlage des Bundeszentralregisters (BZR) zu erstellen (Jehle, Heinz & Sutterer, 2003). Aber auch diese Statistik ist als Grundlage zur Einschätzung von Basisraten für prognostische Zwecke nur von eingeschränktem Wert. Zwar differenziert die neue Statistik zwischen einigen (allerdings sehr groben) Anlasstaten. Der gewählte Beobachtungszeitraum von vier Jahren erscheint jedoch sehr gering, insbesondere im Hinblick auf gravierende Delikte. Zu beachten ist, dass dieser Zeitraum nicht die Risikoperiode für das Rückfallereignis abbildet, sondern dass innerhalb dieser Zeitspanne ein erneuter Eintrag im BZR erfolgt sein musste. Da dieser erst nach rechtskräftigem Urteil erfolgt, muss nicht nur eine entsprechende Handlung begangen worden sein. Der Fall muss auch vollständig ermittelt und das Zwischen- und Hauptverfahren abgeschlossen worden sein. Darüber hinaus müssen etwaige Rechtsmittel, die gerade bei gravierenden Straftaten nicht selten sind, bis zur rechtsgültigen Entscheidung abgewartet werden. Der eigentliche Bewährungszeitraum für die untersuchten Personen ist insoweit erheblich geringer als die ohnehin schon knappen vier Jahre, und er ist zudem durch die Schwere der Rückfälle beeinflusst.

Für die Einschätzung von Basisraten für prognostische Zwecke ist daher die Kenntnis empirischer Rückfallstudien unerlässlich. Für die Auswahl und Bewertung geeigneter Studien sind dabei einige Aspekte zu beachten. Zunächst ist auch hier der untersuchte Katamnesezeitraum relevant; einige Untersuchungen beziehen sich nur auf sehr kurze Beobachtungszeiträume, andere operieren mit unterschiedlichen Zeiträumen innerhalb einer Studie. Von Bedeutung ist auch die Herkunft der Stichprobe. Häufig beziehen sich die Untersuchungen nämlich auf hochselektive Personengruppen wie bestimmte Gelegenheitsstichproben oder Entlassene einer bestimmten Einrichtung. Randomisierte Untersuchungsgruppen sind eher selten; es gibt aber Ausnahmen (z. B. die KrimZ-Studie zur Rückfälligkeit von Sexualstraftätern, vgl. hierzu Elz, 2001, 2002, 2003). Von Bedeutung sind weiterhin die Rückfallkriterien, auf die sich Rückfallstudien beziehen. Einige Arbeiten konzentrieren sich nämlich auf einschlägige Rückfälle, was in Fällen polytroper Delinquenz zu erheblichen Verzerrungen führen kann. Nicht ganz problemlos ist schließlich die Übertragung von Ergebnissen ausländischer Studien, da die Kriminalitäts- und Rückfallbelastung in verschiedenen Ländern variieren und zudem Unterschiede im Strafaufklärungs- und -verfolgungssystem die Vergleichbarkeit mit hiesigen Verhältnissen einschränken können.

Eine neuere und vergleichsweise umfassende Zusammenstellung von Rückfallraten unterschiedlicher Deliktgruppen findet sich in der Dissertation von Groß (2004). Der Autor hat hierin die wichtigsten internationalen Rückfallstudien zusammengetragen und hinsichtlich unterschiedlicher Anlassdelikte und Rückfallkriterien differenziert ausgewertet. Es finden sich auch knappe Beschreibungen der Originalstudien mit Angaben über das jeweilige Untersuchungsdesign und der untersuchten Stichprobe sowie zusammenfassende graphische Auswertungen, die, für die jeweiligen Untersuchungsgruppen und z. T. auch für unterschiedliche Rückfallkriterien getrennt, eine schnelle Übersicht über die durchschnittlichen Rückfallquoten zu verschiedenen Risikozeiträumen bieten. Zu beachten ist, dass hierin recht heterogene Untersuchungen aus unterschiedlichen Ländern eingingen, so dass sie eine Sichtung der zugrunde liegenden Einzelergebnisse nicht ersetzen können.

Grundsätzlich ist darauf hinzuweisen, dass Basisratenschätzungen auf der Grundlage empirischer Rückfallstudien einigen Verzerrungen unterliegen, die sich weitgehend einseitig in Richtung einer systematischen Unterschätzung der tatsächlichen Basisrate auswirken. Dies liegt zunächst an der zeitlichen Begrenzung empirischer Studien, die es bedingt, dass Rückfälle außerhalb des Beobachtungszeitraums unbeachtet bleiben. Eine weitere Einschränkung bringt die Dunkelfeldproblematik mit sich. Unvollständiges Anzeigeverhalten (z. B. bei Sexualdelikten), Aufklärungsdefizite und nicht zuletzt der Rechtsgrundsatz, nur zweifelsfrei beweisbare Fälle zu verurteilen, bedingen es, dass nicht alle neuen Straftaten der untersuchten Personengruppe erfasst werden. Weiterhin trägt die Time-at-risk-Problematik zur Unterschätzung der tatsächlichen Basisrate bei. Diese hat im Rahmen von Rückfallstudien zwei unterschiedliche Auswirkungen. Die eine Facette besteht darin, dass Personen mit hohem Rückfallrisiko im Mittel längere Lebenszeit im Gewahrsam von Vollzugsanstalten verbringen (z. B. aufgrund versagter Bewährungsaussetzungen). Sie sind somit gegenüber Niedrigrisikogruppen durchschnittlich älter, wenn sie entlassen werden, und so könnten z. B. Alterseffekte das Risiko mittlerweile reduziert haben. Im Falle lebenslanger Freiheitsstrafen oder bei Verurteilungen zu einer Maßregel gem. §§ 63 bzw. 66 StGB potenziert sich die Time-at-risk-Problematik insofern noch, als eine Entlassung ohnehin erst bei der Einschätzung eines vertretbar geringen Rückfallrisikos erfolgt. Die in Rückfallstudien beforschbaren Fälle stellen somit weitgehend Selektionen dar, die einseitig Personen mit geringem Rückfallrisiko bevorzugen, was zur Unterschätzung der Basisrate beiträgt. Die andere Facette der Time-at-risk-Problematik betrifft Studien, die sich auf spezielle Rückfallereignisse – häufig Sexualdelikte, Gewaltstraftaten oder gar nur Tötungsdelikte – konzentrieren. Es ist zu bedenken, dass Hochrisikopersonen nicht nur mit den jeweils interessierenden Delikten auffällig werden können. Gerade Hochrisikogruppen sind vielfach polytrop delinquent (vgl. z. B. Hare, 1991) und laufen somit Gefahr, verstärkt auch andere Straftaten als die in der Studie erfassten zu begehen. Dies kann im Falle entsprechender Verurteilungen zu Freiheitsstrafen zu einer systematischen Reduzierung des tatsächlichen Beobachtungszeitraums in Freiheit (eben der „time at risk") innerhalb der Katamnese führen, was nur wenige Studien berücksichtigen. Als letztes ist noch auf die Problematik unbekannter Todesfälle im Rahmen von Rückfallstudien hinzuweisen. Nicht alle diese Fälle werden der Dienststelle Bundeszentralregister des Generalbundesanwalts beim Bundesgerichtshof bekannt (vgl. Dahle, 2004), was dazu führt, dass das Zentralregister der Betroffenen (anhand dessen die Rückfälligkeit meist beurteilt wird) weitergeführt wird, ohne dass Rückfälle überhaupt eintreten können. Dabei besteht Grund zur Annahme, dass kriminogene Hochrisikogruppen gegenüber Niedrigrisikogruppen ein erhöhtes Mortalitätsrisiko aufweisen (vgl. Hartig, 2002; Laub & Vaillant, 2000).

Es sprechen somit vielerlei Gründe für die Annahme einer systematischen Unterschätzung der tatsächlichen Basisrate bei der Einschätzung auf der Grundlage von empirischen Rückfallstudien – die meisten der genannten Gründe lassen sich auch auf Rückfallstatistiken übertragen. Demgegenüber erscheint das Verzerrungsrisiko in Richtung einer Überschätzung der Basisrate eher gering – die Quote falsch registrierter Ereignisse (z. B. rechtskräftige Fehlurteile) dürfte deutlich unter der Dunkelfeldrate liegen, und das Risiko eines selektiven Probandenschwunds oder eines selektiven Schwunds an Risikozeit betrifft, wie dargelegt, eher Hochrisikogruppen. Trotz der genannten Einschränkungen ist festzuhalten, dass methodisch kontrollierte Erfahrungen über die Rückfälligkeit der verschiedenen Personengruppen derzeit die einzige Möglichkeit sind, überhaupt zu einer wissenschaftlich begründbaren Vorstellung der ungefähren Größenordnung der prognostisch einzuschätzenden Ereignisse zu gelangen. Insoweit tut der Prognostiker gut daran, die einschlägigen Statistiken und empirischen Rückfallstudien zu sichten. Er sollte sich indessen bewusst sein, dass die den Studien entnehmbaren Zahlenverhältnisse günstigstenfalls eine Schätzung der Untergrenze darstellen und die tatsächliche Basisrate vermutlich höher liegt.

Nicht unerwähnt bleiben soll, dass noch andere Wege versucht wurden, zu einer Schätzung der Grunderwartung erneuter strafrechtlicher Vorkommnisse zu gelangen. Hierzu wurden entsprechende Vorhersagemodelle aus den Befunden umfangreicher Rückfallstudien entwickelt (z. B. Beck & Shipley, 1997), die teilweise zu regelrechten Instrumenten weiterentwickelt wurden, um auf der Grundlage einiger weniger Eckdaten (i. W. Alter, Geschlecht, Anlasstat und Umfang der strafrechtlichen Vorgeschichte) unmittelbar zu einer Schätzung der Rückfallwahrscheinlichkeit zu gelangen: z. B. die *Risk of Reconviction Scale* (ROR; Copas, Marshall & Tarling, 1996) oder die *Offender Group Reconviction Scale* (OGRS; Copas & Marshall, 1998) und ihre Nachfolger (OGRS-R; Taylor, 1999; OGRS-II; Stephens & Brown, 2001). Es handelt sich hierbei um statistisch-mathematische Modelle, die aus regressionsanalytischen oder ähnlichen Auswertungen abgeleitet wurden (vgl. Copas, 1995) – gewissermaßen eine methodisch aufbereitete Ausnutzung empirischer Erfahrungen zur Basisrateneinschätzung (siehe Tabelle 2 am Beispiel der OGRS). Sie ähneln von ihrem Ansatz her stark klassischen statistischen Prognoseinstrumenten (vgl. hierzu Kap. 2.1). Ihr wesentlicher Unterschied besteht jedoch darin, dass es nicht um eine möglichst gute Identifikation von Risikogruppen geht. Das Ziel besteht vielmehr darin, auf der Grundlage weniger Eckdaten eine Grunderwartung der Wahrscheinlichkeit erneuter strafrechtsrelevanter Ereignisse für alle Rechtsbrecher zu liefern (vgl. Taylor, 1999). Genau dies ist letztlich Funktion von Basisratenschätzungen im Rahmen prognostischer Beurteilungen.

**Tabelle 2**   Die Offender Group Reconviction Scale (Copas & Marshall, 1998)

| | |
|---|---|
| $x_1$ | Alter in Jahren |
| $x_2$ | Geschlecht (weiblich=0; männlich=1) |
| $x_3$ | Anzahl strafrechtlicher Verurteilungen während der Jugendzeit |
| $x_4$ | Gesamtanzahl Verurteilungen bisher |
| $x_5$ | Zeit seit erster Verurteilung in Jahren |
| $x_6$ | Delikttyp (spezielle Code-Tabelle) |

$$Y = 31 - x_1 - 3x_2 - x_3 + 75 \sqrt{(x_4/x_5+5)} + x_6$$
$$p^* = 1 / (1 + \exp(3{,}115 - 0{,}0598Y))$$

\* $p$: Wahrscheinlichkeit einer erneuten Verurteilung innerhalb von 2 Jahren

Die zuletzt genannten Verfahren wurden in Großbritannien entwickelt und werden, soweit ersichtlich, dort auch seit einiger Zeit als Orientierungshilfe für Bewährungshelfer eingesetzt. Kreuzvalidierungsstudien aus anderen Ländern wurden bislang nicht publiziert. Einschränkend ist ferner darauf hinzuweisen, dass die Instrumente für eine recht kurze zeitliche Reichweite von zwei Jahren entwickelt wurden und auf jegliche strafrechtsrelevante Vorkommnisse fokussiert sind. Damit sind sie für Kriminalprognosen im strafrechtlichen Umfeld nur eingeschränkt nützlich und können eine an Rückfallstudien orientierte Basisratenschätzung nicht ersetzen. Von ihrem methodischen Ansatz her sind jedoch Weiterentwicklungen denkbar, die längerfristig entsprechende Hilfsmittel zur Verfügung stellen könnten.

## 1.3.2 Tat-, Täter- und Situationsmerkmale und Rückfälligkeit

Zweck der im Vorabschnitt behandelten Basisratenschätzung ist es, dem Prognostiker eine erste Vorstellung von der Ausgangswahrscheinlichkeit der zu prognostizierenden Ereignisse zu vermitteln, die bei vergleichbarer Ausgangslage im statistischen Durchschnittsfall zu erwarten wäre. Es stellt sich die Frage, inwieweit es sich bei einer konkret zu beurteilenden Person um einen solchen „Durchschnittsfall" handelt, oder ob nicht Anhaltspunkte vorliegen, die die Annahme rechtfertigen würden, dass Person und/oder Fallumstände vom Durchschnitt vergleichbarer Fälle systematisch abweichen mit entsprechenden Auswirkungen auf die Rückfallwahrscheinlichkeit. Auch zu dieser Frage liegen umfangreiche Studien vor. Viele Rückfallstudien beschränkten sich nämlich nicht nur auf die Erhebung pauschaler Rückfallquoten, sondern suchten gezielt nach besonderen Tat- oder Tätermerkmalen (Prädiktoren), die mit der Rückfälligkeit korreliert waren. Mittlerweile wurde auch eine Anzahl von Metaanalysen durchgeführt, die die in vielen Einzelstudien gewonnenen Erfahrungen für unterschiedliche Personengruppen verdichten: etwa für erwachsene (z. B. Gendreau, Little & Goggin, 1996) oder jugendliche (z. B. Cottle, Lee & Heilbrun, 2001) Straftäter, für psychisch gestörte Gewalttäter (z. B. Bonta, Law & Hanson, 1998) oder für Sexualstraftäter (z. B. Hanson & Bussière, 1998, bzw. Hanson & Morton-Bourgon, 2004). Diesen Arbeiten sind Merkmale zu entnehmen, die sich über zahlreiche Studien hinweg als stabile Einflussfaktoren erwiesen haben, und sie vermitteln Informationen über die Größenordnung ihrer Bedeutung für die Rückfallwahrscheinlichkeit (Effektstärke). Um einen Eindruck von der Größenordnung der Zusammenhänge zwischen Einzelmerkmalen und Rückfälligkeit zu vermitteln, gibt Tabelle 3 die Ergebnisse der vergleichsweise frühen und grundlegenden Arbeit von Gendreau et al. (1996) wieder. Zu beachten ist, dass die aufgeführten einzelnen Prädiktorbereiche („Predictor Domains") in den zugrunde liegenden Primärstudien zumeist etwas unterschiedlich operationalisiert waren. Die aggregierten Daten stellen in diesem Sinne Zusammenfassungen teilweise unterschiedlicher Merkmale dar (z. B. der zweite Merkmalsbereich: strafrechtliche Vorgeschichte), die aber thematisch eng zusammenhängen.

Fasst man die bislang gewonnenen und in mehreren Metaanalysen aggregierten Erfahrungen über die wesentlichen Einflussfaktoren auf die Rückfälligkeit von Straftätern und Rechtsbrechern zusammen, so scheinen vier größere Merkmalsbereiche, die von Andrews und Bonta (1998) daher als „the big four" bezeichnet werden, von besonderer Relevanz: die Vorgeschichte antisozialen und delinquenten Verhaltens, die Ausprägung von Merkmalen einer antisozialen Persönlichkeit, das Ausmaß antisozialer Kognitionen und Einstellungen sowie ein antisoziales Umfeld. Für spezifische Gruppen kommen weitere Merkmalsbereiche hinzu, für Sexualdelinquenten z. B. Aspekte sexueller Devianz und Merkmale der spezifisch sexuellen

Kriminalbiographie (vgl. Hanson & Bussière, 1998), bei Sexual- und Gewaltdelinquenten auch Merkmale der (bisherigen) Opferwahl oder, bei Gewaltdelinquenten, Fragen des Suchtmittelkonsums oder bei psychisch gestörten Rechtsbrechern auch psychopathologische Aspekte (vgl. Bonta et al., 1998). Von Bedeutung ist, dass neuere Untersuchungen keineswegs nur so genannte „statische" Merkmale – also solche, die nach ihrem Eintritt nicht mehr änderbar sind (wie z. B. die strafrechtliche Vorgeschichte oder Merkmale der Herkunftsfamilie) – als bedeutsam registrierten, sondern sich auch dynamische, d. h. potentiell veränderbare und mithin auch (therapeutisch) beeinflussbare Faktoren als mindestens ebenso wichtig zeigten (vgl. Tabelle 3; speziell für Sexualdelinquenz siehe auch Hanson & Harris, 2000; ausführliche Übersichten über empirisch gesicherte Risikofaktoren und Rückfallprädiktoren finden sich z. B. bei Andrews & Bonta, 1998).

**Tabelle 3** Durchschnittliche Effektstärken einzelner Prädiktorbereiche bei der Vorhersage strafrechtlicher Rückfälle (nach Gendreau, Little & Goggin, 1996)

| Prädiktor (k) | N | $M_r$ | $M_z^+$ |
|---|---|---|---|
| *Statische Prädiktoren* | | | |
| 1. Alter (56) | 61.312 | .15 (.12) | .11* |
| 2. strafrechtliche Vorgeschichte (164) | 123.940 | .18 (.13) | .17* |
| 3. antisoziales Verhalten in Kindheit/Jugend (119) | 48.338 | .13 (.13) | .16* |
| 4. Kriminalität in Herkunftsfamilie (35) | 32.546 | .12 (.08) | .07* |
| 5. elterliches Erziehungsverhalten (31) | 15.223 | .15 (.17) | .14* |
| 6. Struktur der Herkunftsfamilie (41) | 24.231 | .10 (.08) | .09* |
| 7. Geschlecht (17) | 62.021 | .10 (.07) | .06* |
| 8. Intelligenz (32) | 21.369 | .07 (.14) | .07* |
| 9. ethnische Herkunft (21) | 56.727 | .13 (.15) | .17* |
| 10. sozialökonomischer Status (23) | 13.080 | .06 (.11) | .05* |
| *Dynamische Prädiktoren* | | | |
| 11. antisoziale Persönlichkeit (63) | 13.469 | .18 (.12) | .18* |
| 12. (kriminogenes) soziales Umfeld (27) | 11.962 | .18 (.08) | .21* |
| 13. kriminogene Kognitionen/Bedürfnisse (67) | 19.809 | .18 (.10) | .18* |
| 14. interpersonale Konflikte (28) | 12.756 | .15 (.10) | .12* |
| 15. Distress (66) | 19.933 | .05 (.15) | .05* |
| 16. soziale Kompetenzen (168) | 92.662 | .15 (.14) | .13* |
| 17. Suchtmittelabusus (60) | 54.838 | .14 (.12) | .10* |
| *Zusammengesetzte Faktoren* | | | |
| 18. Risikoskalen (123) | 57.811 | .30 (.14) | .30* |

Anmerkungen: $k$ = Anzahl Primärstudien; $N$ = Anzahl eingegangener Personen; $M_r$ = mittlere Pearson Produkt Moment Korrelation, in Klammern Standardabweichung; $M_z^+ = \Sigma\ [(Z_r) \times (n-3)]\ /\ \Sigma\ [n-3]$ mit $n$ = Anzahl der Probanden je Studie
* $p < .05$

Die meisten Metaanalysen und ihre zugrunde liegenden Primärstudien stammen aus dem Ausland. Vergleichbare Erfahrungen aus unterschiedlichen Ländern sprechen jedoch dafür, dass – anders als bloße zahlenmäßige Schätzungen von Rückfallhäufigkeiten (s. o.) – die Befunde über die spezifischen Rückfallprädiktoren weitgehend übertragbar scheinen, wenn auch systematische Untersuchungen aus Deutschland derzeit noch ausstehen. Nicht zuletzt haben sich die im (meist nordamerikanischen) Ausland entwickelten statistischen Prognoseinstrumente – die letztlich eine systematische Aufbereitung empirisch gewonnener Rückfallprädiktoren darstellen – bislang oftmals als länder- und regionsübergreifend valide erwiesen. Ausnahmen stellen lediglich bestimmte Einzelmerkmale dar, die sich unmittelbar auf regionale Besonderheiten beziehen wie z. B. die Hautfarbe bzw. ethnische Herkunft, die vor allem in vielen amerikanischen Studien als Risikomerkmal imponiert.

Aus Rückfallstudien und Metaanalysen lassen sich somit Hinweise darüber gewinnen, ob sich in einem vorliegenden Fall Risikofaktoren häufen oder nur gering ausgeprägt sind bzw. Schutzfaktoren erkennbar sind und daher die Annahme einer vom Durchschnitt nach oben oder unten abweichenden Rückfallerwartung gerechtfertigt ist. Sie präzisieren in diesem Sinne die Basisratenschätzung und liefern eine etwas genauere Vorstellung vom Grundniveau der Rückfallwahrscheinlichkeit für den vorliegenden Fall. Wie an späterer Stelle noch zu zeigen sein wird, lassen sich zu diesem Zweck auch so genannte Checklisten oder – besser noch – statistische Prognoseinstrumente heranziehen, die in systematischer Form den Bestand empirischen Erfahrungswissens über Rückfallprädiktoren einbeziehen. Letztere beruhen gewöhnlich auf Simultanuntersuchungen mehrerer Prädiktoren und berücksichtigen insoweit auch die Interaktion mehrerer Merkmale. Diese Hilfsmittel decken jedoch nicht alle in einem Einzelfall möglicherweise bedeutsamen Aspekte ab, so dass der Prognostiker die wichtigsten Originalstudien und Metaanalysen kennen sollte.

Unabhängig davon, ob man sich auf Prädiktoren aus Studien oder auf systematisch konstruierte Hilfsmittel stützt, ist festzuhalten, dass die jeweils als bedeutsam herangezogenen Merkmale auf statistisch aufbereiteten empirischen Befunden fußen und diese widerspiegeln. Sie erklären für sich genommen noch nicht die Hintergründe der Anlasstat oder etwaiger Rückfälle, sondern gewährleisten zunächst nur den Gebrauch empirischen Erfahrungswissens für die Einschätzung der Ausgangswahrscheinlichkeit erneuter Delikte. Tatsächlich haben auch nicht alle statistisch bedeutsamen Merkmale eine inhaltliche Bedeutung für die Frage der Rückfälligkeit. So wird die bereits genannte (schwarze) Hautfarbe kaum (Rückfall-)Kriminalität verursachen. Die auf Durchschnittsdaten fußende Optik empirischer Gruppenstudien bedingt es aber, dass übergeordnete Merkmale, die in der Lage sind, viele Einzelmerkmale zu absorbieren, bevorzugt werden. So dürfte es im genannten Beispiel weniger die Hautfarbe sein, die ein erhöhtes Delinquenzrisiko mit sich bringt, als vielmehr ihre Auswirkungen auf die Lebensbedingungen der Merkmalsträger[6]: soziale Randständigkeit, geringe legale Aufstiegschancen, gehäuft kriminogene Wohngegenden, verstärkt delinquente Kontakte u. v. m. Dennoch gibt es auch Risikoprädiktoren, bei denen ein direkterer Zusammenhang mit Delinquenz und Rückfall besteht, beispielsweise bei dem bereits genannten Personenmerkmal „kriminogener Kognitionen und Einstellungen" oder der Wahl fremder Opfer beim Anlassdelikt als tatbezogener Prädiktor für Sexual- oder Gewaltrückfälle (vgl. z. B. Hanson & Bussière, 1998). Sofern solche theoretisch plausiblen Zusammenhänge mit dem Kriterium bestehen, kann eine systematische Sichtung der einschlägig bekannten Rückfallprädiktoren auch einen inhaltlichen Beitrag für die Kriminalprognose liefern, der über die bloße Präzisierung der Einschätzung des Ausgangsrisikos für Rückfälle hinausgeht. Insofern tut der Prognostiker gut daran, die in einem Einzelfall vorliegenden Risikomerkmale auch bei der idiographischen Rekonstruktion zu beachten und ihre jeweilige inhaltliche Bedeutung für den Einzelfall herauszuarbeiten.

### 1.3.3 Lebensalter und Rückfälligkeit

Einen speziellen Einflussfaktor auf die Wahrscheinlichkeit von Rückfalldelikten stellt das Lebensalter dar. Nicht nur die Prävalenzzahlen delinquenten Verhaltens in unterschiedlichen Altersgruppen (vgl. z. B. die Polizeiliche Kriminalstatistik, BKA) oder Vergleiche von Rückfallzahlen unterschiedlicher Altersgruppen (vgl. Jehle, Heinz & Sutterer, 2003), sondern auch eine zunehmende Anzahl von Verlaufsuntersuchungen (z. B. Dahle, 1998, 2001; Mischkowitz, 1993; zusammenfassend: Thornberry & Krohn, 2002) belegen, dass Kriminalitäts- und Rückfallrisiken zu unterschiedlichen Lebensphasen stark variieren. Es liegt daher auf der Hand, dass es für die Kriminalprognose von Belang ist, ob es sich bei einer zu beurteilenden Person etwa um einen 18-jährigen oder einen mittlerweile 50-jährigen Täter handelt. Selbst bei der chronischen Hochrisikogruppe der so genannten „Psychopaths", denen man in besonderer Weise eine lebenslang persistierende Delinquenzneigung nachsagt, scheinen kriminelle Aktivitäten im höheren Lebensalter nachzulassen (vgl. z. B. Hare, McPherson & Forth, 1988). Für die Einschätzung solcher

---

[6] Das ist auch ein Grund dafür, dass die meisten Studien dem Ausmaß der strafrechtlichen Vorbelastung eine hohe prognostische Bedeutung beimessen. Auch hier bestehen nur zu einem Teil tatsächlich inhaltliche Zusammenhänge (die etwa durch Lern- und Labeling-Prozesse bedingt sind). Bei der statistischen Zusammenstellung von Teilgruppen mit hoher Vorstrafenbelastung und ihrer Gegenüberstellung mit weitgehend unbelasteten Gruppen ist es indessen evident, dass die erstgenannte Gruppe im Durchschnitt eine weit größere Anzahl unterschiedlichster kriminogener Risikofaktoren auf sich vereint. Auch hier wird der Einfluss dieser Einzelmerkmale durch eine einzige übergeordnete Variable – z. B. Vorstrafenanzahl – statistisch überlagert.

Alterseinflüsse lassen sich i. W. Längsschnittuntersuchungen heranziehen, wobei bislang allerdings nur wenige Studien in wirklich späte Lebensphasen vordringen. Die in Metaanalysen bisweilen genannten Effektstärken über den Alterseinfluss auf die Rückfallwahrscheinlichkeit (z. B. Gendreau et al., 1996) helfen hingegen nur bedingt weiter, weil hier lediglich ein allgemeiner linearer Trend abgebildet wird. Kurvilineare Zusammenhänge, etwaige Wendepunkte in bestimmten Altersperioden o. Ä. werden demgegenüber nicht erfasst (zur „Age-Crime-Debate" ausführlich: Mischkowitz, 1993).

**Abbildung 2**    Verlaufstypen delinquenter Karrieren (ehemaliger) männlicher Strafgefangener am Beispiel verbüßter Haftstrafen (aus Dahle, 1998)

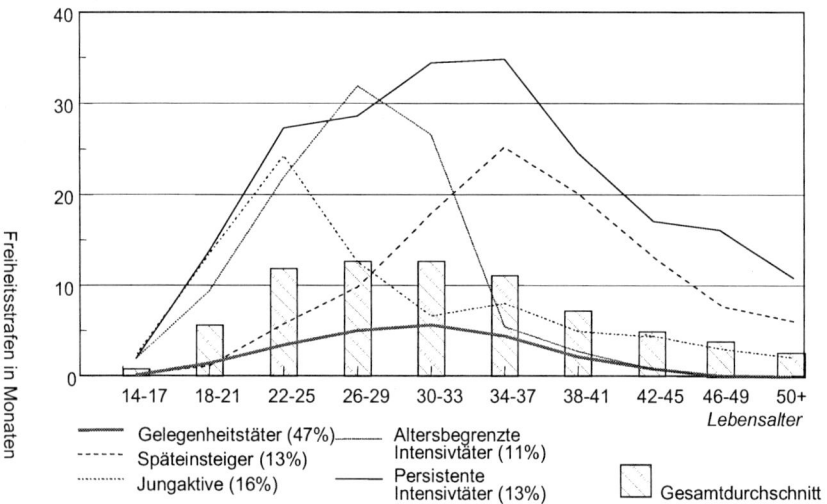

Ein wichtiger Befund der bisherigen Längsschnittforschung ist weiterhin die Erkenntnis, dass es offenbar unterschiedliche Verlaufsvarianten delinquenter Rückfallkarrieren gibt. So gibt es Personengruppen, die ausschließlich während der Jugend eine begrenzte Phase (mitunter aber erheblich) delinquenten Verhaltens zeigen, während andere ihre kriminelle Karriere im Erwachsenenalter fortsetzen (Moffitt, 1993; zusammenfassend: Lösel & Bender, 1998), und selbst für die Jugenddelinquenten sind verschiedene Entwicklungsverlaufsvarianten beschrieben worden (z. B. D'Unger, Land, McCall & Nagin, 1998). Aber auch im Erwachsenenalter scheint es unterschiedliche Entwicklungspfade zu geben. So finden sich Gruppen, die auch nach erheblicher früh im Leben begonnener Vorstrafenkarriere in bestimmten Phasen des Erwachsenenalters ihre Karriere beenden ebenso wie solche, die überhaupt erst im Erwachsenenalter strafrechtlich in Erscheinung treten (vgl. Dahle, 1998, 2001; Stelly, Thomas, Kerner & Weitekamp, 1998, oder Stelly & Thomas, 2001; siehe Abbildung 2). Es handelt sich hierbei zumindest teilweise um prototypische Verlaufsformen, d. h., auch im Erwachsenenalter lassen sich definierte Lebensphasen ausmachen, in denen bei größeren Gruppen von Straftätern signifikante Änderungen eintreten (vgl. Dahle, 1998, 2001; Soothill, Francis & Fligelstone, 2001). Die Frage nach der Fortsetzung oder der Beendigung strafrechtsbedeutsamer Handlungen im Erwachsenenalter bestimmt sich somit nicht ausschließlich vor dem Hintergrund individueller Besonderheiten. Die Feststellung, dass es zu unterschiedlichen Lebensphasen für relevante Teilgruppen von Rechtsbrechern Wendepunkte zu geben scheint, lässt vielmehr vermuten, dass hierfür möglicherweise altersspezifische Faktoren bedeutsam sein könnten. Dies würde bedeuten, dass nicht alle aus der Rückfallforschung als Risikoprädiktoren imponierenden Merkmale tatsächlich stabile Prädiktoren darstellen müssen, die zu jeder Lebensphase gleich bedeutsam sind.

Zumindest für jüngere Altersgruppen – insbesondere für Jugendliche – liegen mittlerweile Ergebnisse vielfältiger entwicklungskriminologischer Studien vor, die belegen, dass zumindest teilweise altersspezifische Faktoren über die Frage der Aufrechterhaltung oder der Beendigung delinquenter Verhaltensmuster entscheiden (vgl. z. B. Farrington, 2003). Für die späteren Lebensabschnitte sind die empirischen Grundlagen indessen derzeit noch recht rar. Erste Hinweise auf die Altersabhängigkeit einzelner Rückfallprädiktoren auch im Erwachsenenalter liegen jedoch vor (vgl. Karwinkel, 2001). Hier sind in absehbarer Zeit Fortschritte denkbar, die zu einer weiteren entwicklungskriminologischen Differenzierung bei der Analyse von Rückfallprädiktoren und Risikofaktoren und mithin zu einer Erhöhung der Zielgenauigkeit von Kriminalprognosen führen könnten.


## 1.3.4 Behandlungseffekte

Gerade bei Personen mit gravierenden Straftaten ist es nicht selten, dass im Vollzugsverlauf – also zwischen Anlassdelikt und Prognosezeitpunkt – Behandlungsmaßnahmen stattgefunden haben, die darauf ausgerichtet waren, gezielt das Rückfallrisiko des zu Beurteilenden zu minimieren. In diesen Fällen stellt sich die Frage nach den zu erwartenden spezialpräventiven Effekten dieser Maßnahme. Zur Frage der Behandlungseffizienz bei inhaftierten Straftätern liegen mittlerweile vergleichsweise zahlreiche Untersuchungen vor (eine Übersicht geben Dahle & Steller, 2000), die zudem in diversen Metaanalysen verdichtet wurden (z. B. Egg, Pearson,

Cleland & Lipton, 2001; eine internationale Übersicht gibt Lösel, 2003). Sie deuten auf moderate, aber stabile Behandlungseffekte im Sinne einer Verringerung der Rückfallwahrscheinlichkeit (z. B. sozialtherapeutisch) behandelter Straftäter im Vergleich zu unbehandelten. Die mittlere Effektstärke liegt bei den meisten Untersuchungen im Bereich um $r = .1$ (was etwa einer um 10 % verringerten Rückfallquote entspricht), wobei spezielle Behandlungsprogramme zur gezielten Beeinflussung von Risikofaktoren offenbar deutlich bessere Effekte erzielen können (vgl. Andrews et al., 1990; Andrews & Bonta, 1998). Eine weitgehend konsistente Erfahrung der Behandlungseffektforschung ist indessen die Feststellung, dass rückverlegte Strafgefangene, d. h. Personen, bei denen aus disziplinarischen bzw. motivationalen Gründen die Behandlung abgebrochen wurde, offensichtlich eine Hochrisikogruppe darstellen. Deren Rückfallquoten liegen in aller Regel noch deutlich über den Quoten der unbehandelten Kontrollgruppen (z. B. Dünkel & Geng, 2003; Schneider, 1999).

Zu beachten sind differentielle Effekte von Behandlungsmaßnahmen bei unterschiedlichen Straftätergruppen. So ergaben nähere Analysen der Daten einer Rückfallstudie sozial- bzw. psychotherapeutisch behandelter und unbehandelter Straftäter des Berliner Strafvollzuges (vgl. Dahle, Schneider & Konrad, 2003) recht unterschiedliche Effekte in Abhängigkeit vom Muster der Vorstrafenkarriere. Demnach wurden bei Personen mit biographisch früh einsetzender Kriminalität deutlich schlechtere Effekte erzielt als bei jenen Karrieretätern, die erst im Erwachsenenalter auffällig wurden. Weiterhin wurden bei der bereits erwähnten Hochrisikogruppe der so genannten „Psychopaths" bislang eher schlechte Behandlungseffekte, mitunter gar Negativeffekte, gefunden (vgl. Lösel, 1998), so dass diese Gruppe als mit den derzeit verfügbaren therapeutischen Mitteln nicht oder nur sehr schlecht erreichbar gilt. Eher geringe Behandlungseffekte fand man gehäuft auch bei Sexualstraftätern (z. B. Furby, Weinrott & Blackshaw, 1989; Ziethen, 2003; vgl. auch Hall, 1995), wobei die Befundlage aber uneinheitlich ist (z. B. Marshall, Jones, Ward, Johnston & Barbaree, 1991). Eine aktuelle Metaanalyse (Schmucker, 2004) fand insgesamt einen moderaten Behandlungseffekt, wobei eine differenzierte Sichtung ergab, dass es sich bei den Maßnahmen mit nachweisbarem Effekt auf die Rückfallwahrscheinlichkeit erneuter Sexualdelikte weitgehend um medikamentöse und (mit leichtem Abstand) kognitiv-behaviorale Behandlungskonzepte handelte.

## 1.4 Methodische Grundlagen von Kriminalprognosen

„Erfahrung heißt gar nichts. Man kann seine Sache auch 35 Jahre schlecht machen."
(Kurt Tucholsky)

### 1.4.1 Grundlegende methodische Strategien: Begriffsdefinitionen

In den methodischen Abschnitten kriminalprognostischer Abhandlungen werden meist zwei, mitunter auch drei Strategien der Urteilsbildung bei der Kriminalprognose unterschieden: die so genannte statistische, die so genannte klinische und (seltener, jedoch insbesondere in rechtspsychologischen und juristischen Werken) die intuitive Herangehensweise. Die Unterteilung ist nicht frei von Problemen, da in der Praxis erhebliche Überschneidungen bestehen. In ihren idealisierten Reinformen spiegeln sie jedoch unterschiedliche Denkansätze wider und basieren – jedenfalls die beiden zuerst genannten Strategien – auf unterschiedlichen verhaltenswissenschaftlichen Traditionen. Es ist daher sinnvoll, die einzelnen Ansätze zunächst getrennt einer näheren Analyse zu unterziehen, um ihre jeweiligen methodenimmanenten Stärken und Schwächen genauer erfassen zu können. Um konkrete Methoden wird es dann im 2. Teil der Arbeit gehen.

Vor inhaltlichen Erörterungen ist jedoch eine begriffliche Klärung notwendig, da im Schrifttum die Begriffe nicht einheitlich gefasst werden. Im hiesigen Kontext werden die idealisierten Konzepte und ihre jeweiligen fehlerhaften Anwendungen[7] folgendermaßen definiert:

| | |
|---|---|
| Statistische Prognose: | Hierunter wird der methodische Idealtypus einer vollständig regelgeleiteten Vorgehensweise bei der Erstellung individueller Kriminalprognosen anhand vorgegebener Algorithmen gefasst. Die Regeln und methodischen Vorgaben betreffen dabei die Auswahl der für die Prognose benötigten Informationen, die für ihre Erfassung erforderlichen Erhebungsmethoden sowie die Art und Weise der Verknüpfung der so gewonnenen Daten zu einer prognostischen Beurteilung. *Prognosefehler*: Nach dieser Definition sind fehlerhafte Prognosen solche, bei deren Erstellung gegen die expliziten Regeln der Methode verstoßen wurde. Fehlerhaft wäre weiterhin die Anwendung einer statistischen Methode auf eine Personengruppe, für die sie nicht entwickelt bzw. überprüft wurde. |
| Intuitive Prognose: | Hierunter wird das Denkmodell einer ausschließlich am Individuum orientierten Vorgehensweise gefasst. Bei dieser Strategie lässt sich der Prognostiker ohne (jedenfalls explizite) Bezugnahme auf vorgegebene |

---

[7] Für die begriffliche Abgrenzung von Prognosefehlern und Prognoseirrtümern siehe Kap. 1.2.2

39

Regeln oder allgemeine (theoretische oder empirische) Konzepte allein von den spezifischen individuellen Gegebenheiten der zu beurteilenden Person leiten. Diese sucht er möglichst vollständig zu erfassen und fällt aus dem Gesamteindruck, den er auf diese Weise von der Person gewonnen hat, und auf der Grundlage seiner (nicht systematisch aufgearbeiteten oder methodisch kontrollierten) Erfahrungen ein prognostisches Urteil.

*Prognosefehler*: Nach dieser Definition wäre eine intuitive Prognose stets fehlerfrei (nicht aber irrtumsfrei), da es keine Regeln gibt, gegen die sie verstoßen könnte.

Klinische Prognose:

Hierunter wird der methodische Idealtypus einer Prognosestrategie gefasst, der sich zwar an der zu beurteilenden Einzelperson und ihren spezifischen Eigenarten und Besonderheiten orientiert, beim Beurteilungsprozess jedoch regelgeleitet vorgeht, um wissenschaftliche und wissenschaftlich überprüfbare Standards bei der Auswahl und Gewinnung der für die Prognose erforderlichen Informationen und ihrer Verknüpfung zu einem prognostischen Urteil zu wahren. Die Regeln einer klinischen Prognosemethode steuern das Vorgehen jedoch nicht in allen Einzelheiten. Sie stellen vielmehr allgemeine Leitlinien und Prinzipien dar, die die grundsätzlich erforderlichen Denkschritte und die Grundprinzipien bei der Datenerhebung und -integration vorgeben und hierdurch den diagnostischen Erhebungs- und Beurteilungsprozess steuern.

*Prognosefehler*: Klinische Prognosen nach dieser Definition stellen im Hinblick auf die Beurteilung von Prognosefehlern besondere Anforderungen. Zwar lassen sich auch hier Regelverstöße gegen die Methode prinzipiell als Fehler ansehen. Sie zu beurteilen, fällt jedoch wegen der Unschärfe der Vorgaben und der verbleibenden Freiheitsgrade schwerer als bei der statistischen Prognosemethode.

Es ist anzumerken, dass der Begriff der klinischen Prognose hier als explizit regelgeleitete Vorgehensweise definiert und vom (nicht explizit regelgeleiteten) intuitiven Vorgehen abgegrenzt wurde. Dies entspricht nicht unbedingt dem psychologischem Schrifttum im Allgemeinen; vor allem die eher theoretisch bzw. methodisch orientierten Arbeiten fassen unter einer klinischen Prognose gewöhnlich gerade das nicht regelgeleitete, intuitive Vorgehen eines Praktikers (vgl. z. B. Grove & Meehl, 1996; Schaefer, 1984). Es entspricht jedoch dem Begriffsgebrauch in der kriminalprognostischen Literatur und erscheint in diesem Kontext auch sinnvoll – nicht zuletzt erfordert der strafrechtliche Rahmen definitiv eine klinische Beurteilung, eine ausschließlich an statistischen Modellen orientierte Vorgehensweise wird dem rechtlichen Auftrag nicht gerecht (vgl. Kap. 1.1.4). Um gleichwohl begriffliche Missverständnisse zu vermeiden, wird im Folgenden der Begriff der klinisch-idiographischen Prognose gewählt, wenn von klinischen Strategien im oben definierten Begriffsverständnis die Rede ist.

In den folgenden Abschnitten werden die statistische und die klinisch-idiographische Prognose näher beschrieben. Beim intuitiven Vorgehen handelt es sich hingegen nicht um eine Methode im engeren Sinn – die Person des Beurteilers ersetzt gewissermaßen die Methodik –, wenngleich im juristischen Kontext etwa in der Rechtsfigur der richterlichen Überzeugungsbildung der Intuition eine gewisse Bedeutung zukommt (vgl. Eisenberg, 2002). Auch bei „klinischen" Beurteilungen mag der Intuition im Rahmen der diagnostischen Hypothesenbildung eine praktische Bedeutung zukommen. Methodischen Ansprüchen genügen solche Intuitionen indessen erst, wenn die auf diese Weise generierten Hypothesen im Folgenden einer systematischen, kritischen und methodisch kontrollierten Prüfung unterzogen werden. Ein rein intuitives Vorgehen genügt demgegenüber schon nicht dem erforderlichen Transparenzgebot an sachverständige Kriminalprognosen im Strafrecht, da das konkrete Vorgehen und die Mechanismen des Urteilsbildungsprozesses im Einzelfall nicht nachvollziehbar und seine Güte nicht beurteilbar sind. Das Denkmodell einer rein intuitiven Prognose ist insofern zwar geeignet, typische Fehlerquellen, die auf allgemeinen Schwächen und Verzerrungen menschlicher Urteilsbildung beruhen, näher zu untersuchen, um hieraus z. B. methodische Anforderungen zu formulieren (vgl. hierzu Dahle, 2000); für die im hiesigen Rahmen intendierte Analyse der Möglichkeiten und Begrenzungen wissenschaftlich fundierter Kriminalprognosemethoden ist es jedoch ohne Belang.

### 1.4.2 Prognose durch Klassifikation: Statistisch-nomothetische Kriminalprognose

Die Grundidee statistischer Prognoseverfahren besteht darin, zunächst personen- oder auch tatbezogene Merkmale, die sich in empirischen Untersuchungen als möglichst hoch mit Rückfälligkeit zusammenhängend erwiesen haben, zu identifizieren und systematisch zusammenzustellen. Dabei geht man von der Annahme aus, dass diese Merkmale geeignet sind, für vergleichbare Personengruppen auch zukünftige Rückfälle vorherzusagen – sorgfältig entwickelte Methoden überprüfen diese Annahme an gesonderten Stichproben (Kreuzvalidierung). Für die auf diese Weise gefundenen Merkmale werden dann Verknüpfungsregeln entwickelt, die auf unterschiedlichen Modellen beruhen können. Im einfachsten Fall handelt es sich um bloße Summenbildungen von Negativ- oder Positivmerkmalen (sog. Schlechtpunkt- oder Gutpunktsysteme), d. h., es wird schlicht aufsummiert, wie viele der im Test berücksichtigten Faktoren die zu beurteilende Person auf sich vereint. Andere Verfahren gewichten die Merkmale nach Maßgabe der Größenordnung ihrer statistischen Zusammenhänge mit Rückfälligkeit (z. B. in Form von Regressionsgewichten) oder nach Maßgabe der im individuellen Fall vorliegenden Ausprägungsgrade der einzelnen Merkmale (z. B. in Form von Ratings), aber auch hier werden im

Regelfall letztlich (gewichtete) Summenscores gebildet. Einige (bislang eher seltene) Verfahren suchen die in den oben genannten Instrumenten implizit enthaltene Annahme homogener Verhältnisse bei den in Frage kommenden Personen zu vermeiden, indem sie prognostisch aussagekräftige Merkmalskonfigurationen untersuchen und besonders hoch bzw. niedrig mit Rückfälligkeit einhergehende Merkmalscluster zu identifizieren suchen. Diese Verfahren beruhen meist auf hierarchischen Klassifikationsalgorithmen, bei ihrer Anwendung folgt man einem vorgegebenen Entscheidungsbaum mit jeweils unterschiedlichen Merkmalskombinationen in den einzelnen Verästelungen.

Gemeinsam ist den statistischen Prognoseverfahren, dass die zu beurteilende Person aufgrund ihrer jeweiligen Merkmale einer Teilgruppe der Normstichprobe zugeordnet wird, die der Zielperson in ihrer Merkmalsausprägung, -anhäufung oder -konfiguration gleicht. Statistische Verfahren lösen das Prognoseproblem somit durch eine spezielle Form von Klassifikationsdiagnostik mit definiertem Zuordnungsalgorithmus. Die eigentliche Prognose beruht dann auf der (bekannten) durchschnittlichen Rückfallquote dieser Teilgruppe aus der Normstichprobe; diese wird gewissermaßen als individuelle Rückfallwahrscheinlichkeit interpretiert.

Prüft man das skizzierte Grundkonzept statistischer Prognosemethoden anhand der in den Eingangskapiteln beschriebenen rechtlichen und wissenschaftlichen Anforderungen an Kriminalprognosen, so lassen sich – eine handwerklich solide Methodenentwicklung einmal vorausgesetzt – zunächst einige gewichtige Vorteile anführen. Ein streng regelgeleitetes Vorgehen verspricht ohne Zweifel den bestmöglichen Schutz vor menschlichen Urteilsfehlern, und die Beurteilung fußt auf empirisch gesicherter Erfahrung über Rückfallhäufigkeiten und Risikofaktoren. Die Methode ist weiterhin als solche nachvollziehbar, und ihre Grundlagen und ihre Güte sind prinzipiell jederzeit überprüfbar. Auch ihre Anwendung auf den Einzelfall ist in hohem Maße transparent; Anwendungsfehler i. S. von Verstößen gegen die zugrunde liegenden Regeln sind ohne weiteres als solche erkennbar. Darüber hinaus bietet die Normstichprobe eine rationale Grundlage, auch die Wahrscheinlichkeit eines Irrtums einzuschätzen. Nicht unwichtig ist es schließlich, dass statistische Verfahren auch unter Effektivitäts- bzw. ökonomischen Gesichtspunkten gegenüber alternativen Prognosemethoden zumeist im Vorteil sind.

Statistische Methoden haben auf der anderen Seite auch Nachteile bzw. Grenzen. Ein wichtiges methodenimmanentes Problem ist es z. B., dass die gewichteten oder ungewichteten Summenscores statistischer Methoden dazu tendieren, bei hinreichend großen Fallzahlen die Verteilungsform einer Gauß'schen Glockenkurve anzunehmen (vgl. z. B. Marczyk, Heilbrun, Lander & DeMatteo, 2003). Diese für statistische Auswertungszwecke an sich wünschenswerte Eigenschaft hat bei der Anwendung als Prognosemethode den Nachteil, dass überproportional viele Personen in den Bereich mittlerer Ausprägung, nahe dem Gesamtmittelwert eingeordnet

werden. Sie hinterlassen somit ein vergleichsweise breites Mittelfeld von Probanden, die in der Optik statistischer Methoden als „Durchschnittsfälle" erscheinen –
für die die Prognose aber zwangsläufig unspezifisch ist, da deren erwartete Rückfallwahrscheinlichkeit kaum von der Gesamtbasisrate abweicht. Eindeutige Aussagen sind nur in den (entsprechend selteneren) Randbereichen möglich, in denen die
im Verfahren erfassten Merkmale stark kumulieren oder eben kaum vorkommen.

Ein wichtiges inhaltliches Problem statistischer Individualprognosen ist es, dass
sie i. S. der eingangs formulierten rechtlichen Anforderungen an individuelle Kriminalprognosen keine Individualprognosen sind. Sie erklären für sich genommen
nichts, sondern liefern zunächst lediglich eine statistische Aussage über die Durchschnittsverhältnisse eines mehr oder weniger eingegrenzten Personenkreises von
Straftätern oder Rechtsbrechern, der dem Probanden hinsichtlich einer Reihe von
Merkmalen gleicht. Es handelt sich um eine systematische und methodisch weitgehend kontrollierte Aufarbeitung eines (für den Einzelfall relevanten) Teilbestandes
empirischen Erfahrungswissens über Rückfallraten und Rückfallprädiktoren. Zur
rechtlich erforderlichen Aufklärung der „Tatdynamik und der sonstigen Taturs-
chen" (vgl. Kap. 1.1.4) tragen statistische Prognosemethoden – jedenfalls in ihrer
idealisierten Reinform – zunächst nicht bei. Es kommt hinzu, dass „klassische"
statistische Prognoseinstrumente, die sich weitgehend an statistischen Zusammenhängen und nicht an Theoriebezügen orientieren, dazu tendieren, vor allem statische Merkmale aus der Vorgeschichte der Rechtsbrecher als relevant zu identifizieren. Diese Merkmale sind jedoch definitionsgemäß, sofern sie einmal zutreffen,
nicht mehr änderbar. Prognoseverfahren, die auf diesen Faktoren basieren, sind
somit für Patienten des Maßregelvollzugs von vornherein nur von sehr eingeschränktem Wert, da hier die Veränderung von einer zunächst ungünstigen Prognose (als Voraussetzung für die Unterbringung) zu einer günstigen Prognose (als
Voraussetzung für die Aussetzung) zu prüfen ist.

Von ihrer Zielrichtung her entsprechen statistische Prognosemethoden im Prinzip dem im Vorkapitel behandelten Vorgehen bei der Einschätzung von Basisraten
und der Abschätzung möglicher relevanter besonderer Einflussfaktoren mittels systematischer Sichtung der in empirischen Rückfallstudien gewonnenen Hinweise
auf Rückfallprädiktoren und Schutzfaktoren. Sie erledigen diese Aufgabe nur in
einer elaborierteren und methodisch eleganteren Art und Weise und ermöglichen
genauere Wahrscheinlichkeitsaussagen, sind aber andererseits auf die in der jeweiligen Ausgangsstudie untersuchten Merkmale beschränkt. Der Prognostiker sollte
insofern bei der Anwendung statistischer Instrumente die in den jeweiligen Verfahren fokussierten Merkmale beachten und ggf. unberücksichtigte Faktoren, die potentiell für den Fall relevant sein könnten, nicht aus dem Auge verlieren. Grundsätzlich ist indessen festzuhalten, dass statistische Methoden auf die aus Gruppen-
untersuchungen gewonnenen empirischen Erfahrungen bauen und insoweit an der

nomothetischen (durch das Auffinden gesetzmäßiger Regelhaftigkeiten erklären-den) verhaltenswissenschaftlichen Tradition orientiert sind.

Modernere statistische Instrumente (Andrews & Bonta, 1998, nennen sie Verfahren der „dritten Generation") gehen indessen einen Schritt weiter. Diese Verfahren legen nicht Merkmale aufgrund ihrer bloßen statistischen Zusammenhänge mit Rückfälligkeit zugrunde, sondern sie basieren auf theoretischen Modellvorstellungen über die Ursachen von Kriminalität und Rückfälligkeit. Die erfassten Faktoren stellen somit Messungen theoretischer Konstrukte dar, die aufgrund eines Erklärungsmodells mit Rückfallkriminalität verknüpft sind – deren prognostische Bedeutung aber zudem durch empirische Befunde belegt ist. Solchermaßen konstruierte Verfahren haben eine Zwitterfunktion. Es handelt sich einerseits um statistische Prognoseinstrumente im oben beschriebenen Sinn und mit den oben beschriebenen Vorzügen und Begrenzungen. Es handelt sich andererseits aber auch um psychodiagnostische Testverfahren i. w. S., die Personenmerkmale zu erfassen suchen, die aufgrund theoretischer Konzepte als Risikofaktoren imponieren. Der prognostische Gehalt dieser Konstrukte erschließt sich jedoch erst im Kontext des Erklärungsmodells – was Gegenstand der klinischen Prognose (jedenfalls im hier definierten Sinne) ist. Diese Verfahren sind somit auch für die klinische Prognose hilfreich und können eine wichtige Brücke zwischen statistischem und klinischem Vorgehen darstellen.

*1.4.3 Prognose durch individuelle Erklärung: Klinisch-idiographische Kriminalprognose*

Klinische Prognosemethoden werden im hiesigen Kontext als Ansatz verstanden, sowohl individuumszentriert vorzugehen, um den Besonderheiten des Einzelfalls Rechnung zu tragen und hierdurch den rechtlichen Anforderungen zu entsprechen, als auch regelgeleitet, um wissenschaftlichen Standards zu genügen. Die beiden Zielvorgaben stehen sich dabei in gewisser Weise im Wege, da zunehmende wissenschaftliche Kontrollierbarkeit in letzter Konsequenz nur mit zunehmender Reglementierung zu erzielen ist – was auf Kosten der nötigen Freiheitsgrade geht, die erforderlich sind, um tatsächlich allen individuellen Eventualitäten Rechnung zu tragen. In diesem Sinne sind Kompromisse dergestalt notwendig, dass die Vorgaben klinischer Prognosemethoden das jeweilige Vorgehen nicht erschöpfend beschreiben, sondern sich darauf beschränken, inhaltliche und methodische Standards zu formulieren, denen der klinische Beurteilungsprozess genügen sollte. Sie basieren auf den allgemeinen Grundprinzipien wissenschaftlich fundierter psychodiagnostischer Urteilsbildung (vgl. hierzu z. B. Steller & Dahle, 2001) und formulieren hierauf aufbauend ein Modell der für eine klinische Prognosestellung erforderlichen Denk- und Beurteilungsschritte.

Der rechtlichen Vorgabe an klinische Kriminalprognosen entsprechend, geht es darum, ein auf den Einzelfall zugeschnittenes Erklärungsmodell für die bisherigen Anlasstaten zu entwickeln und dieses Erklärungsmodell dann im Rahmen der Prognose fortzuschreiben. Einige Konzepte gehen dabei von vornherein von einem festgelegten Erklärungsmodell aus und beschränken sich darauf, im Einzelfall zu untersuchen, inwieweit die Zielperson diesem Konzept entspricht. Hierbei handelt es sich mithin um Methoden begrenzter Reichweite, da die Prognose nur so weit reichen kann, wie die zugrunde liegende Theorie den im Einzelfall vorliegenden Phänomenen gerecht wird. Universelle klinische Prognosemethoden gehen hingegen von der biographischen Rekonstruktion der individuellen Entwicklungen bei der Zielperson aus – insbesondere in ihren strafrechtsrelevanten Bezügen – und versuchen auf dieser Basis und aus der Analyse des Anlassgeschehens ein Erklärungsmodell zu entwickeln (freilich unter Bezugnahme auf entsprechende Theorien; vgl. Kap. 2.3). Diese Methoden sind insofern stärker einem idiographischen (durch individuelle Rekonstruktion erklärenden) Wissenschaftsmodell verpflichtet (vgl. hierzu Thomae, 1998), wobei in den Beurteilungsprozess auch Erkenntnisse der nomothetischen Wissenschaft einfließen.

Der wichtigste Vorteil einer klinisch-idiographischen Methodik im hier definierten Sinn ist die Möglichkeit, individuellen Eigenarten und Besonderheiten im Rahmen der Prognosebeurteilung einen Raum zu geben und gleichzeitig ein Mindestmaß wissenschaftlicher Fundierung und Kontrollierbarkeit zu wahren. Letztlich ist es nur auf diese Weise möglich, dem eingangs formulierten Auftrag des Rechtssystems – eine individuumsbezogene Aussage zur Kriminalprognose eines Einzelfalls mittels einer wissenschaftlichen Ansprüchen genügenden Methodik zu leisten – nachzukommen. Ihre Grenzen liegen einerseits in notwendigen Einschränkungen im Hinblick auf Transparenz und Nachvollziehbarkeit; die Beurteilung der Güte klinisch-idiographischer Prognosen erfordert ein nicht unbeträchtliches Maß an psychowissenschaftlicher Expertise. Hierzu gehört auch die Frage nach der intersubjektiven Vergleichbarkeit entsprechender Einschätzungen. Wichtig erscheint schließlich die Einschränkung, dass eine idiographische Methodik allein keine hinreichende Grundlage bietet, die Größenordnung der Wahrscheinlichkeitsverhältnisse der vorherzusagenden Ereignisse einzuschätzen. Hier ist der Rekurs auf empirisches Erfahrungswissen nomothetischer Wissenschaftszweige erforderlich. Insofern sind Methoden und Beurteilungsstrategien notwendig, die im Rahmen der Einzelfallbeurteilung eine Integration der auf den unterschiedlichen Traditionen basierenden Verfahren erlauben, um den rechtlichen und wissenschaftlichen Anforderungen an Kriminalprognosen im Strafrecht letztlich zu genügen.

## 1.4.4 Methodische Hilfsmittel mit Brückenfunktion: Prognosechecklisten

Ein spezielles Hilfsmittel für die Erstellung von Kriminalprognosen, das sich weder eindeutig der statistisch-nomothetischen noch der klinisch-idiographischen Methodenfamilie zuordnen lässt, sind die so genannten Prognosechecklisten oder prognostischen Kriterienkataloge. In einigen Systematiken werden sie daher auch unter dem Leitbegriff der „kriterienorientierten Prognose" neben den statistischen und klinischen Methoden als eigenständige Methodenfamilie aufgeführt (z. B. Wulf, 2003). Es handelt sich hierbei um mehr oder weniger systematische Zusammenstellungen von Merkmalen, die zumeist der Literatur entnommen wurden und von denen man aufgrund empirischer Erfahrung annimmt, dass sie mit erhöhter oder reduzierter Rückfallwahrscheinlichkeit einhergehen. Sie enthalten insofern nichts, was man bei sorgfältiger Sichtung der einschlägigen Rückfallstudien nicht auch so hätte erfahren können. Diese Checklisten sind meist umfangreicher als einzelne statistische Instrumente und somit potentiell geeignet, eine größere Bandbreite möglicher Fallkonstellationen und Zusammenhänge zu erfassen. Gemeinsamer Kern der statistischen Prognoseinstrumente und der Prognosechecklisten ist indessen der Ansatz, bei der Prognose auf empirisches Erfahrungswissen zurückzugreifen. Insoweit bauen beide Varianten auf Erkenntnisse der nomothetisch orientierten Verhaltenswissenschaften.

Auf der anderen Seite weisen Prognosechecklisten meist keine systematischen Operationalisierungen für die Erfassung der einzelnen Kriterien auf, und die Eigenschaften der Verfahren sind kaum – meist gar nicht – empirisch untersucht. Es fehlen damit nicht nur Hinweise auf ihre grundsätzliche Reliabilität und Validität. Auch die Zusammenhänge der Merkmale untereinander, die Bedeutung etwaiger Kumulationen und Clusterungen der erfassten Risiko- und Schutzfaktoren und z. T. auch ihre jeweilige spezifische prognostische Bedeutung sind einstweilen unbekannt. Ihr praktischer Nutzen beschränkt sich somit weitgehend auf die Funktion eines potentiellen Hilfsmittels für klinisch-idiographische Prognosebeurteilungen. Sorgfältig konstruierte Checklisten können den Prognostiker vor allem darin unterstützen, im Rahmen des Urteilsbildungsprozesses nicht wesentliche Aspekte zu übersehen. Die individuell als potentiell relevant vorgefundenen Merkmale bedürfen hierfür jedoch einer theoretisch fundierten Aufarbeitung ihrer inhaltlichen Bezüge im Einzelfall. Eine bloße „quasi-statistische" Verwendung wie im folgenden Fallbeispiel wäre sicherlich verfehlt.

*Fallbeispiel:* Zur Vorbereitung eines gerichtlichen Hauptverfahrens wurde für eine wegen eines Gewaltdelikts angeklagte erwachsene Frau ein Prognosegutachten erstellt. Das Gutachten umfasste insgesamt fünf Seiten, wobei die erste Seite das Anschreiben an das auftraggebende Gericht enthielt und den Auftragsinhalt sowie einige Eckdaten zur Untersuchung wiedergab. Die Seiten 2 bis 4 enthielten Tabellen, die

– nach Akteninformationen und Explorationsangaben als Datenquellen getrennt –
prognostisch „günstige" und „ungünstige" Merkmale der Angeklagten gegenüberstell-
ten. Die Hintergründe der jeweiligen Zuordnungen waren im Gutachtentext nicht erwähnt, doch ließ die Zusammenstellung vermuten, dass der Gutachter sich an zwei
bekannteren Prognosechecklisten orientierte.

Die fünfte und letzte Seite begann mit der Feststellung, dass sich aus der Aktenanalyse „... mit einem Verhältnis von 33:12 (76:24 %) ein deutliches Überwiegen der
im Hinblick auf Gefährlichkeit ungünstigen Merkmale" ergäbe, das sich bei Berücksichtigung der Explorationsdaten zwar auf die Relation von 45:19 (70:30 %) etwas
abschwäche, aber in der Grundtendenz erhalten bliebe. Das Gutachten schloss daraufhin mit der Folgerung, „... daß die Probandin, in den Stand ihrer freien Selbstbestimmung zurückversetzt, nicht weniger gefährlich ist als zur Zeit der Handlungen, die
Gegenstand der Beschuldigungen sind. Es ist demnach wahrscheinlich, daß die Probandin unter Bedrohung nicht näher eingrenzbarer Opfer ähnlich erhebliche rechts-
widrige Handlungen begeht, wie die, deren sie verdächtig ist. Somit geht von ihr ge-
genwärtig eine allgemeine Gefahr aus."

Ohne Zweifel fehlt einer solchen Verwendung von Prognosechecklisten jegliche
Begründungsgrundlage, insbesondere im Hinblick auf die unmittelbare Folgerung
auf anhaltende Gefährlichkeit aus der bloßen Relation vermeintlich „günstiger" und
„ungünstiger" Merkmale. Das Fallbeispiel zeigt jedoch in pointierter Form ein
Missbrauchsrisiko, das den meisten Diagnosechecklisten anhaftet und in der forensischen Gutachtenpraxis nicht selten anzutreffen ist (wenn auch meist in milderer
Form): die Verführung zu einer allzu schematischen Anwendung. Sorgfältig zu-
sammengestellte Kriterienlisten können hilfreich sein, insofern sie den Urteilsbildungsprozess bei komplexen diagnostischen Fragestellungen – wie sie Kriminalprognosen darstellen – systematisieren, eine gewisse Mindestbreite an Beurteilungsgrundlagen garantieren und somit vor einer allzu voreiligen Urteilsbildung auf
der Grundlage unzureichender Daten und unzureichender Überlegungen schützen.
Ihre sinnvolle Anwendung setzt jedoch die inhaltliche Aufarbeitung der Bedeutung
der als relevant erachteten Merkmale im individuellen Bedingungsgefüge, d. h. eine
angemessene klinisch-idiographische Bewertung voraus.

# 2 Methoden der Kriminalprognose

## 2.1 Statistisch-nomothetische („aktuarische") Prognoseinstrumente

### 2.1.1 Klassische statistische Prognoseinstrumente

Statistische Instrumente für die Kriminalprognose im Sinne des im Vorkapitel definierten Idealtypus statistischer Prognosen haben eine vergleichsweise lange Tradition. Die ersten praktisch nutzbaren Verfahren wurden bereits in den 20er Jahren des vorigen Jahrhunderts entwickelt (z. B. Burgess, 1929; Hart, 1923); sie basierten auf empirischen Rückfallprädiktoren, die retrospektiv anhand von Aktenanalysen ehemaliger Strafgefangener gewonnen wurden. Es handelte sich hierbei noch weitgehend um einfache Auflistungen positiv oder negativ mit Rückfälligkeit korrelierender Merkmale, die im Anwendungsfall einzeln zu prüfen und aufzusummieren waren. Seit diesen ersten Pionierentwicklungen wurde – vor allem im angloamerikanischen Raum – eine Vielzahl weiterer und methodisch fortschrittlicherer statistischer Prognoseverfahren publiziert. Bekanntere Beispiele neuerer Instrumente sind etwa der *Salient Factor Score* (SFS; Hoffmann, 1994), ein Instrument, das in den USA zur Absicherung von Bewährungsentscheidungen entwickelt wurde; das *Wisconsin Juvenile Probation and Aftercare Instrument* (Ashford & LeCroy, 1988), ein Verfahren speziell für jugendliche Straftäter, oder die *Statistical Information Recidivism* Skala (SIR; Nuffield, 1982), die aus Kanada stammt (weitere Beispiele bei Andrews & Bonta, 1998; Palmer, 2001; Schneider, 1983). Für die meisten vor allem neueren Verfahren liegen z. T. recht umfangreiche Validierungs- und auch Kreuzvalidierungsstudien vor, die ihre kriminalprognostische Güte untersucht haben. Bei einigen Verfahren zeigten sich dabei erhebliche Einbrüche an Vorhersagegenauigkeit beim Versuch der Kreuzvalidierung (vgl. Ashford & LeCroy, 1988; siehe auch Schneider, 1983), was die Notwendigkeit zur Überprüfung statistischer Prognoseinstrumente an gesonderten Stichproben unterstreicht. Viele Instrumente erreichen jedoch auch bei Kreuzvalidierungen beachtliche Vorhersageleistungen; die Koeffizienten lagen, in Abhängigkeit von Stichprobe, Katamnesezeit und unterschiedlichen Definitionen von Rückfallereignissen, zumeist in Bereichen zwischen (bei Korrelationen als Validitätsmaß) .25 und .35 bzw. (bei AUC[8] als Validitätsmaß) zwischen .65 und .75 (zusammenfassend: Andrews & Bonta, 1998).

---

[8] AUC „*area under curve*": ein mittlerweile bei Prognoseinstrumenten gebräuchliches Flächenmaß aus der ROC-Analyse, das den Zugewinn korrekt identifizierter Rückfälle („valide Positive") gegenüber dem Zufall über den gesamten Messbereich einer (Prognose-)Skala ausdrückt. Er ist un-

Parallel zu den obigen Entwicklungen findet seit mittlerweile gut 50 Jahren eine breite Diskussion zur grundsätzlichen Bedeutung statistischer Prognosen gegenüber alternativen Strategien und insbesondere zur Frage der Überlegenheit statistischer oder klinischer Prognosen statt. Grundlegend waren die Arbeiten von Meehl (1954 u. a.), seither wurde die Kontroverse jedoch immer wieder aufgegriffen, und es wurden mittlerweile zahlreiche Untersuchungen durchgeführt, die die Validität der beiden Strategien vergleichend zu überprüfen suchten (zusammenfassend: Dawes, Faust & Meehl, 1993; Grove & Meehl, 1996; Swets, Dawes & Monahan, 2000 u. a.). Die allermeisten Studien deuten dabei auf eine grundsätzliche Überlegenheit statistischer gegenüber klinischen Prognosen (ebd.). Klinische Vorhersagen erwiesen sich demgegenüber nicht selten als gänzlich unvalide, so dass einige Autoren für einen grundsätzlichen Ersatz klinischer durch statistische Prognosemethoden plädieren (z. B. Quinsey, Harris, Rice & Cormier, 1999). Auf der anderen Seite ist festzuhalten, dass die meisten dieser Untersuchungen keine sehr fairen Bedingungen für klinische Vorhersagen bereithielten (vgl. Litwack, 2001; Steller & Dahle, 2001; siehe auch Holt, 1970, 1986). Vor allem handelte es sich in aller Regel nicht um klinische Methoden im hier definierten Sinne – also nicht um Methoden, die einem spezifizierten Modell idiographischer Urteilsbildung folgten –, sondern um so genannte „unguided decisions", also um unstrukturierte Beurteilungen von Praktikern, die in den Studien als klinische Experten fungierten. Nicht selten dürfte es sich eher um intuitive denn um klinische Beurteilungen im Sinne des im Vorkapitel skizzierten Begriffsverständnisses gehandelt haben. Tatsächlich gibt es durchaus auch Studien, die die Möglichkeit valider klinischer Vorhersagen bestätigten (zusammenfassend: Monahan, 2002).

Unabhängig von der Feststellung, dass die Kontroverse derzeit noch immer nicht beendet ist (z. B. Berlin, Galbreath, Geary & McGlone, 2003 und der Kommentar von Hart, 2003), blieb in Deutschland die Debatte um die Nützlichkeit der unterschiedlichen methodischen Strategien im forensischen Bereich über lange Jahre weitgehend unbeachtet. Eigenentwicklungen statistischer Verfahren (wie z. B. der *Legalprognosetest für dissoziale Jugendliche*; Hartmann & Eberhard, 1972) waren seltene Ausnahmen; in der Literatur wurde weitgehend ein klinisches Konzept der Kriminalprognose vertreten, wobei jedoch konkrete Methodenent-

---

abhängig von der Basisrate und kann theoretisch zwischen 0 und 1, praktisch jedoch eher zwischen .5 und 1 variieren, wobei ein Wert um .5 einer Zufallszuordnung (auf jeden valide Positiven kommt statistisch ein falsch Positiver) entspricht. Er lässt sich interpretieren als diejenige Wahrscheinlichkeit, dass eine zufällig ausgewählte rückfällige Person auf der analysierten Skala einen höheren Wert aufweist als eine zufällig ausgewählte nicht rückfällige Person (ausführlich zur ROC-Analyse und ihren Indizes: Hanley & McNeil, 1982; Swets, 1986). Werte von AUC > .70 gelten nach allgemeinen Standards für Prognoseinstrumente als gute Werte, Werte zwischen .65 und .70 noch als moderat (vgl. Cohen, 1992).

wicklungen für die klinische Urteilsbildung lange Zeit ausblieben. Neben Defiziten bei der rechtlich gebotenen inhaltlichen Aufklärung individueller Besonderheiten dürfte ein wesentlicher Grund für das Desinteresse an statistischen Instrumenten gewesen sein, dass die „klassischen" Verfahren dazu neigten, sich weitgehend auf einfach zu erhebende statische Merkmale aus der Vorgeschichte der Zielperson zu beschränken. Erst seit einigen Jahren wurde die Bedeutung dynamischer Faktoren – solcher Merkmale also, die potentiell durch die betroffene Person veränderbar und grundsätzlich auch Behandlungsbemühungen zugänglich sind – zunehmend beachtet (vgl. Gendreau et al., 1996). Dies führte letztlich zur Entwicklung einer neuen Generation von Prognoseinstrumenten – sie werden in den beiden Folgekapiteln näher beschrieben –, die zunehmend auch hierzulande an Bedeutung gewinnen (vgl. z. B. Endres, 2002).

### 2.1.2 Instrumente zum „Risk-Needs-Assessment"

Instrumente der „dritten Generation" (Andrews & Bonta, 1998) zeichnen sich vor allem dadurch aus, dass sie systematisch (auch) dynamische Faktoren in die Prognosebeurteilung einbeziehen. Vielen dieser Verfahren liegen zudem theoretische Modellvorstellungen über die Ursachen und Bedingungen von Kriminalität und Rückfall zugrunde. Sie könnten daher von ihrem Ansatz her, neben einer bloßen statistischen Aussage über die Rückfallwahrscheinlichkeit einer Person, auch inhaltliche Beiträge für die klinische Beurteilung einer Person leisten; eine Reihe dieser Verfahren wurde primär zu diesem Zweck, nämlich als Hilfsmittel zur Diagnostik der spezifischen individuellen Risikofaktoren, entwickelt. Mit diesen Instrumenten sollten nicht nur prognostische Entscheidungen unterstützt, sondern auch Hinweise über die Stoßrichtung von Maßnahmen zum Risikomanagement oder über den Bedarf und die Zielrichtung etwaiger Behandlungsmaßnahmen gegeben werden (vgl. Heilbrun, 1997). Dieses Anliegen folgt der Erfahrung, dass i. S. der Rückfallvermeidung Erfolg versprechende Behandlungsmaßnahmen in ihrer Intensität auf das Ausmaß des individuellen Rückfallrisikos („risk") abgestimmt und inhaltlich auf die gezielte Bearbeitung der spezifischen Risikofaktoren („needs"[9]) ausgerichtet sein sollten (vgl. Andrews et al., 1990; zusammenfassend: Dahle & Steller, 2000). Beispiele für solche Instrumente sind etwa das *Assessment, Case-Recording and Evaluation System* (ACE; Roberts, Burnett, Kirby & Hamill,

---

[9] Raynor et al. definieren „risk" als die Wahrscheinlichkeit neuer strafrechtlicher Rückfälle (also als Rückfallprognose) und „needs" (auch „criminogenic needs") als diejenigen Umstände, Ressourcen, Verhaltensmuster, Einstellungen, psychopathologische Besonderheiten oder Persönlichkeitszüge, die bei einer Person inhaltlich mit strafrechtlichem Verhalten verknüpft sind (vgl. Raynor, Kynch, Roberts & Merrington, 2001).

1996), das *Client Management Classification System* (CMC; Dhaliwal, Proporino & Ross, 1994), die *Community Risk-Needs Management Scale* (Motiuk, 1993) oder das *Level of Service Inventory-Revised* (LSI-R; Andrews & Bonta, 1995) – weitere Beispiele finden sich in den Übersichtsarbeiten von Palmer (2001) oder Andrews und Bonta (1998).

Mit dem Einzug dynamischer Faktoren sind jedoch die Anforderungen, die die Verfahren sowohl an ihre Konstrukteure als auch an den Anwender und die für die Anwendung benötigte Datenbasis stellen, erheblich gestiegen. Ging es bei den klassischen statistischen Instrumenten zumeist um einfache, leicht aus Akteninformationen ablesbare oder auszählbare Daten (Alter bei Erstdelikt, Art und Häufigkeit von Vordelikten, Schulbildungsniveau usw.), beziehen sich die dynamischen Faktoren teilweise auf recht komplexe Konstrukte wie z. B. bestimmte Persönlichkeitszüge, Verhaltensmuster, Bindungsaspekte oder Einstellungsvariablen, die deutlich anspruchsvoller zu beurteilen sind. Trotz weitgehender Operationalisierungsbemühungen erfordert ihre Einschätzung nicht nur eine breite Informationsgrundlage über die Person, sondern auch ein gewisses Maß an („klinischer") Erfahrung und nicht zuletzt eine ausführliche Einarbeitung in die verschiedenen Verfahren und ihre jeweiligen Grundlagen. Die Anwendung der Verfahren setzt gewöhnlich umfassende Aktenkenntnis über den Betreffenden, ausführliche Interview- bzw. Explorationsangaben sowie Verhaltensbeobachtungsdaten voraus; darüber hinaus können ergänzende testpsychologische Informationen hilfreich sein. Die Instrumente sind insofern nur durch psychodiagnostisch ausgebildete, kriminalpsychologisch erfahrene und in die jeweiligen Verfahren eingearbeitete Personen sinnvoll zu nutzen. In diesem Sinne weichen sie von dem im Vorkapitel definierten Idealtypus statistischer Verfahren ab und nähern sich, zumindest in Teilaspekten, dem klinischen Beurteilungskonzept an.

Auf der anderen Seite haben sich die Konstrukteure der Instrumente (jedenfalls der besseren) um eine recht weitgehende und verhaltensnahe Operationalisierung der erfassten Konstrukte bemüht. Hierdurch ist es möglich, dass sich die Verfahren unter den genannten Voraussetzungen als vergleichsweise objektiv anwendbar erwiesen haben; die bei Mehrfachanwendung durch unterschiedliche Beurteiler ermittelten Übereinstimmungskoeffizienten erreichen (jedenfalls für die Gesamtscores) nicht selten Werte über $r = .90$ (vgl. z. B. Andrews & Bonta, 1995).

Für die meisten Instrumente zum Risk-Needs-Assessment liegen umfangreiche Studien vor, die (auch) der Frage ihrer Vorhersagegenauigkeit bei der Beurteilung der Rückfallwahrscheinlichkeit nachgegangen sind. Zu den am besten untersuchten Verfahren dieser Art gehört das *Level of Service Inventory-Revised* (LSI-R; Andrews & Bonta, 1995), das an unselektierten Strafgefangenengruppen entwickelt wurde. Es erwies sich in vielen Untersuchungen als valides Prognoseinstrument und in vergleichenden Studien gegenüber alternativen Instrumenten oft überlegen

(z. B. Raynor et al., 2001). In der bereits erwähnten Metaanalyse von Gendreau et al. (1996) war der LSI-R-Score der insgesamt vorhersagestärkste Prädiktor aller untersuchten Risikoskalen, Persönlichkeitsverfahren und Einzelmerkmale, die mittlere Korrelation mit Rückfälligkeit bei 28 einbezogenen Studien mit insgesamt 4.579 Personen betrug $r = .35$. Gendreau et al. bezeichnen das LSI-R daher als „... the current measure of the choice" (S. 590). Das Verfahren soll beispielhaft für die Gruppe der Risk-Needs-Instrumente näher beschrieben werden.

Das LSI-R basiert auf kognitiv-behavioralen Theorien kriminellen Verhaltens und umfasst insgesamt 54 Merkmale, die auf Grundlage mannigfacher Datenquellen (Interviews, Aktenanalysen, Verhaltensbeobachtung u. Ä.) anhand operationaler Kriterien durch ausgebildete und in das Verfahren eingearbeitete Diagnostiker zu beurteilen sind. Die im Instrument enthaltenen statischen Merkmale werden dabei dichotom kodiert (Merkmal liegt vor/liegt nicht vor), die dynamischen Merkmale hingegen nach Maßgabe ihrer individuellen Ausprägung zunächst auf einer vierstufigen Ratingskala beurteilt und erst für die spätere Verrechnung dichotomisiert. Stärkere Gewichtungen erhalten einzelne Prädiktoren durch die wiederholte Erfassung in unterschiedlichen Abstufungsgraden. Die Items selbst sind 10 übergeordneten Themenbereichen zugeordnet, die aufgrund empirischer Erfahrung und nach Maßgabe theoretischer Erwägungen als Risikobereiche imponieren. Die Differenzierung verschiedener Risikobereiche ermöglicht es, dass bei der Anwendung – neben der Errechnung eines Summenscores (als Messung der durch das Verfahren beurteilten Rückfallwahrscheinlichkeit bzw. genauer: dem Risikoausmaß) – auch inhaltliche individuelle Risikoprofile erstellt werden können, die dann beispielsweise als Zielbereiche für die Ausrichtung von Behandlungsmaßnahmen dienen können. Tabelle 4 gibt einen Überblick über die im LSI-R erfassten Risikobereiche und ihre zugehörigen Merkmale. Es liegen Normen (nur Gesamtscore) für männliche ($N = 956$) und weibliche ($N = 1414$) Strafgefangene vor, wobei allerdings nur die Männernormen Angaben über konkrete Rückfallwahrscheinlichkeiten beinhalten. Diese beziehen sich auf die Wahrscheinlichkeit erneuter Straftaten (Kriterium: erneute Haftstrafe) innerhalb des ersten Jahres nach Haftentlassung. Von dem Instrument liegen adaptierte Versionen speziell für Frauen und für Jugendliche vor (die allerdings erst ansatzweise empirisch evaluiert sind; vgl. Palmer, 2001).

Kritisch ist anzumerken, dass die Risikobereiche im LSI-R stark unterschiedlich gewichtet sind. Einige der Bereiche werden nur durch sehr wenige Items erfasst (z. B. der Freizeitbereich oder finanzielle Probleme), was eine reliable Messung einschränkt. Weiterhin wird gelegentlich kritisiert, dass das Instrument keine direkte Messung antisozialer Verhaltenstendenzen enthält, so dass für die Anwendung eine Ergänzung durch entsprechende weitere Instrumente empfohlen wird (z. B. Palmer, 2001).

**Tabelle 4** Risikobereiche und ihre Merkmale im *Level of Service Inventory - Revised* (Andrews & Bonta, 1995)

| I | Kriminelle Vorgeschichte | | |
|---|---|---|---|
| 1. | Frühere Verurteilungen im Erwachsenenalter | 6. | Frühere Freiheitsstrafen |
| 2. | Zwei oder mehr frühere Verurteilungen | 7. | Fluchten aus Institutionen |
| 3. | Drei oder mehr frühere Verurteilungen | 8. | Strafen für Fehlverhalten in Institutionen |
| 4. | Drei oder mehr gegenwärtige Delikte | 9. | Bewährungswiderrufe |
| 5. | Verhaftung/Inhaftierung vor dem 18. LJ | 10. | Gewaltdelikt |
| | | | |
| **II** | **Leistungsbereich** | | |
| 11. | Gegenwärtige Arbeitslosigkeit | 16. | Geringere Schulbildung als Realschule* |
| 12. | Häufige Arbeitslosigkeit | 17. | Mindestens ein Schulverweis |
| 13. | Nie durchgehend ein Jahr lang beschäftigt gewesen | 18. | Engagement/Beteiligung an Aufgabenerfüllung (Schule oder Beruf) |
| 14. | Jemals gekündigt worden | 19. | Interaktion mit Kollegen/Mitschülern |
| 15. | Geringere Schulbildung als Hauptschule* | 20. | Interaktion mit Vorgesetzten |
| | | | |
| **III** | **Finanzielle Situation** | | |
| 21. | Finanzielle Probleme | 22. | Angewiesenheit auf soziale Unterstützung |
| | | | |
| **IV** | **Familie und Partnerschaft** | 25. | Unbefriedigende, wenig Unterstützung bietende Beziehung zu anderen Verwandten |
| 23. | Unzufriedenheit mit der Partnerschaft | | |
| 24. | Unbefriedigende, wenig Unterstützung bietende Beziehung zu den Eltern | 26. | Kriminalität von Familienmitgliedern oder Lebenspartner |
| | | | |
| **V** | **Wohnsituation** | | |
| 27. | Unzufriedenheit mit Wohnsituation | 29. | Hochkriminelle Wohngegend |
| 28. | Drei oder mehr Wohnwechsel im zurückliegenden Jahr | | |
| | | | |
| **VI** | **Freizeitgestaltung** | | |
| 30. | Keine (aktuelle) Teilnahme an einer organisierten Gruppe (Vereine, kirchliche Gruppen o. Ä.) | 31. | Keine sinnvollen/strukturierenden Freizeitaktivitäten |
| | | | |
| **VII** | **Freundschaften und Bekanntschaften** | | |
| 32. | Sozial isoliert | 35. | Wenige nichtkriminelle Bekannte |
| 33. | Krimineller/delinquenter Bekanntenkreis | 36. | Wenige nichtkriminelle Freunde |
| 34. | Krimineller/delinquenter Freundeskreis | | |
| | | | |
| **VIII** | **Alkohol-/Drogenprobleme** | 42. | Ehe- und/oder Familienprobleme als Folge von Substanzmissbrauch |
| 37. | Alkoholprobleme in der Biographie | | |
| 38. | Drogenprobleme in der Biographie | 43. | Schulische und berufliche Probleme als Folge von Substanzmissbrauch |
| 39. | Aktuelle Alkoholproblematik | 44. | Medizinische Hinweise auf Substanzmissbrauch |
| 40. | Aktuelle Drogenproblematik | 45. | Andere Indikatoren für Substanzmissbrauch |
| 41. | Kriminalität als Folge von Substanzmissbrauch | | |
| | | | |
| **IX** | **Emotionale/ psychische Beeinträchtigungen** | | |
| 46. | Mäßige psychische Beeinträchtigung | 49. | Gegenwärtige psychiatrische oder psychologische Behandlung |
| 47. | Schwere Beeinträchtigung / aktive Psychose | | |
| 48. | Frühere psychiatrische oder psychologische Behandlung | 50. | Gegenwärtige Indikation für psychologische oder psychiatrische Behandlung |
| | | | |
| **X** | **Normorientierung** | | |
| 51. | Rationalisierung/Rechtfertigung des eigenen kriminellen Verhaltens | 53. | Gegen die Verurteilung eingestellt |
| 52. | Gegen Konventionen eingestellt | 54. | Gegen Hilfe eingestellt / fehlende Compliance |

* Die Schulabschlüsse wurden in der Tabelle aus dem Original („Less than regular grade 10" [Item 15] bzw. „Less than regular grade 12" [Item 16]) dem deutschen Schulsystem angepasst.

Die vorliegenden Validierungsstudien zum LSI-R stammen im Wesentlichen aus Nordamerika. Soweit bekannt, wird das Instrument im deutschsprachigen Raum in der Praxis – in einigen Vollzugsanstalten, gelegentlich auch bei Prognosebegutachtungen – seit einigen Jahren angewandt[10]. Untersuchungen zu seiner Übertragbarkeit auf deutsche Verhältnisse oder zu seinen Vorhersageleistungen bei deutschen Straftäterpopulationen stehen indessen derzeit noch aus.

## 2.1.3 Spezielle Prognoseinstrumente

Viele der neueren statistischen Prognoseinstrumente wurden zur Vorhersage spezifischer Rückfallereignisse oder auch für spezielle Personengruppen entwickelt. Hierzu zählen etwa Instrumente zur Vorhersage von Gewalttaten oder von Sexualstraftaten im Rückfall oder Prognoseinstrumente speziell für psychisch gestörte Rechtsbrecher, für jugendliche Täter oder auch für innerfamiliäre Gewalttäter. Im Folgenden wird eine Auswahl der bekannteren Instrumente aus den verschiedenen Bereichen vorgestellt.

### 2.1.3.1 Instrumente zur Gewaltrückfallprognose

Zu den international wohl bekanntesten Prognoseinstrumenten zur Vorhersage von Gewalttaten zählen das *Historical-Clinical-Risk Management 20 Item-Schema*[11] (HCR-20 Version 2: Webster, Douglas, Eaves & Hart, 1997) und der *Violence Risk Appraisal Guide* (VRAG; Harris, Rice & Quinsey, 1993); weitere Instrumente zur Gewaltrückfallvorhersage finden sich bei Dolan und Doyle (2000). Beide Verfahren wurden ursprünglich zur Vorhersage der Wahrscheinlichkeit gewalttätiger Rückfälle bei psychisch gestörten Rechtsbrechern entwickelt. Zumindest für das HCR-20 wurde die prognostische Validität jedoch wiederholt auch an Strafgefangenenpopulationen überprüft und bestätigt, so dass das Verfahren – trotz einiger störungsspezifischer Items – grundsätzlich auch für nicht psychisch gestörte (gewalttätige) Straftäter geeignet erscheint. Für beide Instrumente liegen umfangreiche Studien vor, laufend aktualisierte Übersichten sind über das Internet leicht zugäng-

---

[10] Angaben hierzu entstammen persönlichen Mitteilungen aus einzelnen Vollzugsanstalten oder aus Erfahrungen aus Beratungstätigkeiten in verschiedenen Vollzugsinstitutionen. Soweit bekannt, sind Zahlen zur Anwendungspraxis in Deutschland nicht zugänglich.

[11] Das HCR-20 Schema wurde ursprünglich als klinische Prognosecheckliste konzipiert mit der Maßgabe, dass bei der Anwendung die individuelle Bedeutung der jeweils zutreffenden Merkmale herauszuarbeiten ist. Das Instrument wurde mittlerweile jedoch umfassend untersucht, so dass es in der Literatur meist als statistisches bzw. aktuarisches Prognoseverfahren abgehandelt wird.

lich[12]. Die meisten der dort berichteten Studien ergaben gute Reliabilitätskennwerte und Vorhersagekoeffizienten, die für unterschiedliche Rückfallereignisse und Katamnesezeiten in Bereichen (z. T. deutlich) oberhalb von .70 (AUC) bzw. .30 (Korrelation) lagen. Für das HCR-20 liegt seit einiger Zeit eine adaptierte, leicht modifizierte und ergänzte deutsche Version (HCR-20+3; Müller-Isberner, Jöckel & Cabeza, 1998) vor.

Die Verfahren fußen auf empirischen Untersuchungen über Prädiktoren gewalttätiger Rückfälle aus der Literatur und umfassen sowohl statische als auch dynamische Faktoren, wobei das VRAG statische Faktoren etwas stärker betont. Insgesamt enthält das HCR-20 in der Originalversion 20 Items, in der deutschen Version werden einige Items etwas stärker differenziert (daher der Name HCR-20+3 für die deutsche Version). Die Items sind insgesamt drei Skalen – der „Historical", der „Clinical" und der „Risk Management" Skala – zugeordnet. Der VRAG umfasst 12 Items ohne inhaltliche oder dimensionale Differenzierung in Subskalen. Bei beiden Instrumenten sind die Items auf Grundlage einer vergleichbaren Datenbasis, wie sie im vorhergehenden Kapitel für das LSI-R beschrieben wurde, durch geschulte und ausgebildete Personen einzuschätzen, wobei sie beim HCR-20 nach Maßgabe ihrer individuellen Ausprägung auf einer dreistufigen Ratingskala beurteilt werden (Merkmal liegt nicht vor/Merkmal mäßig ausgeprägt oder liegt fraglich vor/Merkmal deutlich ausgeprägt). Beim VRAG werden sie hingegen nach speziellen Vorgaben, die auf der Größe ihres Zusammenhangs mit Rückfälligkeit beruhen, einzeln gewichtet, aufsummiert und der Summenscore dann einem von neun Risikoleveln zugeordnet. Tabelle 5 gibt die jeweils erfassten Merkmale und inhaltliche Überschneidungen und Unterschiede der Instrumente wieder.

Auch zum HCR-20 und zum VRAG liegen Validierungsstudien bislang weitgehend nur aus dem Ausland vor. Aus Deutschland berichteten Müller-Isberner et al. über Zusammenhänge des HCR-Scores mit verschiedenen aggressiven Verhaltensweisen von Patienten des Maßregelvollzugs innerhalb der Einrichtung (zit. nach Douglas & Weir, 2003; siehe jedoch auch Cabeza, 2000); Überprüfungen der Vorhersagegüte von Rückfällen liegen aus Deutschland indessen bislang erst in Ansätzen vor. So berichteten Stadtland und Nedopil (2004) kürzlich über eine entsprechende Validierungsstudie, die den HCR-20 einbezog. Trefferquoten oder Korrelationsmaße wurden nicht mitgeteilt, die AUC lag bei der Vorhersage gewalttätiger Rückfälle bei .728 für den Summenscore (für die einzelnen Skalen zwischen .663 und .729) und bei der Vorhersage jeglicher strafrechtsbedeutsamer Rückfälle bei .565 (.487 - .603). Bei der allgemeinen Rückfallprognose erwies sich das Verfahren damit als invalide, bei der Gewaltprognose erreichte es knapp einen guten Wert

---

[12] http://www.cvp.se/publications/Downloadables/HCR%2020%20Annotated%20Bibliography.pdf (zum HCR-20) und unter http://www.mhcp-research.com/ragreps.htm (zum VRAG) [Stand: Juni 2004]

(wobei Standardfehler oder Konfidenzintervalle nicht publiziert wurden, so dass die Nachvollziehbarkeit eingeschränkt ist). Ferner ist zu erwähnen, dass es sich bei der Untersuchungsgruppe um eine Gelegenheitsstichprobe von Rechtsbrechern handelte, für die durch die Autoren im Rahmen der Hauptverhandlung zum Anlassdelikt eine Schuldfähigkeitsbegutachtung durchgeführt wurde. Die HCR-Scores wurden nachträglich auf der Basis der dort erhobenen Datenlage beurteilt, insoweit handelt es sich nicht um Prognosen für den Entlassungszeitpunkt. Da die Unterbringungsdauer gleichwohl von der Prognose nicht unbeeinflusst sein dürfte – die Art der Unterbringung (Straf- oder Maßregelvollzug) wurde nicht mitgeteilt –, ist daher mit Verzerrungen i. S. von Selektionseffekten bei der letztlich untersuchten Stichprobe zu rechnen. Problematisch erscheint schließlich auch der Einbezug aller Personen, die bis zum Jahr der Einholung der Auskünfte aus dem BZR (Rückfallkriterium waren entsprechende Einträge im Strafregister) aus dem Vollzug entlassen worden waren – da zwischen Tatbegehung und Eintrag ins BZR mitunter beträchtliche Zeitspannen liegen, ist damit zu rechnen, dass der reale Katamnesezeitraum für Personen mit spätem Entlassungszeitpunkt sehr kurz ist; Angaben über die Größenordnung hiervon betroffener Probanden finden sich nicht. Die Untersuchung weist insofern methodische Schwächen auf, so dass die Befunde entsprechend vorsichtig zu interpretieren sind.

**Tabelle 5**    Itemlisten von HCR-20 (Webster et al., 1997; Übers. v. Müller-Isberner et al., 1998) und VRAG (Harris et al., 1993)

| **HCR-20** (nach H, C und R-Kriterien geordnet) | | **VRAG** (nach Entsprechungen mit dem HCR geordnet) |
|---|---|---|
| H 1 | Frühere Gewaltanwendung | (auch nicht gewalttätige) Vordelikte |
| H 2 | Geringes Alter bei 1. Gewalttat | — |
| H 3 | Instabile Beziehungen | — |
| H 4 | Probleme im Arbeitsbereich | — |
| H 5 | Substanzmissbrauch | Vorgeschichte von Alkoholmissbrauch |
| H 6 | (gravierende) seelische Störung | Diagnose Schizophrenie |
| H 7 | Psychopathy (PCL) | Psychopathy (PCL) |
| H 8 | Frühe Fehlanpassung | Fehlanpassung im Grundschulalter |
| H 9 | Persönlichkeitsstörung | Persönlichkeitsstörung |
| H 10 | Frühere Verstöße gegen Auflagen | Scheitern einer früheren bedingten Entlassung |
| C 1 | Mangel an Einsicht | — |
| C 2 | Negative Einstellungen | — |
| C 3 | Aktive Symptome | — |
| C 4 | Impulsivität | — |
| C 5 | Fehlender Behandlungserfolg | — |
| R 1 | Fehlen realistischer Pläne | — |
| R 2 | Destabilisierende Einflüsse | — |
| R 3 | Mangel an sozialer Unterstützung | Ehestatus |
| R 4 | Mangelnde Compliance | — |
| R 5 | Stressoren | — |
| — | | Alter beim Indexdelikt |
| — | | Trennung von den Eltern vor dem 16. LJ |
| — | | Grad der Opferschädigung beim Indexdelikt |
| — | | Geschlecht des Opfers beim Indexdelikt |

Über einen grundlegend anderen Ansatz statistischer Gewaltprognose (bei psychisch gestörten Rechtsbrechern) berichteten Monahan et al. (2000). Bei dem *Iterative Classification Tree* (ICT) handelt es sich um einen konfiguralen Ansatz, der auf Grundlage sukzessiver bzw. einer iterativen Folge mehrerer CHAID-Analysen[13] entwickelt wurde und eine Reihe vorhersagestarker Merkmalskombinationen beschreibt. Mit Hilfe des ICT können psychisch kranke Personengruppen einer von insgesamt 11 Merkmalskombinationen zugeordnet werden, die wiederum drei Risikolevels für zukünftige Gewalttaten – gering, nicht klassifiziert (eigentlich mittleres Risiko), hoch – entsprechen. Kreuzvalidierungen des ICT stehen noch aus (die AUC für die Entwicklungsstichprobe betrug .80). Anhand der Fähigkeit des Verfahrens, unterschiedliche Teilgruppen von Personen typologisch zu differenzieren, könnte der Ansatz aber zukünftig für die Prognosepraxis bedeutsam werden; dies setzt indessen noch entsprechende Überprüfungen und Weiterentwicklungen voraus.

Eine speziell deutsche Entwicklung zur statistischen Gewaltrückfallprognose von Maßregelvollzugspatienten stellt die *Empirisch Fundierte Prognosestellung im Maßregelvollzug nach § 63* (EFP-63; Gretenkord, 2001) dar. Das Verfahren basiert auf lediglich vier Merkmalen – Vorliegen einer Persönlichkeitsstörung, Vorbelastung mit Gewaltdelikten, Gewalttätigkeiten während der Unterbringung und Alter zum Beurteilungszeitpunkt –, die sich aus einer umfangreicheren Anzahl von Variablen bei multivariater Testung (logistische Regression) als statistisch bedeutsam für die Vorhersage entsprechender Ereignisse gezeigt hatten. Grundlage der Entwicklung waren 196 aus dem Maßregelvollzug in Hessen entlassene Patienten der Entlassungsjahrgänge 1977 bis 1985. Das Verfahren ist bislang nicht kreuzvalidiert. Vor einer breiteren Anwendung wären sicherlich weitere Untersuchungen an zusätzlichen Stichproben ratsam, da insbesondere bei Instrumenten für den Maßregelvollzug das Risiko hoher Stichprobenabhängigkeiten besteht[14].

---

[13] CHAID („Chi-squared automatic interaction detector") ist ein hierarchisch arbeitender Klassifikationsalgorithmus, der in einem Variablensatz zunächst den vorhersagestärksten Prädiktor und hierin nach den trennschärfsten Cut-off Werten sucht und anhand dessen die Stichprobe aufteilt. Für die so entstandenen Teilgruppen sucht er dann gesondert nach weiteren Prädiktoren und untergliedert die Gruppe entsprechend weiter, bis eine sinnvolle weitere Differenzierung nicht mehr möglich ist. Für die letztlich resultierenden Teilgruppen sind somit jeweils unterschiedliche Prädiktorensätze bzw. unterschiedliche Konfigurationen von Merkmalen bedeutsam.

[14] Gründe für die Erwartung erhöhter Stichprobenabhängigkeiten bei Verfahren für den Maßregelvollzug (z. B. im Vergleich zum Strafvollzug) liegen darin, dass (1.) Entlassungen gesetzlich erst bei vertretbar geringem Rückfallrisiko möglich sind, so dass regionale Spezifika des Risikomanagements und der Risikobeurteilung Verzerrungen bedingen können; (2.) mögliche differentielle Behandlungseffekte unterschiedlicher Einrichtungen bestehen können und (3.) das Risikomanagement nach der Entlassung regional unterschiedlich sein kann (z. B. hinsichtlich des Entlassungsziels oder der Möglichkeiten der Nachbetreuung). Nicht zuletzt hat sich die Praxis im Maß-

## 2.1.3.2 Instrumente zur Vorhersage von Rückfällen bei Sexualdelinquenz

Eine spezielle Zielgruppe für die Entwicklung statistischer Instrumente zur Prognose von (einschlägigen) Rückfällen stellen auch Sexualdelinquenten dar. Zu den bekannteren Verfahren dieser Art zählen das *Rapid Risk Assessment for Sex Offense Recidivism* (RRASOR, ein kurzes Screeningverfahren zur groben Risikoeinschätzung; Hanson, 1997), die *Structured Anchored Clinical Judgement* Skala (SACJ; Grubin, 1998) und das *Static-99* (Hanson & Thornton, 1999, das eine Synthese aus RRASOR und SACJ darstellt), der *Sex Offender Risk Appraisal Guide* (SORAG; Quinsey et al., 1998, ein dem VRAG strukturell verwandtes Verfahren) und das *Sexual Violence Risk* Schema (SVR-20; Boer, Hart, Kropp & Webster, 1997; ein dem HCR-20 verwandtes Verfahren, das nach Empfehlung der Autoren vor allem die klinische Beurteilung unterstützen soll) oder das *Minnesota Sex Offender Screening Tool – Revised* (MnSOST-R; Epperson et al., 1998). Eine neuere speziell deutsche Entwicklung stellt das Verfahren zur Bestimmung des *Rückfallrisikos bei Sexualstraftätern* (RRS; Rehder, 2001) dar. Ein aktuelles Instrument mit Schwerpunkt im Bereich des Risikomanagements, das mit einigen Items auch gezielt Veränderungen einzelner Risikofaktoren zu erfassen sucht, ist schließlich das *Sex Offender Need Assessment Rating* (SONAR; Hanson & Harris, 2000).

Alle genannten Verfahren basieren auf empirischen Befunden über Prädiktoren einschlägiger und nicht einschlägiger Rückfälle bei Sexualdelinquenten und umfassen zumeist sowohl (statische und dynamische) Merkmale des allgemeinen Delinquenzrisikos, wie sie die zuvor beschriebenen Instrumente auch enthalten, als auch spezifische Faktoren zur Einschätzung des Rückfallrisikos mit Sexualdelinquenz. Die folgende Tabelle 6 gibt beispielhaft die im SVR-20, für das eine deutsche Übersetzung vorliegt (Müller-Isberner, Cabeza & Eucker, 2000), erfassten Merkmale wieder. Diese sind im Anwendungsfall, wie bei den zuvor beschriebenen Instrumenten, auf der Basis einer breiten Befunderhebung durch ausgebildete und in das Verfahren eingearbeitete Diagnostiker einzuschätzen.

Für die Instrumente liegen z. T. umfangreiche Kreuzvalidierungsstudien aus unterschiedlichen Ländern vor. Deren Befunde ergeben bislang allerdings kein einheitliches Bild. So fanden einige Untersuchungen für einzelne Instrumente mitunter keine oder nur geringe Zusammenhänge mit der einschlägigen Rückfälligkeit von Sexualdelinquenten (z. B. Sjöstedt & Langström, 2002). Andere fanden für dieselben Verfahren immerhin moderate Zusammenhänge (z. B. Barbaree, Seto, Langton & Peacock, 2001; Doyle, Dolan & McGovern, 2002), und wiederum andere Studien berichten über sehr beachtliche Vorhersageleistungen mit Korrelationen von teilweise deutlich über .4 und AUCs über .8 (z. B. Bartosch, Garby, Lewis & Gray,

---

regelvollzug seit Entlassung der untersuchten Probanden (Entlassungsjahrgänge 1977 bis 1985) mittlerweile deutlich professionalisiert (vgl. z. B. Rasch, 1999).

2003; Hanson & Thornton, 2000; Harris et al., 2003; Rice & Harris, 2002) – für das SVR-20 Schema reicht die Spannbreite der Angaben zur Validität bei der Vorhersage erneuter Sexualdelikte beispielsweise von $r = -.10$ (Sjöstedt & Langström, 2002) bis $r = .58$ (de Vogel, de Ruiter, van Beek & Mead, 2003).

**Tabelle 6**  Risikomerkmale im *Sexual Violence Risk - 20* Schema (Boer et al., 1997; Übers. v. Müller-Isberner et al., 2000)

| Merkmal | Merkmal vorhanden? 0 / 1 / 2 * | aktuelle Änderung? + / 0 / – ** |
|---|---|---|
| **A. Psychosoziale Anpassung** | | |
| 1. Sexuelle Deviation | —— | —— |
| 2. Opfer von Kindesmissbrauch | —— | —— |
| 3. Psychopathy | —— | —— |
| 4. schwere seelische Störung | —— | —— |
| 5. Substanzproblematik | —— | —— |
| 6. suizidale/homocide Gedanken | —— | —— |
| 7. Beziehungsprobleme | —— | —— |
| 8. Beschäftigungsprobleme | —— | —— |
| 9. nichtsexuelle gewalttätige Vordelinquenz | —— | —— |
| 10. gewaltfreie Vordelikte | —— | —— |
| 11. früheres Bewährungsversagen | —— | —— |
| **B. Sexualdelinquenz** | | |
| 12. hohe Deliktfrequenz | —— | —— |
| 13. multiple Formen der Sexualdelinquenz | —— | —— |
| 14. physische Verletzung der Opfer | —— | —— |
| 15. Waffengebrauch/Todesdrohung gegen Opfer | —— | —— |
| 16. Zunahme der Deliktfrequenz oder –schwere | —— | —— |
| 17. extremes Bagatellisieren oder Leugnen | —— | —— |
| 18. deliktfördernde Ansichten | —— | —— |
| **C. Zukunftspläne** | | |
| 19. Fehlen realistischer Pläne | —— | —— |
| 20. Ablehnung weiterer Interventionen | —— | —— |

\* Kodierung des individuellen (im Manual operationalisierten) Ausprägungsgrades
\*\* Kodierung etwaiger Änderungen i. S. von Verbesserung oder Verschlechterung

Versucht man, aus den vorliegenden Daten und Befunden eine vorläufige Bilanz der bisherigen Erkenntnisse zu ziehen, so ist zunächst festzustellen, dass Studien (auch Kreuzvalidierungen), an denen die Autoren der Verfahren selbst beteiligt waren, meist höhere Vorhersageleistungen erbrachten als Studien anderer Forschungsgruppen (vgl. z. B. Nunes et al., 2002). Dies könnte auf mögliche Anwendungsprobleme (z. B. Trainingsdefizite) bei den Replikationsstudien hindeuten oder auch auf eine unzureichende Datenbasis bei den häufig retrospektiv durchgeführten Untersuchungen. Ein weitgehend konsistenter Befund ist weiterhin, dass die meisten Instrumente allgemeine oder auch gewalttätige Rückfälle valider vorherzusagen vermochten als speziell erneute Sexualstraftaten (z. B. Barbaree et al., 2001; Sjöstedt & Langström, 2002), wobei das RRASOR jedoch eine Ausnahme darzustellen scheint (ebd.). Schließlich deuten die teilweise widersprüchlich anmutenden Befunde darauf hin, dass die einzelnen Instrumente möglicherweise unterschiedlich sensibel im Hinblick auf unterschiedliche Subgruppen von Personen mit Sexualdelinquenz sein könnten (vgl. Fiedler, 2004) – eine systematische Beforschung dieser Fragestellung, die über die bloße Unterscheidung von Personen mit Vergewaltigungs- und Missbrauchsdelikten hinausgeht, steht indessen derzeit noch aus.

Das RRS als deutschsprachige Entwicklung basiert auf der Rückfalluntersuchung einer Stichprobe von 245 Sexualstraftätern aus dem Strafvollzug. Es handelt sich um ein vergleichsweise komplex aufgebautes Verfahren, das aus einer H-Skala zur Bestimmung des allgemeinen Rückfallrisikos (Kriterium: erneute Inhaftierung), einer S-Skala zur Bestimmung der Wahrscheinlichkeit erneuter Sexualdelikte und je zwei weiteren Skalen speziell für Vergewaltiger und sexuelle Missbrauchstäter besteht. Die berichteten Leistungsdaten (hinsichtlich der Zusammenhänge mit Rückfälligkeit) sind viel versprechend, gleichwohl bedarf das Instrument noch dringend weiterer Untersuchungen. Angesichts seiner Komplexität erscheint die Entwicklungsstichprobe sehr schmal. Vor allem die Anzahl der eingegangenen einschlägig Rückfälligen (lediglich 30) ist sehr gering, zumal diese Personengruppe für einige Entwicklungsschritte noch in Vergewaltiger (21 einschlägig Rückfällige) und Missbrauchstäter (nur noch 9 einschlägig Rückfällige) differenziert wurde. Hier ist vor einer breiteren Praxisanwendung als statistisches Prognoseinstrument sicherlich noch weiterer Forschungsbedarf gegeben und insbesondere eine Kreuzvalidierung erforderlich.

### 2.1.3.3 Prognoseinstrumente für jugendliche Rechtsbrecher

Einige Prognoseinstrumente wurden gezielt für jugendliche Rechtsbrecher entwickelt. Hierbei handelt es sich zum großen Teil um Adaptationen existierender Verfahren wie z. B. die bereits erwähnte Jugendversion des LSI-R, das *Youth Level of Service/Case Management Inventory* (YLS/CMI; Hoge & Andrews, 2001). Das Verfahren ähnelt inhaltlich und strukturell dementsprechend dem LSI-R stark, es erfasst indessen nur acht der zehn Risikobereiche (die Bereiche „Finanzielle Situation" und „Wohnsituation" sind ausgeklammert) und die Operationalisierungen vieler Items wurden an die jugendliche Zielgruppe angepasst. Das Verfahren hat sich in einigen Kreuzvalidierungsstudien als vergleichsweise valide bewährt (z. B. Ilaqua, Coulson, Lombardo & Nutbrown, 1999; über eine aktuelle und sehr umfangreiche Studie berichten Flores, Travis & Latessa, 2003), wenngleich gelegentlich weiterer Forschungsbedarf reklamiert wird (z. B. Palmer, 2001).

Ein bekannteres Beispiel für die gesonderte Entwicklung eines jugendspezifischen Prognoseinstruments ist das *Structured Assessment of Violence Risk in Youth* (SAVRY; Borum, Bartel & Forth, 2002), das mit insgesamt 30 Items Risikofaktoren aus der Vorgeschichte (10 Items), dem sozialen Umfeld (6 Items) und dem individuellen bzw. klinischen Bereich (8 Items) sowie einige potentielle Schutzfaktoren (6 Items) erfasst. Zu dem Instrument liegen einige Kreuzvalidierungen mit moderaten bis guten Vorhersageleistungen vor, eine laufend aktualisierte Übersicht findet sich im Internet[15].

Ein spezielles Verfahren zur Rückfallprognose bei jugendlichen Sexualstraftätern stellt schließlich das *Juvenile Sex Offender Assessment Protocol* (J-SOAP; Prentky, Harris, Frizzel & Righthand, 2000, bzw. in einer aktuell revidierten Version J-SOAP II; Prentky & Righthand, 2003) dar. Das Instrument befindet sich derzeit jedoch noch in der Entwicklung, Kreuzvalidierungsstudien sind bislang nicht publiziert.


## 2.2    Prognostische Kriterienkataloge und Checklisten

Es wurde bereits erörtert, dass sich viele der in den Vorabschnitten behandelten moderneren Instrumente, insbesondere die der „dritten Generation", recht weit vom eingangs definierten Idealtypus statistischer Prognoseinstrumente entfernt und in vielerlei Hinsicht dem klinischen Prognosemodell im hier definierten Sinn angenähert haben. Einige Verfahren verstehen sich auch gar nicht als statistische Prognoseverfahren i. e. S., sondern vielmehr als Hilfsmittel, die den klinischen Beurteilungsprozess unterstützen und auf zentrale Punkte lenken sollen. Sie verzichten daher auch auf Normierungen im Sinne der Zuordnung zusammenfassender Scorewerte zu Erwartungswahrscheinlichkeiten für Rückfallereignisse (z. B. HCR-20 oder SVR-20). Der Grund, warum sie hier gleichwohl unter den statistischen Verfahren behandelt wurden, ist ihre vergleichsweise umfassende Operationalisierung und ihre fortgeschrittene Beforschung, die auch Untersuchungen der item- und testanalytischen Charakteristika, der Reliabilitäten, mitunter auch der faktoriellen Struktur der Instrumente und vor allem ihrer prädiktiven Validität einschließt[16]. Die Instrumente entsprechen insofern weitgehend den Anforderungen an statistische Verfahren. Die fehlende Normierung ließe sich problemlos anhand der Daten verfügbarer Validierungsstudien nachholen – was an sich auch wünschenswert wäre, da konkrete Rückfallzahlen verschiedener Scorebereiche mitunter mehr aussagen

---

[15] www.fmhi.ust.edu/mhlp/savry/SAVRY_Research.htm (Stand: Juni 2004)

[16] Eine Ausnahme wurde für die PCL gemacht, die in der vorliegenden Abhandlung unter den klinischen Verfahren behandelt wird.

als ein bloßer zusammenfassender Korrelationskoeffizient oder AUC-Wert; vor allem ließen sie etwaige Niveauunterschiede bei transkulturellen Kreuzvalidierungen besser erkennen.

Neben diesen recht weit entwickelten Instrumenten wurden jedoch auch vielfältige Kriterienkataloge, Checklisten, Beurteilungsschemata oder „Guidelines" entwickelt, die in methodischer Hinsicht deutlich weniger elaboriert und weder eindeutig dem statistischen noch dem klinischen Beurteilungskonzept zuzuordnen sind. Sie sind meist nicht oder nur in groben Ansätzen operationalisiert (was ihre Beforschung erschwert), jedoch oftmals umfassender als die statistischen Verfahren. Andererseits berufen auch sie sich auf empirische – d. h. auf gruppenbezogenen Durchschnittswerten fußende – Erfahrungen. Sofern sie sich tatsächlich auf Zusammenstellungen empirisch belegter Merkmale beschränken, enthalten sie indessen keine Informationen, die man nicht auch durch sorgfältige Literaturrecherchen bekommen würde. Mitunter beinhalten sie aber auch „klinische Erfahrungen" – etwa Aspekte der Auseinandersetzung des zu Beurteilenden mit dem Anlasstatgeschehen oder seine Anpassungsleistung an die Erfordernisse der Vollzugsinstitution –, deren Verallgemeinerbarkeit und nicht zuletzt deren grundsätzlicher Validitätsgehalt für die Frage der Rückfallprognose nicht (jedenfalls noch nicht) belegt sind (vgl. z. B. Kröber, 1995).

Bekanntere Beispiele prognostischer Checklisten bzw. Kriteriensammlungen sind der Leitfragenkatalog zur klinischen Prognose gefährlichen Verhaltens von Monahan (1981) oder das *Violence Prediction Scheme* (Webster et al., 1994); ein aktuelles Beispiel für ein Schema zur spezifischen Rückfallrisikobeurteilung von Sexualstraftätern ist das *Nebraska Sex Offender Risk Assessment Instrument* der Nebraska State Patrol[17]. Auch im deutschsprachigen Raum wurden im Laufe der Zeit einige Beurteilungsschemata bzw. Kriterienkataloge vorgeschlagen. Viele beruhen auf einer Auflistung entsprechender Merkmale von Rasch (1999; Original: 1986), die er als „Anhaltspunkte für eine eher ungünstige Prognose / eher günstige Prognose" ursprünglich zur näheren Erläuterung seiner klinisch-dimensionalen Methode aufgeführt hat, die in der Folge aber in entsprechende Kriterienkataloge überführt wurden (z. B. Eucker, Tolks-Brandau & Müller-Isberner, 1994). Von Weber (1996; bzw. Weber & Leygraf, 1996) stammt ein umfangreiches Instrument zur Risikobeurteilung von Maßregelvollzugspatienten.

---

[17] Internetquelle: http://www.nsp.state.ne.us/sor/documents/docs.cfm (Stand: Juni 2004)

**Tabelle 7** Analysebereiche und einige beispielhafte Einzelmerkmale (hier nur für Merkmalsbereich 1) der „Dittmannliste" (Dittmann, 2000)

| Günstig | Ungünstig |
|---|---|
| 1. Analyse der Anlasstat(en) ||
| • Einzeldelikt ohne übermäßige Gewaltanwendung | • Grausame Tat mit übermäßiger Gewaltanwendung ("Overkill") |
| | • Deliktserie |
| • Hochspezifische Täter-Opfer-Beziehung | • Opferwahl zufällig |
| • Mittäterschaft unter Gruppendruck | • Delikt mit hoher statistischer Rückfallwahrscheinlichkeit (sog. Basisrate) |
| 2. Bisherige Kriminalitätsentwicklung ||
| 3. Persönlichkeit, vorhandene psychische Störung ||
| 4. Einsicht des Täters in seine Krankheit oder Störung ||
| 5. Soziale Kompetenz ||
| 6. Spezifisches Konfliktverhalten ||
| 7. Auseinandersetzung mit der Tat ||
| 8. Allgemeine Therapiemöglichkeiten ||
| 9. Konkrete Therapiemöglichkeiten ||
| 10. Therapiebereitschaft ||
| 11. Sozialer Empfangsraum bei Lockerungen bzw. Hafturlaub ||
| 12. Verlauf nach den Taten ||

Ein vergleichsweise umfassender Kriterienkatalog zur Einschätzung des Rückfallrisikos bei so genannten „gemeingefährlichen" Tätern, der derzeit im deutschsprachigen Raum wohl am breitesten diskutiert wird, wurde vor einiger Zeit von der Arbeitsgruppe um Dittmann (sog. „Dittmannliste"; Dittmann, 2000; Ermer & Dittmann, 2001) vorgelegt. Es handelt sich um ein Instrument, das im Zuge umfassender Neustrukturierungen der Umgangspraxis mit einer Kerngruppe besonders gefährlicher Straftäter in der Schweiz entwickelt wurde und seither als Arbeitsinstrument der Fachkommissionen des Strafvollzugskonkordats der Nordwest- und Innerschweiz dient. Es umfasst eine Vielzahl von Einzelmerkmalen, die insgesamt zwölf Analysebereichen zugeordnet und jeweils in vermeintlich „günstige" und „ungünstige" Merkmale unterteilt sind. Tabelle 7 gibt einen auszugsweisen Überblick über den Kriterienkatalog.

Es wurde bereits an früherer Stelle erörtert, dass der Nutzen prognostischer Merkmalslisten und Leitfragenkataloge vor allem in ihrer Schutzfunktion für den klinischen Beurteilungsprozess besteht. Sie können gewährleisten, dass sich der Beurteiler eine breite Befundgrundlage verschafft, sich mit einer Reihe potentiell bedeutsamer Aspekte auseinandersetzt und nicht wichtige Zusammenhänge übersieht. Sie mögen zudem zu einer gewissen Standardisierung des Urteilsbildungsprozesses beitragen im Sinne der Sicherstellung eines Mindestbestands an Beurteilungsgrundlagen, auf denen dieser Prozess beruht. Das Risiko prognostischer Merkmalslisten ist jedoch ihre allzu schematische Anwendung, wie das Beispiel aus Kap. 1.1.4 verdeutlichte. Ihre sinnvolle Anwendung setzt eine inhaltliche Auseinandersetzung mit den einzelnen, im Anwendungsfall als zutreffend erachteten Merkmalen und eine („klinische") Beurteilung ihrer individuellen Bedeutung für die Rückfallwahrscheinlichkeit voraus. Nicht zuletzt ist zu beachten, dass die Einstufung von Merkmalen in Prognosechecklisten als prognostisch „günstig" oder „ungünstig" Pauschalisierungen darstellt, die in den meisten Fällen zutreffend sein mögen. Im konkreten Einzelfall können einzelne Merkmale mitunter jedoch auch eine entgegengesetzte Bedeutung gewinnen, wie das folgende Beispiel zeigt.

> Beispiel: In der „Dittmannliste" wird eine „grausame Tat mit übermäßiger Gewaltanwendung" als prognostisch ungünstig eingestuft – in dieser Wertung spiegelt sich die Erfahrung wider, dass entsprechende Handlungen oftmals Ausdruck einer habituell stark erhöhten oder in bestimmten Situationen regelhaft auftretenden Aggressionsbereitschaft, mitunter gar Ausdruck sadistischer Neigungen sind. Sofern es sich jedoch um ein biographisch einzigartiges Geschehen handelt, das zudem einer bestimmten Person galt, könnte es sich aber auch um den Ausdruck einer erheblichen Affektdynamik gehandelt haben, wie sie für Beziehungsdelikte vor dem Hintergrund krisenhafter Konfliktentwicklungen nicht untypisch ist. Im Kontext solcher Beziehungstaten wäre allerdings eine „übermäßige Gewaltanwendung" vermutlich günstiger zu werten als eine instrumentell wohldosierte (und dennoch letal endende) Gewaltanwendung.

## 2.3 Klinisch-idiographische Prognosemethoden

Bei den bislang beschriebenen „statistisch-nomothetischen" Verfahren und Instrumenten der Kriminalprognose ging es im Kern darum, auf der Grundlage methodisch kontrollierter Vorgehensweisen systematisch den Bestand empirischer Erfahrungen über Rückfälligkeit und ihre Prädiktoren für die individuelle Prognosebeurteilung nutzbar zu machen. Die im Folgenden zu behandelnden klinisch-idiographischen Methoden sind von ihrem Wesen her auf die Aufarbeitung der individuellen Gegebenheiten und Besonderheiten des Einzelfalls ausgerichtet und bemühen sich um die inhaltliche Aufklärung derjenigen individuellen Zusammenhänge, die sie prognostizieren wollen. Damit ist freilich nicht das empathische Nachvollziehen und Nachfühlen der inneren Zustände der zu beurteilenden Person, wie sie dem intuitiven Vorgehen zu Eigen ist, gemeint. Eine klinisch-idiographische Analyse setzt durchaus den expliziten Rekurs auf wissenschaftlich fundierte Theorien und empirische Befunde voraus. Ausgangspunkt und Zielstellung sind jedoch der jeweilige Einzelfall und die Kenntnis seiner spezifischen Entwicklungen, nach deren Maßgabe relevante Erklärungskonzepte und Erfahrungswerte ausgewählt, gewichtet und in ein individuelles Erklärungskonzept integriert werden.

### 2.3.1 Spezielle klinisch-idiographische Methoden

Bei vielen Vorschlägen für klinisch-idiographische Prognosemethoden handelt es sich bei näherer Betrachtung nicht um allgemeine Methoden zur Vorhersage strafrechtlich bedeutsamer Rückfälle. Sie beziehen sich vielmehr von vornherein auf eingegrenzte Anwendungsbereiche wie z. B. bestimmte Teilgruppen der straffälligen Gesamtpopulation. Dies bietet den Vorteil einer Bezugnahme auf vorgegebene Erklärungsmodelle und entbindet von der Erfordernis einer einzelfallbezogenen Entwicklung entsprechender Individualtheorien. Darüber hinaus lässt sich das methodische Vorgehen relativ detailliert beschreiben, da die für die Prognosebeurteilung erforderlichen Parameter und Konstrukte von vornherein feststehen. Von Nachteil ist es demgegenüber, dass der Anwendungsbereich dieser Methoden auf die Reichweite der zugrunde liegenden Theorie beschränkt ist – ihre Anwendung setzt die Angemessenheit der Theorie für den vorliegenden Einzelfall voraus, überprüft dies aber nicht.

#### 2.3.1.1 Ein theorieorientierter Ansatz mit begrenzter Reichweite: Psychopathy

Der Prototyp klinisch-idiographischer Prognosen mit spezifischem Geltungsbereich setzt am theoretischen Modell eines kriminogenen (bzw. zu kriminellen Handlungen neigenden) Persönlichkeitstypus an. Dieses historisch nicht ganz neue persönlichkeitsorientierte Kriminalitätskonzept hat in jüngerer Zeit wieder erheblich an Bedeutung gewonnen, wozu Erfahrungen aus der neueren Längsschnittforschung beigetragen haben (z. B. Thornberry & Krohn, 2003). Nicht zuletzt finden sich in den aktuellen Diagnosesystemen psychischer Störungen Konzepte wie die „antisoziale" (DSM-IV 301.7) oder die „dissoziale" Persönlichkeitsstörung (ICD-10 F60.2) bzw. für jüngere Personengruppen auch die „Störung des Sozialverhaltens" (312.8 im DSM-IV bzw. F91 in der ICD-10), deren Kernsymptomatik in der Neigung zu kriminellen und delinquenten Handlungen als überdauerndes Merkmal besteht. Insofern liegt es nahe, entsprechende Diagnosen zur Prognose zukünftiger Delinquenz heranzuziehen (vgl. hierzu z. B. Knecht, 1996).

Deutlich fortschrittlicher sind Ansätze, aus der möglichst exakten theoriegeleiteten Beschreibung spezifischer Persönlichkeitskonfigurationen bzw. -entwicklungen gezielt prognostische Verfahren zu entwickeln. Der in der internationalen Literatur derzeit wohl wichtigste Ansatz stellt hierbei die von Hare und seinen Mitarbeitern entwickelte *Psychopathy Checklist Revised* (PCL-R; Hare, 1991; mittlerweile in der 2. Überarbeitung sowie in einer Screening- und einer Jugendversion erhältlich) dar. Das Instrument zählt zu den weltweit am umfangreichsten untersuchten Prognoseinstrumenten überhaupt und hat seine Konstrukt- und prognostische Validität vielfach belegt[18]. Mittlerweile liegen auch mehrere Metaanalysen vor, die eine Vielzahl von Studien integriert haben. So fanden Gendreau et al. (1996) für die PCL eine mittlere Korrelation von $M_r = .28$ mit unterschiedlichen Rückfallkriterien, Hemphill, Hare und Wong (1998) berichten über eine mittlere Korrelation von $M_r = .29$. Salekin, Rogers und Sewell (1996) ermittelten, je nach Rückfallkriterium, mittlere Effektstärken von $M_d = .55$ bis .79.

**Tabelle 8**  Items der *Psychopathy Checklist – Revised* (Hare, 1991; Übersetzung in Anlehnung an Löffler & Welther, 1999)

1. Trickreich-sprachgewandter Blender mit oberflächlichem Charme
2. Erheblich übersteigertes, grandioses Selbstwertgefühl
3. Stimulationsbedürfnis; Neigung zu Gefühlen der Langeweile
4. Pathologisches (habituelles) Lügen
5. Betrügerisch-manipulative Verhaltensweisen
6. Fehlen von Reue, Gewissensbissen und Schuldgefühlen
7. Oberflächliche Gefühle ohne Tiefgang
8. Gefühlskälte und Mangel an Empathie
9. Parasitärer Lebensstil
10. Unzureichende Verhaltenskontrolle
11. Promiskuitives Sexualverhalten
12. Biographisch frühe Verhaltensauffälligkeiten
13. Fehlen realistischer, langfristiger Ziele
14. Impulsivität
15. Verantwortungsloses Verhalten
16. Mangelnde Bereitschaft zur Verantwortungsübernahme für eigenes Verhalten
17. Viele kurze ehe(ähn-)liche Beziehungen
18. Jugenddelinquenz
19. Früheres Bewährungsversagen
20. Polytrope Kriminalität

---

[18]  Eine stets aktualisierte Übersicht über theoretische und empirische Arbeiten zum Konstrukt „Psychopathy" und zur PCL findet sich im Internet unter http://www.hare.org/references/ (Stand: Juni 2004); einen einführenden Überblick geben auch Hemphill, Hare und Wong (1998).

In ihrer derzeitigen Standardfassung umfasst die PCL-R 20 Items, die auf der Grundlage einer mit dem LSI-R oder dem HCR-20 vergleichbar umfassenden Datenbasis durch diagnostisch ausgebildete, klinisch erfahrene und in das Verfahren und die Operationalisierungen der Items eingearbeitete Personen auf einer dreistufigen Skala einzuschätzen sind. Die meisten Untersuchungen der faktoriellen Struktur der Items ergaben eine zweifaktorielle Lösung, wobei der erste Faktor zwischenmenschliche und affektive Besonderheiten umfasst und der zweite Faktor Aspekte eines chronisch instabilen und sozial devianten Lebensstils. Tabelle 8 gibt einen Überblick über die in der PCL erfassten Merkmale und ihre jeweilige Zuordnung zu den beiden Faktoren.

Operationalisierungsgrad und Forschungsstand der PCL-R hätten es ohne weiteres zugelassen, das Instrument unter die statistischen Verfahren der dritten Generation zu subsumieren – einige der dort aufgeführten Instrumente enthalten den PCL-Score als eines der erfassten Merkmale (z. B. die HCR-20, der VRAG oder die SVR-20). Das Instrument fußt jedoch auf einem spezifischen Persönlichkeitskonstrukt (eben „Psychopathy"), das auf Cleckley (1976) zurückgeht und nach Ansicht der Autoren einem eigenständigen, stabilen Störungsbild entspricht, welches sich bereits in frühen Lebensphasen abzeichnen (daher eine spezielle Jugendversion), über lange Lebenszeit hinweg stabil bleiben und auch therapeutischen Beeinflussungsversuchen gegenüber weitgehend resistent sein soll. Im Kern geht es um eine Personengruppe, die sich durch einen hochgradig egozentrischen, rücksichtslosen Lebensstil, durch einen sehr geringen Grad an emotionalen Fähigkeiten einschließlich der Fähigkeit, Mitleid oder Reue zu empfinden, und durch die fehlende Kompetenz, durch (vor allem negative) Erfahrungen zu lernen, auszeichnet. In diesem Sinne stellt die PCL in erster Linie eine Persönlichkeitsskala zur diagnostischen Erfassung dieses Persönlichkeitskonstrukts[19] und erst mittelbar ein Prognoseinstrument dar. Sie zielt auf die Identifikation einer spezifischen Hochrisikoklientel, die zwar einen vergleichsweise kleinen Anteil straffälliger Personengruppen ausmacht (Untersuchungen zur Prävalenz von Straftätern mit der Diagnose „Psychopathy" innerhalb verschiedener Vollzugsanstalten ergaben meist Größenordnungen zwischen 5 % und 20 %), von der aber in besonderer Weise erwartet wird, dass sie – sofern sie einmal den kriminellen Weg beschritten hat – zu chronisch straffälligem und insbesondere auch zu gewalttätigem Verhalten neigt (ausführlich zum Konstrukt der „Psychopathy", zu Untersuchungen über die Komorbidität mit anderen psychischen Auffälligkeiten, zur Theorienbildung über die möglichen Hinter-

---

[19] Es ist noch nicht endgültig geklärt, inwieweit es sich um ein dimensionales oder um ein kategoriales Konstrukt handelt (vgl. Hart & Hare, 1997). Einstweilen empfehlen die Autoren einen Cut-Off von 30 für die Diagnose „Psychopathy" und einen Wert von 20 für eine entsprechende Verdachtsdiagnose, wobei es Hinweise gibt, dass in Europa sinnvolle Trennwerte eher niedriger anzusetzen wären (vgl. Cooke, 1998).

gründe der psychopathischen Persönlichkeitsentwicklung und nicht zuletzt der PCL: Cooke, Forth & Hare, 1998 oder Millon, Simonsen, Birket-Smith & Davis, 1998; zusammenfassend: z. B. Hart & Hare, 1997). „Psychopathy" erfasst indessen keineswegs alle potentiell kriminogenen und rückfallgefährdeten Risiko- und Hochrisikogruppen und ist insofern ein Prognoseverfahren mit entsprechend begrenzter Reichweite.

Es liegen inzwischen vielfältige internationale Studien aus Amerika, Europa und Asien vor, die die grundsätzliche transkulturelle Übertragbarkeit des Konstrukts und insbesondere der PCL zu untermauern scheinen (vgl. z. B. Cooke, 1998). Auch im deutschsprachigen Raum findet das Konzept seit einiger Zeit zunehmende Beachtung, vergleichbare empirische Untersuchungen sind indessen noch rar. Es wurde gelegentlich über Erprobungen an verschiedenen deutschen Straftäterpopulationen berichtet (Hartmann, Hollweg, & Nedopil, 2001; Löffler & Welther, 1999; Ullrich, Paelecke, Kahle & Marneros, 2003), entsprechende Studien zur prognostischen Validität lagen bis vor kurzem jedoch noch nicht vor. Im Rahmen der bereits erwähnten Arbeit von Stadtland und Nedopil (2004) wurde indessen auch die PCL-R einbezogen und erprobt. Die Autoren berichten über eine AUC von .544 bei der Vorhersage nichtgewalttätiger und von .768 bei der Vorhersage gewalttätiger Rückfälle. Damit erwies sich das Verfahren in der Studie für die allgemeine Rückfallprognose als unvalide, erzielte jedoch recht beachtliche Leistungen bei der Gewaltprognose. Für die Studie gelten aber die bereits an früherer Stelle beschriebenen methodischen Einschränkungen (vgl. Kap. 2.1.3.1), so dass die Befunde derzeit noch mit Vorsicht zu interpretieren sind.

## 2.3.1.2 (Ideal-)Typologieorientierte Ansätze

Eine von ihrer Zielrichtung her klinische Prognosestrategie (im hier definierten Begriffsverständnis), die in besonderer Weise geeignet erscheint, eine Brücke zwischen der statistisch-nomothetischen und klinisch-idiographischen Herangehensweise zu schlagen, könnte eine an Idealtypen orientierte Methodik darstellen. Vom Grundgedanken her geht sie von einer Typologie von Ereigniszusammenhängen (z. B. typischen Tatbegehungskonstellationen für bestimmte Delikte) bzw. Personengruppen (z. B. Sexualstraftätertypologien) oder Entwicklungsverläufen (z. B. Typen krimineller Rückfallkarrieren) aus und versucht, durch die systematische Bezugnahme eines Einzelfalls die Person einem Prototyp zuzuordnen und typische und atypische (also die Besonderheit des Einzelfalls ausmachende) Elemente systematisch herauszuarbeiten. Der Prototyp stellt gleichsam die allgemeine Zusammenhänge und Gesetzmäßigkeiten abbildende Folie dar, vor deren Hintergrund man den Einzelfall und seine Ähnlichkeiten und Diskrepanzen mit dem Modell analysiert[20], um auf diesem Weg zu einer möglichst systematischen Rekonstruktion der individuell bedeutsamen Zusammenhänge unter Berücksichtigung regelhafter und spezifischer Aspekte zu gelangen.

In verschiedenen Wissenschaftszweigen hat der am Idealtypus orientierte Ansatz eine vergleichsweise lange Tradition. Seine erkenntnis- und wissenschaftstheoretischen Wurzeln gehen auf frühe Arbeiten von Max Weber (1904) zurück und wurden in der Folge weiter differenziert (z. B. Watkins, 1972). Das ursprünglich aus der Geschichtssoziologie stammende Paradigma wurde später an andere psycho- und sozialwissenschaftliche Disziplinen adaptiert, insbesondere an die verschiedenen Zweige biographisch orientierter Wissenschaften (eine Übersicht gibt z. B. Gerhardt, 1998). Freilich geht es hierbei zunächst einmal darum, überhaupt zu einer phänomengerechten Typologie zu gelangen. Erst im zweiten Schritt können mit Hilfe der so entwickelten Matrix dann Einzelfälle hinsichtlich ihrer typischen Elemente und ihrer spezifischen Besonderheiten untersucht werden. Sofern geeignete Typologien jedoch bereits vorliegen, ließe sich das methodische Prinzip der typologieorientierten vergleichenden Einzelfalluntersuchung jedoch ohne weiteres auf einzelfalldiagnostische Probleme übertragen.

Tatsächlich findet sich in der kriminologischen bzw. kriminalpsychologischen Literatur eine ganze Reihe von Typologien. Sie basieren gewöhnlich auf empirischen Studien größerer Straftätergruppen, die darauf ausgerichtet waren, Beschreibungs- und Erklärungsmuster für unterschiedliche Phänomenbereiche zu finden. Beispiele finden sich insbesondere für verschiedene Deliktgruppen, etwa für Sexualstraftäter (z. B. Rehder, 1993; Schorsch, 1971), Brandstifter (z. B. Klosinski & Bertsch, 2001), Ladendiebe (z. B. Osburg, 1992) oder Raubmörder (z. B. Volbert, 1992) sowie für unterschiedliche monotrope und polytrope Verlaufsmuster krimineller Rückfallkarrieren (z. B. Dahle, 1998, 2001; D'Unger et al., 1998; Soothill, Francis & Fligelstone, 2002).

Die meisten der an Deliktgruppen entwickelten Typologien enthalten – abgesehen von Angaben über die (einschlägige) Vorbelastung in den verschiedenen Subtypen – indessen wenig unmittelbar für die Einschätzung der Rückfallwahrscheinlichkeit verwertbare Informationen. Sie ermöglichen jedoch eine differenzierte Sicht auf unterschiedliche Tatbegehungskonstellationen und ihre jeweiligen Hintergründe und eröffnen hierdurch einen gangbaren methodischen Zugang zur Analyse der „in der Tat zutage getretenen Dynamik und der sonstigen Tatursachen" i. S. der eingangs skizzierten rechtlichen Anforderung an Prognosegutachten (vgl. Kap. 1.1.4). Allerdings gibt es auch einige wenige typologisch orientierte bzw. differenzierte Rückfallstudien, die unmittelbar die differentiellen Rückfallwahrschein-

---

[20] Zum Grundkonzept der sog. „Diskrepanzdiagnostik" und ihrer Bedeutung für den klinisch-diagnostischen Urteilsbildungsprozess siehe Steller und Dahle (2001).

lichkeiten untersucht haben (z. B. Barnett, Richter & Renneberg, 1999; Beier, 1995; Worling, 2001).

Eine dezidierte Methodik einer am Modell des Idealtypus orientierten Strategie der individuellen Rückfallprognose stellt die „Methode der idealtypisch-vergleichenden Einzelfallanalyse" dar (MIVEA; Göppinger 1983, 1997; zusammenfassend: Bock, 1995; Wulf, 2003). Das Konzept fußt auf empirischen Befunden einer kriminologischen Längsschnittstudie ehemals inhaftierter und nichtinhaftierter Männer im Jungerwachsenenalter („Tübinger Jungtäter Vergleichsuntersuchung") und den hieraus gewonnenen Erkenntnissen über typische „kriminorelevante" („kriminolovalente" und „kriminoresistente") Konstellationen und ihre zugehörigen Syndrome. Die Methode besteht im Prinzip aus dem oben skizzierten systematischen Vergleich des Einzelfalls mit den prototypischen Konstellationen. Sie soll, neben prognostischen Einschätzungen, durch die Herausarbeitung spezifischer Risikobereiche auch Hinweise auf Ansatzpunkte für Behandlungs- und andere spezialpräventive Maßnahmen – ähnlich der bereits behandelten Verfahren zum Risk-Needs-Management – liefern (vgl. Bock, ebd.).

Die MIVEA stellt insofern vom Ansatz her ein methodisch nachvollziehbares und plausibles Vorgehen für eine nicht weiter selektierte Population jüngerer männlicher Strafgefangener (hierauf basiert die Typologie) dar. Wünschenswert wären allerdings nähere Untersuchungen ihrer Anwendbarkeit als Prognosemethode – und eben nicht nur als bloße diagnostische Strategie –, die beispielsweise die Übereinstimmung mehrerer Anwender bei der Beurteilung derselben Person erhellen würde. Da die Methode auf der Grundlage der o. g. Studie entwickelt wurde, wäre zur Beurteilung ihrer Effizienz als Prognosemethode i. e. S. auch eine Kreuzvalidierung erforderlich, die die Generalisierbarkeit der zugrunde liegenden Typologie und die Effizienz der hierauf basierenden prognostischen Urteile bei der Vorhersage zukünftiger Ereignisse untersucht. Dies gilt umso mehr, als die Typologie auf Vergleichen (ehemals) inhaftierter und nichtinhaftierter Personengruppen basiert und nicht auf Stichproben rückfälliger und nichtrückfälliger Straftäter, wie sie bei Kriminalprognosen eigentlich zugrunde liegen.

## 2.3.2 Universelle klinisch-idiographische Methoden

Die bislang unter den klinisch-idiographischen Prognosemethoden behandelten Ansätze sind in ihrer Anwendbarkeit in zweierlei Hinsicht begrenzt. Die erste Begrenzung ergibt sich durch die von vornherein vorgenommene Bezugnahme auf bestehende theoretische oder empirische Gegebenheiten. So sind die theorieorientierten Ansätze auf die Reichweite der zugrunde liegenden Erklärungsmodelle beschränkt. Die typologieorientierten Ansätze setzen hingegen das Vorhandensein geeigneter und methodisch brauchbarer Idealtypen voraus, was nicht für alle Fall-konstellationen der Fall ist. Die zweite Begrenzung ergibt sich daraus, dass die bis-her behandelten Konzepte keine in sich abgeschlossenen Prognosemethoden dar-stellen, sondern nur Teilaspekte des erforderlichen prognostischen Beurteilungs-prozesses abbilden. So bestünde bei einer eindeutigen Diagnose „Psychopathy" nach den Richtlinien der PCL-R zwar aller Grund zur Vorsicht. Eine erschöpfende Erklärung des Anlassgeschehens i. S. der eingangs skizzierten rechtlichen Anforde-rungen stellt sie indessen noch nicht dar. Darüber hinaus gibt es zahlreiche Hinwei-se auf mögliche Subgruppen von Personen mit dieser Diagnose sowie auf häufige Komorbiditäten (vgl. Cooke et al., 1998; Millon et al., 1998), die im Einzelfall eine weitergehende Untersuchung etwaiger Zusammenhänge mit dem Anlassgeschehen erfordern. Auch typologische Analysen mögen zu einer Erklärung des Anlassge-schehens und der hierin zum Ausdruck gekommenen spezifischen Risikofaktoren beitragen. Die eingangs erwähnte und von der Rechtsprechung geforderte Ausein-andersetzung mit der Entwicklung dieser Faktoren seit dem Anlassgeschehen ver-mögen sie indessen nicht mehr zu leisten. Insoweit stellen diese methodischen An-sätze Hilfsmittel dar, die im Rahmen eines umfassenderen klinisch-idiographischen Urteilsbildungsprozesses für Teilaspekte und Teilfragestellungen hilfreich sein können.

Die abschließend zu behandelnden Methoden bemühen sich hingegen, einen uni-versellen methodischen Rahmen für die klinisch-idiographische Prognosebeurtei-lung zu geben. Sie sind nicht auf bestimmte Problemstellungen (bestimmte Delikt- oder Straftätergruppen) beschränkt, sondern stellen Versuche dar, das Problem ei-ner Kriminalprognosestellung in grundsätzlich notwendige diagnostische Teilschritte zu zerlegen. Sie beschreiben in diesem Sinne die erforderlichen Denkschritte und Problemstellungen, denen ein Prognostiker im Rahmen des Beurteilungsprozesses prinzipiell nachgehen sollte, sofern er eine vollständige Grundlage für seine pro-gnostische Einschätzung erzielen will.

## 2.3.2.1 Dimensionale Konzepte

Ein allgemeines Rahmenkonzept klinischer Kriminalprognosen, das in der Praxis weite Verbreitung gefunden hat, wurde von Rasch (1986/1999) vorgelegt. Der Grund-gedanke besteht in der Zerlegung des prognostischen Beurteilungsprozesses in kleinere, diagnostisch handhabbare Zwischenschritte im Sinne von Teilaspekten, mit denen sich der Prognostiker regelmäßig auseinandersetzen sollte, wenn er ein vollständiges Bild der individuellen Risikopotentiale einer Person gewinnen will. Diese in diesem Sinne unentbehrlichen Elemente nennt Rasch die „Dimensionen der klinischen Prognose kriminellen Verhaltens"; sie umfassen die Analyse (1.) der bekannten Kriminalität und insbesondere der Auslöseat(en), (2.) des aktuellen Per-sönlichkeitsquerschnitts ggf. einschließlich des aktuellen Krankheitszustands der

Zielperson, (3.) der Zwischenanamnese bzw. der Entwicklungen während eines Freiheitsentzuges sowie (4.) der Zukunftsperspektiven und Außenorientierungen der zu beurteilenden Person (Rasch, 1999, S. 376). Es ist leicht erkennbar, dass es sich bei den Dimensionen nicht um eine „Checkliste" handelt, die man einfach abarbeiten kann (vgl. Rasch, 1997); die genannten Themenbereiche sind für jeden Einzelfall erst inhaltlich zu füllen. Es geht vielmehr darum, den Prognostiker vor der Urteilsbildung zu einer gewissen thematischen Breite der Betrachtungen und zur Auseinandersetzung mit bestimmten Themenbereichen zu zwingen, um ihn vor voreiligen Schlussfolgerungen zu bewahren.

Ein strukturell und inhaltlich weitgehend ähnliches Konzept wurde auch von Nedopil (zusammenfassend: 2000) beschrieben. Sein Vorschlag basiert auf der retrospektiven Untersuchung der Überlegungen, auf denen eine Stichprobe erfahrener Gutachter ihre prognostischen Beurteilungen aufbauen. Bei der Zusammenstellung und Aufbereitung der vorgefundenen Kriterienbereiche kam der Autor zu einer thematischen Zuordnung zu vier übergeordneten Dimensionen, die den Dimensionen von Rasch weitgehend entsprechen: Der Autor nennt sie „Ausgangsdelikt", „prädeliktische Persönlichkeit", „postdeliktische Persönlichkeitsentwicklung" und „sozialer Empfangsraum". Jedem dieser übergeordneten Bereiche wird eine Anzahl weiterer Unterpunkte zugeordnet, gleichwohl betont auch Nedopil, dass es sich nicht um eine schematische Kriterienliste handelt. Es geht vielmehr um eine Vorstrukturierung unerlässlicher Gedankengänge, die im Anwendungsfall einer auf den Einzelfall bezogenen inhaltlichen Konkretisierung bedarf.

Die Vorteile dieser und ähnlicher dimensionaler Ansätze bestehen darin, dass durch die Untergliederung der prognostischen Globalfrage in weitgehend disjunkte Teilaspekte der erforderliche Beurteilungsprozess handhabbarer, übersichtlicher und damit transparenter wird und dass eine gewisse Standardisierung des Vorgehens und eine Mindestbreite an Themenbereichen als Beurteilungsgrundlage gewährleistet sind – ohne dass Vorannahmen die Methodik von vornherein auf bestimmte Fälle und Konstellationen einschränken würden. Auf der anderen Seite bleibt das Ausmaß methodischer Orientierungshilfen, die das Vorgehen strukturieren oder eine inhaltliche Grundlage für die Formulierung qualitativer Maßstäbe bieten könnten, bei einem dimensionalen Ansatz begrenzt. Als methodisch fehlerhaft bzw. qualitativ ungenügend wären letztlich nur solche Prognosen anzusehen, die bei der Befunderhebung einen der geforderten Themenbereiche gänzlich aussparen. Unbefriedigend ist es zudem, dass die einzelnen Dimensionen unverbunden nebeneinander stehen und weder methodische noch inhaltliche noch theoretische Bezüge zueinander aufweisen. Die Art ihrer Verknüpfung innerhalb des prognostischen Urteilsbildungsprozesses bleibt insofern offen. Unbefriedigend erscheint schließlich, dass empirische Untersuchungen zur erzielbaren Beurteilerübereinstimmung oder gar zur Güte von Vorhersagen nach dem Modell dimensionaler Kriminalprognosen bislang nicht vorliegen.

## 2.3.2.2 Ein allgemeines Prozessmodell der klinisch-idiographischen Urteilsbildung

Das Strukturmodell klinisch-prognostischer Prognosebeurteilung (Dahle, 1997, 2000) stellt den Versuch dar, eine universelle Systematik des Vorgehens bei der klinisch-idiographischen Beurteilung der individuellen Rückfallwahrscheinlichkeit strafrechtsbedeutsamer Handlungen von Rechtsbrechern zu beschreiben. Es fußt inhaltlich auf dem dimensionalen Konzept nach Rasch, sucht jedoch darüber hinaus, (1.) eine logisch stringente Abfolge diagnostischer Teilaufgaben im Rahmen des Beurteilungsprozesses vorzugeben, (2.) inhaltliche und strukturelle Zusammenhänge der einzelnen Teilschritte zu charakterisieren und (3.) die eigentliche Prognosebeurteilung als übergreifende Synthese der Befunde und Ergebnisse der einzelnen Teilschritte zu fassen.

Ausgehend vom Anspruch klinischer Prognosen – die vorherzusagenden Phänomene auf der Grundlage empirisch fundierter theoretischer Konzepte erklären zu wollen – besteht in diesem methodischen Konzept die erste diagnostische Teilaufgabe darin, die bisherige delinquente Entwicklung der zu beurteilenden Person nachzuzeichnen und ihre Hintergründe und Rahmenbedingungen aufzuklären; insoweit handelt es sich um eine retrospektive diagnostische Aufgabe. Ihre wichtigsten handwerklichen Grundlagen stellen (1.) die biographische Rekonstruktion der bisherigen Entwicklung der Person, (2.) die retrograde Analyse der Entwicklung des bisherigen strafrechtsrelevanten Verhaltens einschließlich etwaiger antisozialer Verhaltensmuster und deren Einbettung in die Biographie des Betreffenden sowie (3.) die möglichst genaue Hergangsanalyse des Anlasstatgeschehens (und etwaiger ähnlicher Taten in der Vorgeschichte des Betreffenden) dar; der zentrale methodische Zugang besteht – neben entsprechenden biographischen und tatbezogenen Explorationen des Täters (die jedoch vielfältigen Verzerrungen unterliegen; vgl. Kröber, 1999a) – in sorgfältigen Aktenanalysen, insbesondere der Ermittlungsakten zum Anlassgeschehen und ggf. zu relevanten Vordelikten, im Falle störungsbedingter Delinquenz auch der früheren einschlägigen Krankenakten. Inhaltlich können für diesen Teilschritt, je nach Fallkonstellation, auch die an früherer Stelle skizzierten klinischen Methoden begrenzter Reichweite, Prognosechecklisten und nicht zuletzt die Befunde theoretisch fundierter statistischer Verfahren (insoweit sie z. B. spezifische Risikoprofile liefern, deren inhaltliche Bedeutung im Einzelfall herauszuarbeiten wäre) hilfreich sein. Das Ziel besteht indessen darin, im Rahmen eines systematischen hypothesenbildenden und –prüfenden Beurteilungsprozesses (vgl. Steller & Dahle, 2001) aus der Vielzahl der potentiell in Frage kommenden (Entwicklungs-, Handlungs-, Kriminal-, Verlaufs-, ggf. Störungs-) Theorien diejenigen Aspekte zusammenzutragen, die für den vorliegenden Einzelfall von Bedeutung sind, und diese derart zu integrieren, dass sich ein in sich schlüssiges Erklärungskonzept der bisherigen Delinquenz des Betreffenden und insbesondere des Anlassgeschehens ergibt. Es geht also um die Formulierung und Begründung einer *individuellen Handlungstheorie der (bisherigen) Delinquenz des Täters*. Diese Individualtheorie stellt das diagnostische Äquivalent der rechtlich erforderlichen „Auseinandersetzung (des Gutachters) mit der den Anlasstaten zugrunde liegenden Dynamik und den sonstigen Tatursachen" (vgl. Kap. 1) dar. Der Theoriebegriff wurde dabei durchaus bewusst gewählt, er verweist auf die qualitativen Anforderungen, an denen sich dieser Schritt zu messen hat. Zu prüfen ist, inwieweit diese „individuelle Handlungstheorie" das Anlassgeschehen hinreichend erschöpfend und nachvollziehbar erklärt, inwieweit sie in sich selbst und im Verhältnis zu bewährten Theorien und empirischen Erfahrungen widerspruchsfrei ist und auf ein einheitliches bzw. kompatibles Begriffssystem Bezug nimmt und inwieweit nicht belegbare oder theoretisch nicht begründbare (Vor-)Annahmen eingehen (zur Bewertung von Theorien vgl. z. B. Gadenne, 1994; siehe i. e. auch Kap. 1.2.1). Zur inhaltlichen Beurteilung der Vollständigkeit des Erklärungsmodells können die bereits erwähnten Kriterienlisten, Risikoprofile oder statistischen Befunde hilfreich sein; sie können ggf. gewährleisten, dass nicht wichtige Aspekte übersehen wurden.

Die Anforderung der ersten diagnostischen Teilaufgabe geht jedoch noch einen Schritt weiter, da auf der Grundlage der individuellen Delinquenztheorie eine Untersuchung des Anlassgeschehens (ggf. auch ähnlicher Vordelikte) hinsichtlich der Modalitäten ihrer Bedingungsfaktoren erforderlich ist. Notwendig ist zumindest eine Analyse der Anlasstat im Hinblick auf ihre personalen (internalen) und situationalen (externalen) Rahmenbedingungen und im Hinblick auf die zeitliche Stabilität dieser Faktoren, um zufällige bzw. zeitlich befristete Konstellationen von stabilen Bedingungen unterscheiden zu können (ein fiktives Beispiel gibt Tabelle 9)[21]. Die zeitlich persistierenden, stabilen personalen Bedingungsfaktoren als Ergebnis dieses Analyseschritts stellen in diesem methodischen Konzept dabei die erforderliche „Übersetzung" der eingangs erwähnten Rechtsfigur der „in der Tat zutage getretenen Gefährlichkeit" in § 454 StPO (vgl. Kap. 1.1.4) in ein psychodiagnostisch handhabbares Begriffssystem dar.

---

[21] Für die Hintergründe dieser aus der Attributionstheorie entlehnten Analyseeinheiten der Bedingungsfaktoren menschlichen Handelns – „external vs. internal" und „stabil vs. variabel" – siehe z. B. Abramson et al. (1978). Je nach Untersuchungsanlass ließen sich auch weitergehende bzw. etwas anders gelagerte Einheiten denken; z. B. könnte man im Vorfeld therapeutischer Behandlungsmaßnahmen etwa nach der therapeutischen Ansprechbarkeit einzelner Bedingungsfaktoren (veränderbar vs. invariant) fragen.

**Tabelle 9** Strukturanalyse tatbedingender Faktoren am (fiktiven) Beispiel eines jugendlichen Gewalttäters (aus Dahle, 2000)

|  | internale Faktoren (personengebunden) | externale Faktoren (situations-, kontextgebunden) |
|---|---|---|
| **stabile Faktoren** (zeitlich potentiell überdauernd) | geringe Normbindung; Selbstwertdefizite; Abhängigkeit von äußerer Anerkennung; internalisierte kriminogene Einstellungen ... | mangelnde familiäre Unterstützung; anhaltende subkulturelle Einflüsse; kein Arbeitsplatzangebot in der Region ... |
| **variable Faktoren** (lebensphasisch begrenzt oder zufällig gegeben) | akuter Alkoholeinfluss (ohne süchtige oder gewohnheitsmäßige Bindung); „Frust"; Imponierbedürfnis ggü. neuer Freundin ... | Provokation; konkrete Versuchungssituation; Gruppendruck und Anwesenheit der neuen Freundin ... |

Das Thema der zweiten Teilaufgabe ergibt sich aus dem im ersten Schritt erarbeiteten Erklärungsmodell der Delinquenz der Person und der Analyse ihrer Bedingungselemente. Es handelt sich um die Analyse der relevanten Entwicklungen seit der letzten Tat, die zum Ziel hat, Hinweise für etwaige Veränderungen der personalen Risikofaktoren (bzw. für deren Persistenz) zu finden. Von Bedeutung sind dabei die zeitlich stabilen personalen Faktoren, stellen sie doch im engeren Sinne die individuellen Risikopotentiale der Person dar. Aufgabe ist es, anhand der Rekonstruktion der Entwicklungen seit dem Anlassgeschehen und insbesondere anhand der Analyse von Verhaltensweisen, die Aufschluss über die Entwicklung der personalen Risikofaktoren (d. h., mit ihnen psychologisch verwandt sind) geben könnten, ein möglichst umfassendes Bild der Veränderbarkeit sowie der Entwicklungsrichtung und Entwicklungsdynamik dieser Merkmale zu gewinnen. Dieser Schritt gewinnt vor allem dann an Bedeutung, wenn seit der (den) letzten Tat(en) eine lange Zeit im Vollzug verstrichen ist (Frage nach etwaigen Reifungs- oder sonstigen Aging-Prozessen) oder im Rahmen strafrechtlicher Sanktionen pädagogische oder therapeutische Bemühungen stattgefunden haben, diese Potentiale gezielt zu beeinflussen (Frage nach der therapeutischen Ansprechbarkeit der Risikopotentiale). Er sollte sich dabei nicht in der einfachen Beschreibung etwaiger Veränderungen erschöpfen, sondern sich ebenfalls (unter Rückgriff auf entsprechende Entwicklungs-, Persönlichkeits-, Kriminalitätsverlaufs-, ggf. auch Störungstheorien und empirische Befunde zu therapeutischen Effekten) um ihre Erklärung bemühen. In Analogie zum ersten Teilschritt ließe sich auch formulieren, Ziel dieses zweiten Schrittes ist die Begründung einer *individuellen Entwicklungstheorie der (Veränderbarkeit der) Persönlichkeit* hinsichtlich der spezifischen kriminalitätsbedingenden Risikopotentiale der Person.

Der erneute Rekurs auf den Theoriebegriff verweist wiederum auf die Kriterien, an denen die Qualität dieses Teilschritts zu messen ist: Auch er sollte zu einer widerspruchsfreien, fundierten, nachvollziehbaren und möglichst vollständigen Erklärung der relevanten Entwicklungsprozesse führen, die ohne allzu viele Zusatzannahmen auskommt. Als spezifisches Güte- und Prüfkriterium kommt jedoch noch hinzu, dass es in erster Linie auf die im ersten Schritt gewonnenen Risikopotentiale ankommt und nicht auf beliebige Persönlichkeitsbereiche, die im vorliegenden Fall strukturell nichts mit der Delinquenz des Betroffenen zu tun haben. Vom methodischen Vorgehen her wird man sich bei diesem zweiten Teilschritt – neben der Exploration des Betroffenen zur Entwicklung im Vollzug – wiederum vor allem auf Aktenanalysen (Gefangenenpersonalakten, Behandlungsunterlagen, Krankenakten aus der Zeit der Unterbringung usw.) stützen, die ggf. durch Fremdexplorationen von Betreuern aus dem Straf- oder Maßregelvollzug ergänzt werden können. Auch hier können die in den Vorkapiteln behandelten Instrumente und Verfahren mitunter hilfreich sein, da einige von ihnen explizit etwaige Veränderungen in dynamischen Risikobereichen zu berücksichtigen suchen.

Im dritten Teilschritt geht es um die Feststellung des aktuellen Entwicklungsstandes im Hinblick auf die spezifischen Risikopotentiale der Person. Insofern es sich hierbei um eine genuine Aufgabe klinischer Diagnostik handelt, entspricht das methodische Vorgehen allgemeinen klinisch-diagnostischen Standards. Mitunter können hierbei auch Vergleiche testpsychologischer Befunde aus der Zeit nahe dem Anlassdelikt (z. B. aus Begutachtungen zur Schuldfähigkeit oder aus Eingangsuntersuchungen) und den entsprechenden aktuellen Befunden hilfreich sein – zu beachten sind hierbei jedoch möglicherweise unterschiedliche Selbstdarstellungstendenzen zu den unterschiedlichen Anlässen und nicht zuletzt etwaige vollzugsbedingte Verschiebungen der Vergleichsmaßstäbe des Probanden bei testpsychologischen Selbstbeurteilungen (vgl. hierzu Steller, 1983). Der konkrete Inhalt der dritten diagnostischen Teilaufgabe bestimmt sich indessen aus den in den ersten beiden Schritten gewonnenen Informationen über die individuell prognoserelevanten spezifischen Persönlichkeitsbereiche und deren Entwicklungsdynamik. Ziele dieses Teilschritts sind die Gegenüberstellung der Fortschritte des Betreffenden in den relevanten Bereichen zu den noch vorhandenen Defiziten und die Analyse möglicher Faktoren, die geeignet sind, etwaige noch bestehende Defizite mit Risikopotential zu kompensieren. Hierzu erscheint es sinnvoll, unter Rückgriff auf die im ersten Schritt vorgenommene Analyse der variablen und der situationalen Bedingungsfaktoren für die bisherigen Delikte im Sinne einer Wenn-dann-Analyse eine Konkretisierung derjenigen situationalen Rahmenbedingungen vorzunehmen, die zum Zeitpunkt der Prognosestellung eine Realisierung der verbleibenden personalen Risikomomente und damit weitere Delikte befürchten lassen. Das Ziel besteht somit in der Identifikation und Explizierung potentieller Risikokonstellationen.

Die aktuell noch als vorhanden erkannten Risikofaktoren und die Analyse der für ihre Realisierung relevanten situationalen Rahmenbedingungen bilden schließlich die Grundlage für den vierten und letzten diagnostischen Teilschritt. Hierbei geht es um die Aufklärung der zukünftigen Lebensperspektiven des Betreffenden. Je nach konkreter Konstellation können ihre Inhalte die Untersuchung des sozialen Empfangsraums, der Möglichkeiten zur gesellschaftlichen (auch beruflichen) Einbindung, Freizeitpräferenzen und -möglichkeiten usw. sein. Ziel ist es, die zukünftigen situationalen Rahmenbedingungen als das zukünftige Handlungsfeld der Person zumindest grob zu erfassen. Im Vordergrund steht dabei, die Wahrscheinlichkeit solcher Situationen einzuschätzen, die – der individuellen Kriminaltheorie und der Analyse des aktuellen Status quo zufolge – eine Realisierung der derzeit noch feststellbaren individuellen Risikopotentiale befürchten lassen.

Jeder der skizzierten vier Teilschritte stellt eine eigenständige diagnostische Aufgabe dar, deren Bearbeitung nach den üblichen Regeln und Standards einer zielgerichteten und problemorientierten Psychodiagnostik (siehe hierzu z. B. Steller & Dahle, 2001) erfolgen sollte. Auch lässt sich anhand der skizzierten Kriterien für jeden der Teilschritte gesondert prüfen, inwieweit ihre jeweiligen Ziele in hinreichendem Maße erreicht wurden (zur Logik und möglichen Methodik einer solchen Prüfung vgl. z. B. Westmeyer, 2003). Auf der anderen Seite sind die Teilschritte inhaltlich nicht unabhängig voneinander. Die einzelnen Inhalte beziehen sich vielmehr systematisch aufeinander – das Ergebnis jedes Schritts steuert die Inhalte des weiteren Vorgehens, indem es gewissermaßen den Input für die jeweils folgenden Aufgaben liefert. Abbildung 3 fasst die wesentlichen Schritte und Anforderungen des prognostischen Urteilsbildungsprozesses im Rahmen des Prozessmodells noch einmal zusammen.

Die eigentliche zusammenfassende Prognosestellung als übergreifende, verbindende Klammer lässt sich nun wie folgt beschreiben:

„Die Kriminalprognose stellt die Fortschreibung der „individuellen Handlungstheorie" der Kriminalität einer Person (1. diagnostischer Teilschritt) nach den Prinzipien der spezifischen Entwicklungsdynamik ihrer Persönlichkeit (2. diagnostischer Teilschritt) bei Zugrundelegung ihres aktuell erreichten Entwicklungsstandes (3. diagnostischer Teilschritt) unter Annahme wahrscheinlicher zukünftiger situationaler Rahmenbedingungen (4. diagnostischer Teilschritt) dar" (Dahle 2000, S. 101).

**Abbildung 3** Prozessmodell zum Vorgehen bei der klinisch-idiographischen
Beurteilung der individuellen Rückfallprognose (aus Dahle, 2000)

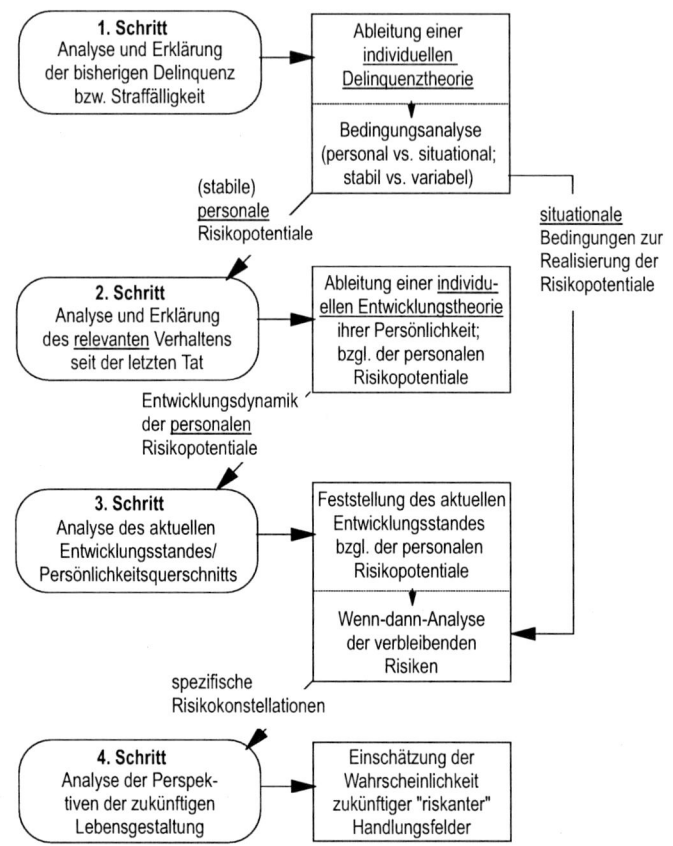

Bei dem Konzept handelt es sich um ein Rahmenmodell, das auf einer mehr oder
weniger abstrakten Ebene die prinzipielle Systematik des möglichen Vorgehens bei
der individuellen Beurteilung der Kriminalprognose beschreibt. Es zielt dabei auf
Rückfallprognosen, d. h. auf die Einschätzung der Rückfallwahrscheinlichkeit solcher Handlungen, für die es hinsichtlich ihrer psychologischen Hintergründe Vor-
läufer in der Vorgeschichte gibt. Ereignisse ohne entsprechende biographische
Vorgestalten – etwa Gewalthandlungen vor dem Hintergrund einer erst im Nachhinein eintretenden Betäubungsmittelabhängigkeit oder einer anderen erst später eintretenden psychischen Störung – sind in der Logik des Vorgehens nicht intendiert.

Dies entspricht jedoch den rechtlichen Vorgaben, geht es bei strafrechtlichen Prognosen doch um die Persistenz der „in der Tat zutage getretenen Gefährlichkeit" (§ 454 StPO). Das Konzept beinhaltet ferner eine explizite Übersetzung dieses Rechtsbegriffs in ein diagnostisches Beurteilungsmodell, denn die am Ende des ersten Teilschritts analysierten (stabilen) personalen Risikopotentiale für die Tathandlung (und etwaige Vordelikte) lassen sich ohne weiteres als psychologisches Äquivalent der in der Tat zutage getretenen Gefährlichkeit auffassen. Schließlich entspricht das Konzept auch den Anforderungen der Rechtsprechung an Kriminalprognosen (jedenfalls an Entlassungsprognosen), da es (1.) im ersten Teilschritt einen Rahmen für die Analyse der Tatdynamik und sonstigen Hintergründe der Anlasstat bietet, (2.) im zweiten und dritten Teilschritt die Analyse der Entwicklung des Täters im Hinblick auf diese Tatursachen vorsieht und (3.) letztlich auf Grundlage dieser Informationen im vierten Teilschritt eine Wahrscheinlichkeitseinschätzung über das künftige Legalverhalten des Betreffenden trifft (vgl. Berliner KG, 5 Ws 672/98; siehe hierzu i. e. Kap. 1.1.4).

Die angemessene Umsetzung des Konzepts setzt indessen eine fundierte Ausbildung in Psychodiagnostik als notwendiges Handwerkszeug für die Befunderhebung und -bewertung und die diagnostische Urteilsbildung bei den einzelnen Teilschritten voraus. Erforderlich sind darüber hinaus profunde Kenntnisse kriminologischer und psychologischer Handlungs- und Entwicklungstheorien, ein guter Überblick über den aktuellen Stand der einschlägigen empirischen Forschung und – soweit psychopathologische Aspekte im gegebenen Einzelfall eine Rolle spielen – entsprechende klinische Erfahrungen und Kenntnisse. Unter diesen Voraussetzungen scheint das Konzept aber praxistauglich zu sein und eine transparente Anwendung zu ermöglichen (vgl. Dauer & Ullmann, 2003). Einschränkend ist indessen festzuhalten, dass auch für das Strukturmodell eine empirische Untermauerung in Form systematischer Untersuchungen der erzielbaren Beurteilerübereinstimmung und vor allem der Validität der auf diese Weise gewonnenen prognostischen Einschätzungen bislang noch ausstand.

# 3 Zur Situation in Deutschland

Kriminalprognosen haben im deutschen Strafrecht eine erhebliche Bedeutung, da die einschlägigen Gesetzesvorschriften vielfältige und mitunter sehr weitreichende Rechtsfolgen von der Einschätzung der Rückfallwahrscheinlichkeit von Rechtsbrechern abhängig machen. Nicht zuletzt die aktuelle Debatte über die Verschärfung der Möglichkeiten zur Anordnung von Sicherungsverwahrung unterstreicht das Bedürfnis nach entsprechenden Vorhersagen und das Vertrauen, das der Gesetzgeber offenbar in die tatsächlichen Möglichkeiten einigermaßen verlässlicher Kriminal(rückfall)prognosen setzt. Vor allem bei Rechtsentscheidungen mit größerer Tragweite sehen Gesetzestexte und Rechtsprechung die Herbeiziehung sachverständiger Prognosegutachter vor, die den Rechtsanwender bei seiner Entscheidungsfindung mit fachlicher und methodischer Expertise unterstützen und die richterliche Entscheidung in ihren verhaltensprognostischen Bezügen auf eine rationale und wissenschaftlich fundierte Grundlage stellen sollen. Das Rechtssystem verlangt dabei streng individuelle, d. h. auf die Besonderheiten des Einzelfalls zugeschnittene Prognosebeurteilungen des jeweiligen Betroffenen. Diese Aufgabe erfordert in letzter Konsequenz klinisch-idiographische Prognosemethoden. Statistische Vorhersagekonzepte fußen prinzipbedingt auf statistischen Durchschnittsverhältnissen und können daher für sich genommen den Rechtsansprüchen nicht genügen.

Angesichts der Tragweite von Kriminalprognosen mag es verwundern, dass verbindliche inhaltliche oder methodische Standards für strafrechtliche Prognosebegutachtungen hierzulande bislang nicht existieren; mitunter wird gar die Möglichkeit zur interdisziplinären Einigung auf solche Standards bestritten. Folgt man auf der anderen Seite den regelmäßigen Befunden qualitätsprüfender Evaluationen der Prognosepraxis, so scheinen inhaltliche und methodische Mängel bei den Gutachten, die den Rechtsanwender verhaltenswissenschaftlich unterstützen sollen, eher die Regel zu sein, als dass sie Ausnahmen sind; mitunter entsteht der Eindruck ausgesprochener Willkürlichkeit der Vorgehensweisen bei der Urteilsbildung. Gemessen an rechtsstaatlichen Prinzipien ist die gegenwärtige Situation daher unbefriedigend – immerhin werden auf der Grundlage von Prognosen Entscheidungen getroffen, die potentiell bis zur lebenslangen Freiheitsentziehung reichen können – und die Kluft zwischen den rechtlichen Ansprüchen und der Prognosepraxis gravierend. Insofern wären methodische Standards, wie sie sich in anderen Gutachtenfeldern (jedenfalls bei der aussagepsychologischen Begutachtung, vgl. BGHSt 45, 164) durchgesetzt haben, wünschenswert und potentiell geeignet, das derzeitige „Elend" der Gutachtenpraxis (Steller, 1991) zu reduzieren. Solche Standards erfordern jedoch die Verfügbarkeit von Methoden, die inhaltlich den oben genannten rechtlichen Anforderungen genügen und für die wissenschaftlich fundierte Belege ihrer tatsächlichen Anwendungs- und Vorhersagegüte vorliegen.

Unabhängig von der Verfügbarkeit geeigneter und valider Prognosemethoden sind irrtumsrisikofreie Verhaltensvorhersagen – zumal über die im Strafrecht erforderlichen Zeiträume – schon aus theoretischen Gründen nicht möglich und nicht zu erwarten. Strafrechtliche Prognoseentscheidungen sind daher Risikoentscheidungen, in die, neben der Einschätzung der Rückfallwahrscheinlichkeit des Rechtsbrechers, weitere Gesichtspunkte einfließen. Hierzu zählen insbesondere eine (vom Rechtsanwender vorzunehmende) Güterabwägung der im Irrtumsfall betroffenen Rechtsgüter und die fallspezifische Verteilung der Risikolasten auf die hiervon potentiell betroffenen Personen und Personengruppen. Für eine rationale Bewältigung dieser Aufgabe sind Kenntnisse der Größenordnung der Irrtumsrisiken und ihrer im gegebenen Fall zu erwartenden Verteilung unerlässlich. Diese wiederum lassen sich nur auf der Basis kontrollierter, d. h. empirisch gesicherter Erfahrungen gewinnen, die man bislang mit vergleichbaren Tätergruppen gemacht hat. Ohne die Bezugnahme auf empirische Erfahrungswerte bleiben Vermutungen über die Verlässlichkeit prognostischer Einschätzungen und die zu erwartenden Irrtumsrisiken letztlich spekulativ. Indessen liegt mittlerweile eine vergleichsweise breite Grundlage empirischer Befunde über Rückfallhäufigkeiten verschiedener Tätergruppen und über Einflussfaktoren auf die Rückfallwahrscheinlichkeit vor, die in vielfältiger Weise zu prognostisch nutzbaren Instrumenten verdichtet wurden. Eine rationale, wissenschaftlich fundierte Prognosemethodik sollte daher diese Instrumente einbeziehen, um die hierin enthaltenen Erfahrungswerte systematisch und in kontrollierter Weise für die strafrechtliche Entscheidungsfindung nutzbar zu machen.

Seit längerer Zeit schon stammen die fortschrittlichsten Entwicklungen statistischer (bzw. aktuarischer) Prognoseinstrumente aus dem nordamerikanischen Raum. Dort wurde in den vergangenen Jahren eine neue Generation von Verfahren entwickelt, die sich nicht mehr nur auf bloße statistische Zusammenhänge stützen, sondern auch theoretische Konzepte über die Ursachen von Kriminalität und Rückfälligkeit berücksichtigen. Diese Verfahren wurden vergleichsweise umfangreich beforscht, und viele von ihnen haben mittlerweile ihre grundsätzliche Validität für die Vorhersage strafrechtlicher Rückfälle in mannigfachen internationalen Studien belegt. Auch in Deutschland wird seit einiger Zeit verstärkt die Anwendung dieser neueren Instrumente im Rahmen strafrechtlicher Prognosebegutachtungen gefordert und zunehmend auch praktiziert, allerdings fehlen einstweilen hinreichende empirische Belege ihrer Übertragbarkeit auf hiesige Verhältnisse und zu ihrer Vorhersagegüte bei deutschen Straf- oder Maßregelvollzugspopulationen.

Auf der anderen Seite wurde bereits darauf hingewiesen, dass diese Instrumente allein den Anforderungen des hiesigen Rechtssystems an strafrechtliche Prognosemethoden nicht genügen, da ihre Möglichkeiten zur Berücksichtigung individueller

Eigenarten der zu beurteilenden Person prinzipbedingt begrenzt sind. Es kommt hinzu, dass sie einige weitere methodenimmanente Schwächen aufweisen. Hierzu zählt insbesondere die so genannte Mittelfeldproblematik, d. h. die Neigung dieser meist Summenscores generierenden Verfahren, bei der Anwendung an größeren Personengruppen eine Verteilungsform entsprechend einer Normalverteilung anzunehmen. Die meisten Personen werden somit in Bereiche nahe des Gesamtmittelwerts eingeordnet; der erzielbare Informationsgewinn gegenüber der bloßen Kenntnis der Basisrückfallrate ist bei ihnen somit minimal.

Entwicklungen dezidierter klinisch-idiographischer Prognosemethoden sind hingegen vergleichsweise rar. Es finden sich einige relativ elaborierte Verfahren, die sich jedoch von vornherein auf mehr oder weniger stark eingegrenzte Personengruppen konzentrieren und deren Anwendungsbreite entsprechend begrenzt ist. Universell einsetzbare Methoden beschränkten sich indessen lange Zeit darauf, Themenbereiche zu formulieren, mit denen sich der Gutachter im Rahmen des Urteilsbildungsprozesses überhaupt auseinandersetzen sollte, ohne weitergehende methodische Vorgaben zu machen. Es wurde daher vor einiger Zeit der Versuch unternommen, diese dimensionalen Konzepte zu einem methodisch stringenten Konzept des Urteilsbildungsprozesses weiterzuentwickeln, das die einzelnen Themenbereiche in eine logisch und theoretisch sinnvolle Beziehungsstruktur integriert und einige Gütemaßstäbe für die inhaltliche Umsetzung formuliert. Die Methodik berücksichtigt dabei die in Gesetzestexten und Rechtsprechung formulierten rechtlichen Anforderungen an strafrechtliche Prognosemethoden und erlaubt – eine hinreichende Qualifizierung der Gutachter vorausgesetzt – eine strukturierte und nachvollziehbare Anwendungspraxis. Indessen fehlt auch hier einstweilen eine systematische Forschung zur erzielbaren Reliabilität und Vorhersagegüte der auf diesem Weg gewonnenen prognostischen Einschätzungen.

Zusammenfassend ist somit festzustellen, dass der derzeitige Forschungsstand zu den Grundlagen und Methoden strafrechtlicher Kriminalprognosen – vor allem hierzulande – ausgesprochen defizitär ist. Vor diesem Hintergrund ist es nachvollziehbar, dass eine Einigung auf verbindliche methodische Standards aktuell nicht in Sicht ist. Es kommt hinzu, dass weitere Methodenentwicklungen wünschenswert wären, die in systematischer und kontrollierter Form den Bestand empirisch gesicherter Erfahrungen nutzen und zudem den rechtlichen Erfordernissen an den Individualisierungsgrad prognostischer Beurteilungen Rechnung tragen. Hierzu wären jedoch Konzepte erforderlich, die sowohl statistisch-nomothetische als auch klinisch-idiographische Beurteilungsschritte beinhalten und in ein strukturiertes Rahmenmodell integrieren.

# 4 Chronische Rückfalldelinquenz im Individuellen Menschlichen Entwicklungsverlauf: Die Berliner CRIME-Studie

Im Folgenden wird ein Forschungsprojekt dargestellt, dessen Hauptanliegen – neben der Untersuchung delinquenter Biographien und ihrer Hintergründe – die Evaluation, d. h. die empirische Überprüfung der Anwendbarkeit und der erzielbaren Vorhersagegüte verschiedener „moderner" Instrumente und Methoden der Kriminalprognose an einer deutschen Straftäterpopulation sowie die Entwicklung einer integrativen Rahmenstrategie für strafrechtliche Prognosebeurteilungen entsprechend der in den Eingangskapiteln skizzierten rechtlichen und wissenschaftlichen Anforderungen waren. Das Projekt geht auf eine frühere Studie zurück, die im Jahr 1976 unter der Leitung des damaligen Direktors des Berliner Instituts für Forensische Psychiatrie, Prof. Dr. Wilfried Rasch (✝ 23.9.2000), durchgeführt wurde. Zwischen September 2000 und März 2004 wurde das Vorhaben durch mehrere Sachmittelbeihilfen der Deutschen Forschungsgemeinschaft unterstützt, eine weitere finanzielle Beihilfe der Gustav-Radbruch-Stiftung trug wesentlich zur Gewinnung der Probanden für Nachuntersuchungen bei.

## 4.1 Zielstellung

Angesichts der unbefriedigenden empirischen Grundlagen strafrechtlicher Kriminalprognosen waren auf dem Weg zum eigentlichen Hauptziel – der Entwicklung und Begründung einer integrativen Prognosestrategie – verschiedene Teilziele zu verfolgen. Hierzu zählten insbesondere die Überprüfung der prinzipiellen Anwendbarkeit einer Auswahl der wichtigsten im Ausland entwickelten und dort evaluierten modernen statistischen Instrumente bei hiesigen Straftätern, die Überprüfung ihrer jeweiligen Vorhersagegüte bei Strafgefangenen deutscher Vollzugsanstalten, die Untersuchung ihrer differenziellen Vorhersageleistungen bei verschiedenen Teilgruppen (Frage nach etwaigen differenziellen Indikationen), die Untersuchung von Anwendbarkeit und Vorhersageleistungen einer dezidierten klinisch-idiographischen Beurteilungsmethodik entsprechend der deutschen Rechtslage und nicht zuletzt die systematische Analyse der Hintergründe etwaiger Fehlprognosen, um Aufschluss über die Grenzen der Prognostizierbarkeit strafrechtlicher Rückfälle und über etwaige Optimierungspotentiale zu erlangen. Da die Übertragbarkeit von Prognoseinstrumenten eine gewisse interkulturelle Stabilität von Rückfallprädiktoren voraussetzt, erschien zudem eine Untersuchung der Zusammenhänge der zumeist in ausländischen Studien als Risikofaktoren imponierenden Einzelmerkmale (vgl. Kap.1.3.2) mit der Rückfälligkeit der hiesigen Untersuchungsgruppe sinnvoll. Im Einzelnen sollten somit folgende Problembereiche untersucht werden:

- Rückfallbasisraten bei einer unselektierten Stichprobe von Strafgefangenen und bei kriminologisch relevanten Subgruppen

- Einflussfaktoren auf die Rückfallwahrscheinlichkeit

- Anwendbarkeit, Verteilungscharakteristik und erzielbare Beurteilerübereinstimmung bei einer Auswahl der wichtigsten neueren statistischen Prognoseinstrumente

- Untersuchung und Vergleich ihrer Vorhersageleistungen

- Anwendbarkeit, Verteilungscharakteristik und erzielbare Beurteilerübereinstimmung bei einer modernen klinisch-idiographischen Prognosemethodik

- Vergleich der Vorhersagegüte statistischer und klinisch-idiographischer Methoden im Allgemeinen und bei relevanten Subgruppen von Strafgefangenen

- Hintergründe für Fehlprognosen, Grenzen der Prognostizierbarkeit und Möglichkeit zur diagnostischen Einschätzung der Prognosezuverlässigkeit („Vorhersage der Vorhersagbarkeit")

- Entwicklung und Begründung einer integrativen Rahmenstrategie für die prognostische Urteilsbildung.

## 4.2 Anlage des Untersuchungsprojekts

### 4.2.1 Untersuchungsdesign

Es wurde bereits erwähnt, dass das Forschungsprojekt auf eine Studie zurückgeht, deren Wurzeln in die 70er Jahre des vorigen Jahrhunderts reicht. Es geht um eine Stichprobe von ursprünglich $N$=397 Strafgefangenen, die im ersten Halbjahr des Jahres 1976 neu in den Berliner Strafvollzug eingewiesen wurden. Es handelt sich um eine unselektierte Zeitstichprobe männlicher erwachsener Strafgefangener, bei der jeder vierte Neuzugang im genannten Zeitraum berücksichtigt wurde (Ausnahme: keine reinen Verkehrsdelikte). Einschränkungen der Repräsentativität im Hinblick auf die damalige Berliner Gefangenenpopulation ergeben sich aus einer Unterrepräsentanz ausländischer Gefangener ohne hinreichende Deutschkenntnisse sowie minderbegabter Gefangener aus untersuchungstechnischen Gründen sowie aus einer leichten Unterrepräsentanz von Gefangenen mit sehr kurzen Freiheitsstrafen aus vollzuglichen Gründen (Entlassung noch vor oder während der mehrere Tage umfassenden Basisuntersuchung). Von 458 Neuzugängen, die nach dem Erhebungsmodus potentiell für die Studie in Frage kamen, konnten daher letztlich

397 einbezogen werden. Die Verweigerungsquote zur Teilnahme an der Untersuchung lag dabei bei knapp 2 % (9 Gefangene) und erscheint vernachlässigbar.

Die Probanden wurden zu Beginn ihrer Strafhaft (nicht zu Beginn einer etwaigen Untersuchungshaft) erstmalig einer ausführlichen, mehrtägigen Untersuchung unterzogen, die Einzelexplorationen zu vielfältigen Themenbereichen, testpsychologische Untersuchungen und medizinische Anamneseerhebungen und Untersuchungen umfasste (ausführlich zu den Datenquellen siehe das Folgekapitel). Das Untersuchungsdesign ist insofern gemischt angelegt mit retrospektiven (Biographie bis zum Untersuchungszeitpunkt) und prospektiven (Biographie seither) Anteilen und beinhaltet mannigfache Daten aus unterschiedlichen Quellen und mit unterschiedlichem Datenniveau. Die für die hiesige Fragestellung zentralen Prognosen wurden dabei retrospektiv für den Zeitpunkt der Entlassung aus der Indexhaft auf Grundlage aller bis zu diesem Zeitpunkt über die jeweiligen Probanden verfügbaren Daten erstellt (siehe i. e. Kap. 4.3.1), die tatsächliche weitere strafrechtliche Entwicklung der Betroffenen war insofern von den Prognosen unbeeinflusst.

Die wichtigste Quelle zur Beurteilung der strafrechtlichen Rückfälligkeit der Probanden stellen Neueinträge in das Strafregister aufgrund von Handlungen, die sich nach Entlassung aus der Indexhaft ereigneten (nicht etwaige spätere Verurteilungen wegen früherer Delikte), dar. Entsprechende Einsichtnahmen in das Bundeszentralregister erfolgten im Jahr 1997. Da die Indexhaftzeiten für die Probanden unterschiedlich waren, variiert die verbleibende Beobachtungsdauer bis zur Einsichtnahme; sie lag zwischen 7 (Entlassung im Jahr 1990) und 21 Jahren (Entlassung bereits 1976) und betrug im Mittel 19,6 Jahre ($SD = 1{,}74$).

Soweit bislang aus Recherchen zum Verbleib der Probanden bekannt wurde, sind seit der Basiserhebung 126 Teilnehmer (rund 32 % der Ursprungsstichprobe) verstorben, obwohl die Gruppe zum Indexzeitpunkt im Mittel erst knapp 30 Jahre alt war (20 bis 42 Jahre[22]). Soweit das Sterbedatum der Betroffenen nach dem Zeitpunkt der Einsichtnahme in die Bundeszentralregisterauszüge lag, wurden die verstorbenen Probanden bei den folgenden Auswertungen und Analysen einbezogen. In Einzelfällen wurden auch vor diesem Zeitpunkt verstorbene Probanden berücksichtigt, sofern das Zentralregister nicht gelöscht wurde (offenbar war der zuständigen Behörde der Tod nicht in allen Fällen mitgeteilt worden) und ein hinreichender Beobachtungszeitraum von mindestens sieben Jahren zwischen der Entlassung aus der Indexhaft und dem Tod gegeben war. Insgesamt wurden nach diesem Modus $N = 307$ Probanden einbezogen; auf sie beziehen sich die Auswertungen in den Folgekapiteln.

---

[22] Zu den Hintergründen und Ursachen der hohen Mortalitätsrate siehe Hartig (2002).

Neben der Hauptstichprobe wurden für die Bearbeitung von Detailfragestellungen zusätzliche Erhebungen an weiteren Stichproben durchgeführt. Auf diese Ergänzungsstudien wird an späterer Stelle eingegangen werden.

### 4.2.2 Datenquellen und -erhebung

Entsprechend den Anforderungen der zu evaluierenden Prognosemethoden wurden für die prognostischen Beurteilungen unterschiedliche Erhebungsmethoden und Datenquellen berücksichtigt. Im Einzelnen wurden folgende Erhebungen durchgeführt:

a) Basisuntersuchung
In den ersten Wochen nach Antritt der Freiheitsstrafe der Probanden fand an mehreren Tagen die Basisuntersuchung statt, die durch die damaligen psychologischen und medizinischen Mitarbeiter des Instituts für Forensische Psychiatrie in den verschiedenen Strafvollzugsanstalten durchgeführt wurde. Am ersten Tag der Untersuchung wurden anhand eines Interviewleitfadens Explorationen durch psychologische Mitarbeiter durchgeführt, mit denen die Probanden insbesondere zu ihrer Biographie, zu Einstellungen, zu Vorerfahrungen mit Sanktionsinstitutionen, zu den Erwartungen, zu Problemattributionen und Behandlungsmotivation und ähnlichen Themen befragt wurden. An einem anderen Tag fanden medizinische Untersuchungen durch die Ärzte des Instituts statt, die neben einer orientierenden körperlichen Untersuchung auch neurologische und psychiatrische Anamnesen sowie für eine Teilstichprobe ($n = 200$) EEG-Untersuchungen umfassten. An einem weiteren Tag wurden schließlich testpsychologische Untersuchungen durchgeführt (Freiburger Persönlichkeitsinventar [FPI], Fragebogen zur Beurteilung der Suizidgefahr [FBS], Braunschweiger Fragebogen zum perzipierten elterlichen Erziehungsverhalten [PEE], Leistungsprüfsystem [LPS], d2-Konzentrationstest, zwei durch Institutsmitarbeiter entwickelte Einstellungsskalen zur Erfassung der Attributionen zu den allgemeinen und persönlichen Ursachen von Kriminalität sowie verschiedene Adjektivlisten zur Selbstbeschreibung und zur Erfassung verschiedener personaler Stereotype).

b) Tathergang (Indexdelikt)
In Fällen mit gravierenderen Anlassdelikten (Haftstrafen von über 1 Jahr) wurden für eine genauere Tathergangsanalyse die Ermittlungsakten zum Anlassdelikt ausgewertet und Fotokopien der Urteilstexte, der Vernehmungsprotokolle von Opfern und beteiligten Tätern sowie von polizeilichen Ermittlungsberichten gefertigt. In Fällen sehr kurzer Freiheitsstrafen (bis 6 Monate) waren die eigentlichen Ermittlungsakten mittlerweile vernichtet und nur mehr ausgedünnte Urteilstexte vorhanden.

c) Haftverlauf und Entlassungssituation
Um die Entwicklung der Probanden während des Vollzugsverlaufes und die Ent-
lasssituation einzuschätzen, wurden die Gefangenenpersonalakten der Probanden
ausgewertet. Den Akten wurden insbesondere folgende Informationen entnommen:
Eckdaten zum Vollzugsverlauf, besondere Vorkommnisse (Krisen, Erkrankungen,
kritische Lebensereignisse usw.), besondere Maßnahmen (disziplinarisch oder reso-
zialisierungsbezogen); Besuchsfrequenz, -personen und Entwicklung des Kontakts
sowie Postkontakte, Verhaltensbeurteilungen der Anstalt (Arbeitsverhalten, Sozial-
verhalten usw.), Lockerungsmaßnahmen, Lockerungsziele und Lockerungsverhal-
ten sowie Entlassungsumstände (Wohnadresse, soziale Beziehungen, Arbeitssitua-
tion). In Fällen sehr kurzer Haftstrafen (bis 6 Monate) waren die Akten bereits vernichtet und nur mehr den so genannten „A-Bögen" die Eckdaten zum Vollzugsverlauf, zu Lockerungen und Vorkommnissen und zur Entlassadresse zu entnehmen.

d) Legalverhalten nach Entlassung aus der Indexhaft
Das zentrale Kriterium für die Beurteilung der weiteren strafrechtlichen Entwicklung der Probanden waren entsprechende Einträge in das Bundeszentralregister
(BZR), das 1997 eingesehen wurde. Den Auszügen wurden Anzahl, Art und Zeitpunkt etwaiger neuer Delikte entnommen, die entsprechenden Strafen und Einschätzungen der tatsächlich jeweils erneut in Freiheitsentzug verbrachten Zeit sowie etwaige Bewährungserfolge bzw. -misserfolge. In Fällen mit vollständiger Er-
mittlungsakte und Reststrafaussetzungen zum Indexdelikt wurden zudem die Be-
währungshefte ausgewertet. Eigenangaben zum Legalverhalten nach 1976 wurden
im Rahmen von Nachbefragungen der Probanden erhoben, die zwischen 2001 und
2003 stattfanden. Weiterhin wurde im Jahr 2004 die polizeiliche Datenbank Berlins
(das *Informationssystem zur Verbrechensbekämpfung*, ISVB) abgefragt, um Aufschluss über etwaige polizeiliche Ermittlungsverfahren nach 1976 zu erlangen.
Zum Zwecke der Untersuchung gravierender Rückfälle wurden schließlich, sofern
die Ereignisse in Berlin stattfanden, die kriminalpolizeilichen Ermittlungsakten
dieser Vorfälle eingesehen und ausgewertet.

e) Biographie nach 1976 und aktuelle Lebensumstände
Zur Erfassung der biographischen Entwicklung nach Entlassung aus der Indexhaft,
der aktuellen Lebensumstände und der aktuellen Lebenszufriedenheit wurden anhand eines semistrukturierten Interviewleitfadens Nachbefragungen durchgeführt
und ein Screening der Lebenszufriedenheit im biographischen Längsschnitt vorgenommen. In diesem Rahmen wurden auch Attributionen über die Hintergründe
etwaiger Rückfälle bzw. die Voraussetzungen und Ursachen etwaiger Ausstiege
aus delinquenten Entwicklungen erfragt.

f) Todesfälle

Todesfälle wurden zunächst anhand entsprechender Rückmeldungen der Einwohnermeldeämter erfasst, wobei die Meldekette jedes Probanden bis zur aktuellen Meldeadresse, bis zum Todesvermerk, bis zum Verzug ins Ausland oder bis zum Abriss der Kette („unbekannt verzogen") nachverfolgt wurde. Um Verzerrungen der Rückfalldaten durch etwaige unbekannte Todesfälle möglichst zu minimieren, wurden für alle Probanden mit ungeklärtem Verbleib oder mit falscher aktueller Meldeadresse (unter Meldeadresse postalisch nicht erreichbar) Auskünfte über etwaige Sterbevermerke bei den Standesämtern der Geburtsgemeinde eingeholt – was aufgrund unterschiedlicher Auslegung datenschutzrechtlicher Bestimmungen aber nur in ca. der Hälfte der Fälle möglich war. Um Einblicke in die Todesursachen zu erlangen, wurden für die in Berlin verstorbenen Probanden die Totenscheine eingesehen und ggf. die Obduktionsberichte ausgewertet.

*4.2.3 Stichprobe*

Bei den in die Auswertungen einbezogenen 307 Probanden (vgl. Kap. 4.2.1) handelte es sich um erwachsene Männer, die zu Beginn der 1976 angetretenen Indexhaft im Alter zwischen 21 und 42 Jahren waren ($M$ = 30,52 Jahre; $SD$ = 5,38) und im Folgenden eine Freiheitsstrafe zwischen 3 und 142 Monaten verbüßten ($M$ = 18,93 Monate, $SD$ = 18,10). Erfasst wurde eine Eingangsstichprobe in den Strafvollzug, wobei Personen mit Ersatzfreiheitsstrafen oder reinen Verkehrsdelikten nicht aufgenommen wurden. Bei den Anlasstaten (im Falle mehrerer Delikte die Hauptdelikte) handelte es sich zumeist um Eigentumsdelikte (52 %), gefolgt von Betrugsdelikten (13 %), Unterhaltspflichtverletzungen (10 %), Raub- und Erpressungsdelikten (8 %) bzw. anderweitigen Gewalttaten[23] (11 %). Die übrigen Delikte verteilten sich zu je kleinen Anteilen auf unterschiedliche Deliktgruppen. Bei 60 Probanden (20 %) wurde ein Teil der Haftstrafe nach § 57 StGB zur Bewährung ausgesetzt, weitere 16 Probanden wurden vor dem offiziellen Haftende nach dem Gnadenrecht vorzeitig entlassen (zur näheren Beschreibung der vorzeitig entlassenen Strafgefangenen siehe Schmidt, 1997).

Gut 75 % der Probanden verfügten zum Haftantritt 1976 bereits über Vorhafterfahrungen im Umfang zwischen 2 und 171 Monaten ($M$ = 39,99 Monate, $SD$ = 37,22), rund 40 % waren im Vorfeld auch mit Gewaltdelikten auffällig geworden. Gemessen am Alter beim Ersteintrag ins Straf- oder strafrechtliche Erziehungsregister lag der Beginn der strafrechtsrelevanten Karriere in 45 % der Fälle

---

[23] Hierunter waren rund 19 % Vergewaltigungsdelikte und 8 % Tötungsdelikte. Bei den übrigen Delikten dieser Gruppe handelte es sich um Körperverletzungen (29 %) bzw. schwere Körperverletzungen (45 %).

bereits im Jugendalter (14 bis 18 Jahre), wobei rund 37 % bei der Basisuntersuchung angaben, bereits in der Kindheit (vor dem strafrechtlichen Eintrittsalter von 14 Jahren) Delikte begangen zu haben. Jugendstrafen im juristischen Sinn (Freiheitsstrafen in einer Jugendstrafanstalt) wiesen bis zum 18. Lebensjahr rund 34 % der Probanden auf.

Zum Indexzeitpunkt waren die meisten Probanden ledig (57 %) bzw. geschieden (26 %), lediglich 16 % waren verheiratet. Nicht ganz die Hälfte der Probanden (46 %) hatte zu diesem Zeitpunkt eigene Kinder (Eigenangaben), gut ein Drittel dieser Kinder (34 %) waren unehelich geboren. Von den Probanden verfügten rund 29 % nicht mindestens über einen Volksschulabschluss (kein Schulabschluss oder Abschluss einer Sonderschule), wobei 19 % ein höheres Schulniveau (Realschule oder Gymnasium) aufwiesen. Gut die Hälfte hatte bis zum Indexhaftantritt wenigstens einen Lehrberuf erlernt (48 % Lehrberuf, 3 % höhere Qualifikation).

## 4.3 Methoden

### 4.3.1 Methodik der Prognoseerstellung

Für alle Probanden wurden auf Basis derjenigen Informationen und Daten, die den Zeitraum bis zum Ende der 1976 angetretenen Haft betrafen, individuelle Prognosen erstellt. Diese wurden durch zwei Projektmitarbeiter[24], die zuvor in der Prognosebegutachtung und der Anwendung der verschiedenen Verfahren theoretisch und praktisch geschult worden waren, vorgenommen. Eine studentische Hilfskraft bereinigte vor der Fallbearbeitung die Daten von allen Informationen aus der Katamnesezeit (BZR-Angaben, etwaige Angaben aus dem Bewährungsheft usw.), so dass die Mitarbeiterinnen bei der Prognoseerstellung blind hinsichtlich des weiteren Werdegangs der Probanden waren.

Bei der Fallbearbeitung wurde zunächst in mehreren Schritten eine Verdichtung der Informationen vorgenommen, die – zunächst nach Datenquellen sortiert, dann die Datenquellen integrierend – eine Zusammenstellung der biographischen Entwicklung, eine Analyse der Delinquenzentwicklung bis zum Indexdelikt einschließlich des Anlassgeschehens, einen Aktualbefund für den Prognosezeitpunkt (körperlicher Status, kognitive Fähigkeiten, Persönlichkeit, Einstellungen, Suchtmittel, sozialer Bereich) sowie eine Beschreibung der Entwicklungen im Haftverlauf und des Entlassumfelds umfasste. Im nächsten Schritt wurden auf Grundlage der so aufbereiteten Informationen aktuarische Prognosen anhand des HCR-20, des

---

[24] Diplompsychologinnen mit rechtspsychologischem Schwerpunkt, davon eine Fachpsychologin für Rechtspsychologie BDP/DGPs, die andere in entsprechender Weiterbildung.

LSI-R und der PCL-R vorgenommen. Die Auswahl dieser Instrumente erfolgte aufgrund theoretischer Überlegungen. Ziel war die Zusammenstellung solcher Instrumente, die in ihrer methodischen und theoretischen Fundierung hinreichend heterogen sind, so dass die Erwartung bestand, dass sie sich ergänzen und nicht allzu große Überschneidungen aufweisen. Das HCR-20-Schema erschien i. d. S. vor allem als pragmatisch entwickeltes Instrument mit Schwerpunkt auf Gewaltdelikten, bei dem empirisch gesicherte Einzelprädiktoren aus unterschiedlichen (statischen und dynamischen) Bereichen zusammengestellt sind (vgl. Kap. 2.1.3.1). Das LSI-R fokussiert hingegen stärker auf die allgemeine Rückfallprognose, stützt sich deutlicher auf theoretische Erwägungen und beinhaltet vor allem solche Risikobereiche, die nach Maßgabe kognitiv-behavioraler Kriminalitätstheorien als Ursachen für Rückfallkriminalität gelten können (vgl. Kap. 2.1.2). Die PCL-R wiederum stellt ein Spezialinstrument zur Erfassung einer besonderen Persönlichkeitskonfiguration dar, wobei aufgrund theoretischer Überlegungen und empirischer Befunde erwartet wird, dass dieser Typus in besonderer Weise zu dauerhafter und gewalttätiger Rückfallkriminalität neigt (vgl. Kap. 2.3.1.1). Das HCR-20-Schema wurde in seiner deutschen Variante (HCR-20+3, Müller-Isberner, Jöckel & Cabeza, 1998) angewandt, die PCL-R in einer weitgehend an eine vorliegende Übersetzung (Löffler & Welther, 1999) angelehnten Form, und das LSI-R wurde im Rahmen der Projektarbeiten übersetzt und (z. B. hinsichtlich unterschiedlicher Schulsysteme, vgl. Kap. 2.1.2) leicht modifiziert, um es an hiesige Verhältnisse anzupassen (vgl. Helbig & Möhring, 2000).

Im Projekt wurden die aktuarischen Beurteilungen durch eine systematische Einschätzung der Basisrate erneuter Delinquenz nach entsprechendem Anlassdelikt bzw. entsprechender Vorgeschichte (Grundlage sind hier einschlägige empirische Befunde) ergänzt sowie ggf. durch eine Einschätzung der zu erwartenden prognostischen Bedeutung besonderer Fallgegebenheiten (z. B. stattgefundene Sozialtherapie in Haft, vergleichsweise hohes Alter zum Beurteilungszeitpunkt o. Ä.). Hierauf und auf die Befunde der aktuarischen Instrumente aufbauend, erfolgte schließlich eine individuelle Beurteilung des Falls auf der methodischen Basis des Prozessmodells klinischer Prognosen (vgl. Kap. 2.3.2.2). Die hierbei letztlich zu treffende klinisch-idiographische Beurteilung umfasste im Rahmen der CRIME-Studie drei separate Aspekte: (1.) eine Aussage zur Wahrscheinlichkeit erneuter Delikte im Allgemeinen sowie (2.) eine gesonderte Aussage zur Wahrscheinlichkeit zukünftiger Gewaltdelikte. Aus methodischen Gründen wurden diese Prognosen in Form einer fünfstufigen Wahrscheinlichkeitsaussage mit den Stufen „sehr günstig", „eher günstig", „unklar bzw. mittleres Risiko", „eher ungünstig" und „sehr ungünstig" fixiert. Den Abschluss bildete (3.) eine Bedarfsanalyse i. S. der Beschreibung hypothetischer Bedingungsfaktoren, die nach Maßgabe der individuellen Delinquenztheorie dem Betreffenden die gesteigerte Chance auf einen Ausstieg aus delinquenten Verhaltensmustern ermöglichen würden.

Die Mitarbeiterinnen waren explizit gehalten, bei der klinisch-idiographischen Fallbearbeitung die Ergebnisse der vorherigen statistischen Einschätzungen systematisch zu berücksichtigen. Diese Bezugnahme sollte zwei Funktionen erfüllen. Zunächst diente sie der Kalibrierung der Urteilsbildung i. S. einer Grundinformation der nach Maßgabe empirischer Kenntnisse bei vergleichbarer Fallkonstellation durchschnittlich zu erwartenden Rückfallwahrscheinlichkeiten (vgl. Kap. 1.3.1). Darüber hinaus sollte sie eine Kontrollfunktion erfüllen. Demnach sollten klinische Urteile, die von der statistischen Erwartung abweichen, besondere Aufmerksamkeit wecken und bedurften einer hinreichenden inhaltlichen Begründung. In diesem Sinne diskrepante Beurteilungen waren demnach möglich, sollten aber kontrolliert, bewusst und begründet erfolgen, um einer bloßen intuitiven Einschätzung Vorschub zu leisten.

## 4.3.2 Rückfallkriterien

Das zentrale Kriterium für die Beurteilung der Leistungsfähigkeit kriminalprognostischer Instrumente und Methoden sind erneute strafrechtsrelevante Handlungen der untersuchten Probanden. Dieses Kriterium weist einige Schwierigkeiten auf, da entsprechende Handlungen erst auf Grundlage eines strafrechtlichen Zuschreibungsprozesses als solche definiert werden. Voraussetzung sind demnach nicht nur bloße Verstöße gegen Strafrechtsnormen. Vielmehr müssen diese Handlungen den Ermittlungsbehörden auch bekannt geworden sein, die Ermittlungen müssen zur Identifizierung einer hinreichend tatverdächtigen Person geführt haben und es muss, neben weiteren rechtlichen Voraussetzungen (staatsanwaltschaftliche und richterliche Einschätzung eines hinreichenden Schweregrades für eine strafrechtliche Verfolgung, strafrechtliche Vorwerfbarkeit der Handlung usw.), die Beweislage schließlich für eine rechtskräftige Verurteilung ausgereicht haben. Insofern bestehen Unterschiede zwischen theoretischen und praktisch erforschbaren Rückfallereignissen, wodurch Verzerrungen entstehen (vgl. hierzu i. e. Kap. 1.3.1).

Trotz dieser Verzerrungen wurden in der hiesigen Studie Rückfälle weitgehend anhand von Eintragungen in das Strafregister der Probanden aufgrund von Strafrechtsverstößen, die sich nach Entlassung aus der Indexhaft ereigneten, beurteilt, d. h. anhand rechtskräftig gewordener strafrechtlicher Neuverurteilungen. Dieses bei entsprechenden Studien übliche Kriterium (vgl. Wulf, 2003) weist gegenüber möglichen Alternativen – etwa den Eigenangaben der Probanden im Rahmen der Nachuntersuchung oder polizeilichen Ermittlungsverfahren aus der ISVB-Datenbank – vermutlich noch das geringste Verzerrungsrisiko auf, das zudem methodisch besser kontrollierbar erscheint, da es weitgehend einseitig zu Lasten einer Unterschätzung der tatsächlichen Rückfälligkeit (vgl. Kap. 1.3.1) wirkt. Zudem handelt es sich um ein vergleichsweise (etwa im Vergleich zu Dunkelfeldangaben der Betroffenen) hartes Kriterium, das nach weitgehend einheitlichen rechtsstaatlichen und strafrechtlichen Anforderungen definiert ist.

Zur Beurteilung der Leistungsgüte von Rückfallprognosen lassen sich gleichwohl unterschiedliche Rückfallereignisse heranziehen. Für die hiesigen Zwecke wurde einerseits nach verschiedenen Schweregraden und andererseits nach verschiedenen Beobachtungszeiträumen differenziert. Im Hinblick auf Graduierungen der Rückfallschwere wurden allgemeine Rückfälle (d. h. jeder Neueintrag ins Strafregister aufgrund einer Neuverurteilung), erneute Freiheitsstrafen einschließlich freiheitsentziehender Unterbringungen in den Maßregelvollzug (d. h. erfolgreiche Bewährungen sowie Geldstrafen werden bei diesem Kriterium nicht als Rückfall gewertet), Freiheitsstrafen aufgrund von Gewaltdelikten sowie gravierende Gewaltdelikte (letztere wurden in Anlehnung an § 454 StPO als Gewaltdelikte definiert, die zu Freiheitsstrafen von mehr als 2 Jahren und/oder zur Unterbringung in eine freiheitsentziehende Maßregel führten) differenziert. Für verschiedene Auswertungszwecke wurden ferner Rückfallschwereindizes gebildet. Diese hatten zumeist die Stufen 0 (kein Rückfall), 1 (keine Freiheitsstrafe, nur Geld- und erfolgreich verlaufene Bewährungsstrafen), 2 (neue vollzogene Freiheitsstrafen bis maximal 2 Jahre [jeweils]), 3 (auch Freiheitsstrafen von mehr als zwei Jahren, jedoch nicht wegen Gewaltdelikten) und 4 (Rückfall mit gravierenden Gewaltdelikten nach der obigen Definition); für Auswertungen mit Schwerpunkt auf Gewalttaten als Rückfallereignis wurde ein spezieller Gewaltrückfallindex gebildet, bei dem die Stufen 2 (nur Haftstrafen für nichtgewalttätige Delikte) und 3 (Haftstrafen für Gewaltdelikte, jedoch nur bis zu 2 Jahren) entsprechend umdefiniert waren. Für die meisten Auswertungen wurde darüber hinaus nach unterschiedlichen Beobachtungszeiträumen differenziert. Unterschieden wurde dabei zwischen kurz-, mittel- und langfristiger Beobachtungsdauer, wobei als kurzfristig ein zweijähriger Zeitraum, als mittelfristig ein fünfjähriger Zeitraum und als langfristig der gesamte zur Verfügung stehende Beobachtungszeitraum nach Entlassung aus der Indexhaft definiert wurde.

Zu beachten ist, dass der langfristige Beobachtungszeitraum in Abhängigkeit von der Dauer der 1976 angetretenen Freiheitsstrafe variiert. Er schwankt zwischen 7 und 21 Jahren und liegt im Mittel bei 19,6 Jahren ($SD = 1,74$; vgl. Kap. 4.2.1). Weiterhin ist zu beachten, dass bei der Untersuchung der verschiedenen Rückfallereignisse der Fokus auf den jeweiligen Beobachtungszeitraum gelegt wurde. Das bedeutet, dass die Frage interessierte, ob innerhalb des untersuchten Zeitraums das jeweilige Rückfallereignis eingetreten ist oder nicht. Bei der ausschließlichen Untersuchung gravierenderer Rückfallereignisse kann diese Herangehensweise zu einer Verkürzung der Risikozeit innerhalb des jeweiligen Beobachtungszeitraums führen, sofern die Betroffenen die Zeit teilweise wegen jeweils geringschwelligerer Delikte in Haft verbrachten. Trotz dieser Verzerrung wurde dieser Vorgehensweise gegenüber der Alternative bereinigter Zeiträume der Vorzug gegeben, um bei den verschiedenen Rückfallereignissen einheitliche Bezugsgrößen zu wahren und die Vergleichbarkeit mit den Rückfallindizes zu erhalten. Angesichts der sehr langen Gesamtkatamnese erschien dieser Modus vertretbar.

### 4.3.3 Auswertungsmethoden (Übersicht)

Für eine Teilgruppe der Probanden ($n = 30$) wurden für sämtliche Prognose-instrumente und –methoden unabhängige Mehrfachbeurteilungen durch zwei Beur-teiler erstellt. Hierdurch sollten für die verschiedenen Verfahrensweisen Hinweise über den erzielbaren Grad an Beurteilerübereinstimmung erlangt werden, der an-hand von Produkt-Moment- bzw. Rangkorrelationen (Spearman) und von Intra-class-Korrelationen quantifiziert wurde.

Untersuchungen der prognostischen Leistungsfähigkeit der verschiedenen Prog-nosemethoden wurden, um Vergleichbarkeit mit internationalen Befunden zu wah-ren, insbesondere auf der Grundlage korrelativer Auswertungen der Zusammen-hänge zwischen den prognostischen Einschätzungen und den verschiedenen Rück-fallereignissen sowie auf der Grundlage von ROC-Analysen[25] und hieraus abgelei-teter AUC-Maße vorgenommen. Nach Bestimmung geeigneter Entscheidungs-schwellen (s. u.) wurden ferner Survivalanalysen durchgeführt, die einen Überblick über den zeitlichen Verlauf unterschiedlicher Rückfallereignisse in den verschiede-nen Risikogruppen bieten und Unterschiede in den Rückfallverläufen erkennbar

---

[25] ROC-Analysen (Analysen der *Receiver Operation Characteristic)* haben ihren Ursprung in Anwendungsbereichen der Signalentdeckungstheorie (Identifikation von Radarsignalen, radio-logische Diagnostik u. ä. m.; vgl. z. B. Lusted, 1978). Sie haben sich jedoch seither auch bei der Entwicklung und Evaluation von Prognoseinstrumenten bewährt (z. B. Metz, 1984) – insbeson-dere auch bei der Evaluation kriminologischer Prognoseverfahren (z. B. Mossmann, 1994) – und stellen mittlerweile einen verbreiteten Untersuchungsstandard dar (ebd.). ROC-Analysen stellen für jeden möglichen Ausprägungsgrad eines Klassifikations- oder Prognoseverfahrens dem An-teil der jeweils korrekt positiv klassifizierten Probanden die zugehörige Rate falsch-positiver Probanden gegenüber und bilden den Verlauf dieses Verhältnisses graphisch (und tabellarisch) ab. Auf diese Weise lässt sich ein Überblick darüber gewinnen, in welchen Messbereichen ein Instrument gegenüber einer Zufallszuordnung den größten Informationsgewinn aufweist. Das Verfahren hat den Vorzug, unabhängig von unterschiedlichen Basisraten zu sein; zudem liefert die Fläche unter der ROC-Kurve der graphischen Darstellung (*AUC*; area under curve) ein all-gemein eingeführtes Maß zur Beurteilung der praktisch bedeutsamen Nützlichkeit des unter-suchten Verfahrens (vgl. hierzu Fußnote 8).

und beurteilbar machen. Die Untersuchung der Bedeutsamkeit von Einzelmerkmalen für die Rückfälligkeit der Probanden wurde hingegen auf korrelative Auswertungen beschränkt, da sie einen hinreichenden Eindruck von der grundsätzlichen Übertragbarkeit der Befunde der internationalen Prädiktorforschung geben.

Unterschiede der Leistungen verschiedener Verfahren bei der Gesamtgruppe und bei kriminologisch relevanten Subgruppen der Probanden wurden weitgehend anhand statistischer Vergleichsanalysen der AUC-Maße[26] (z. B. DeLong, DeLong & Clarke-Pearson, 1988; Hanley & McNeil, 1983; McClish, 1992) oder der Korrelationen mit dem Rückfallkriterium für unabhängige (Subgruppenvergleiche) bzw. abhängige (Vergleiche verschiedener Instrumente) Stichproben untersucht.

Für die Bestimmung geeigneter Schwellenwerte bei den aktuarischen Prognoseinstrumenten wurden ebenfalls ROC-Analysen (Kriterium: Schwellenwert mit dem größten Informationsgewinn gegenüber einer Zufallsentscheidung) sowie CHAID-Analysen (vgl. Fußnote 13; Kriterium: Auswahl von Anzahl und Lage von Schwellenwerten nach Maßgabe optimaler statistischer Differenzierbarkeit) durchgeführt. CHAID-Analysen wurden weiterhin auch für einige integrative Auswertungen zur methodenübergreifenden Bestimmung optimaler Beurteilungsstrategien herangezogen, wobei die Ergebnisse anhand linear-additiver statistischer Verfahren (Regressionsanalyse, Diskriminanzanalyse) auf methodische Artefakte überprüft wurden.

Zur näheren Analyse der Grenzen der Vorhersagbarkeit strafrechtsrelevanter Rückfälle und mittelbar zur Beurteilung der Leistungen und des Ausschöpfungsgrades der hier einbezogenen Instrumente und Strategien wurden schließlich künstliche neuronale Netze[27] auf Rückfallprognosen hin trainiert und mit den hier untersuchten Verfahren verglichen. Sie bieten gegenüber statistischen Vorhersageprozeduren den Vorteil der Unabhängigkeit von mathematischen Modellvorgaben jedweder Art, eignen sich aufgrund der begrenzten Rekonstruierbarkeit der letztlich zugrunde liegenden Modellparameter jedoch nicht als Prognosemethoden im strafrechtlichen Umfeld (vgl. Kap. 1.1.4). Für die hier intendierten Analysen der Grenzen der Vorhersagbarkeit bieten sie jedoch einen adäquaten methodischen Zugang.

Ausgangspunkt des Konzepts der Vorhersage der Vorhersagbarkeit („prediction of predictability", Ghiselli, 1960 u. a.) ist die differentialpsychologische Überle-

---

[26] Vergleichsanalysen bei abhängigen Stichproben (Vergleiche mehrerer Prognosemethoden bei denselben Probanden) wurden mit dem Computerprogramm ROCKit Version 0.9.1 (Metz, 1998), bei unabhängigen Stichproben (Vergleich der Prognostizierbarkeit verschiedener Subgruppen) mittels der von McClish (1992) vorgeschlagenen Tests vorgenommen.

[27] Künstliche neuronale Netze basieren auf lernfähigen Computeralgorithmen, die auf der Grundlage von Erfahrungen, die in einem iterativen Prozess mit einer Trainingsstichprobe (hier: zufällig gebildete Teilstichprobe von 50 % der Gesamtstichprobe) gewonnen werden, potentielle Prädiktoren mit dem Ziel optimaler Vorhersagen gewichten und verknüpfen. Einführungen in die Grundlagen und in unterschiedliche Modelle finden sich z. B. bei Patterson (1997) oder Zell (1994).

gung, dass sich bei Verhaltensvorhersagen Personengruppen hinsichtlich der Zuverlässigkeit, mit denen sich Prognosen mit vorhandenen Methoden treffen lassen, systematisch unterscheiden können. Es wird demnach erwartet, dass es Personengruppen gibt, die sich mit den verfügbaren Methoden nur unzureichend erfassen lassen. Die Grundidee besteht nun darin, Methoden zu entwickeln, um die individuelle Zuverlässigkeit von Verhaltensprognosen diagnostisch einschätzbar zu machen. Zu diesem Zweck wird für eine Teilstichprobe (Entwicklungsstichprobe, im hiesigen Fall mit $n = 200$) zunächst eine Skala gebildet, die die Stimmigkeit bzw. den Fehleranteil der Prognose abbildet (z. B. die Residualscores aus der Regression zwischen Prognosewert und Rückfallkriterium). Diese Skala stellt somit einen Maßstab für die Zuverlässigkeit – bzw. genauer: die Unzuverlässigkeit – der Verhaltensprognose dar. Im zweiten Schritt wird nun nach Merkmalen (hier: Tat- oder Tätermerkmale) gesucht, die mit dieser Skala möglichst hoch korrelieren. Aus diesen Merkmalen lässt sich eine weitere Skala entwickeln, die eine möglichst präzise Einschätzung der Zuverlässigkeitsskala liefert (eben die „prediction of predictability" darstellt). Im letzten Schritt ist diese Skala anhand der Probanden, die nicht in die Entwicklungsstichprobe eingingen (Kreuzvalidierungsstichprobe), zu überprüfen (vgl. i. e. Ghiselli, 1960; Wiggins, 1973).

Die (Un-)Zuverlässigkeitsskala lässt sich auch für differentielle Indikationsentscheidungen im Falle konkurrierender Prognosemethoden (wie sie hier gegeben sind) heranziehen (Wiggins, 1973). Das Kriterium für die Indikationsentscheidung für ein Verfahren besteht dabei darin, für eine gegebene Personengruppe diejenige Methode zu bevorzugen, die den mittleren Grad an erwarteter Unzuverlässigkeit minimiert.

## 4.4    Methodenkritische Anmerkungen

Die wichtigste Stärke des Projekts besteht zweifellos in der Möglichkeit, aufgrund der vorhandenen Informationsdichte über die Probanden retrospektiv, aber unter Zugrundelegung moderner Methoden, eine Prognose für einen weit zurückliegenden Zeitpunkt auf Grundlage der damals bereits verfügbaren Daten erstellen zu können und diese Prognose an der bereits eingetretenen weiteren Entwicklung zu überprüfen. Die weitere strafrechtsbedeutsame Entwicklung der Probanden ist insofern von der Prognose vollständig unbeeinflusst. Verzerrungsartefakte durch etwaige Labeling-Prozesse oder insbesondere durch unterschiedliche institutionelle Reaktionen in Abhängigkeit vom Prognoseergebnis sind somit ausgeschlossen. Hierdurch ist eine vergleichsweise exakte und unverzerrte Überprüfung der Vorhersagevalidität der verschiedenen Prognosemethoden und Rückfallprädiktoren an der unausgelesenen Stichprobe einer ehemaligen Strafgefangenengruppe für einen recht langen Katamnesezeitraum möglich. Dies betrifft insbesondere die Möglichkeit, auch die Validität von ungünstigen Prognosen – mithin die Größenordnung so genannter „falsch Positiver" – zu untersuchen.

Die wichtigste Beschränkung einer retrospektiven Prognosestellung stellt die Abhängigkeit von den verfügbaren Daten dar. Eine gezielte retrospektive diagnostische Datenerfassung in Bereichen, die zum Beurteilungszeitpunkt nur unzureichend berücksichtigt wurden, ist im Nachhinein nur anhand noch verfügbarer Dokumente aus jener Zeit (z. B. Gefangenenpersonalakten, Ermittlungsakten) möglich. In einigen Teilbereichen mussten daher Einschätzungen auf der Grundlage einer nicht optimalen Datenlage vorgenommen werden, was bei einer realen Prognosebegutachtung durch gezielte weitere Datenerhebungen vermeidbar wäre. Diese Einschränkung betrifft zunächst Einschätzungen anhand der aktuarischen Prognoseinstrumente. Da jedoch internationale Studien zur Validität dieser Instrumente vorliegen, lässt sich die etwaige Größenordnung der Bedeutung dieses Mankos methodisch abschätzen. Die eingeschränkte Datenlage betrifft indessen auch die klinisch-idiographische Prognosestellung. So unterlag der für klinische Beurteilungen obligatorische Prozess der diagnostischen Hypothesenbildung und -prüfung (vgl. Steller & Dahle, 2001) den Einschränkungen der verfügbaren Informationsquellen, vor allem war eine gezielte Querschnittsuntersuchung der im jeweiligen Fall als wichtig erachteten Risikopotentiale zum Zeitpunkt der Haftentlassung der Probanden (Schritt 3 im Strukturmodell, vgl. Kap. 2.3.2.2) nur mehr eingeschränkt möglich. In Ermangelung einer fundierten Validitätsforschung klinischer Prognosemethoden lässt sich der hierdurch bedingte potentielle Validitätsverlust der im Projekt realisierten klinisch-idiographischen Prognosen methodisch nur schwerlich kontrollieren, einen Anhaltspunkt kann allenfalls der interne Vergleich mit den Vorhersageleistungen der statistischen Instrumente bieten.

Eine weitere Einschränkung mag man im Fehlen eines persönlichen, durch Augenschein gewonnenen Eindrucks über den Probanden sehen – der im Rahmen der hiesigen Studie erst nach der Prognosestellung und viele Jahre nach dem Zeitpunkt, für den die Prognose erstellt wurde (nämlich im Rahmen der Nachuntersuchung), möglich war. Hierbei erscheint es allerdings noch offen, ob diese spezielle Informationsquelle tatsächlich zur Validitätssteigerung prognostischer Beurteilungen beizutragen vermag oder ob es sich nicht auch um eine potentielle Fehlerquelle handeln könnte, die z. B. über typische Attributionsfehler zu einer Beurteilungsverzerrung beitragen kann. Diese Frage lässt sich mit den Möglichkeiten des Projekts nicht beantworten.

Eine letzte Einschränkung betrifft die Wahl des Kriteriums. Im Rahmen der Studie wurde die Beurteilung der Vorhersageleistungen der verschiedenen Prognoseinstrumente und -strategien im Wesentlichen anhand der im Bundeszentralregister der Probanden dokumentierten weiteren Legalbewährung vorgenommen. Neben den üblichen und bereits skizzierten Einschränkungen von Bundeszentralregister-auszügen – es gehen ausschließlich bekannt gewordene Vorkommnisse ein, die zu Verurteilungen geführt haben – besteht im Projekt ein Problem mit den im Bundes-zentralregistergesetz (BZRG) vorgesehenen Löschungsfristen. So sind Fälle denk-bar, bei denen in einem bestimmten Zeitfenster kurz nach Entlassung aus der In-dexhaft zwar noch ein Rückfall geschehen ist, der entsprechende Eintrag aber auf-grund einer hiernach erfolgten Legalbewährung bis 1997 (Zeitpunkt der Einsicht-nahme) gelöscht wurde. Da es sich hierbei jedoch um vergleichsweise geringfügige Vorkommnisse gehandelt haben muss und zudem in der Folge eine – wenn auch verzögerte – Legalbewährung erfolgte, erscheint diese Verzerrung vertretbar, zu-mal durch die Nachbefragungen und Einsichtnahmen in die polizeiliche Datenbank eine gewisse Kontrolle möglich war.

Zusammenfassend ist somit festzuhalten, dass die Anlage des Forschungspro-jekts in einigen Aspekten methodisch bedingte Einschränkungen aufweist. Diese erscheinen jedoch hinnehmbar, da sie in ihren Folgen abschätzbar und in gewissen Grenzen methodisch kontrollierbar sind. Sie wiegen den großen Vorteil nicht auf, die (auch langfristige) Potenz unterschiedlicher moderner Prognoseinstrumente und -methoden ohne Verzerrungsartefakte analysieren, vergleichen und die Möglichkei-ten ihrer sinnvollen Integration untersuchen zu können.

## 4.5   Ergebnisse

### 4.5.1 Rückfallraten

Insgesamt wurden für die Probanden der CRIME-Studie 1.436 Verurteilungen we-gen erneuter Straftaten nach Entlassung aus der Indexhaft registriert ($M = 4,68$ Neueinträge, $SD = 4,35$), hiervon waren 863 Verurteilungen zu erneuter Freiheits-strafe ($M = 2,81$ Freiheitsstrafen, $SD = 3,10$). Dabei wurden Freiheitsstrafen in ei-ner Gesamtdauer von 9.394 Monaten, d. h. von rund 783 Jahren verhängt ($M = 2,55$ Jahre, $SD = 3,35$), von denen geschätzte 683 Jahre[28] ($M = 2,21$ Jahre, $SD = 3,29$) vollstreckt wurden.

Knapp die Hälfte der Probanden (47 %) waren bereits innerhalb von zwei Jahren nach Haftentlassung erneut strafrechtlich in Erscheinung getreten, nach fünf Jahren waren dies bereits rund zwei Drittel (63 %) und innerhalb der Gesamtbeobach-tungszeit fast drei Viertel (72 %). Erneute Freiheitsstrafen verbüßten insgesamt

---

[28]  In Fällen erfolgreicher Bewährungsaussetzungen von Reststrafen ist dem BZR die genaue Vollzugsdauer nicht zu entnehmen. In diesen Fällen wurde in Anlehnung an § 57 Abs. 1 StGB von einer Verbüßung von zwei Dritteln der Freiheitsstrafe ausgegangen. Da dies im Regelfall der Mindestverbüßung entspricht, dürfte die tatsächliche Vollzugsdauer höher liegen.

64 % der Probanden, wobei knapp ein Viertel (23 %) (auch) mit Gewaltdelikten auffiel, jedoch nur eine vergleichsweise kleine Gruppe (9 %) gravierende Gewaltdelikte beging, für die Freiheitsstrafen von mehr als zwei Jahren ausgesprochen wurden. Tabelle 10 gibt für unterschiedliche Beobachtungszeiträume und Rückfallkriterien einen Überblick über die Basisrückfallraten der Gesamtgruppe.

**Tabelle 10**     Basisrückfallraten der Gesamtstichprobe für unterschiedliche Beobachtungszeiträume und Rückfallereignisse

| | jede neue Verurteilung | erneute Freiheitsstrafe | Gewaltdelikt | gravierendes Gewaltdelikt[a] |
|---|---|---|---|---|
| 2 Jahre nach Haftentlassung | 47 % | 38 % | 7 % | 4 % |
| 5 Jahre nach Haftentlassung | 63 % | 57 % | 13 % | 6 % |
| Gesamtkatamnese | 72 % | 64 % | 23 % | 9 % |

[a] Gewaltdelikt mit Freiheitsstrafe über 2 Jahren

Unterteilt man die Stichprobe nach der Anlasstat in (grobe) Deliktgruppen, so ist festzustellen, dass Probanden, die sich 1976 wegen Verletzung der Unterhaltspflicht in Strafhaft befanden, insgesamt die geringste Rückfallquote aufwiesen. Bei den übrigen Deliktgruppen unterschieden sich die Rückfallraten nicht wesentlich voneinander, lediglich Täter mit Gewaltdelikten zeigten eine gegenüber dem Durchschnitt leicht geringere allgemeine und im Hinblick auf (erneute) Gewalttaten eine leicht erhöhte Rückfallneigung. Im statistischen Sinn bedeutsam waren indessen nur die Unterschiede bei den mittelschweren Rückfallereignissen. Tabelle 11 gibt eine genaue Übersicht über die jeweiligen Quoten verschiedener Rückfallereignisse innerhalb der Gesamtbeobachtungszeit.

Um einen Überblick über die Rückfallverhältnisse bei verschiedenen, kriminologisch relevanten Teilgruppen zu gewinnen, wurde die Stichprobe nach dem biographischen Beginn ihrer strafrechtlichen Vorgeschichte (erste Haftstrafe bereits als Jugendlicher [14 bis 18 Jahre], als Heranwachsender [18 bis 21 Jahre] oder erst als Erwachsener), nach der Gewaltneigung in der Vorgeschichte (Gewaltdelikte beim Indexdelikt oder bei den Vorstrafen) sowie nach der Variabilität der Vordelikte (nur eine Deliktform bislang [monotrop], 2-3 Deliktformen, mehr als 3 verschiedene Deliktformen [polytrop]) unterteilt. Es zeigte sich, dass Probanden mit biographisch frühem strafrechtlichem Karrierebeginn, Probanden mit Gewaltdelikten in der Vorgeschichte sowie Probanden mit vielfältigen Deliktarten deutlich höhere Rückfallraten bei den unterschiedlichen Rückfallereignissen aufwiesen (vgl. Tabelle 12).

**Tabelle 11** Rückfallraten unterschiedlicher Rückfallereignisse in Abhängigkeit vom Anlassdelikt[a] (Gesamtkatamnese)

| | jede neue Verurteilung | erneute Strafhaft | Gewaltdelikt | gravierendes Gewaltdelikt [b] |
|---|---|---|---|---|
| Eigentumsdelikte (n=160) | 75 % | 70 % | 22 % | 11 % |
| Betrugsdelikte (n=39) | 80 % | 64 % | 18 % | 5 % |
| Gewaltdelikte (n=59) | 68 % | 59 % | 39 % | 14 % |
| Unterhaltspflichtverletzung (n=31) | 54 % | 39 % | 6 % | 0 % |
| Sonstige Delikte (n=18) | 78 % | 72 % | 17 % | 6 % |
| | $\chi^2_{(4, 307)}=7{,}18$ | $\chi^2_{(4, 307)}=11{,}68^*$ | $\chi^2_{(4, 307)}=14{,}47^{**}$ | $\chi^2_{(4, 307)}=6{,}18$ |

[a] bei mehreren Anlasstaten: Hauptdelikt
[b] Gewaltdelikt mit Freiheitsstrafe über 2 Jahren
* $p<.05$; ** $p<.01$

**Tabelle 12** Rückfallraten unterschiedlicher Rückfallereignisse in Abhängigkeit von der strafrechtlichen Vorgeschichte (Gesamtkatamnese)

| | jede neue Verurteilung | erneute Strafhaft | Gewaltdelikt | gravierendes Gewaltdelikt [a] |
|---|---|---|---|---|
| **nach Beginn der strafrechtlichen Vorgeschichte** | | | | |
| Ersthaft als Jugendlicher (n=103) | 86 % | 81 % | 31 % | 18 % |
| ... als Heranwachsender (n=67) | 75 % | 67 % | 33 % | 9 % |
| ... als Erwachsener (n=136) | 61 % | 50 % | 12 % | 4 % |
| | $\chi^2_{(2, 307)}=19{,}14^{***}$ | $\chi^2_{(2, 307)}=24{,}17^{***}$ | $\chi^2_{(2, 307)}=17{,}20^{***}$ | $\chi^2_{(2, 307)}=13{,}05^{***}$ |
| **nach Art der strafrechtlichen Vorgeschichte** | | | | |
| (auch) Gewalttaten (n=124) | 85 % | 75 % | 35 % | 13 % |
| bislang keine Gewalttaten (n=183) | 65 % | 57 % | 15 % | 7 % |
| | $\chi^2_{(1, 307)}=14{,}89^{***}$ | $\chi^2_{(1, 307)}=8{,}81^{**}$ | $\chi^2_{(1, 307)}=14{,}81^{***}$ | $\chi^2_{(1, 307)}=2{,}99^{T}$ |
| **nach Variabilität der strafrechtlichen Vorgeschichte** | | | | |
| monotrop, eine Deliktart (n=54) | 35 % | 20 % | 4 % | 2 % |
| 2-3 Deliktarten (n=98) | 71 % | 63 % | 17 % | 8 % |
| mehr als 3 Deliktarten (n=155) | 87 % | 80 % | 34 % | 13 % |
| | $\chi^2_{(2, 307)}=52{,}99^{***}$ | $\chi^2_{(2, 307)}=61{,}93^{***}$ | $\chi^2_{(2, 307)}=23{,}50^{***}$ | $\chi^2_{(2, 307)}=5{,}96^*$ |

[a] Gewaltdelikt mit Freiheitsstrafe über 2 Jahren
[T] $p<.10$; * $p<.05$; ** $p<.01$; *** $p<.001$

## 4.5.2 Zusammenhänge ausgewählter Einzelmerkmale mit Rückfälligkeit

Ein zentrales Anliegen der Studie ist die Untersuchung der Frage, ob moderne, jedoch im Ausland entwickelte Prognoseinstrumente auch bei Gefangenen deutscher Vollzugsanstalten sinnvoll anwendbar sind. Eine solche Übertragbarkeit setzt voraus, dass Risikomerkmale eine gewisse kultur- und regionsübergreifende Stabilität ihrer Zusammenhänge mit Rückfälligkeit aufweisen. Um einen ersten Überblick über die grundsätzliche Übertragbarkeit der meist in ausländischen Studien gewonnenen Erkenntnisse über Risikoprädiktoren (vgl. Kap. 1.3.2) zu gewinnen, wurde eine Auswahl relevanter Einzelmerkmale auf ihre Zusammenhänge mit der Rückfallneigung der Probanden hin untersucht. Dem aktuellen Stand der Rückfallforschung entsprechend wurden dabei statische (vergangenheitsbezogene, unveränderliche) und dynamische (gegenwartsbezogene und potentiell veränderliche) Merkmale unterschieden. Die vorgenommene Auswahl orientiert sich dabei an den einschlägigen internationalen Metaanalysen, insbesondere an der bereits zuvor beschriebenen Arbeit von Gendreau et al. (1996; vgl. Kap. 1.3.2). Im Hinblick auf aktuellere Erkenntnisse insbesondere der Verlaufsforschung strafrechtlich bedeutsamer Entwicklungen (vgl. z. B. Farrington, 2003) und der Effizienzforschung zur Straftäterbehandlung (vgl. z. B. Dahle & Steller, 2000; Lösel, 2003) wurden jedoch die Qualität des sozialen Empfangsraums und die beruflichen Integrationsmöglichkeiten bei Haftentlassung gegenüber den bei Gendreau et al. vorfindbaren Merkmalen stärker differenziert und die Frage nach der Effizienz einer etwaigen im Rahmen der Indexhaft stattgefundenen (sozialtherapeutischen) Behandlungsmaßnahme aufgenommen. Weiterhin wurden einige Verhaltensauffälligkeiten während der Indexhaft aufgenommen, um die Bedeutung beobachtbarer Verhaltensmuster zu untersuchen.

Tabelle 13 gibt zunächst eine Übersicht über die korrelativen Zusammenhänge (Rangkorrelationen nach Spearman) der ausgewählten statischen Merkmale mit der kurz- mittel- und langfristigen Rückfälligkeit (Kriterium: Rückfallschwereindex, vgl. Kap. 4.3.2) der Probanden. Erwartungsgemäß wiesen die Merkmale der strafrechtlichen Vorgeschichte die größten und auch stabilsten Zusammenhänge auf, gefolgt von den Merkmalen früher Fehlanpassung. Demgegenüber zeigten die Merkmale der sozialen Herkunft nur geringe Zusammenhänge mit der Rückfälligkeit, ebenso wie die kognitiven Kompetenzen. Indessen weichen die von Gendreau et al. genannten Größen quantitativ von den hiesigen Zahlen nicht ab und erreichen dort nur aufgrund der in der Metaanalyse akkumulierten Fallzahlen statistische Bedeutsamkeit.

**Tabelle 13**  Zusammenhänge ausgewählter statischer Einzelmerkmale mit Rückfälligkeit im Hinblick auf unterschiedliche Beobachtungszeiträume

| | 2-Jahreszeitraum | 5-Jahreszeitraum | Gesamtkatamnese |
|---|---|---|---|
| Alter bei Entlassung | -.07 | -.10 | -.06 |
| Alter bei Ersteintrag (BZR) | -.33** | -.38** | -.33** |
| Anzahl Vorstrafen (BZR) | .34** | .36** | .28** |
| Vorhaft als Erwachsener (BZR) | .36** | .36** | .32** |
| Delinquenz in Kindheit (Eigenanga-be) | .11* | .12* | .14* |
| Schulbildung (Eigenangabe) | -.15** | -.11* | -.07 |
| Heimkarriere (Eigenangabe) | .17** | .20** | .19** |
| Kriminalität Herkunftsfamilie (Ei-genangabe) | .13* | .07 | .05 |
| Sozialer Status (Herkunftsfamilie) [a] | -.10 | -.07 | -.04 |
| Intelligenz (LPS) | -.07 | -.04 | .02 |
| Neurologische Auffälligkeiten [b] | .16 | .18 | .15 |

Anmerkungen:  Korrelationen nach Spearman (rho): * $p<.05$; ** $p<.01$ (einseitige Testung)
Kriterium: Rückfallschwereindex für die versch. Beobachtungszeiträume
mit den Stufen 0 (kein Eintrag), 1 (nur Geld- oder Bewährung), 2 (moderate Haftstrafen bis zu 2 Jahren), 3 (auch längere Haftstrafen > 2 Jahren), 4 (gravierendes Gewaltdelikt mit FS > 2 Jahren)
[a] vgl. Kleining & Moore (1968)
[b] unspezifische Abweichungen vom Norm-EEG (Teilstichprobe: $n=102$)

Die dynamischen Einzelmerkmale (Tabelle 14) wiesen weitgehend moderate Zusammenhänge mit der Rückfälligkeit der Probanden auf, wobei die hier in Ergänzung zu Gendreau et al. (1996) aufgenommenen, die soziale und berufliche Einbettung zur Haftentlassung stärker differenzierenden Variablen vergleichsweise hohe
Werte erreichten. Auffallend war, dass die meisten dynamischen Variablen mit der
Länge der Beobachtungsdauer an Vorhersagekraft einbüßten, was möglicherweise
einen Hinweis auf ihre tatsächliche Variabilität im Zeitverlauf darstellt.

Dies galt indessen nicht für den Effekt der sozialtherapeutischen Behandlung
(die eine Teilgruppe der Probanden [$n = 26$] während der Haft absolvierte), der mit
zunehmender Beobachtungsdauer eher deutlicher hervortrat. Da sich diese Teilgruppe vom Durchschnitt der Gesamtgruppe vor allem im Hinblick auf die Schwere des Anlassdelikts und die hierdurch bedingte Haftdauer unterschied, wurde für
die Untersuchung der Behandlungseffekte per Paarzuordnung der behandelten
Gruppe eine hinsichtlich Alter, Anlassstat und Haftzeit parallelisierte Vergleichs-
gruppe gegenübergestellt. Der auf diese Weise gewonnene korrelative Zusammen-

**Tabelle 14**  Zusammenhänge ausgewählter dynamischer Einzelmerkmale mit Rückfälligkeit im Hinblick auf unterschiedliche Beobachtungszeiträume

| | 2-Jahreszeitraum | 5-Jahreszeitraum | Gesamtkatamnese |
|---|---|---|---|
| Persönlichkeitsstörung [a] | .12* | .13* | .13* |
| Kriminogener Bekanntenkreis [b] | .24** | .23** | .21** |
| Intakte Partnerschaft [b] | -.31** | -.23** | -.13* |
| Kontakte zu eigenen Kindern [b] | -.20** | -.13* | -.06 |
| Soziale Einbettung insgesamt [b] | -.33** | -.25** | -.16* |
| Feste Arbeitsstelle bei Entlassung [b] | -.27** | -.20* | -.15 |
| Suchtmittelmissbrauch | .17** | .14** | .12* |
| Kriminogene Kognitionen [c] | .28** | .21** | .21** |
| Konflikte/Aggressionen [d] | .25** | .19** | .17** |
| Sozialtherapeutische Behandlung [e] | -.21 | -.27* | -.33** |
| Disziplinarische Vorkommnisse [f] | .31** | .28** | .26** |
| Flucht [g] | .16** | .11* | .10* |
| Delikte während Lockerung [h] | .18 ** | .18 ** | .17** |

Anmerkungen:  Korrelationen nach Spearman (rho); * $p<.05$; ** $p<.01$ (einseitige Testung)
Kriterium: Rückfallschwereindex für die versch. Beobachtungszeiträume
mit den Stufen 0 (kein Eintrag), 1 (nur Geld- oder Bewährung), 2 (moderate Haftstrafen bis zu 2 Jahren), 3 (auch längere Haftstrafen > 2 Jahren), 4 (gravierendes Gewaltdelikt mit FS > 2 Jahren)
[a] aus Gutachten und klinischen Untersuchungsbefunden ($n = 45$)
[b] Situation zur Entlassung aus der Indexhaft
[c] Summenscore kriminalitätsfördernder Einstellungen nach einer aus den
bei der Basisuntersuchung vorgelegten Einstellungsfragebögen entwickelten Skala (Bullwein, 2002)
[d] Tätlichkeiten ggü. Mitgefangenen oder Personal während der Indexhaft
[e] die Probanden, die während der Indexhaft in der Sozialtherapeutischen
Anstalt behandelt wurden ($n=26$), wurden mit einer nach Haftstrafe, Vorstrafen und Alter parallelisierten Teilgruppe ($n=26$) verglichen
[f] Anzahl disziplinarischer Verstöße während der Indexhaft
[g] Flucht aus Indexhaft bzw. nicht aus Ausgang/Urlaub zurückgekehrt ($n = 63$)
[h] Straftaten während Lockerungen in der Indexhaft ($n = 15$)

hang zwischen Behandlung und späterer strafrechtlicher Rückfälligkeit erscheint
insoweit relativ zeitstabil[29].

---

[29]  Einschränkend ist darauf hinzuweisen, dass für die beiden Untersuchungsgruppen im Nachhinein à priori bestandene Unterschiede gefunden wurden. Demnach wiesen die Probanden der
Behandlungsgruppe zum Zeitpunkt der Erstuntersuchung (und damit *vor* Behandlungsbeginn)

### 4.5.3 Ausprägungen und Verteilungscharakteristika der Prognosebeurteilungen

#### 4.5.3.1 Das Level of Service Inventory - Revised

Aus der Gruppe der Prognoseinstrumente zum Risk-Needs-Assessment (vgl. Kap. 2.1.2) wurde das *Level of Service Inventory – Revised* (LSI-R; Andrews & Bonta, 1995) in die Studie einbezogen und erprobt. Es lagen jedoch nicht in allen Fällen hinreichende Informationen vor, um stets alle 54 Items einzuschätzen. Einen besonderen Ausreißer in diesem Sinne stellte das Item 14 dar (jemals gekündigt worden), für das nur in 40 Fällen (dann aber entsprechend positive) Informationen vorlagen. Insgesamt war die Datenlage für eine angemessene Beurteilung der LSI-Merkmale jedoch ausreichend, nur in sieben Fällen wurde der von den Autoren genannte Grenzwert von 5 nicht zu beurteilenden Merkmalen überschritten (viermal sechs und dreimal sieben fehlende Werte). Für die Verrechnung wurden, den Vorgaben der Autoren entsprechend, fehlende Werte als nicht vorhanden gewertet. Unter dieser Maßgabe wurden Itemschwierigkeiten von $p_{Item47} = .01$ (schwere psychische Störung/aktive Psychose) bis $p_{Item1} = .93$ (jemals strafrechtlich auffällig gewesen) gemessen, die mittlere Itemschwierigkeit lag bei $M_p = .46$ ($SD_p = .27$).

Für den Gesamtscore des LSI (Summenscore aller 54 Merkmale) ergab sich in der Studie ein Mittelwert von $M = 24{,}65$ ($Mdn = 25$) bei einer Standardabweichung von $SD = 7{,}35$ – was recht genau den von den Testautoren für ihre Normstichprobe genannten Verhältnissen entspricht (ebd.). Der Median der einzelnen Risikobereiche variierte dabei zwischen 1 und 7 Punkten, wobei zu beachten ist, dass einige Risikobereiche nur mit sehr wenigen Merkmalen erfasst werden (vgl. Tab. 15). Die Korrelationen der Risikobereiche mit dem Gesamtscore lag zwischen $r = .35$ (finanzielle Situation) und $r = .76$ (Leistungsbereich), wobei auch hier wieder die unterschiedliche Gewichtung zu beachten ist; im (ungewichteten) Mittel lag sie bei $M_r = .51$ ($SD = .12$). Die Interkorrelationen zwischen den verschiedenen Risikobereichen reichten von $r = .002$ (emotionale Beeinträchtigung und Wohnsituation) bis $r = .38$ (strafrechtliche Vorgeschichte und Leistungsbereich), im Durchschnitt lag sie bei $M_r = .19$ bei einer Standardabweichung von $SD = .09$. Die interne Konsistenz betrug für das Gesamtinstrument $\alpha = .84$ und variierte bei den Subskalen zwischen $\alpha = .03$ (Familie und Partnerschaft) und $\alpha = .75$ (Leistungsbereich) mit einem (ungewichteten) Durchschnitt von $M_\alpha = .46$ ($SD = .26$). Tabelle 15 gibt einen Überblick über die wichtigsten Parameter.

---

deutlich günstigere Verhältnisse auf einer speziellen Einstellungsvariablen auf, die ihre Kosten-Nutzen-Attributionen hinsichtlich strafrechtlicher Handlungen (vgl. Bullwein, 2002), d. h. ihre abwägende Einschätzung krimineller bzw. legaler Erfolgsaussichten und Risiken erfasst. Es ist somit nicht auszuschließen, dass diese unterschiedlichen Kognitionen die unterschiedlichen Rückfallquoten zumindest mitbedingt haben, eine statistische Kontrolle war wegen des eingeschränkten Umfangs der Teilstichprobe nicht möglich.

**Tabelle 15**    Kennwerte des Gesamtscores und der Subskalen des LSI-R

| | zentrale Tendenz [a] | Dispersion [b] | r [c] | α[d] |
|---|---|---|---|---|
| Gesamtscore (54) | $M = 24{,}65$ | $SD = 7{,}35$ | – | .84 |
| 1. Strafrechtliche Vorgeschichte (10) | $M = 6{,}19$ | $SD = 2{,}19$ | .65 | .69 |
| 2. Leistungsbereich (10) | $M = 4{,}76$ | $SD = 2{,}45$ | .76 | .75 |
| 3. Finanzielle Situation (2) | $Mdn = 1$ | range=2 | .35 | .11 |
| 4. Familie und Partnerschaft (4) | $Mdn = 2$ | range=4 | .48 | .03 |
| 5. Wohnsituation (3) | $Mdn = 1$ | range=3 | .42 | .37 |
| 6. Freizeitbereich (2) | $Mdn = 2$ | range=2 | .48 | .61 |
| 7. Freundschaften/Bekanntschaften (5) | $Mdn = 3$ | range=4 | .59 | .34 |
| 8. Alkohol/Drogen (9) | $Mdn = 3$ | range=9 | .51 | .73 |
| 9. Emotionale/psychische Probleme (5) | $Mdn = 2$ | range=5 | .43 | .57 |
| 10. Normorientierung (4) | $Mdn = 2$ | range=4 | .41 | .33 |

Anmerkungen:  In Klammern: Anzahl der Merkmale (Items) in den jeweiligen Bereichen
[a] Mittelwert, bei weniger als 10 Items Median
[b] Standardabweichung, bei weniger als 10 Items Spannweite
[c] Korrelation mit dem Gesamtscore
[d] interne Konsistenz (Cronbach´s Alpha)

**Abbildung 4**    Histogramm der Verteilung des LSI-R (Gesamtscore)

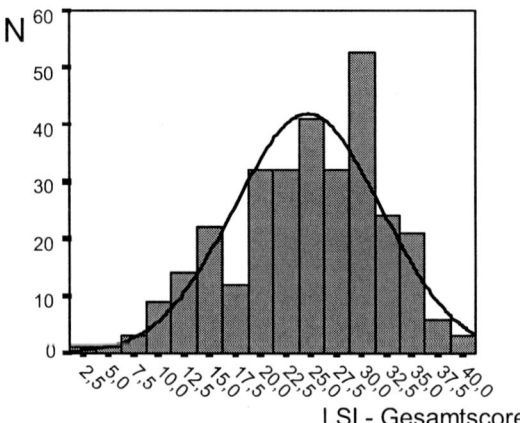

Eine Sichtung der Verteilung des Gesamtscores ergibt das Bild einer leicht rechtssteilen Charakteristik (vgl. Abb. 4), wobei die Abweichung von einer Normalverteilung nur geringfügig ist (Test nach Kolmogoroff-Smirnov mit $z = 1,40$, $p < .05$). Insgesamt bestätigt sich jedoch die aus internationalen Studien gewonnene Erfahrung, dass statistische Prognoseinstrumente dazu tendieren, überproportional viele Probanden in Bereiche mittlerer Risikoausprägung einzuordnen mit der Erwartung, dass für eine entsprechend große Probandengruppe der erzielbare Informationsgewinn gering ist (vgl. Kap. 1.4.2).

### 4.5.3.2 Das HCR-20

Als weiteres aktuarisches Verfahren wurde aus der Gruppe der spezialisierten Prognoseinstrumente (vgl. Kap. 2.1.3) das *HCR-20 Schema* (Webster et al., 1997; hier in der Übersetzung von Müller-Isberner et al., 1998, [HCR-20+3]), das vor allem auf die Vorhersage gewalttätiger Rückfallereignisse zielt, einbezogen. Für die Beurteilung des HCR war die verfügbare Informationsdichte ausreichend, fehlende Werte gab es hier nicht. Mit Ausnahme des Merkmals C3 (aktive Symptome einer Psychose) variierten alle übrigen Merkmale zwischen 0 (Merkmal nicht vorhanden) und 2 (Merkmal stark ausgeprägt). Die mittleren (mehrstufigen) Itemschwierigkeiten schwankten zwischen $pm_{C3} = 0$ und $pm_{H10} = .89$ (Verstöße gegen Auflagen), im Mittel lag sie bei $M_{pm} = 0,75$ ($SD = .21$).

Im HCR ergab sich für den Gesamtscore ein Mittelwert von $M = 16,52$ ($SD = 6,31$). Der Median der einzelnen Risikobereiche reichte dabei von 3 (C-Skala, range = 8) über 5 (R-Skala, range = 10) bis zu 8 Punkten (H-Skala, range = 19; $M = 8,32$, $SD = 3,51$). Die Werte im HCR erschienen insoweit im Vergleich zu vielen anderen Untersuchungen (vgl. Douglas & Weir, 2003) eher gering, was nicht zuletzt an der unselektierten (keine gesonderte Gewalttätergruppe) und nicht primär psychopathologischen (keine forensisch-psychiatrische Untersuchungsgruppe) Stichprobe lag. Die Korrelationen der Subskalen mit dem Gesamtscore waren erwartungsgemäß höher ausgeprägt als beim LSI (nur drei Subskalen) und reichten von $r = .81$ (R-Skala) über $r = .82$ (C-Skala) bis $r = .90$ (H-Skala). Die Interkorrelationen der Subskalen betrugen $r_{HC} = .61$, $r_{HR} = .52$ und $r_{CR} = .63$, sie lag im Mittel damit bei $M_r = .59$ ($SD = .06$). Die interne Konsistenz betrug für das gesamte Verfahren $\alpha = .84$, für die Subskalen lagen sie bei $\alpha_H = .69$, $\alpha_C = .49$ und $\alpha_R = .80$.

Eine Sichtung der Verteilung des Gesamtscores des HCR-Schemas zeigt eine weitgehend symmetrische Form, die von einer Normalverteilung nur unwesentlich abweicht (Test nach Kolmogoroff-Smirnov mit $z = 0,99$, $p = .28$). Abbildung 5 gibt einen optischen Eindruck von der Verteilungsform.

**Abbildung 5**    Histogramm der Verteilung des HCR-20 (Gesamtscore)

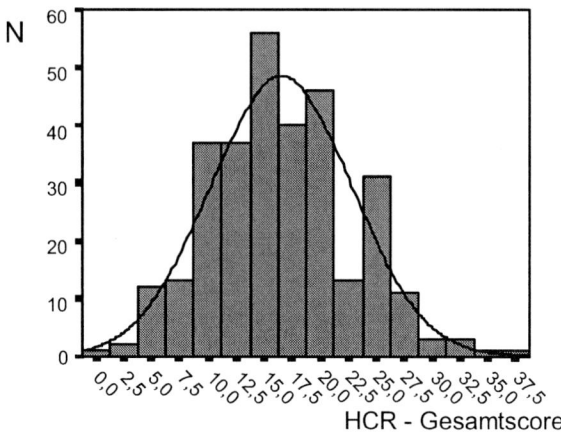

HCR - Gesamtscore

## 4.5.3.3 Die Hare Psychopathy Checklist – Revised

Mit der *Hare Psychopathy Checklist – Revised* (PCL-R; Hare, 1991) wurde ein Instrument einbezogen, bei dem es sich primär um ein Verfahren zur Erfassung eines speziellen Persönlichkeitskonstrukts – Psychopathy – und nur mittelbar um ein Prognoseinstrument handelt (vgl. Kap.2.3.1.1). Wie im HCR-Schema wurden auch bei der PCL-R alle Items vollständig beurteilt. Alle Merkmale der PCL-R wiesen eine Spannbreite von 2 Punkten auf, die mittleren (mehrstufigen) Itemschwierigkeiten lagen zwischen $pm_{P4} = .04$ (pathologisches Lügen) und $pm_{P19} = .88$ (früheres Bewährungsversagen), und lag im Mittel bei $M_{pm} = .30$ ($SD = .22$). Die interne Konsistenz betrug für die PCL-R als Ganzes $\alpha = .71$, für die beiden einzelnen Faktoren lagen sie bei $\alpha_{F1} = .59$ und $\alpha_{F2} = .71$.

Für den Gesamtscore des PCL-R ergab sich ein Mittelwert von $M = 12{,}03$ ($SD = 4{,}70$). Die Verteilungsform wies dabei eine leicht linkssteile Charakteristik auf, die statistisch bedeutsam von einer Normalverteilungsform abwich (Test nach Kolmogoroff-Smirnov mit $z = 1{,}57$, $p < .05$) und gegenüber den bisher beschriebenen Verfahren etwas schmalgipfliger war. Abbildung 6 gibt das Histogramm der Verteilung wieder.

Da es sich bei der PCL-R um ein Verfahren zur Erfassung eines Persönlichkeitskonstrukts handelt, das nach den meisten vorliegenden faktorenanalytischen Untersuchungen zwei Komponenten von Psychopathy (interpersonale Charakteristika und Verhaltensstil, vgl. Kap.2.3.1.1) erfassen soll, wurde für dieses Verfahren eine Hauptkomponentenanalyse durchgeführt. Hiermit sollte der Frage nachgegangen

**Abbildung 6** Histogramm der Verteilung des PCL-R (Gesamtscore)

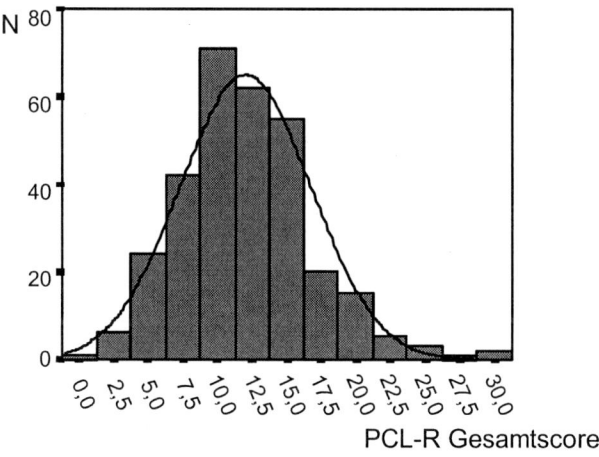

PCL-R Gesamtscore

werden, inwieweit diese zweifaktorielle Struktur an der hiesigen Stichprobe repliziert werden kann. Nach dem Screetest stellten hierbei zwei Faktoren tatsächlich eine geeignete Lösung dar. Diese Lösung wies eine Varianzaufklärung von rund 33 % auf. Gemessen an der jeweils höchsten Ladung wären 14 der 17 zu berücksichtigenden Items (drei Merkmale werden keinem Faktor zugeordnet) korrekt zugeordnet worden. Die Items 6, 15 und 16 wiesen hingegen geringere Ladungen auf dem ihnen eigentlich zugehörigen Faktor auf, es handelte sich jedoch um unreine Faktorzuordnungen, da die betreffenden Items auf beiden Faktoren relativ hoch luden.

#### 4.5.3.4 Klinisch-idiographische Beurteilungen der Rückfallwahrscheinlichkeit

Neben den statistisch-aktuarischen Instrumenten wurden auch klinisch-idiographische Beurteilungen der Rückfallwahrscheinlichkeit nach dem Strukturmodell klinisch-idiographischer Prognosen (vgl. Kap. 2.3.2.2) vorgenommen. Dabei wurden getrennte Einschätzungen der allgemeinen Rückfallwahrscheinlichkeit und der Wahrscheinlichkeit für gewalttätige Rückfälle erstellt, die zu Auswertungszwecken jeweils auf einer fünfstufigen Skala mit den Ausprägungsgraden 1 (sehr günstig) bis 5 (sehr ungünstig) eingestuft wurden (vgl. Kap. 4.3.1).

Die Verteilungen dieser Wahrscheinlichkeitsratings ergaben gegenüber den statistischen Instrumenten ein erheblich abweichendes Bild. Die allgemeinen Rückfallprognosen zeigten eine klar rechtssteile, die Gewaltprognosen hingegen eine ausgeprägt linkssteile Charakteristik. Insoweit wiesen die idiographischen Beurteilungen eine geringere Mittelfeldproblematik als die statistischen Verfahren auf und erstellten für entsprechend größere Anteile der Probanden klare Prognosen. Dabei ist zu beachten, dass die Verteilungsformen der idiographischen Beurteilungen eher den tatsächlichen Basisraten allgemeiner und speziell gewalttätiger strafrechtlicher Rückfallereignisse entsprechen (vgl. Kap. 4.5.1, Tab. 10). Abbildung 7 gibt die Häufigkeiten der einzelnen Prognosestufen für die beiden Prognosekriterien wieder.

**Abbildung 7** Verteilung der Prognosestufen für die allgemeine klinisch-idiographische Rückfall- und die klinisch-idiographische Gewaltprognose

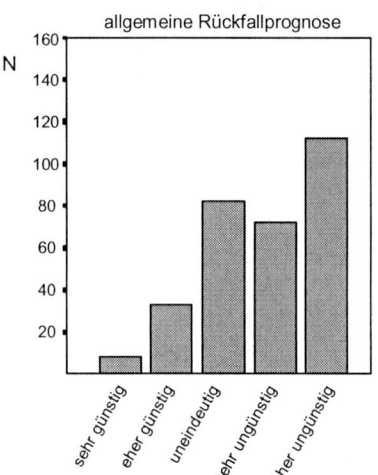
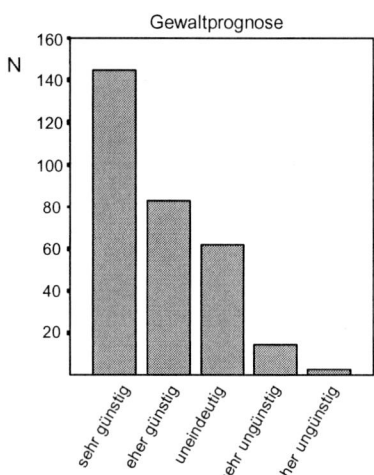

*4.5.4 Beurteilerübereinstimmung*

Um Aufschluss darüber zu erlangen, inwieweit unterschiedliche (aber geschulte) Anwender mit Hilfe der untersuchten Prognosemethoden zu ähnlichen Einschätzungen gelangen, wurde eine Teilgruppe der Probanden ($n = 30$) durch beide Auswerter der Studie unabhängig voneinander beurteilt. Im LSI-R lag dabei die Intraclass-Korrelation (single measure) des Gesamtscores zwischen den Beurteilern bei ICC = .93. Bei den einzelnen Subskalen variierte sie zwischen ICC = .51 (Freizeitbereich) und ICC = 1 (strafrechtliche Vorgeschichte), im Mittel lag sie $M_{ICC} = .75$ ($SD = .16$).

Um der Frage nach etwaigen systematischen Niveauunterschieden der Beurteiler nachzugehen, wurden zunächst die Mittelwerte der Gesamtscores auf Unterschiede geprüft (t-Test für abhängige Stichproben). Hier zeigte sich tatsächlich ein zwar numerisch nicht sehr großer, jedoch statistisch bedeutsamer Unterschied zwischen

**Tabelle 16** Beurteilerübereinstimmung im LSI-R bei einer Teilstichprobe ($n = 30$)

| | Beurteilerübereinstimmung | | | Niveauvergleich | | |
|---|---|---|---|---|---|---|
| | $r$ [a] | ICC [b] | $KI^{95\%}$ (ICC) [c] | MW-Diff [d] | $KI^{95\%}$ (MW) [e] | $t$ ($df=29$) |
| Gesamtscore | .93 | .93 | .86 - .97 | -1,20 | -2,2 − -0,2 | -2,36* |
| Subskalen: | | | | | | |
| 1. Strafrechtliche Vorgeschichte | 1.0 | 1 | 1 | 0 | 0 | − |
| 2. Leistungsbereich | .82 | .82 | .65 - .91 | 0,07 | -0,5 − 0,7 | 0,24 |
| 3. Finanzielle Situation | .62 | .62 | .33 - .80 | -0,07 | -0,3 − 0,2 | -0,57 |
| 4. Familie und Partnerschaft | .62 | .62 | .33 - .80 | -0,34 | -0,7 − -0,04 | -2,28* |
| 5. Wohnsituation | .88 | .88 | .75 - .94 | 0,03 | - 0,1 − 0,2 | 0,44 |
| 6. Freizeitbereich | .52 | .51 | .19 - .74 | -0,21 | -0,5 − 0,1 | -1,29 |
| 7. Freundschaften/ Bekanntschaften | .73 | .73 | .50 - .86 | -0,55 | -0,9 − -0,2 | -3,42** |
| 8. Alkohol/Drogen | .90 | .89 | .78 - .95 | - 0,10 | -0,5 − 0,3 | -0,57 |
| 9. Emotionale und psychische Probleme | .59 | .58 | .28 - .78 | 0,34 | -0,04 − 0,7 | 1,83 |
| 10. Normorientierung | .82 | .82 | .65 - .91 | - 0,31 | - 0,6 − -0,1 | -2,53* |

[a] Produkt-Moment-Korrelation
[b] Intraclass-Korrelation
[c] 95 % - Konfidenzintervall der Intraclass-Korrelation
[d] Differenz der Mittelwerte zwischen den Beurteilern
[e] 95 % - Konfidenzintervall der Differenz der Mittelwerte
* $p < .05$; ** $p < .01$ (ohne Alphaadjustierung)

den Beurteilern (22,53 zu 23,73 Punkten; t = 2,36; $p < .05$), der, wie weitere Analysen zeigten, vor allem auf unterschiedlichen Sensibilitäten bei der Beurteilung der Skalen 4 (Familie und Partnerschaft), 7 (Sozialkontakte) und 10 (Einstellungen) beruhte. Tabelle 16 gibt eine Übersicht über die ermittelten Werte.

Für das HCR-20 betrug die Beurteilerübereinstimmung für den Gesamtscore ICC = .91 und im Mittel der Subskalen $M_{ICC}$ = .84 ($SD$ = .07), wobei auch im HCR-20 erwartungsgemäß die höchste Übereinstimmung bei der Beurteilung der Vorgeschichte (H-Skala, ICC = .92) erzielt wurde. Systematische Niveauunterschiede bei der Beurteilung der HCR-Merkmale fanden sich zwischen den Beurteilern nicht. Tabelle 17 informiert im Einzelnen über die vorgefundenen Zusammenhänge.

**Tabelle 17**  Beurteilerübereinstimmung im HCR-20 bei einer Teilstichprobe ($n = 30$)

| | Beurteilerübereinstimmung | | | Niveauvergleich | | |
|---|---|---|---|---|---|---|
| | $r$ [a] | ICC [b] | KI[95%] (ICC)[c] | MW-Diff [d] | KI[95%] (MW)[e] | t [(df=29)] |
| Gesamtscore | .91 | .91 | .83 - .96 | -0,30 | -1,3 – 0,7 | -0,61 |
| H-Score | .92 | .92 | .83 - .96 | 0,40 | - 0,1 – 0,9 | 1,62 |
| C-Score | .83 | .82 | .65 - .91 | -0,27 | -0,6 – 0,1 | -1,44 |
| R-Score | .79 | .78 | .59 - .89 | -0,43 | -1,0 – 0,1 | -1,60 |

[a] Produkt-Moment-Korrelation
[b] Intraclass-Korrelation
[c] 95 % - Konfidenzintervall der Intraclass-Korrelation
[d] Differenz der Mittelwerte zwischen den Beurteilern
[e] 95 % - Konfidenzintervall der Differenz der Mittelwerte


**Tabelle 18**  Beurteilerübereinstimmung in der PCL-R bei einer Teilstichprobe ($n = 30$)

| | Beurteilerübereinstimmung | | | Niveauvergleich | | |
|---|---|---|---|---|---|---|
| | $r$ [a] | ICC [b] | KI[95%] (ICC)[c] | MW-Diff [d] | KI[95%] (MW)[e] | t [(df=29)] |
| Gesamtscore | .94 | .94 | .88 - .97 | -0,37 | -1,0 – 0,3 | -1,13 |
| Faktor 1 (interpersonell) | .81 | .80 | .63 - .90 | -0,70 | - 1,2 – -0,2 | -2,91** |
| Faktor 2 (Verhaltensstil) | .89 | .89 | .77 - .94 | 0,20 | -0,4 – 0,8 | 0,71 |

[a] Produkt-Moment-Korrelation
[b] Intraclass-Korrelation
[c] 95 % - Konfidenzintervall der Intraclass-Korrelation
[d] Differenz der Mittelwerte zwischen den Beurteilern
[e] 95 % - Konfidenzintervall der Differenz der Mittelwerte
** $p < .01$ (ohne Alphaadjustierung)

Schließlich wurden auch die Übereinstimmungen der Beurteilungen in der PCL-R geprüft. Hierbei ergab sich für den Gesamtscore eine Übereinstimmung von ICC = .94 und im Mittel der Subbereiche $M_{ICC} = .84$ ($SD = .06$). Im Hinblick auf etwaige systematische Niveauunterschiede der Beurteilung ergab sich für den Gesamtscore zwar kein nennenswerter Unterschied. Beim ersten Faktor jedoch, der zwischenmenschliche Aspekte des Persönlichkeitskonstrukts zu erfassen sucht, wichen die Beurteilungen im Niveau statistisch bedeutsam voneinander ab. Tabelle 18 informiert über die Details.

Insgesamt gesehen erzielten die beiden Beurteiler damit eine vergleichsweise sehr gute Übereinstimmung bei der Anwendung der aktuarischen Verfahren. Es ergaben sich indessen einige zwar numerisch geringfügige, aber systematische Niveauunterschiede der Beurteilungen, die durchgängig in dieselbe Richtung wiesen. Dies deutet darauf hin, dass ein Beurteiler übergreifend etwas strengere Kriterien an die Voraussetzungen knüpfte, Merkmale als vorhanden zu werten, oder – anders ausgedrückt – ein Beurteiler systematisch etwas sensibler bei der Registrierung der Merkmale war.

**Tabelle 19**  Beurteilerübereinstimmung der klinisch-idiographischen Urteile bei einer Teilstichprobe ($n = 30$)

|  | Beurteilerübereinstimmung | | | Niveauvergleich [a] | | |
|---|---|---|---|---|---|---|
|  | $r$ [b] | ICC [c] | KI$^{95\%}$ (ICC) [d] | MW-Diff [e] | KI$^{95\%}$ (MW) [f] | t $_{(df=29)}$ |
| allgemeine Rückfall-prognose | .81 | .79 | .61 - .90 | 0,13 | - 0,14 – 0,41 | 1,00 |
| Gewaltrückfallprognose | .81 | .77 | .57 - .88 | -0,37 | -0,7 – -0,1 | -2,48* |

[a] zu Vergleichszwecken in der Tabelle als t-Test; die (angemessenere) Prüfung mittels Wilcoxen-Tests für gepaarte Stichproben liefert für die allgemeine Prognose mit z = 1,00 und für die Gewaltprognose mit z = -2,35 ($p < .05$) das gleiche Ergebnis
[b] Produkt-Moment-Korrelation
[c] Intraclass-Korrelation
[d] 95 % - Konfidenzintervall der Intraclass-Korrelation
[e] Differenz der Mittelwerte zwischen den Beurteilern
[f] 95 % - Konfidenzintervall der Differenz der Mittelwerte
* $p < .05$ (ohne Alphaadjustierung)

Als nächstes wurden die auf klinisch-idiographischem Weg gewonnenen Prognosebeurteilungen auf ihre Übereinstimmung hin untersucht, wobei die Wahrscheinlichkeitsratings zugrunde gelegt wurden. Erwartungsgemäß fielen die Koeffizienten hierbei etwas geringer aus als bei den operationalisierten aktuarischen Systemen; mit ICC = .79 für die allgemeine Rückfallprognose und ICC = .77 für die Gewaltprognose erschienen die Werte für eine klinische Beurteilungsmethodik indessen noch hinreichend hoch. Auch hier zeigte sich bei der Gewaltprognose ein leichter, statistisch gleichwohl bedeutsamer Niveauunterschied der Urteile der beiden Beurteiler, der die gleiche Richtung aufwies wie bei den zuvor behandelten Instrumenten. Tabelle 19 gibt einen abschließenden Überblick über die Übereinstimmungen bei den klinisch-idiographischen Beurteilungen.

## 4.5.5 Übereinstimmung zwischen den Prognosemethoden

Da im Rahmen der Studie verschiedene Prognosemethoden einbezogen wurden, stellt sich die Frage nach der Übereinstimmung der mit den verschiedenen Ansätzen gewonnenen Einschätzungen von der Rückfallwahrscheinlichkeit der Probanden. Hierzu wurden die Korrelationen der verschiedenen Prognosescores bestimmt. Erwartungsgemäß bestanden durchgängig relativ hohe Übereinstimmungen, insbesondere zwischen den aktuarischen Instrumenten, wobei die klinisch-idiographische Gewaltprognose in der Tendenz geringere Zusammenhänge mit den übrigen Scores zeigte. Tabelle 20 fasst die ermittelten Koeffizienten zusammen.

**Tabelle 20**    Interkorrelationsmatrix der verschiedenen Prognoseverfahren

|  | klin. Allgemein | klin. Gewalt | LSI-R | HCR-20 |
|---|---|---|---|---|
| klin. Gewalt | .49 |  |  |  |
| LSI-R | .70 | .45 |  |  |
| HCR-20 | .68 | .60 | .80 |  |
| PCL-R | .50 | .55 | .61 | .76 |

## 4.5.6 Vorhersagegüte der aktuarischen Prognoseinstrumente

### 4.5.6.1 Kurzfristige Validität der Prognosen (2 Jahre Beobachtungszeitraum)

Einen ersten Einblick in die prognostische Validität der aktuarischen Scores bieten vergleichende Analysen ihrer Ausprägungen und Verteilungen zwischen den rückfälligen und nicht rückfälligen Probanden. Hierzu wurden zunächst einfache Mittelwertvergleiche der verschiedenen Instrumente für unterschiedliche Rückfallereignisse innerhalb des zweijährigen Zeitraums nach Entlassung aus der Indexhaft vorgenommen. Ausgeschlossen wurden gravierende Gewaltdelikte, da die Basisrate entsprechender Ereignisse innerhalb des kurzen Beobachtungszeitraums für sinnvolle Vergleiche zu gering erschien (vgl. Kap. 4.5.1). Tabelle 21 gibt einen Überblick über die Ergebnisse.

**Tabelle 21**  Mittelwertunterschiede der aktuarischen Prognosescores bei rückfälligen und nicht rückfälligen Probanden für verschiedene Rückfallereignisse innerhalb von zwei Jahren nach Haftentlassung

| | $MW_{NR}$[a] | $MW_R$[b] | MW-Diff [c] | SE(MW-Diff) [d] | $KI^{95\%}$ (MW)[e] | t [f] |
|---|---|---|---|---|---|---|
| **allgemeiner Rückfall:** | | | | | | |
| LSI-R | 21,8 (7,3) | 28,0 (5,8) | 6,22 | 0,76 | 4,8 - 7,7 | 8,33 *** |
| HCR-20 | 14,1 (5,9) | 19,4 (5,6) | 5,32 | 0,66 | 4,0 – 6,6 | 8,11 *** |
| PCL-R | 10,5 (4,1) | 13,9 (4,7) | 3,39 | 0,50 | 2,4 – 4,4 | 6,76 *** |
| **erneute Haft:** | | | | | | |
| LSI-R | 22,4 (7,4) | 28,5 (5,4) | 6,09 | 0,79 | 4,7 – 7,5 | 8,34 *** |
| HCR-20 | 14,7 (6,2) | 19,6 (5,4) | 4,82 | 0,69 | 3,5 – 6,2 | 6,97 *** |
| PCL-R | 11,0 (4,5) | 13,8 (4,5) | 2,84 | 0,53 | 1,8 – 3,9 | 5,35 *** |
| **Gewaltdelikt:** | | | | | | |
| LSI-R | 24,4 (7,3) | 28,9 (5,9) | 4,44 | 1,67 | 1,1 – 7,7 | 2,65 ** |
| HCR-20 | 16,2 (6,2) | 21,7 (6,4) | 5,45 | 1,43 | 2,6 – 8,3 | 3,82 *** |
| PCL-R | 11,9 (4,7) | 14,5 (4,4) | 2,59 | 1,08 | 0,6 – 4,7 | 2,40 * |

[a]  Mittelwert der jeweiligen nicht rückfälligen Gruppe; in Klammern Standardabweichung
[b]  Mittelwert der jeweiligen rückfälligen Gruppe; in Klammern Standardabweichung
[c]  Mittlere Differenz
[d]  Standardfehler der Differenz
[e]  95 % Konfidenzintervall der Differenz
[f]  t-Wert mit $df$ = 305 mit Ausnahme der Tests für das LSI-R für den allgemeinen Rückfall und die erneute Haft, wo aufgrund größerer Varianzunterschiede entsprechend korrigierte Tests gerechnet wurden (mit $df$ = 302,84 und 293,92)
\*  $p < .05$   \*\* $p < .01$   \*\*\* $p < .001$

Es zeigte sich, dass sich alle Werte statistisch (meist hoch) bedeutsam zwischen den jeweils rückfälligen und nicht rückfälligen Probanden unterschieden. Allerdings erschienen die Mittelwertdifferenzen, gemessen an den Streuungsverhältnissen, nur moderat ausgeprägt. Um einen Eindruck von der tatsächlichen Trennungsfähigkeit zu erhalten, wurden – hier beispielhaft für das LSI-R sowie die allgemeine Rückfälligkeit und erneute Haftstrafen als Rückfallkriterien, für die die Differenzen am ausgeprägtesten waren – Schätzungen der Verteilung der Scores für die jeweiligen Gruppen vorgenommen. Da die empirischen Verteilungen in den Subgruppen nicht bedeutsam von einer Normalverteilung abwichen[30], wurde von der

---

[30]  Tests nach Kolmogoroff-Smirnov mit folgenden Ergebnissen:
allgemeiner Rückfall: Rückfällige z = 0,88 ($p$ > .25); Nichtrückfällige z = 0,76 ($p$ > .25)
erneute Haft:  Rückfällige z = 0,76 ($p$ > .25); Nichtrückfällige z = 0,93 ($p$ > .25)

Annahme normal verteilter Daten ausgegangen; die Funktionen wurden anhand erwartungstreuer Parameterschätzungen auf Grundlage der empirischen Verhältnisse berechnet. Abbildung 8 gibt die so entstandenen Verteilungen im Sinne von Wahrscheinlichkeitsdichtefunktionen graphisch wieder.

**Abbildung 8**    Wahrscheinlichkeitsdichtefunktionen des LSI-Gesamtscores rückfälliger und nicht rückfälliger Probanden für verschiedene Rückfallkriterien

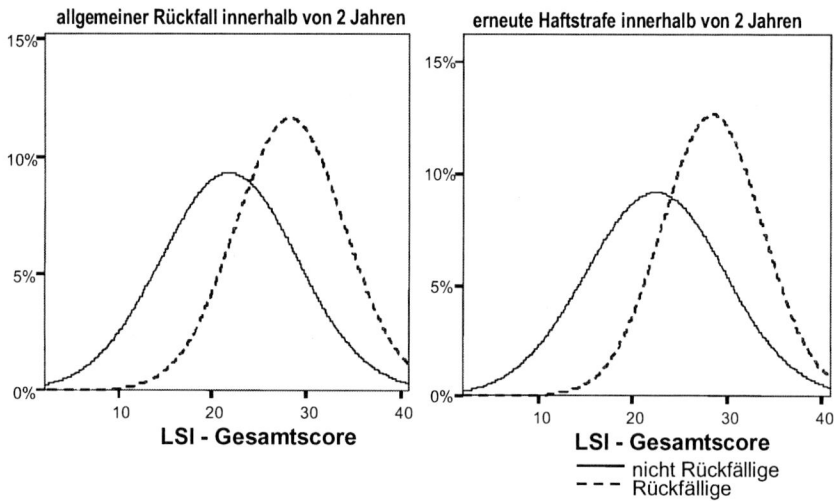

Es zeigte sich, dass die Kurven der jeweils Rückfälligen und Nichtrückfälligen zwar deutlich gegeneinander verschoben sind, sie aber im Bereich des Gesamtmittelwertes eine weite Überlappung aufweisen. Dies kann als erste Bestätigung der aufgrund der Gesamtverteilung des LSI-Scores (und der übrigen Scores) bereits vermuteten Mittelfeldproblematik (vgl. Kap. 4.5.3.1) gelten, wonach für große Anteile der Probanden die mittels der Instrumente gewonnene Prognose unspezifisch ist und die Erwartung besteht, dass eindeutige Aussagen nur für relativ kleine Gruppen mit entsprechend extremen Befunden möglich sind. Weiterhin lassen die Kurven erwarten, dass auch in den Randbereichen eindeutiger Prognosen hinsichtlich der Irrtumsrisiken vermutlich eher mit größeren Anteilen falsch-positiver (zu Unrecht als rückfallgefährdet klassifiziert) im Vergleich zu falsch-negativen (zu Unrecht als wenig rückfallgefährdet klassifiziert) Vorhersagen zu rechnen ist. Die Verteilung der beiden nicht rückfälligen Gruppen reicht weit auch in obere Scorebereiche hinein, wohingegen für die rückfälligen Gruppen kaum sehr geringe Werte zu erwarten sind.

Im nächsten Schritt wurden, um Vergleiche der Vorhersageleistungen der Instrumente mit internationalen Befunden zu ermöglichen, Korrelationsanalysen mit den verschiedenen Rückfallereignissen vorgenommen und die Flächen unter den ROC-Kurven (AUC) bestimmt. Tabelle 22 gibt eine Übersicht über die Ergebnisse.

**Tabelle 22**  Validität kurzfristiger Vorhersagen (2 Jahre) der aktuarischen Instrumente im Hinblick auf verschiedene Rückfallereignisse

| | jede neue Verurteilung | erneute Strafhaft | Gewaltdelikt | Rückfall-schwereindex (5-stufig)[a] |
|---|---|---|---|---|
| LSI-R Gesamtscore | $r = .43^{***}$ | $r = .41^{***}$ | $r = .15^{**}$ | $rho = .43^{***}$ |
| | AUC=.75*** (.03) KI$^{95\%}$=.69-.80 | AUC=.74*** (.03) KI$^{95\%}$=.69-.80 | AUC=.68** (.06) KI$^{95\%}$=.56-.79 | — |
| HCR-20 (+3) Gesamtscore | $r = .42^{***}$ | $r = .37^{***}$ | $r = .21^{***}$ | $rho = .42^{***}$ |
| | AUC=.75*** (.03) KI$^{95\%}$=.69-.80 | AUC=.73*** (.03) KI$^{95\%}$=.67-.78 | AUC=.75*** (.06) KI$^{95\%}$=.61-.85 | — |
| PCL-R Gesamtscore | $r = .36^{***}$ | $r = .31^{***}$ | $r = .14^{*}$ | $rho = .34^{***}$ |
| | AUC=.71*** (.03) KI$^{95\%}$=.65-.77 | AUC=.70*** (.03) KI$^{95\%}$=.63-.75 | AUC=.67* (.06) KI$^{95\%}$=.55-.78 | — |

r:  punktbiseriale Korrelationen
rho:  Rangkorrelationen nach Spearman
AUC: area under curve aus ROC-Analysen, in Klammern der zugehörige Standardfehler
KI$^{95\%}$:  95 % Konfidenzintervall der AUC
[a] Rückfallschwereindex: 0 (keine neue Verurteilung), 1 (keine [vollzogene] Freiheitsstrafe), 2 (erneute vollstreckte Freiheitsstrafe[n] bis zu 2 Jahren), 3 ([auch] längere Freiheitsstrafe[n] über 2 Jahre), 4 (Gewaltdelikt mit FS über 2 Jahren)
* $p < .05$; ** $p < .01$; *** $p < .001$

Insgesamt zeigten die Instrumente im Rahmen der hiesigen Kreuzvalidierung durchaus nennenswerte Vorhersageleistungen, die zugehörigen Validitätskoeffizienten lagen meist über den aus internationalen Studien berichteten durchschnittlichen Werten (z. B. die in der Metaanalyse von Gendreau et al., 1996, genannte durchschnittliche Korrelation von .35 für das LSI-R; vgl. i. e. die Kap. 2.1.2, 2.1.3.1 und 2.3.1.1). Bei der spezifischen Vorhersage von Gewalttaten waren die Koeffizienten indessen bei allen Instrumenten niedriger, wobei zu bedenken ist, dass es sich hier noch um einen relativ kurzfristigen Vorhersagezeitraum handelt und bei der Stichprobe nicht um eine Selektion von Gewalttätern.

Im ersten Vergleich der Leistungen der verschiedenen Instrumente scheinen die Werte für die PCL-R insgesamt auf etwas niedrigerem Niveau zu liegen, die Unterschiede zwischen HCR-20 und dem LSI-R muten hingegen gering an. Um einen vergleichenden Eindruck der Verhältnisse in unterschiedlichen Messbereichen der Skalen zu vermitteln, gibt Abbildung 9 die ROC-Kurven der Instrumente für die drei Rückfallereignisse wieder.

**Abbildung 9** ROC-Kurven von LSI-R, HCR-20 und PCL-R für unterschiedliche Rückfallereignisse (2 Jahre Beobachtungsdauer)

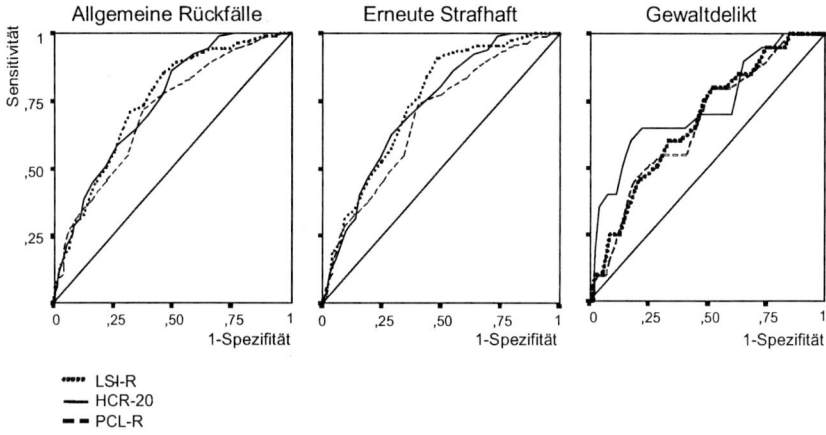

Es wird deutlich, dass die Kurven der drei Instrumente für die allgemeine Rückfälligkeit als Kriterium über den gesamten Messbereich der jeweiligen Verfahren vergleichsweise dicht beieinander liegen. Die Abbildung zeigt weiterhin, dass der durch die Instrumente erzielbare Gewinn sich über den Messbereich relativ gleichmäßig verteilt, besondere Spitzen mit großem Abstand zur Diagonalen[31] ergaben sich nicht. Beides gilt weitgehend auch für erneute Freiheitsstrafen als Rückfallereignis. Hier ließe sich allenfalls eine leichte Überlegenheit des LSI-R im Mittelbereich der Abszisse im Koordinatensystem ausmachen, wo der Informationsgewinn gegenüber einer Zufallswahl etwas höher als in den übrigen Messbereichen ist. Der zugehörige Cut-off-Wert mit dem maximalen Informationsgewinn liegt bei 23 Punkten, wo rund 90 % der Rückfälligen korrekt identifiziert worden wären – allerdings um den Preis einer Quote falsch Positiver von 49 % (vgl. Abb. 9, siehe

---

[31] Die Diagonale einer ROC-Kurve entspricht einer Zufallszuordnung, bei der auf jeden korrekt identifizierten Rückfälligen statistisch eine falsch als rückfällig klassifizierte Person kommt.

116

auch Abb. 8). Lediglich für die Gewaltprognose scheint das HCR-20 in den oberen Messbereichen[32] Vorteile aufzuweisen. Der Schwellenwert mit dem größten Informationsgewinn lag hier bei 21 Punkten, wo rund 65 % der Rückfälligen einer Quote falsch-positiver Klassifikationen von 22 % gegenüberstünden. Anbieten würde sich ggf. auch ein Cut-off von 26 Punkten, da hierbei nur rund 8 % falsch-positiver Zuordnungen entstünden. Allerdings läge die Quote korrekter Identifikationen nur mehr bei 40 %.

Um abschließend einen Überblick über die tatsächlichen Trefferleistungen und die Quoten falsch-positiver und falsch-negativer Zuordnungen in unterschiedlichen Risikobereichen der Skalen zu gewinnen, wurden CHAID-Analysen mit den Scorewerten als Prädiktor und dem Rückfallschwereindex als Kriterium zur Ermittlung geeigneter Abstufungen durchgeführt. Für das LSI-R ergab sich dabei eine vierstufige Lösung mit Schwellenwerten bei 19, 23 und 32 Punkten als die statistisch trennschärfste Variante ($\chi^2_{(3,\ 307)} = 67{,}61$; $p < .001$), ebenso für das HCR-20 mit Schwellenwerten bei 9, 12 und 20 Punkten ($\chi^2_{(3,\ 307)} = 77{,}11$; $p < .001$). Nur für die PCL-R fand sich eine dreistufige Lösung mit Cut-off bei 10 und 16 Punkten ($\chi^2_{(2,\ 307)} = 36{,}49$; $p < .001$). Tabelle 23 gibt die jeweiligen Rückfallquoten der mit Hilfe der o. g. Schwellenwerte in Risikogruppen eingeteilten Probanden wieder.

Die Quoten in Tabelle 23 bestätigen noch einmal die Feststellung aus der Sichtung der ROC-Kurven (vgl. Abb. 9), wonach die aktuarischen Instrumente – jedenfalls für den hier fokussierten Beobachtungszeitraum von zwei Jahren nach Haftentlassung – über ihren gesamten jeweiligen Messbereich für die Prognose informativ sind. Mit zunehmender Ausprägung der jeweils erfassten Risikofaktoren stieg jedoch nicht nur systematisch die Rückfallhäufigkeit bei den verschiedenen Rückfallereignissen an, sondern auch der Schweregrad der Rückfälle. Weiterhin bestätigt sich die aus der Sichtung der Wahrscheinlichkeitsdichtefunktionen rückfälliger und nicht rückfälliger Probanden (vgl. Abb. 7) formulierte Vermutung über die Verteilung von Irrtumsrisiken. Vor allem die HCR-20 präsentierte sich als treffsicheres „low-risk"-Instrument, da alle Personen mit sehr geringem HCR-Score (unter 10 Punkten, allerdings nur $n = 39$) im Beobachtungszeitraum nicht erneut straffällig wurden. Demgegenüber fanden sich bei allen Instrumenten auch in den Hochrisikobereichen durchaus größere Anteile von Personen, die trotz hoher Ausprägung nicht rückfällig wurden oder nur mit geringfügigen erneuten Delikten in Erscheinung traten, für die sie nicht erneut in den Freiheitsentzug mussten. Schließlich wird in Tabelle 23 auch noch einmal die Mittelfeldproblematik aller untersuchten Instrumente deutlich. Die jeweils größten Gruppen fanden sich im

---

[32] In ROC-Kurven entsprechen hohe Messwerte der analysierten Skala dem unteren Bereich der Abszisse, da diese den Anteil falsch-positiver Klassifikationen wiedergibt.

Bereich mittlerer Risikoausprägung wieder, und deren Rückfallprofil unterschied sich kaum noch von der Basisrate der jeweiligen Rückfallereignisse.

**Tabelle 23**  Das schwerste Rückfallereignis in Abhängigkeit vom Risikoniveau in LSI-R, HCR-20 und PCL-R (2 Jahre Beobachtungsdauer)

| | keine neue Verurteilung | Geld- oder Be- währungsstrafe | erneute Straf- haft (bis 2J) | erhebliche Strafhaft (> 2J) | gravierendes Gewaltdelikt [a] |
|---|---|---|---|---|---|
| **LSI-R-Score** | | | | | |
| 0 – 19 (n = 71) | 86 % | 8 % | 6 % | – | – |
| 20 – 23 (n = 38) | 71 % | 16 % | 8 % | – | 5 % |
| 24 – 32 (n = 144) | 44 % | 19 % | 31 % | 4 % | 3 % |
| über 32 (n = 54) | 24 % | 20 % | 39 % | 7 % | 9 % |
| **HCR-20-Score** | | | | | |
| 0 – 9 (n = 39) | 100 % | – | – | – | – |
| 10 – 12 (n = 39) | 72 % | 8 % | 21 % | – | – |
| 13 – 20 (n = 153) | 50 % | 18 % | 28 % | 3 % | 2 % |
| über 20 (n = 76) | 28 % | 25 % | 29 % | 8 % | 11 % |
| **PCL-R-Score** | | | | | |
| 0 – 10 (n = 121) | 74 % | 9 % | 16 % | 1 % | 1 % |
| 11 – 16 (n = 140) | 47 % | 16 % | 28 % | 4 % | 4 % |
| über 16 (n = 46) | 20 % | 35 % | 31 % | 7 % | 9 % |
| Basisrate [b] | 53 % | 16 % | 24 % | 3 % | 4 % |

[a] gravierendes Gewaltdelikt mit Freiheitsstrafe von mehr als 2 Jahren
[b] Unterschiede zu Tabelle 10 aufgrund von Freiheitsstrafen mit Bewährungsaussetzung

### 4.5.6.2 Mittelfristige Validität der Prognosen (5 Jahre Beobachtungszeitraum)

Auch für den mittelfristigen Beobachtungszeitraum von fünf Jahren wurden zunächst mittelwertvergleichende Untersuchungen der Scoreausprägungen der verschiedenen Rückfallgruppen durchgeführt, um einen ersten Eindruck von der Trennungsfähigkeit der Instrumente zu erlangen. Die Analysen ergaben wiederum durchgängig hochsignifikante Unterschiede der Scoreausprägungen zwischen der jeweiligen Rückfälligen- und Nichtrückfälligengruppe. Darüber hinaus deuten die Ergebnisse darauf hin, dass die Identifikation der gewalttätig rückfälligen Probanden im Vergleich zum zweijährigen Beobachtungszeitraum etwas besser gelingt. Dies kann als erste Bestätigung der in den Eingangskapiteln formulierten Vermutung angesehen werden, dass bei gravierenderen und gewalttätigen Ereignissen als Rückfallkriterium für die Beurteilung der Vorhersageleistung von Prognoseinstrumenten längerfristige Beobachtungszeiträume notwendig sind (vgl. Kap. 1.2.4). Tabelle 24 gibt die Ergebnisse der Mittelwertvergleiche im Einzelnen wieder.

**Tabelle 24** Mittelwertunterschiede der aktuarischen Prognosescores bei rückfälligen und nicht rückfälligen Probanden für verschiedene Rückfallereignisse innerhalb von fünf Jahren nach Haftentlassung

| | MW$_{NR}$[a] | MW$_R$[b] | MW-Diff [c] | SE(MW-Diff) [d] | KI$^{95\%}$ (MW)[e] | t [f] |
|---|---|---|---|---|---|---|
| **allgemeiner Rückfall:** | | | | | | |
| LSI-R | 21,6 (7,3) | 26,5 (6,7) | 4,83 | 0,82 | 3,2 - 6,5 | 5,90 *** |
| HCR-20 | 13,5 (5,9) | 18,4 (5,6) | 4,91 | 0,69 | 3,6 - 6,3 | 7,10 *** |
| PCL-R | 9,8 (3,9) | 13,4 (4,7) | 3,54 | 0,52 | 2,5 - 4,6 | 6,83 *** |
| | | | | | | |
| **erneute Haft:** | | | | | | |
| LSI-R | 21,9 (7,3) | 26,9 (6,6) | 4,97 | 0,79 | 3,4 - 6,5 | 6,26 *** |
| HCR-20 | 14,1 (6,0) | 18,4 (5,9) | 4,37 | 0,68 | 3,0 - 5,7 | 6,39 *** |
| PCL-R | 10,3 (4,1) | 13,4 (4,7) | 3,07 | 0,51 | 2,1 - 4,1 | 5,98 *** |
| | | | | | | |
| **Gewaltdelikt:** | | | | | | |
| LSI-R | 24,1 (7,4) | 28,6 (5,6) | 4,54 | 0,98 | 2,6 -6,5 | 4,62 *** |
| HCR-20 | 15,9 (6,0) | 21,1 (6,3) | 5,19 | 1,02 | 3,2 - 7,2 | 5,10 *** |
| PCL-R | 11,6 (4,5) | 15,0 (4,8) | 3,45 | 0,77 | 2,0 - 5,0 | 4,51 *** |
| | | | | | | |
| **grav. Gewaltdelikt [g]:** | | | | | | |
| LSI-R | 24,3 (7,2) | 30,3 (6,3) | 5,93 | 1,75 | 2,5 -9,4 | 3,40 *** |
| HCR-20 | 16,2 (6,1) | 23,0 (7,0) | 6,85 | 1,48 | 3,9 - 9,8 | 4,62 *** |
| PCL-R | 11,7 (4,5) | 16,7 (4,8) | 4,98 | 1,11 | 2,8 - 7,2 | 4,50 *** |

[a]  Mittelwert der jeweiligen nicht rückfälligen Gruppe; in Klammern Standardabweichung
[b]  Mittelwert der jeweiligen rückfälligen Gruppe; in Klammern Standardabweichung
[c]  Mittlere Differenz
[d]  Standardfehler der Differenz
[e]  95% Konfidenzintervall der Differenz
[f]  t-Wert mit $df$ = 305 mit Ausnahme der Tests für das LSI-R für das Gewaltdelikt als Kriterium, wo aufgrund größerer Varianzunterschiede ein entsprechend korrigierter Test gerechnet wurde (mit $df$ = 63,44)
[g]  gravierendes Gewaltdelikt mit Freiheitsstrafe über 2 Jahren
*** $p < .001$

Die Untersuchung der korrelativen Zusammenhänge zwischen den Scorewerten und den verschiedenen Rückfallereignissen ergab wiederum durchgängig hochsignifikante Werte, die für die nicht gewalttätigen Rückfälle gegenüber dem 2-Jahreszeitraum jedoch etwas geringer wurden (außer für die PCL) und nunmehr im Bereich des Durchschnittsniveaus der aus internationalen Studien berichteten Größenordnungen lagen. Demgegenüber waren die Werte für die Zusammenhänge mit gewalttätigen Rückfällen höher als bei dem kurzen Beobachtungszeitraum. Vor allem aber fiel für die Gewaltrückfälle ein Auseinanderklaffen der beiden Validitätsmaße (Korrelation und AUC) auf, da mäßige Korrelationen mit durchaus als höher imponierenden AUC-Werten einhergingen. Dies deutet auf eine ungleichmäßige Verteilung der prognostischen Leistungen der Instrumente über den Messbereich ihrer Skalen hin, was durch die auf lineare Zusammenhänge bauenden Korrelationsmaße nicht berücksichtigt wird. Tabelle 25 gibt zunächst jedoch eine Übersicht über die verschiedenen Validitätsmaße.

**Tabelle 25** Validität mittelfristiger Vorhersagen (5 Jahre) der aktuarischen Instrumente im Hinblick auf verschiedene Rückfallereignisse

| | jede neue Verurteilung | erneute Strafhaft | Gewaltdelikt | gravierendes Gewaltdelikt [a] | Rückfall-schwereindex (5-stufig)[b] |
|---|---|---|---|---|---|
| LSI-R Gesamtscore | r = .32*** | r = .34*** | r = .21*** | r = .19** | rho = .43*** |
| | AUC=.69*** (.03) KI95%=.63-.75 | AUC=.70*** (.03) KI95%=.63-.75 | AUC=.67*** (.04) KI95%=.60-.75 | AUC=.73** (.06) KI95%=.60-.84 | — |
| HCR-20 (+3) Gesamtscore | r = .38*** | r = .34*** | r = .28*** | r = .26*** | rho = .42*** |
| | AUC=.72*** (.03) KI95%=.66-.77 | AUC=.69*** (.03) KI95%=.63-.75 | AUC=.71*** (.04) KI95%=.63-.80 | AUC=.77*** (.07) KI95%=.63-.89 | — |
| PCL-R Gesamtscore | r = .36*** | r = .32*** | r = .25*** | r = .25*** | rho = .34*** |
| | AUC=.71*** (.03) KI95%=.65-.77 | AUC=.68*** (.03) KI95%=.62-.74 | AUC=.70*** (.04) KI95%=.63-.78 | AUC=.75*** (.06) KI95%=.64-.86 | — |

r: punktbiseriale Korrelationen
rho: Rangkorrelationen nach Spearman
AUC: area under curve aus ROC-Analysen, in Klammern der zugehörige Standardfehler
KI95%: 95 % Konfidenzintervall der AUC
[a] gravierendes Gewaltdelikt mit Freiheitsstrafe über 2 Jahren
[b] Rückfallschwereindex: 0 (keine neue Verurteilung), 1 (keine [vollzogene] Freiheitsstrafe), 2 (erneute vollstreckte Freiheitsstrafe[n] bis zu 2 Jahren), 3 ([auch] längere Freiheitsstrafe[n] über 2 Jahre), 4 (Gewaltdelikt mit FS über 2 Jahren)
** $p < .01$; *** $p < .001$

Um der Vermutung einer ungleichmäßigen Sensibilität der Messbereiche der Instrumente bei der Vorhersage gewalttätiger Rückfallereignisse näher nachgehen zu können, ist eine Sichtung der ROC-Kurven erforderlich, die ja die Performance der Instrumente bei unterschiedlichen Skalenausprägungen abbilden. Abbildung 10 stellt die Charakteristika der Instrumente für die vier untersuchten Rückfallereignisse dar.

**Abbildung 10**  ROC-Kurven von LSI-R, HCR-20 und PCL-R für unterschiedliche Rückfallereignisse (5 Jahre Beobachtungsdauer)

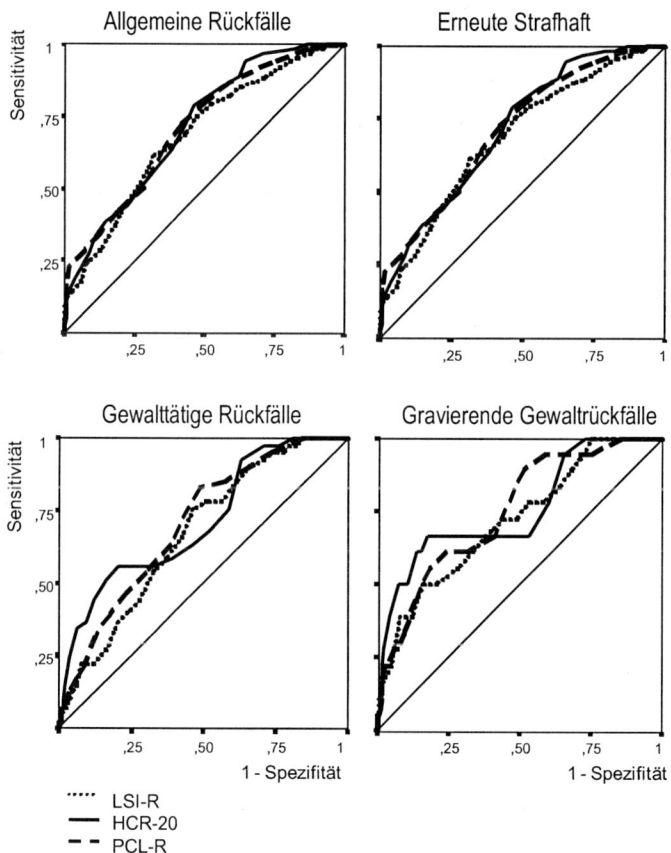

Es wird deutlich, dass bei den nicht gewalttätigen Rückfällen nicht nur die Instrumente relativ dicht beieinander liegen, sondern sich wiederum ein vergleichsweise homogenes Bild gleich bleibenden Informationsgewinns über die jeweiligen Messbereiche ergibt. Bei den gewalttätigen Rückfallereignissen zeigt sich hingegen ein deutlich inhomogeneres, wellenförmiges Bild mit differierenden Informationsgewinnen in unterschiedlichen Skalenbereichen. Insbesondere die HCR-20 zeigt bei der Vorhersage gravierender Rückfälle eine stark ausprägungsabhängige Performance – der erzielbare Gewinn schwankte hier, je nach Skalenbereich, zwischen

121

10 % und mehr als 40 % überzufällig korrekt identifizierter Rückfälliger. Seine größte Leistung hätte er dabei bei einem Schwellenwert von 26 aufgewiesen, bei dem 50 % korrekt identifizierte Rückfällige einer Quote von 7 % falsch-positiver Klassifikationen gegenüberstünden.

Um auch für den 5-Jahreszeitraum einen Überblick über die tatsächlichen Trefferraten und Fehlerquoten zu gewinnen, wurden wiederum mit Hilfe von CHAID-Analysen geeignete Schwellenwerte bestimmt. Diesmal ergaben die Analysen für alle drei Instrumente lediglich drei Risikogruppen, wobei der für gravierende Gewaltrückfälle günstige Schwellenwert von 26 bei dem HCR-20 nicht berücksichtigt wurde – was nicht zuletzt am hier gewählten Kriterium (Rückfallschwereindex) lag. Als statistisch optimale Schwellen ermittelte die Analyse für das LSI-R 19 und 32 Punkte ($\chi^2_{(2, 307)} = 42,64$; $p < .001$), für das HCR-20 9 und 20 ($\chi^2_{(2, 307)} = 62,16$; $p < .001$) und für die PCL-R 10 und 16 ($\chi^2_{(2, 307)} = 48,47$; $p < .001$). Die Schwellenwerte waren insoweit mit den für den 2-Jahreszeitraum ermittelten optimalen Grenzen identisch, wenn auch die Differenzierung für das LSI-R und das HCR-20 geringer war. Tabelle 26 gibt Aufschluss über die Rückfallverhältnisse der so gebildeten Risikogruppen innerhalb der ersten fünf Jahre nach Entlassung aus der Indexhaft.

**Tabelle 26**  Das schwerste Rückfallereignis in Abhängigkeit vom Risikoniveau in LSI-R, HCR-20 und PCL-R (5 Jahre Beobachtungsdauer)

| | keine neue Verurteilung | Geld- oder Bewährungsstrafe | erneute Strafhaft (bis 2J) | erhebliche Strafhaft (> 2J) | gravierendes Gewaltdelikt [a] |
|---|---|---|---|---|---|
| **LSI-R Score** | | | | | |
| 0 – 19 ($n = 71$) | 59 % | 18 % | 20 % | 3 % | – |
| 20 – 32 ($n = 182$) | 35 % | 16 % | 38 % | 9 % | 5 % |
| über 32 ($n = 54$) | 17 % | 9 % | 44 % | 15 % | 15 % |
| **HCR-20 Score** | | | | | |
| 0 – 9 ($n = 39$) | 85 % | 5 % | 10 % | – | – |
| 10 – 20 ($n = 192$) | 36 % | 17 % | 38 % | 6 % | 3 % |
| über 20 ($n = 76$) | 16 % | 17 % | 40 % | 13 % | 15 % |
| **PCL-R Score** | | | | | |
| 0 – 10 ($n = 121$) | 55 % | 15 % | 26 % | 2 % | 1 % |
| 11 – 16 ($n = 140$) | 32 % | 22 % | 38 % | 10 % | 6 % |
| über 16 ($n = 46$) | 4 % | 22 % | 48 % | 11 % | 15 % |
| Basisrate [b] | 37 % | 15 % | 35 % | 7 % | 6 % |

[a] gravierendes Gewaltdelikt mit Freiheitsstrafe von mehr als 2 Jahren
[b] Unterschiede zu Tabelle 10 aufgrund von Freiheitsstrafen mit Bewährungsaussetzung

Es zeigte sich wiederum, dass die unterschiedlichen Risikobereiche der Instrumente sowohl mit der Rückfallwahrscheinlichkeit als auch mit der zu erwartenden Rückfallschwere zusammenhängen. Weiterhin erwies sich das HCR-20 auch für den fünfjährigen Beobachtungszeitraum als gutes „low-risk-Verfahren". Nur 10 % der (allerdings relativ wenigen) Probanden der Niedrigrisikogruppe im HCR-20 wurden wieder inhaftiert, und bei immerhin 85 % fand sich gar kein erneuter strafrechtlicher Eintrag im BZR. Allerdings zeigten sich wiederum relativ hohe Quoten falsch-positiver Zuordnungen bei allen Hochrisikogruppen. Vor allem wenn man Bagatelldelikte außer Acht lässt und als Rückfall wenigstens eine Neuinhaftierung wertet, lägen die entsprechenden Quoten immerhin zwischen 26 % (LSI-R und PCL-R) und 33 % (HCR-20). Auffallend ist hier allenfalls die sehr niedrige Quote von Probanden mit vollständiger Legalbewährung aus der Hochrisikogruppe der PCL-R, die mit 4 % unter der üblichen statistischen Bedeutsamkeitsschwelle liegt. Dies kann als ein erster Hinweis gedeutet werden, dass die PCL-R möglicherweise tatsächlich eine spezifische Hochrisikogruppe erfasst.

Sehr deutlich tritt bei der fünfjährigen Beobachtungsdauer allerdings die Mittelfeldproblematik zutage. Zwischen 45 % (PCL-R) und 63 % (HCR-20) aller Probanden wurden in die Mittelkategorie mit unspezifischem Rückfallrisiko und einem Rückfallprofil ähnlich den entsprechenden Gesamtbasisraten eingestuft. Für gut die Hälfte der Probanden wäre der durch die Instrumente erzielbare Informationsgewinn somit belanglos geblieben.

4.5.6.3 Langfristige Validität der Prognosen (Gesamtkatamnese)

Abschließend wurden die langfristigen Vorhersageleistungen der aktuarischen Instrumente für den gesamten, im Mittel immerhin über 19 Jahre ausmachenden Beobachtungszeitraum untersucht. Auch hier wurden zunächst Mittelwertvergleiche vorgenommen, Tabelle 27 gibt die Ergebnisse wieder. Insgesamt zeigte es sich, dass die Instrumente auch für den langfristigen Beobachtungszeitraum zwischen den unterschiedlichen rückfälligen und nicht rückfälligen Gruppen zu differenzieren vermochten. Tabelle 28 gibt Aufschluss über die Größenordnung der entsprechenden Korrelationen und AUC-Maße.

Für den sehr langen Vorhersagezeitraum haben alle Instrumente etwas an Vorhersagevalidität eingebüßt. Dies scheint insbesondere für das LSI-R zu gelten, das nur mehr moderate Zusammenhänge aufwies. Eine nachlassende langfristige Vorhersagekraft deckt sich indessen mit dem Anspruch des Verfahrens, vor allem dynamische Risikofaktoren zu erfassen, wohingegen insbesondere die PCL-R eine zeitstabile Risikodisposition zu erfassen sucht.

**Tabelle 27** Mittelwertunterschiede der aktuarischen Prognosescores bei rückfälligen und nicht rückfälligen Probanden für verschiedene Rückfallereignisse innerhalb des gesamten Beobachtungszeitraums

| | $MW_{NR}$[a] | $MW_R$[b] | MW-Diff [c] | SE(MW-Diff) [d] | $KI^{95\%}$ (MW)[e] | t [f] |
|---|---|---|---|---|---|---|
| **allgemeiner Rückfall:** | | | | | | |
| LSI-R | 21,8 (7,1) | 25,8 (7,1) | 4,02 | 0,90 | 2,3 – 5,8 | 4,45 *** |
| HCR-20 | 13,3 (5,8) | 17,8 (6,1) | 4,44 | 0,76 | 2,9 – 5,9 | 5,80 *** |
| PCL-R | 9,6 (3,7) | 13,0 (4,7) | 3,32 | 0,57 | 2,2 – 4,4 | 5,82 *** |
| **erneute Haft:** | | | | | | |
| LSI-R | 22,1 (7,1) | 26,2 (7,0) | 4,15 | 0,84 | 2,5 – 5,8 | 4,97 *** |
| HCR-20 | 13,8 (5,9) | 18,1 (6,0) | 4,28 | 0,71 | 2,9 – 5,7 | 6,03 *** |
| PCL-R | 10,0 (3,8) | 13,2 (4,8) | 3,21 | 0,53 | 2,2 – 4,3 | 6,08 *** |
| **Gewaltdelikt:** | | | | | | |
| LSI-R | 23,9 (7,4) | 27,4 (6,3) | 3,54 | 0,98 | 1,6 –5,5 | 3,63 *** |
| HCR-20 | 15,6 (6,0) | 19,8 (6,2) | 4,17 | 0,83 | 2,6 – 5,8 | 5,05 *** |
| PCL-R | 11,3 (4,4) | 14,4 (5,0) | 3,03 | 0,62 | 1,8 – 4,2 | 4,91 *** |
| **grav. Gewaltdelikt** [g]: | | | | | | |
| LSI-R | 24,3 (7,3) | 28,9 (6,3) | 4,60 | 1,40 | 1,8 –7,4 | 3,30 ** |
| HCR-20 | 16,0 (6,1) | 21,6 (6,5) | 5,56 | 1,19 | 3,2 – 7,9 | 4,67 *** |
| PCL-R | 11,6 (4,4) | 15,9 (5,5) | 4,27 | 0,89 | 2,5 – 6,0 | 4,82 *** |

[a]  Mittelwert der jeweiligen nicht rückfälligen Gruppe; in Klammern Standardabweichung
[b]  Mittelwert der jeweiligen rückfälligen Gruppe; in Klammern Standardabweichung
[c]  Mittlere Differenz
[d]  Standardfehler der Differenz
[e]  95 % Konfidenzintervall der Differenz
[f]  t-Wert mit $df$ = 305
[g]  gravierendes Gewaltdelikt mit Freiheitsstrafe über 2 Jahren
** $p < .05$          *** $p < .001$

**Tabelle 28** Validität langfristiger Vorhersagen (Gesamtkatamnese) der aktuarischen Instrumente im Hinblick auf verschiedene Rückfallereignisse

| | jede neue Verurteilung | erneute Strafhaft | Gewaltdelikt | gravierendes Gewaltdelikt [a] | Rückfall-schwereindex (5-stufig)[b] |
|---|---|---|---|---|---|
| LSI – R Gesamtscore | $r = .25^{***}$ | $r = .27^{***}$ | $r = .20^{***}$ | $r = .18^{**}$ | $rho = .33^{***}$ |
| | AUC=.66*** (.03) KI$^{95\%}$=.59-.73 | AUC=.67*** (.03) KI$^{95\%}$=.60-.73 | AUC=.64 ** (.04) KI$^{95\%}$=.57-.71 | AUC=.68 ** (.05) KI$^{95\%}$=.58-.77 | — |
| HCR – 20 (+3) Gesamtscore | $r = .32^{***}$ | $r = .33^{***}$ | $r = .28^{***}$ | $r = .26^{***}$ | $rho = .36^{***}$ |
| | AUC=.70*** (.03) KI$^{95\%}$=.63-.76 | AUC=.69*** (.03) KI$^{95\%}$=.63-.75 | AUC=.69*** (.04) KI$^{95\%}$=.62-.76 | AUC=.74*** (.05) KI$^{95\%}$=.63-.83 | — |
| PCL-R Gesamtscore | $r = .32^{***}$ | $r = .33^{***}$ | $r = .27^{***}$ | $r = .27^{***}$ | $rho = .37^{***}$ |
| | AUC=.71*** (.03) KI$^{95\%}$=.64-.77 | AUC=.70*** (.03) KI$^{95\%}$=.64-.76 | AUC=.68*** (.04) KI$^{95\%}$=.61-.75 | AUC=.73*** (.05) KI$^{95\%}$=.63-.83 | — |

$r$: punktbiseriale Korrelationen
rho: Rangkorrelationen nach Spearman
AUC: area under curve aus ROC-Analysen, in Klammern der zugehörige Standardfehler
KI$^{95\%}$: 95% Konfidenzintervall der AUC
[a] gravierendes Gewaltdelikt mit Freiheitsstrafe über 2 Jahren
[b] Rückfallschwereindex: 0 (keine neue Verurteilung), 1 (keine [vollzogene] Freiheitsstrafe), 2 (erneute vollstreckte Freiheitsstrafe[n] bis zu 2 Jahren), 3 ([auch] längere Freiheitsstrafe[n] über 2 Jahre), 4 (Gewaltdelikt mit FS über 2 Jahren)
** $p < .01$; *** $p < .001$

Die Sichtung der ROC-Kurven (Abb. 11) ergab ähnliche Ergebnisse, wie sie zuvor für den fünfjährigen Beobachtungszeitraum beschrieben wurden. Für nicht gewalttätige Rückfallereignisse waren die Kurven gleichmäßig und lagen relativ dicht beieinander, wohingegen sich für Gewaltdelikte und insbesondere für gravierende Gewaltdelikte ein inhomogenes Bild ergab. Auch hier zeigte das HCR-20 die deutlichsten Leistungsdifferenzen in Abhängigkeit von unterschiedlichen Skalenausprägungen; der größte Informationsgewinn läge bei einem Schwellenwert von 21 Punkten, bei dem das Verhältnis korrekt und falsch identifizierter Rückfälliger bei ca. 65 % : 20 % läge.

**Abbildung 11**  ROC-Kurven von LSI-R, HCR-20 und PCL-R für unterschiedliche Rückfallereignisse (Gesamtkatamnese)

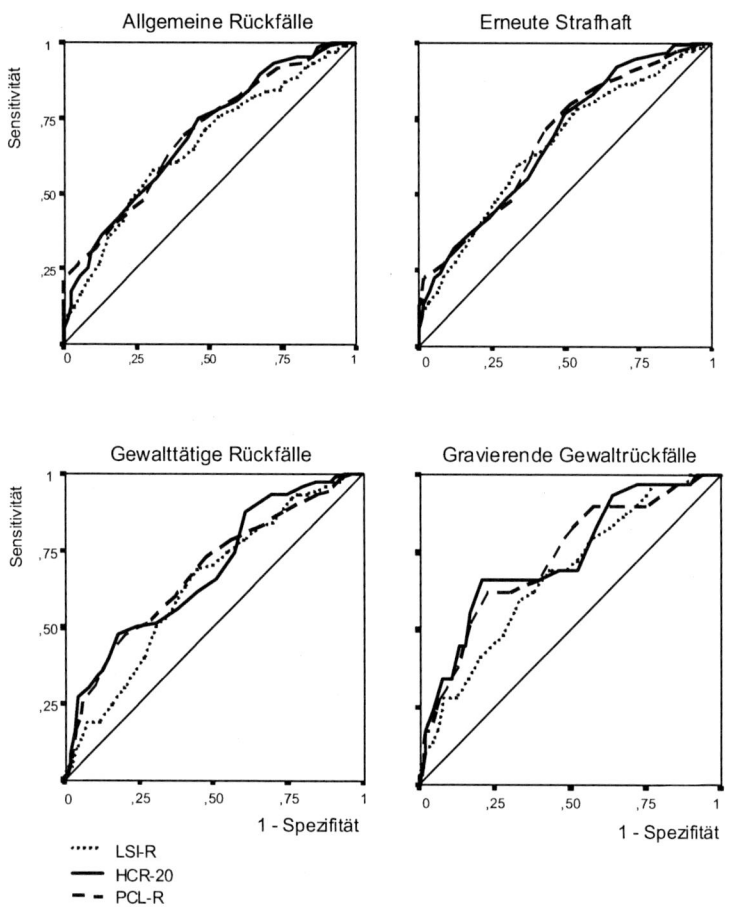

Die Bestimmung optimaler Schwellenwerte für die Bildung von Risikogruppen mittels CHAID-Analysen ergab für das HCR-20 mit ($\chi^2_{(2,\ 307)} = 57{,}42$; $p < .001$) und die PCL-R mit ($\chi^2_{(2,\ 307)} = 49{,}22$; $p < .001$) identische Werte wie für den fünfjährigen Beobachtungszeitraum. Nur für das LSI-R waren die Schwellen mit 22 und 29 Punkten ($\chi^2_{(2,\ 307)} = 28{,}02$; $p < .001$) leicht verschoben. Hierdurch entschärfte sich für das LSI-R die Mittelfeldproblematik etwas, jedoch um den Preis ungenauerer Vorhersageleistungen in den äußeren Risikobereichen (vgl. Tab. 29). Für die PCL-R hingegen scheint sich die bereits im Vorabschnitt vermutete Eigenschaft, tatsächlich eine persistente Hochrisikogruppe zu erfassen, in gewisser Weise zu bestätigen. Alle Probanden mit einem Score über 16 Punkten wurden in irgendeiner Weise rückfällig, kein Einziger blieb ohne strafrechtlichen Neueintrag, und immerhin 87 % verbüßten mindestens eine (gewöhnlich aber mehrere) neue Freiheitsstrafe.

**Tabelle 29**  Das schwerste Rückfallereignis in Abhängigkeit vom Risikoniveau in LSI-R, HCR-20 und PCL-R (Gesamtkatamnese)

| | keine neue Verurteilung | Geld- oder Bewährungsstrafe | erneute Strafhaft (bis 2J) | erhebliche Strafhaft (> 2J) | gravierendes Gewaltdelikt [a] |
|---|---|---|---|---|---|
| **LSI-R Score** | | | | | |
| 0 – 22 (n = 109) | 40 % | 22 % | 28 % | 6 % | 5 % |
| 23 – 29 (n = 107) | 26 % | 18 % | 39 % | 8 % | 9 % |
| über 29 (n = 91) | 14 % | 12 % | 44 % | 15 % | 14 % |
| **HCR-20 Score** | | | | | |
| 0 – 9 (n = 39) | 62 % | 23 % | 10 % | 3 % | 3 % |
| 10 – 20 (n =192) | 28 % | 18 % | 42 % | 7 % | 5 % |
| über 20 (n = 76) | 11 % | 13 % | 35 % | 17 % | 24 % |
| **PCL-R Score** | | | | | |
| 0 – 10 (n = 121) | 42 % | 21 % | 31 % | 4 % | 2 % |
| 11 – 16 (n = 140) | 24 % | 16 % | 37 % | 11 % | 10 % |
| über 16 (n = 46) | — | 13 % | 50 % | 15 % | 22 % |
| Basisrate [b] | 28 % | 18 % | 37 % | 9 % | 9 % |

[a] gravierendes Gewaltdelikt mit Freiheitsstrafe von mehr als 2 Jahren
[b] Unterschiede zu Tabelle 10 aufgrund von Freiheitsstrafen mit Bewährungsaussetzung

### 4.5.6.4 Rückfallverläufe unterschiedlicher Risikogruppen

Um einen abschließenden, zusammenfassenden Eindruck von den prognostischen Leistungen der Instrumente im Zeitverlauf zu gewinnen, wurden vergleichende Überlebensanalysen der durch die ermittelten Schwellenwerte definierten Risikogruppen durchgeführt. Bei dieser Auswertungsmethodik wird die kumulative Häufigkeit des (erstmaligen) Auftretens eines Ereignisses (hier: verschiedene Rückfallereignisse) über eine längere Zeitstrecke verfolgt und z. B. graphisch dargestellt. Hierdurch lassen sich Unterschiede zwischen den Verlaufsprofilen unterschiedlicher Gruppen beurteilen. Da sich die in den Vorabschnitten für die unterschiedlichen Beobachtungszeiträume ermittelten optimalen Schwellenwerte der Instrumente nicht wesentlich voneinander unterschieden, wurden für die Überlebensanalysen die für den mittelfristigen Beobachtungszeitraum (fünf Jahre) berechneten Schwellen für die Risikogruppenbildung zugrunde gelegt.

**Abbildung 12** Überlebenskurven der aus LSI-R, HCR-20 und PCL-R gebildeten Risikogruppen im Hinblick auf erneute Delikte (obere Reihe) und erneute Freiheitsstrafen (untere Reihe) nach Entlassung aus der Indexhaft

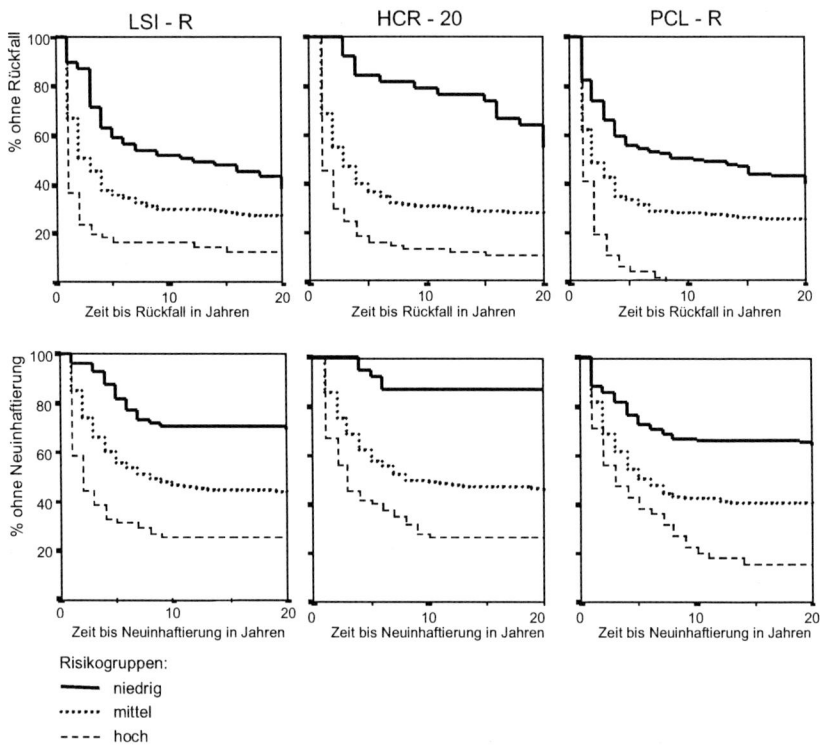

Zunächst wurden die prognostischen Leistungen hinsichtlich unspezifischer, nicht speziell gewalttätiger Delikte (d. h. allgemeiner Rückfall und erneute Freiheitsstrafen als Kriterium) analysiert. Die Prüfung der Unterschiede der jeweiligen Risikogruppen im Rückfallverlauf ergab für alle Verfahren und beide Kriterien hochsignifikante Unterschiede auf dem 1 ‰-Niveau ($\chi^2_{(2,\,307)}$ zwischen 30,50 und 48,28). Mit einer Ausnahme waren weiterhin alle Paarvergleiche auf dem 1 ‰-Niveau ($\chi^2_{(df=1)}$) zwischen 12,76 und 51,94) statistisch hochbedeutsam unterschiedlich, so dass sie ohne weiteres einer Alphaadjustierung standhielten. Lediglich der Paarvergleich der mittleren und hohen Risikogruppe im PCL-R ergab für Neuinhaftierungen als Kriterium mit $\chi^2_{(1,186)} = 5,29$ einen Unterschied, der nur für sich genommen und nur auf einem Alphaniveau von 5 % abgesichert ist. Abbildung 12 zeigt die Überle-

benskurven aller Risikogruppen für die beiden nicht speziell gewalttätigen Rückfallkriterien.

Die Sichtung der Rückfallverlaufsprofile offenbart einige Stärken und Schwächen der verschiedenen Instrumente, wenn diese auch nicht sehr ausgeprägt sind.
So scheint das LSI-R in seiner Hochrisikogruppe tendenziell eine Gruppe zu erfassen, deren Rückfallneigung sich vergleichsweise frühzeitig zeigt. Die Hochrisikogruppe der PCL-R zeigt hingegen die jeweils geringsten „Überlebensquoten" (Anteil jeweils nicht rückfälliger) – was letztlich ihrem Anspruch, eine spezielle Persönlichkeitskonfiguration mit hohem Rückfallrisiko erfassen zu wollen, entspricht
–, und das HCR-20 empfiehlt sich noch einmal als Instrument zur Erfassung einer
kleinen Gruppe von Personen mit geringem Rückfallrisiko, die nicht nur deutlich
seltener, sondern auch, wenn sie denn erneut straffällig wird, erst mit Verzögerung
wieder auffällt.

Bei den gewalttätigen Rückfällen fielen die statistischen Prüfungen auf Unterschiede der Rückfallprofile zwischen den Risikogruppen erwartungsgemäß nicht so
eindeutig aus wie bei den unspezifischen Rückfallereignissen – was nicht zuletzt an
den deutlich geringeren Basisraten dieser Ereignisse lag. Zumindest für das LSI-R
waren die Unterschiede nur noch teilweise abzusichern. Tabelle 30 gibt eine vollständige Übersicht über die Ergebnisse.

**Tabelle 30** Testung der Unterschiede der Rückfallverläufe mit Gewaltdelikten
zwischen den Risikogruppen aus LSI-R, HCR-20 und PCL-R

| | Gesamtvergleich $(\chi^2_{(2, 307)})$ | Paarvergleiche ($\chi^2$ mit $df$ = 1): | | |
| --- | --- | --- | --- | --- |
| | | gering vs. mittel | gering vs. hoch | mittel vs. hoch |
| **Gewaltdelikt** | | | | |
| LSI – R | 11,62 ($p$<.01) | 8,44 ($p$<.01) | 10,94 ($p$<.001) | 1,30 ns |
| HCR – 20 | 30,45 ($p$<.001) | 3,86 ($p$<.05) | 17,85 ($p$<.001) | 21,39 ($p$<.001) |
| PCL – R | 27,10 ($p$<.001) | 8,89 ($p$<.01) | 28,59 ($p$<.001) | 8,07 ($p$<.01) |
| **grav. Gewaltdelikt** [a] | | | | |
| LSI – R | 7,93 ($p$<.05) | 3,38 ($p$<.10) | 8,07 ($p$<.01) | 2,67 ns |
| HCR – 20 | 26,43 ($p$<.001) | 0,41 ns | 9,16 ($p$<.01) | 21,60 ($p$<.001) |
| PCL – R | 15,98 ($p$<.001) | 6,90 ($p$<.01) | 17,72 ($p$<.001) | 3,69 ($p$<. 10) |

[a] Gewaltdelikt mit Freiheitsstrafe über 2 Jahren
ns: nicht signifikant mit $p$ > .10

Insgesamt differenzieren somit die Risikogruppen aller Instrumente auch im Hinblick auf Gewaltdelikte, wobei HCR-20 und PCL-R, die von ihrem Anspruch her
stärker auf Gewaltdelikte fokussiert sind, gegenüber dem LSI-R statistisch klarere
Unterschiede zwischen den Risikogruppen zeigen. Auch bei den Paarvergleichen
ergaben sich weitgehend bedeutsame Unterschiede, die meisten hielten auch der erforderlichen Alphaadjustierung stand (jedenfalls auf einem Alphaniveau von 5 %).

Hier zeigte nur das LSI-R Schwächen, insbesondere bei den gravierenden Gewalt-delikten.

Auch die optische Sichtung der Rückfallverläufe bestätigt noch einmal, dass HCR-20 und PCL-R gegenüber dem LSI-R Vorteile bei der Differenzierung von Gewaltrisikogruppen aufzuweisen scheinen (vgl. Abb. 13). Im Hinblick auf die in den Eingangskapiteln aufgeworfene Frage nach einem für die Beurteilung der Leistungsfähigkeit von Prognosen geeigneten Beobachtungszeitraum (vgl. Kap. 1.2.4) bestätigt sich weiterhin die eingangs bereits formulierte Vermutung, dass zumindest für gravierendere Rückfallereignisse mehrjährige Zeiträume sinnvoll sind. Die Verläufe zeigen, dass die Instrumente erst nach vielen Jahren nach Entlassung aus der Indexhaft ihr Differenzierungspotential voll entfaltet haben.

**Abbildung 13**  Überlebenskurven der aus LSI-R, HCR-20 und PCL-R gebildeten Risikogruppen im Hinblick auf Gewaltdelikte (obere Reihe) und gravierende Gewaltdelikte (untere Reihe) nach Entlassung aus der Indexhaft

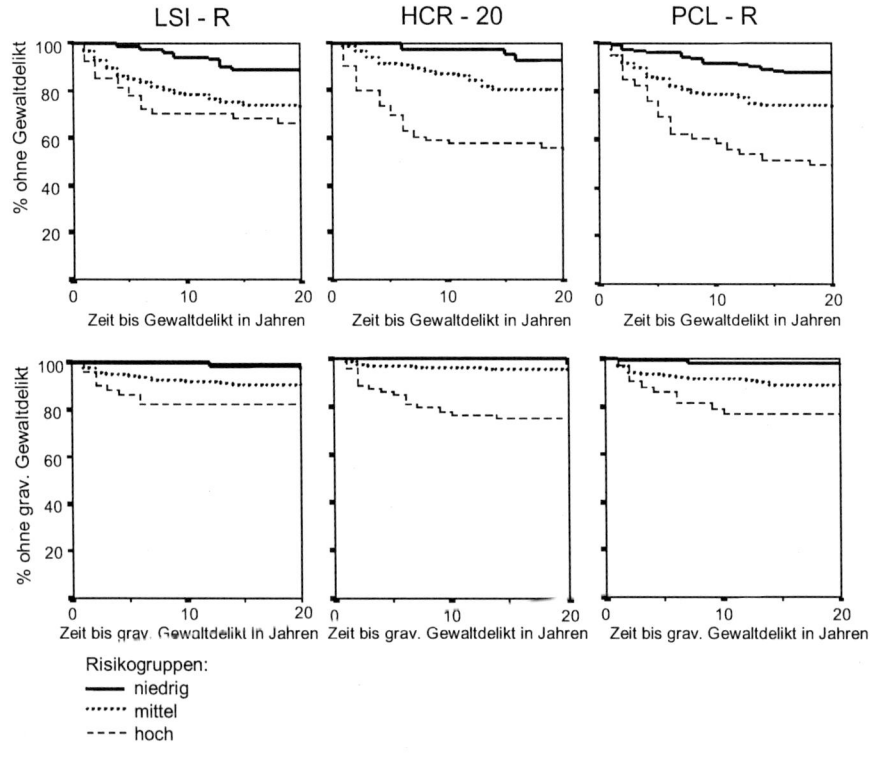

Für die PCL-R ist abschließend noch anzumerken, dass sie ihrem Anspruch, eine kleine, aber hochsignifikante Gruppe zu identifizieren, nur teilweise gerecht wurde. Dies mag jedoch nicht zuletzt an der hiesigen Stichprobenzusammensetzung liegen, die keine spezielle Hochrisikoselektion darstellte und dementsprechend wenige Personen mit dem Vollbild einer „Psychopathy" beinhaltete. Tatsächlich muten die hier nach statistischen Gesichtspunkten bestimmten Schwellenwerte im internationalen Vergleich sehr gering an. Der Autor der PCL empfiehlt 20 Punkte für die Verdachtsdiagnose und 30 Punkte für die eigentliche Diagnose; für den europäischen Raum werden meist 20 und 25 Punkte empfohlen (vgl. Kap. 2.3.1.1). Bildet man die Risikogruppen nach den europäischen Empfehlungen, so würden nur wenige Probanden mit der Verdachtsdiagnose ($n = 21$; 7 %) und noch weniger mit der entsprechenden Diagnose ($n = 7$; 2 %) resultieren. Diese Personen sind indessen alle rückfällig geworden, 26 von ihnen kamen erneut in Strafhaft. Sechs der 21 Personen mit Verdachtsdiagnose und vier der sieben sicheren Psychopathen sind mit gravierenden Gewaltdelikten aufgefallen. Insofern sprechen die hiesigen Befunde keinesfalls dagegen, dass Personen mit sehr hohen PCL-R Scores eine zwar kleine, aber hoch rückfallgefährdete Gruppe darstellen.

### 4.5.6.5 Leistungsvergleich der aktuarischen Prognoseinstrumente

Die Prüfung der Vorsageleistungen der in die Studie einbezogenen Prognoseinstrumente erbrachte für die unterschiedlichen Rückfallkriterien und Beobachtungszeiträume weitgehend valide Befunde in Größenordnungen, die für kürzere Zeiträume teilweise deutlich oberhalb und im übrigen meist auf dem Niveau der aus internationalen Studien gewonnenen Erfahrungen lagen. Dabei deuteten sich für einige Rückfallereignisse und Prognosezeiträume Unterschiede zwischen den Leistungen der einzelnen Verfahren an. Da der Nachweis der Überlegenheit einzelner Verfahren bei der Vorhersage bestimmter Rückfallereignisse die Möglichkeit differenzieller Indikationsempfehlungen implizieren würde, wurden die Vorhersageleistungen einer systematischen vergleichenden Analyse unterzogen. Hierzu wurden Vergleiche der AUC-Scores für abhängige Stichproben vorgenommen, getestet wurde dabei gegen die Nullhypothese, dass die jeweils untersuchten Instrumente bei der Vorhersage des jeweiligen Ereignisses identische Leistungen (gleiche AUC) aufweisen (zum Prüfverfahren vgl. Metz, 1998). Tabelle 31 informiert über die Ergebnisse.

Die Tabelle zeigt, dass die teilweisen numerischen und optischen Leistungsunterschiede der Instrumente der systematischen Prüfung nicht standhielten und sich nicht ausschließbar im Rahmen zufälliger Streuungen bewegten. Für sich genommen überschritten nur drei Paarvergleiche (von 33) die statistische Bedeutsamkeitsschwelle; demnach schienen für kurzfristige Prognosen das LSI-R der PCL-R bei der Vorhersage erneuter Freiheitsstrafe und das HCR-20 der PCL-R bei der Gewaltprognose und bei der langfristigen Gewaltprognose das HCR-20 dem LSI-R überlegen. Indessen hielten diese Unterschiede der erforderlichen Adjustierung des Alphaniveaus nicht stand, da zumindest bei drei simultanen Testungen je Kriterium ein Wert von $\alpha' = .017$ zu unterschreiten gewesen wäre, um etwaige Unterschiede wenigstens auf dem 5 %-Niveau abzusichern. Dieser Wert wurde bei keinem Paarvergleich erreicht bzw. unterschritten. Insoweit konnte eine kriteriumsabhängige oder gar übergreifende Überlegenheit eines der untersuchten Instrumente nicht bestätigt werden.

**Tabelle 31** Leistungsvergleiche (Vergleiche der AUC) der Prognoseinstrumente für unterschiedliche Rückfallereignisse und Vorhersagezeiträume [a]

| | LSI-R vs. HCR-20 | LSI-R vs. PCL-R | HCR-20 vs. PCL-R |
|---|---|---|---|
| **Kurzfristig (2 Jahre):** | | | |
| allgemeiner Rückfall | $r_{(AUC)}=.74; z=0,26; p=.80$ | $r_{(AUC)}=.51; z=1,06; p=.29$ | $r_{(AUC)}=.67; z=1,52; p=.13$ |
| erneute Haft | $r_{(AUC)}=.72; z=0,56; p=.58$ | $r_{(AUC)}=.52; z=1,96; p<.05$ | $r_{(AUC)}=.67; z=1,80; p=.07$ |
| Gewaltdelikt | $r_{(AUC)}=.73; z=-1,87; p=.06$ | $r_{(AUC)}=.64; z=0,00; p=1.0$ | $r_{(AUC)}=.82; z=2,36; p<.05$ |
| **Mittelfristig (5 Jahre):** | | | |
| allgemeiner Rückfall | $r_{(AUC)}=.78; z=-1,88; p=.06$ | $r_{(AUC)}=.54; z=-1,21; p=.23$ | $r_{(AUC)}=.70; z=0,22; p=.83$ |
| erneute Haft | $r_{(AUC)}=.78; z=-0,21; p=.83$ | $r_{(AUC)}=.56; z=0,27; p=.79$ | $r_{(AUC)}=.72; z=0,53; p=.60$ |
| Gewaltdelikt | $r_{(AUC)}=.77; z=-1,87; p=.06$ | $r_{(AUC)}=.62; z=-0,86; p=.39$ | $r_{(AUC)}=.73; z=0,77; p=.44$ |
| grav. Gewaltdelikt | $r_{(AUC)}=.77; z=-0,76; p=.45$ | $r_{(AUC)}=.72; z=-0,16; p=.87$ | $r_{(AUC)}=.84; z=0,70; p=.48$ |
| **Langfristig (Gesamtkatamnese):** | | | |
| allgemeiner Rückfall | $r_{(AUC)}=.80; z=-1,96; p=.05$ | $r_{(AUC)}=.52; z=-1,59; p=.11$ | $r_{(AUC)}=.68; z=-0,33; p=.74$ |
| erneute Haft | $r_{(AUC)}=.79; z=-1,21; p=.23$ | $r_{(AUC)}=.57; z=-1,21; p=.23$ | $r_{(AUC)}=.70; z=-0,27; p=.78$ |
| Gewaltdelikt | $r_{(AUC)}=.76; z=-2,27; p<.05$ | $r_{(AUC)}=.60; z=-1,45; p=.15$ | $r_{(AUC)}=.71; z=0,40; p=.69$ |
| grav. Gewaltdelikt | $r_{(AUC)}=.76; z=-1,85; p=.07$ | $r_{(AUC)}=.60; z=-1,45; p=.15$ | $r_{(AUC)}=.68; z=-1,49; p=.14$ |

[a]    Angaben zu den zugrunde liegenden Flächen und ihren Parametern in Tab. 21, 24 und 27

$r_{(AUC)}$:    Korrelation der Flächen unter den ROC-Kurven

p:    p-Wert des einzelnen Paarvergleichs; bei drei simultanen Testungen je Kriterium wäre ein Wert von $\alpha' = 1-(1-\alpha)^{1/3} = 0,017$ zu unterschreiten, um ein Alphaniveau von .05 zu halten

#### 4.5.6.6 Prognostische Validität der Subskalen

Es wurde bereits mehrfach betont, dass sich die modernen aktuarischen Instrumente von den klassischen statistischen Prognoseverfahren insbesondere durch die Berücksichtigung theoretisch fundierter dynamischer Merkmale auszeichnen. Vor allem das LSI-R bemüht sich, ein breites Spektrum potentiell bedeutsamer Risikobereiche zu erfassen, aber auch das HCR-20 und die PCL-R beinhalten einige Aspekte, die jenseits der früher fokussierten statischen Merkmale aus der Vorgeschichte der einzuschätzenden Personen liegen. Bei den dynamischen Faktoren handelt es sich um *potentiell* bedeutsame Faktoren, die nicht notwendigerweise für alle Straftätergruppen gleichermaßen bedeutsam sein müssen. Nicht zuletzt zielt ja gerade das LSI-R nicht nur auf die zusammenfassende quantitative Einschätzung des Rückfallrisikos eines Probanden, sondern bezweckt auch die Erstellung eines individuellen Risikoprofils. Trotz dieser Einschränkung stellt sich die Frage nach den fallübergreifenden bzw. durchschnittlichen prognostischen Beiträgen der durch die Instrumente erfassten Risikobereiche, gehen sie doch – wenn auch mit unterschiedlichen Gewichtungen – in die Summenscores der Verfahren ein.

Um der Frage nach Zusammenhängen der einzelnen, in LSI-R, HCR-20 und PCL-R berücksichtigten Risikobereiche mit dem Rückfallverhalten der Probanden nachzugehen, wurden korrelative Analysen vorgenommen. Da einige der Subskalen nur mit sehr wenigen Einzelmerkmalen erfasst werden, wurden hierzu Rangkorrelationen (nach Spearman) herangezogen. Die Analysen wurden dabei auf eine Auswahl von Rückfallkriterien beschränkt, die folgende Tabelle 32 gibt die Zusammenhänge mit erneuten Haftstrafen (als Merkmal allgemeiner Rückfälligkeit) und mit Gewaltdelikten (als Merkmal für die Gewaltneigung) für unterschiedliche Beobachtungszeiträume wieder.

Betrachtet man zunächst die Skalen des LSI-R, so zeigten die in der ersten Skala erfassten statischen Merkmale der delinquenten Vorgeschichte recht hohe und vor allem nachhaltige Zusammenhänge mit dem Rückfallverhalten. Auch für das Leistungsverhalten und die sozialen Risikobereiche ergaben sich hohe und weitgehend stabile Zusammenhänge. Die übrigen Korrelationen waren insgesamt schwächer ausgeprägt, vor allem nahmen die Werte für die allgemeine Prognose mit zunehmender Länge des Beobachtungszeitraums ab. Dies entspricht jedoch der Zielstellung des Verfahrens, dezidiert potentiell relevante und insbesondere dynamische Aspekte zu erfassen. Zumindest für den Wohnbereich und die Normorientierung waren jedoch kaum substantielle Zusammenhänge festzustellen. Für den Wohnbereich mag man in Rechnung stellen, dass deutsche Verhältnisse im Vergleich zu den typischen „high-crime"-Vierteln amerikanischer Großstädte (wie sie dort mit erfasst werden) möglicherweise anders geartet sind. Der Bereich der Normorientierung wird im LSI-R hingegen nur ausgesprochen grob erfasst, so dass möglicherweise eine etwas spezifischere Differenzierung verschiedener Einstellungskomponenten zweckmäßig wäre.

**Tabelle 32** Korrelative Zusammenhänge[a] der Skalen- und Subskalenausprägungen von LSI-R, HCR-20 und PCL-R mit verschiedenen Rückfallereignissen für unterschiedliche Beobachtungszeiträume

| Gesamtscore | allgemeiner Rückfall (erneute Haftstrafe) | | | Gewaltneigung (jedes Gewaltdelikt) | | |
|---|---|---|---|---|---|---|
| | 2 Jahre | 5 Jahre | Gesamt | 2 Jahre | 5 Jahre | Gesamt |
| **LSI-R** Σ | ,41*** | ,33*** | ,27*** | ,15** | ,20*** | ,20*** |
| 1. Strafrechtliche Vorgeschichte | ,32*** | ,38*** | ,37*** | ,12* | ,21*** | ,26*** |
| 2. Leistungsbereich | ,34*** | ,23*** | ,20*** | ,14* | ,14* | ,13* |
| 3. Finanzielle Situation | ,16** | ,04 | -,02 | -,03 | -,01 | -,02 |
| 4. Familie und Partnerschaft | ,18** | ,15** | .11 | ,14* | ,13* | ,17** |
| 5. Wohnsituation | ,09 | ,06 | ,08 | ,03 | ,09 | ,13* |
| 6. Freizeitbereich | ,14* | ,09 | ,02 | -,01 | -,05 | -,06 |
| 7. Freundschaften/ Bekanntschaften | ,31*** | ,24*** | ,20*** | ,13* | ,19** | ,18** |
| 8. Alkohol/Drogen | ,14* | ,11 | ,07 | ,07 | ,06 | ,06 |
| 9. Emotionale und psychische Probleme | ,15** | ,13* | ,04 | ,07 | ,11* | ,06 |
| 10. Normorientierung | ,11 | ,10 | ,10 | ,06 | ,16** | ,07 |
| **HCR-20** Σ | ,38*** | ,33*** | ,30*** | ,20*** | ,26*** | ,26*** |
| H (Vorgeschichte) | ,30*** | ,29*** | ,28*** | ,18** | ,26*** | ,27*** |
| C (Klinische Variablen) | ,29*** | ,27*** | ,26*** | ,18** | ,22*** | ,25*** |
| R (Risikomanagement) | ,38*** | ,29*** | ,26*** | ,16** | ,18** | ,17** |
| **PCL-R** Σ | ,31*** | ,31*** | ,31*** | ,14** | ,24*** | ,26*** |
| Faktor 1 (interpersonell) | ,12* | ,19** | ,20*** | ,01 | ,13* | ,16* |
| Faktor 2 (Verhaltensstil) | ,37*** | ,33*** | ,29*** | ,15** | ,24*** | ,23*** |

[a] Rangkorrelationen nach Spearman (rho); geringfügige Unterschiede der Korrelationen für die Summenscores mit den Angaben in früheren Tabellen beruhen auf den unterschiedlichen Korrelationsmaßen
\* $p < .05$  \*\* $p < .01$  \*\*\* $p < .001$

Die Subskalen des HCR-20 wiesen durchgängig substantielle und für prognostische Problemstellungen vergleichsweise hohe Zusammenhänge mit dem allgemeinen und (etwas schwächer) mit gewalttätigem Rückfallverhalten auf. Vor allem aber imponierten alle Skalen als nachhaltig bedeutsam, so dass Grund zur Annahme besteht, dass auch mit der C- und der R-Skala wenn schon nicht statische, so doch aber stabile (und insofern nur bedingt „dynamische") Aspekte erfasst werden. Auch für die PCL-R ergaben sich weitgehend zeitstabile Zusammenhänge. Vor allem der Faktor 1, der psychopathische Verhaltenszüge im zwischenmenschlichen Bereich erfasst, zeigte im Zeitverlauf eher eine zunehmende Bedeutung. Dies entspricht jedoch der Zielstellung des Instruments, da es ja gerade auf die Erfassung einer spezifischen und stabilen Persönlichkeitskonfiguration abzielt, mit der ein langfristiges kriminelles Risiko einhergehen soll.

### 4.5.7 Vorhersagegüte der klinisch-idiographischen Prognoseeinschätzungen

Neben den aktuarischen Instrumenten wurden auch die mittels klinisch-idiographischer Methodik vorgenommenen Prognoseeinschätzungen hinsichtlich der Güte ihrer Vorhersagen geprüft. In Analogie zu den Vorkapiteln wurden hierzu, um einen ersten Eindruck von der Validität der Einschätzungen zu gewinnen, zunächst für die unterschiedlichen Zeiträume und Kriterien die jeweils rückfälligen und nicht rückfälligen Probanden auf Unterschiede hinsichtlich ihrer mittleren prognostischen Beurteilungen geprüft.

Da es sich bei den Beurteilungen jedoch um Ratings handelte, die zudem erheblich schiefe Verteilungscharakteristika aufwiesen (vgl. Kap. 4.5.3.4), wurden diese Testungen mit dem Mann-Whitney-U-Test durchgeführt. Dabei wurden, der Logik der prognostischen Einschätzungen entsprechend, für gewalttätige Rückfallereignisse jeweils die Gewaltprognosen und für allgemeine Rückfallereignisse die allgemeinen Rückfallprognosen herangezogen. Die Ergebnisse in Tabelle 33 zeigen, dass für alle Rückfallereignisse und Beobachtungszeiträume hochsignifikante Rangunterschiede der prognostischen Einschätzungen zwischen den jeweils rückfälligen und nicht rückfälligen Probanden bestanden.

Im nächsten Schritt wurden Korrelationen zwischen den Beurteilungen und den Rückfallereignissen (Rangkorrelationen nach Spearman) und AUC-Werte aus ROC-Analysen bestimmt. Auch hierbei zeigten sich hochsignifikante Zusammenhänge, deren Größenordnungen durchgängig über dem Niveau der aktuarischen Instrumente lagen. Auch bei den idiographischen Prognosen schien es indessen, dass für unspezifische Rückfallereignisse die Vorhersagegüte mit zunehmender Beobachtungsdauer etwas nachlässt, wohingegen die Gewaltprognosen tendenziell zuverlässiger werden. Tabelle 34 fasst die Ergebnisse zusammen.

**Tabelle 33** Rangunterschiede der klinisch-idiographischen Prognosen bei rückfälligen und nicht rückfälligen Probanden für verschiedene Rückfallereignisse und Beobachtungszeiträume

| Rückfallereignis | mittlerer Rang Nichtrückfällige | mittlerer Rang Rückfällige | U | z |
|---|---|---|---|---|
| Kurzfristiger Beobachtungszeitraum (2 Jahre): | | | | |
| allgemeiner Rückfall | 108,81 | 205,83 | 4314,5 | -9,97 *** |
| erneute Haft | 119,50 | 211,60 | 4416,5 | -9,18 *** |
| Gewaltdelikt | 147,62 | 245,60 | 1038,0 | -5,13 *** |
| Mittelfristiger Beobachtungszeitraum (5 Jahre): | | | | |
| allgemeiner Rückfall | 95,37 | 188,63 | 4317,0 | -9,28 *** |
| erneute Haft | 103,72 | 192,43 | 4884,0 | -9,06 *** |
| Gewaltdelikt | 143,48 | 222,27 | 2654,0 | -5,68 *** |
| grav. Gewaltdelikt | 148,24 | 246,44 | 937,0 | -4,89 *** |
| Langfristiger Beobachtungszeitraum (Gesamtkatamnese): | | | | |
| allgemeiner Rückfall | 100,71 | 174,41 | 4905,0 | -6,79 *** |
| erneute Haft | 99,94 | 184,61 | 4877,5 | -8,38 *** |
| Gewaltdelikt | 134,97 | 218,43 | 3785,0 | -7,43 *** |
| grav. Gewaltdelikt | 144,99 | 240,38 | 1526,0 | -5,92 *** |

*** $p < .001$

**Tabelle 34** Vorhersagevaliditäten der klinisch-idiographischen Beurteilungen hinsichtlich verschiedener Rückfallereignisse und Beobachtungszeiträume

| | jede neue Verurteilung | erneute Strafhaft | Gewaltdelikt | gravierendes Gewaltdelikt [a] | Rückfall-schwereindex (5-stufig) |
|---|---|---|---|---|---|
| kurzfristiger Zeitraum (2 Jahre) | $rho = .58^{***}$<br>AUC=.85*** (.02)<br>$KI^{95\%}$=.80-.89 | $rho = .53^{***}$<br>AUC=.83*** (.02)<br>$KI^{95\%}$=.78-.88 | $rho = .30^{***}$<br>AUC=.84 ** (.04)<br>$KI^{95\%}$=.74-.91 | – | $rho = .59^{***}$<br>— |
| mittelfristiger Zeitraum (5 Jahre) | $rho = .55^{***}$<br>AUC=.83*** (.02)<br>$KI^{95\%}$=.78-.87 | $rho = .54^{***}$<br>AUC=.82*** (.03)<br>$KI^{95\%}$=.76-.86 | $rho = .33^{***}$<br>AUC=.78*** (.04)<br>$KI^{95\%}$=.69-.85 | $rho = .29^{***}$<br>AUC=.84*** (.05)<br>$KI^{95\%}$=.72-.92 | $rho= .56^{***}$<br>— |
| langfristiger Zeitraum (Gesamt) | $rho= .41^{***}$<br>AUC=.76*** (.03)<br>$KI^{95\%}$=.70-.81 | $rho = .49^{***}$<br>AUC=.80*** (.03)<br>$KI^{95\%}$=.74-.85 | $rho = .43^{***}$<br>AUC=.80*** (.03)<br>$KI^{95\%}$=.73-.86 | $rho = .35^{***}$<br>AUC=.83*** (.04)<br>$KI^{95\%}$=.74-.90 | $rho = .48^{***}$<br>— |

*rho:* Rangkorrelationen nach Spearman, beim Rückfallschwereindex Korrelation mit allg. Prognose
AUC: area under curve aus ROC-Analysen, in Klammern der zugehörige Standardfehler
$KI^{95\%}$: 95 % Konfidenzintervall der AUC
[a] gravierendes Gewaltdelikt mit Freiheitsstrafe über 2 Jahren; *** $p < .001$

Um einen Eindruck von der tatsächlichen Vorhersagegenauigkeit und der Verteilung der Prognoseirrtümer zu erhalten, wurden die Quoten der jeweils schwerwie-
gendsten Rückfallereignisse innerhalb der durch die klinischen Rankings definierten Risikostufen bestimmt. Für die allgemeinen Prognosen wurden dabei unspezifische Rückfälle (Beurteilung der Rückfallschwere nach der maximalen Sanktions-
höhe) untersucht, für die Gewaltprognosen wurde hingegen stärker nach der Art
der Rückfälle (gewalttätig oder nicht) differenziert. Tabelle 35 gibt zunächst die
Ergebnisse für die Beurteilung des allgemeinen Rückfallrisikos wieder.

**Tabelle 35** Das schwerste Rückfallereignis in den Risikogruppen nach der allgemeinen klinisch-idiographischen Beurteilung

| Prognosebeurteilung | keine neue Verurteilung | nur Geld- oder Bewährungsstrafen | erneute Straf- haft (bis 2J) | (auch) lange Strafhaft (> 2J) |
|---|---|---|---|---|
| Kurzfristiger Beobachtungszeitraum (2 Jahre): | | | | |
| sehr günstig (n=8) | 100 % | – | – | – |
| eher günstig (n=33) | 94 % | 6 % | – | – |
| unspezifisch (n=82) | 78 % | 10 % | 11 % | 1 % |
| eher ungünstig (n=72) | 54 % | 21 % | 19 % | 6 % |
| sehr ungünstig (n=112) | 20 % | 22 % | 44 % | 14 % |
| Basisrate | 53 % | 16 % | 24 % | 7 % |
| Mittelfristiger Beobachtungszeitraum (5 Jahre): | | | | |
| sehr günstig (n=8) | 88 % | 13 % | – | – |
| eher günstig (n=33) | 79 % | 6 % | 12 % | 3 % |
| unspezifisch (n=82) | 55 % | 17 % | 22 % | 6 % |
| eher ungünstig (n=72) | 39 % | 21 % | 31 % | 10 % |
| sehr ungünstig (n=112) | 7 % | 13 % | 56 % | 23 % |
| Basisrate | 37 % | 15 % | 35 % | 13 % |
| Langfristiger Beobachtungszeitraum (Gesamtkatamnese): | | | | |
| sehr günstig (n=8) | 63 % | 25 % | 13 % | – |
| eher günstig (n=33) | 46 % | 30 % | 12 % | 12 % |
| unspezifisch (n=82) | 45 % | 21 % | 27 % | 7 % |
| eher ungünstig (n=72) | 29 % | 17 % | 40 % | 14 % |
| sehr ungünstig (n=112) | 6 % | 12 % | 50 % | 32 % |
| Basisrate | 28 % | 18 % | 37 % | 18 % |

Es zeigte sich, dass die Beurteilungen nicht nur mit der Rückfallwahrscheinlichkeit, sondern auch mit der Rückfallschwere zusammenhingen. Die große Gruppe
mit sehr ungünstiger Beurteilung stellte tatsächlich eine Risikoklientel dar, die
nicht nur höhere Rückfallquoten aufwies, sondern auch schwerere Verfehlungen
beging (gemessen an der maximalen Urteilshöhe). Demgegenüber betraf die Selektion günstig eingeschätzter Personen eine Gruppe mit tatsächlich geringem bis mo-

deratem Risiko, bei der schwerere Delikte kaum vorkamen. Für einen kurzfristigen Beobachtungszeitraum erfolgten indessen relativ viele falsch-positive Beurteilungen, d. h., 20 % der sehr ungünstig eingeschätzten Personen blieben die ersten zwei Jahre nach Entlassung aus der Indexhaft ohne jede Neuverurteilung und weitere 22 % immerhin ohne erneute Haftstrafe. Im weiteren Zeitverlauf wurden die meisten von ihnen jedoch wieder auffällig. Bereits auf mittlere Sicht (fünf Jahre) betrug die Quote gänzlich falsch-positiver Urteile nur mehr 7 % (jedenfalls wenn man vollständige Legalbewährung als Kriterium heranzieht), weitere 13 % erhielten allerdings nur mehr Geld- oder Bewährungsstrafen mit anschließender erfolgreicher Bewährung. Auffallend ist schließlich, dass die Gruppe, deren Rückfallverhalten den entsprechenden Basisraten am nächsten kam, die Gruppe mit „eher ungünstigen" Einschätzungen war. Insoweit mag man die Urteile vom Gesamtniveau her als eher streng werten. Auf der anderen Seite entsprechen die Verhältnisse der Basisrate im Grunde einer eher ungünstigen Erwartung, da – jedenfalls bei allgemeinen Rückfällen als Kriterium, um die es bei diesen klinischen Einschätzungen ging – die Grunderwartung bei deutlich über 50 %, nämlich gut 70 % lag.

Im Hinblick auf die Beurteilung der Gewaltprognose scheint es, dass es tatsächlich gelungen ist, zunächst eine sehr große Gruppe mit sehr geringer Gewalttendenz zu selektieren, deren Gewaltaufkommen noch deutlich unter der ohnehin schon geringen Basisrate lag (vgl. Tab. 36). Auf der anderen Seite wurden einige wenige Probanden als gefährdet eingestuft, die dann tatsächlich in deutlich erhöhtem Maße zu Gewaltdelikten neigten. Die den jeweiligen Basisraten ähnlichsten Rückfallverhältnisse zeigten bei den Gewaltprognosen indessen die als „eher günstig" eingestuften Fälle. Aber auch hier ist zu bedenken, dass die Verhältnisse der Basisrate bei der hier untersuchten Stichprobe der Grunderwartung einer eher günstigen Einschätzung entsprechen, da mit 23 % nur eine Minderheit der Probanden nach Entlassung aus der Indexhaft aufgrund von Gewalttaten strafrechtlich verurteilt wurde. Wichtig erscheint indessen die Feststellung, dass die klinisch-idiographischen Beurteilungen nicht nur für die Mehrheit der Probanden relativ klare prognostische Einschätzungen vornahmen und insoweit die den aktuarischen Instrumenten eigene Mittelfeldproblematik unspezifischer Urteile deutlich reduzierten. Vor allem schienen die Urteile mit klarer prognostischer Aussage valide in dem Sinne, als die so beurteilten Personen deutlich von der Basisrate abweichende Rückfallprofile zeigten, selbst bei den relativ geringen Basisraten gewalttätiger Rückfälle.

**Tabelle 36**  Das schwerste gewalttätige Rückfallereignis in den Risikogruppen nach klinisch-idiographischer Gewaltprognose

| Prognosebeurteilung | kein Gewaltdelikt | Gewaltdelikt [a] | gravierendes Gewaltdelikt [b] |
|---|---|---|---|
| Kurzfristiger Beobachtungszeitraum (2 Jahre): | | | |
| sehr günstig ($n$=145) | 98 % | 1 % | 1 % |
| eher günstig ($n$=83) | 94 % | 4 % | 2 % |
| unspezifisch ($n$=62) | 89 % | 8 % | 3 % |
| eher ungünstig ($n$=14) | 49 % | 14 % | 36 % |
| sehr ungünstig ($n$=3) | 67 % | — | 33 % |
| Basisrate | 92 % | 4 % | 4 % |
| Mittelfristiger Beobachtungszeitraum (5 Jahre): | | | |
| sehr günstig ($n$=145) | 96 % | 3 % | 1 % |
| eher günstig ($n$=83) | 93 % | 5 % | 2 % |
| unspezifisch ($n$=62) | 79 % | 11 % | 10 % |
| eher ungünstig ($n$=14) | 49 % | 14 % | 36 % |
| sehr ungünstig ($n$=3) | 33 % | — | 67 % |
| Basisrate | 88 % | 6 % | 6 % |
| Langfristiger Beobachtungszeitraum (Gesamtkatamnese): | | | |
| sehr günstig ($n$=145) | 92 % | 6 % | 2 % |
| eher günstig ($n$=83) | 78 % | 16 % | 6 % |
| unspezifisch ($n$=62) | 55 % | 27 % | 18 % |
| eher ungünstig ($n$=14) | 36 % | 21 % | 43 % |
| sehr ungünstig ($n$=3) | – | – | 100 % |
| Basisrate | 77 % | 14 % | 9 % |

[a] zur Verurteilung gelangtes Gewaltdelikt mit einer Haftstrafe bis max. 2 Jahren Freiheitsstrafe
[b] Gewaltdelikt mit Freiheitsstrafe von mehr als 2 Jahren

**Tabelle 37**  Testung der Unterschiede der Rückfallverläufe zwischen den Risikogruppen der klinisch-idiographischen Beurteilungen

| | Gesamtvergleich ($\chi^2_{(3, 307)}$): | Paarvergleiche ($\chi^2$ mit $df$ = 1) | | |
|---|---|---|---|---|
| | | günstig vs. unspezifisch | unspezifisch vs. eher ungünstig | eher ungünstig vs. sehr ungünstig |
| allgemeiner Rückfall | 97,64 ($p$<.001) | 3,42 [ns] | 6,46 * | 28,64 * |
| erneute Strafhaft | 79,12 ($p$<.001) | 2,58 [ns] | 6,48 * | 21,45 * |
| | | sehr günstig vs. eher günstig | eher günstig vs. unspezifisch | unspezifisch vs. ungünstig |
| Gewalttat | 65,91 ($p$<.001) | 7,03 * | 11,00 * | 8,10 * |
| grav. Gewalttat | 56,83 ($p$<.001) | 2,42 [ns] | 4,88 [ns] | 11,49 * |

* signifikant mit adjustiertem Alphaniveau (.05) von $\alpha' = 1-(1-\alpha)^{1/3} = 0,017$
[ns] nicht signifikant bei o. g. Alphaadjustierung

Um dieser Einschätzung nachzugehen und um einen Eindruck vom Zeitverlauf der Rückfallereignisse innerhalb und zwischen den mittels klinisch-idiographischer Beurteilung definierten Risikogruppen zu gewinnen, wurden abschließend Überlebensanalysen entsprechend dem in den Vorabschnitten bereits skizzierten Vorgehen durchgeführt. Wegen der sehr kleinen Fallzahlen wurden hierfür bei den allgemeinen Prognosen die beiden als günstig (sehr günstig oder eher günstig) eingestuften Gruppen und bei den Gewaltprognosen die beiden als ungünstig eingestuften Gruppen zusammengefasst.

Die Rückfallprofile der Risikogruppen waren insgesamt für alle Rückfallkriterien hochsignifikant unterschiedlich. Testet man, wie in Tabelle 37 dargestellt, nur die unmittelbar nebeneinander liegenden Risikogruppen gegeneinander (Paarvergleiche über mehr als eine Risikostufe hinweg waren in aller Regel – auch bei entsprechend angepasster Alphaadjustierung – statistisch bedeutsam unterschiedlich), so zeigt sich, dass die Profile der hinsichtlich der allgemeinen Rückfallprognose als günstig und unspezifisch eingeschätzten Fälle für die statistische Prüfung zu dicht beieinander lagen – was in Anbetracht der erforderlichen Anpassung des Alphaniveaus und des damit einhergehenden Verlusts an Teststärke durch die relativ geringe Fallzahl in der günstigen Risikogruppe mitbedingt sein dürfte. Hinsichtlich der gravierenden Gewaltdelikte konnte letztlich nur die ungünstige Risikogruppe den Paarvergleich bestehen; zu bedenken ist hierbei indessen die relativ niedrige Basisrate dieses Ereignisses. Die folgende Abbildung 14 gibt die Rückfallverläufe im Einzelnen wieder.

Die Überlebenskurven für den allgemeinen Rückfall als Kriterium verdeutlichen zunächst, warum die als günstig und unspezifisch eingeschätzten Probanden in der statistischen Prüfung letztlich nicht unterschieden wurden. Tatsächlich weisen sie im Zeitverlauf durchaus Unterschiede im Sinne einer deutlich verzögerten Rückfälligkeit bei den günstigen Fällen auf, deren Rate näherte sich erst nach 15 Jahren allmählich dem Niveau der unspezifisch eingeschätzten Probanden an. Hätte man die Katamnese auf „nur" 10 oder 15 Jahre Beobachtungsdauer beschränkt, so wären die Unterschiede deutlich größer ausgefallen. Für die gravierenden Gewaltdelikte wird indessen noch einmal die Bedeutung der niedrigen Grundrate entsprechender Ereignisse bei den beiden als günstig eingestuften Fallgruppen deutlich. Obwohl es sich hier um relativ große Fallzahlen handelt, sind statistisch messbare Unterschiede kaum mehr zu erwarten.

**Abbildung 14**  Überlebenskurven der Risikogruppen nach klinisch-idiographischer Beurteilung im Hinblick auf allgemeine (obere Reihe) und gewalttätige (untere Reihe) Delikte nach Entlassung aus der Indexhaft

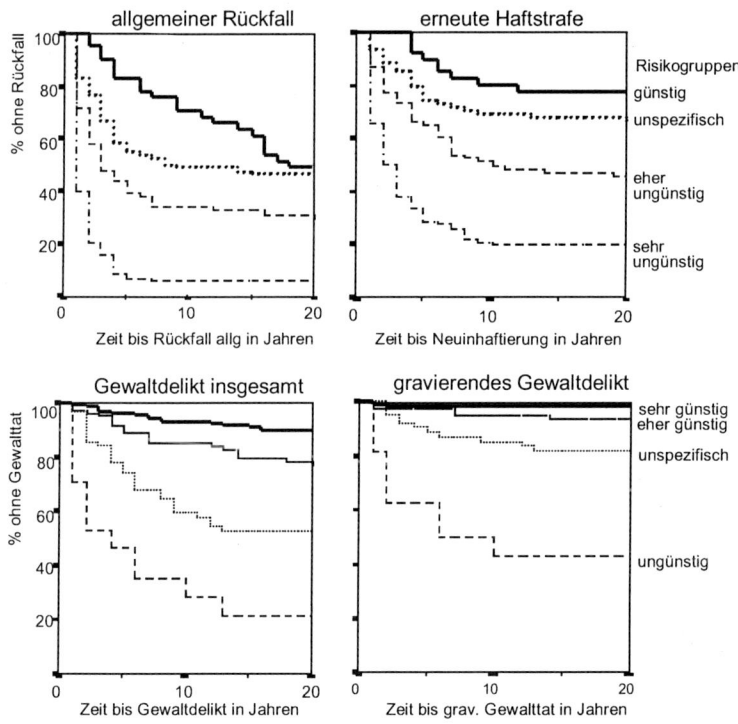

*4.5.8 Leistungsvergleich aktuarischer und klinisch-idiographischer Prognosen*

Die Untersuchung der Vorhersagegüte der aktuarischen Instrumente und der klinisch-idiographischen ergab für die unterschiedlichsten Rückfallkriterien und Beobachtungszeiträume valide Ergebnisse. Dabei schienen die Koeffizienten der idiographischen Urteile insgesamt höher ausgeprägt als die entsprechenden Werte der aktuarischen Instrumente, und es stellt sich die Frage, inwieweit sich diese Unterschiede im Rahmen zufallsbedingter Fluktuationen bewegen. Um dieser Frage nachzugehen, wurden Vergleichsanalysen der AUC-Werte durchgeführt. Da sich die statistischen Instrumente in ihren Vorhersageleistungen nicht durchgreifend unterschieden (vgl. Kap. 4.5.6.5), wurden – neben Paarvergleichen mit den einzelnen Verfahren – auch übergreifende Vergleiche mit gewichteten Durchschnittsflächen[33] ($AUC_{common}$) der aktuarischen Instrumente vorgenommen. Diese wurden nach einem Algorithmus von McClish (1992) geschätzt und repräsentieren gewissermaßen die prognostische Performance der aktuarischen Instrumente als Ganzes. Tabelle 38 informiert über die Ergebnisse der Analysen.

Abgesehen von den mittelfristigen Gewaltprognosen waren für alle übrigen Vorhersagezeiträume und Rückfallkriterien die Unterschiede der Vorhersageleistungen zwischen den klinisch-idiographischen Beurteilungen und den aktuarischen Instrumenten statistisch bedeutsam und insoweit kein Produkt zufälliger Fluktuationen. Da der Befund einer gegenüber statistischen Vorhersagen überlegenen idiographischen Beurteilungsmethodik ein vergleichsweise seltenes empirisches Ergebnis darstellt und etwaige methodische Artefakte vermieden werden sollten, wurden die Leistungen der verschiedenen Prognosemethoden noch auf methodisch andere Weise vergleichend untersucht. Hierzu wurden CHAID-Analysen mit den Rückfallschwereindizes als Kriterium durchgeführt, denen die verschiedenen Prognoseergebnisse simultan als mögliche Prädiktoren angeboten wurden. Für alle drei Risikozeiträume ermittelte der CHAID-Algorithmus dabei ein zweistufiges Vorgehen als die beste Lösung, bei der auf der ersten Stufe die Risikogruppen der allgemeinen idiographischen Beurteilung herangezogen wurden ($\chi^2_{(3, 307)}$ zwischen 70,13 und 117,32; $p$ jeweils < .001) und auf der zweiten Stufe die Gruppe mit „sehr ungünstiger" Einschätzung hinsichtlich ihrer idiographischen Gewaltprognose weiter unterteilt wurde ($\chi^2$ mit $df$=1 bzw. 2 [Zusammenfassung verschiedener Risikostufen] zwischen 6,73 und 10,37; $p$ mindestens < .05). Insoweit keine weiteren Unterteilungen vorgenommen wurden, scheint es, dass die Beurteiler von den Informationen der aktuarischen Instrumente hinreichend Gebrauch gemacht haben. Lediglich für die langfristige Prognose fand die Analyse in der zweiten Stufe eine zusätzliche Differenzierung bei den Probanden mit unspezifischer idiographischer Prognose, nach der Personen mit geringem PCL-Score (< 9) statistisch bedeutsam weniger rückfällig wurden ($\chi^2_{(1, 76)}$= 10,49, p < .01).

---

[33] Die Gewichte werden entsprechend der Messfehleranteile der eingegangenen AUC gebildet (vgl. McClish, 1992).

**Tabelle 38** Vergleiche der prognostischen Leistungen (AUC-Maße) der aktuarischen Instrumente und der klinisch-idiographischen Beurteilungen im Hinblick auf verschiedene Rückfallereignisse und Vorhersagezeiträume

| | jede neue Verurteilung | erneute Strafhaft | Gewaltdelikt | gravierendes Gewaltdelikt |
|---|---|---|---|---|
| **Kurzfristiger Beobachtungszeitraum (2 Jahre):** | | | | |
| klinisch vs. statist. ($AUC_{common}$) | $\chi^2_{(1,\,307)}=11{,}26$ $p<.001$ | $\chi^2_{(1,\,307)}=9{,}16$ $p<.01$ | $\chi^2_{(1,\,307)}=4{,}59$ $p<.05$ | BR zu gering |
| klinisch vs. LSI-R | $z=4{,}13^*$ $r_{(AUC)}=.55$ | $z=3{,}27^*$ $r_{(AUC)}=.52$ | $z=2{,}55^*$ $r_{(AUC)}=.15$ | BR zu gering |
| klinisch vs. HCR-20 | $z=3{,}98^*$ $r_{(AUC)}=.57$ | $z=3{,}73^*$ $r_{(AUC)}=.55$ | $z=1{,}43$ ns $r_{(AUC)}=.41$ | BR zu gering |
| klinisch vs. PCL-R | $z=4{,}41^*$ $r_{(AUC)}=.38$ | $z=4{,}36^*$ $r_{(AUC)}=.36$ | $z=2{,}99^*$ $r_{(AUC)}=.38$ | BR zu gering |
| **Mittelfristiger Beobachtungszeitraum (5 Jahre):** | | | | |
| klinisch vs. statist. ($AUC_{common}$) | $\chi^2_{(1,\,307)}=13{,}99$ $p<.001$ | $\chi^2_{(1,\,307)}=13{,}32$ $p<.001$ | $\chi^2_{(1,\,307)}=1{,}67$ n.s. | $\chi^2_{(1,\,307)}=1{,}47$ n.s. |
| klinisch vs. LSI-R | $z=5{,}75^*$ $r_{(AUC)}=.62$ | $z=4{,}89^*$ $r_{(AUC)}=.60$ | $z=2{,}21^*$ $r_{(AUC)}=.36$ | $z=1{,}39$ ns $r_{(AUC)}=.32$ |
| klinisch vs. HCR-20 | $z=4{,}08^*$ $r_{(AUC)}=.62$ | $z=4{,}74^*$ $r_{(AUC)}=.63$ | $z=1{,}23$ ns $r_{(AUC)}=.52$ | $z=1{,}03$ ns $r_{(AUC)}=.47$ |
| klinisch vs. PCL-R | $z=3{,}51^*$ $r_{(AUC)}=.38$ | $z=4{,}21^*$ $r_{(AUC)}=.41$ | $z=1{,}59$ ns $r_{(AUC)}=.39$ | $z=1{,}48$ ns $r_{(AUC)}=.37$ |
| **Langfristiger Beobachtungszeitraum (Gesamtkatamnese):** | | | | |
| klinisch vs. statist. ($AUC_{common}$) | $\chi^2_{(1,\,307)}=3{,}41$ $p<.10$ | $\chi^2_{(1,\,307)}=10{,}82$ $p<.01$ | $\chi^2_{(1,\,307)}=8{,}20$ $p<.01$ | $\chi^2_{(1,\,307)}=3{,}90$ $p<.05$ |
| klinisch vs. LSI-R | $z=4{,}11^*$ $r_{(AUC)}=.68$ | $z=5{,}34^*$ $r_{(AUC)}=.64$ | $z=4{,}04^*$ $r_{(AUC)}=.31$ | $z=2{,}87^*$ $r_{(AUC)}=.33$ |
| klinisch vs. HCR-20 | $z=2{,}36^*$ $r_{(AUC)}=.68$ | $z=4{,}24^*$ $r_{(AUC)}=.66$ | $z=2{,}96^*$ $r_{(AUC)}=.48$ | $z=1{,}75$ ns $r_{(AUC)}=.47$ |
| klinisch vs. PCL-R | $z=1{,}57$ ns $r_{(AUC)}=.34$ | $z=3{,}19^*$ $r_{(AUC)}=.42$ | $z=3{,}11^*$ $r_{(AUC)}=.41$ | $z=2{,}13^*$ $r_{(AUC)}=.44$ |

$AUC_{common}$ gewichtete Durchschnittsfläche der statistischen Instrumente
\*     Paarvergleich signifikant bei adjustiertem Alphaniveau (.05) mit $\alpha' = 1-(1-\alpha)^{1/3} = 0{,}017$
ns    nicht signifikant bei o. g. Alphaadjustierung
$r_{(AUC)}$ Korrelation der AUC
BR    Basisrate

*4.5.9 Differentielle Vorhersageleistungen bei relevanten Subgruppen*

Die Vorkapitel zeigten, dass sowohl die aktuarischen Instrumente als auch die klinisch-idiographische Methode für die Gesamtgruppe valide Vorhersagen der weiteren strafrechtlichen Entwicklung ermöglichten. Es stellt sich die Frage, ob die Güte der Vorhersagen über die – kriminologisch gesehen recht heterogene – Gesamtgruppe der ehemaligen Strafgefangenen gleichmäßig ausgeprägt ist, oder ob die Leistungen bei relevanten Subgruppen systematisch variieren. Um dieser Frage nachzugehen, wurden die AUC-Werte aus ROC-Analysen für die unterschiedliche Subgruppen bestimmt und Vergleichsanalysen vorgenommen. Da sich die aktuarischen Instrumente kaum in ihrer Vorhersagegüte unterschieden, wurden hierfür wiederum gewichtete Durchschnittsflächen der AUC der Instrumente ($AUC_{common}$ nach McClish, 1992) für jede Subgruppe bestimmt, die die Leistungsgüte der statistischen Prognose als Ganzes repräsentierten. Um die weitere Auswertung übersichtlicher zu gestalten, wurde ferner nur zwischen allgemeinen und gewalttätigen Rückfallereignissen als Rückfallkriterien differenziert und für beide jeweils eine mittlere gewichtete $AUC_{common}$ bestimmt, in die die Maße der verschiedenen Einzelkriterien (jeder Rückfall und erneute Haftstrafe als Gütemaß der allgemeinen Prognose sowie jede Gewalttat und gravierende Gewalttat als Gütemaß der Gewaltprognose) eingingen. Dabei wurden für die allgemeinen Rückfälle der Fünfjahreszeitraum und für die Gewaltprognose – um hinreichende Zellbesetzungen bei den Rückfälligen zu erhalten – der gesamte Beobachtungszeitraum herangezogen. Die Zugrundelegung von Durchschnittsmaßen der Prognoseleistungen erschien nicht zuletzt wegen der durch die Subgruppenbildung reduzierten Fallzahlen geboten, da durch die höhere Aggregationsstufe der Daten und der hiermit einhergehenden Reduzierung von Messfehleranteilen eine höhere Teststärke möglich war. Im Folgenden werden somit für jede zu untersuchende Subgruppe jeweils für die klinisch-idiographische und die statistische Prognose zwei Gütemaße gebildet, die die Leistungsfähigkeit bei der Vorhersage allgemeiner Rückfälle und speziell gewalttätiger Rückfälle repräsentieren. Ein Vergleich zwischen den Subgruppen wird mit dem bereits erwähnten Verfahren für unabhängige Stichproben[34] (McClish, 1992) vorgenommen.

4.5.9.1 Prognosegüte und strafrechtliche Vorgeschichte

Es wurde bereits darauf hingewiesen, dass die Rückfallquoten in Abhängigkeit von der strafrechtlichen Vorgeschichte erheblich variierten (Kap. 4.5.1; vgl. Tab. 12). Dieser kriminologisch keineswegs überraschende Befund wirft die Frage auf, inwieweit die Prognosen innerhalb der verschiedenen Subgruppen valide zwischen

---

[34] Nullhypothese: Die AUC der Subgruppen entstammen derselben Population.

rückfälligen und nicht rückfälligen Personen differenzieren. Zumindest die aktuarischen Instrumente gewichten die Vorgeschichte relativ stark, und so wäre es denkbar, dass die für die Gesamtgruppe festgestellten Vorhersageleistungen auf der bloßen Differenzierung von Personen mit unterschiedlicher Vorgeschichte beruhen – diese wären indessen auch ohne aufwendige Prognosemethodik leicht aus Akteninformationen zu gewinnen.

**Abbildung 15**  Güte (AUC in Klammern SE) klinisch-idiographischer (linke Spalte) und statistischer (rechte Spalte) Prognosen in Abhängigkeit vom Beginn der strafrechtlichen Vorgeschichte für allgemeine (obere Reihe) und gewalttätige (untere Reihe) Rückfallereignisse

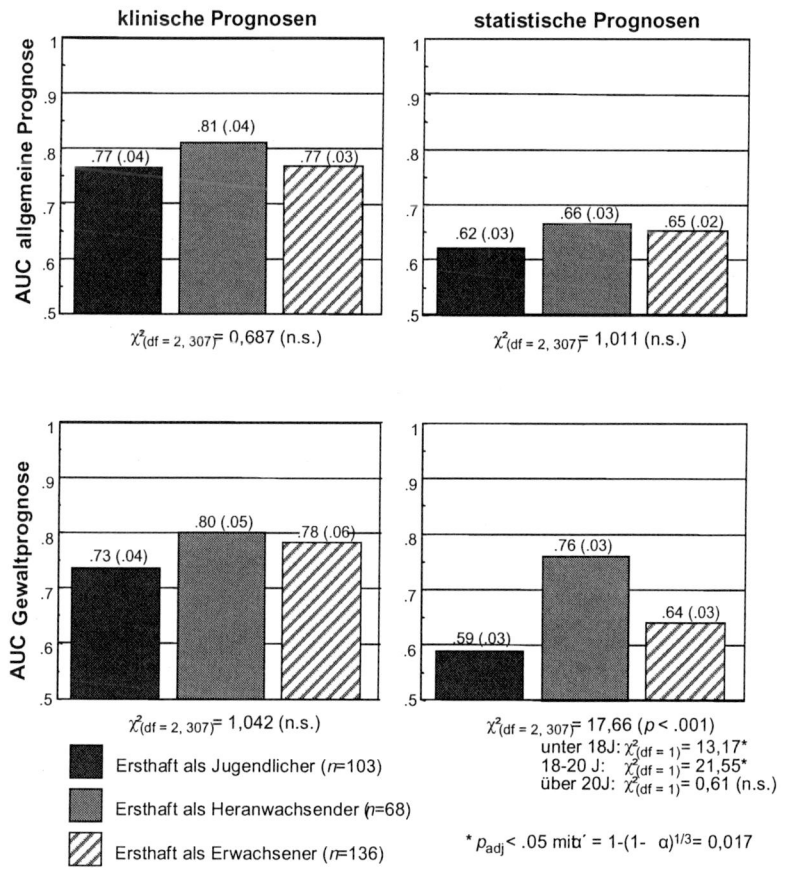

Zunächst wurden die Probanden hinsichtlich des Beginns ihrer strafrechtlichen Karriere unterteilt. Kriterium war dabei das Alter bei der ersten freiheitsentziehenden Sanktion (jugendlich [bis ausschließlich 18 Jahre, $n = 103$], heranwachsend [18 bis ausschließlich 21 Jahre, $n = 68$], erwachsen [ab 21 Jahre, $n = 136$]). Die Abbildung 15 gibt die Leistungen und Leistungsunterschiede der verschiedenen Prognosemethoden für die verschiedenen Karrierevarianten wieder. Zumindest die Werte der statistischen Prognosen lagen im Vergleich mit ihren allgemeinen Leistungsdaten auf durchweg niedrigerem Niveau. Es scheint somit, dass ein Teil ihrer Leistungsfähigkeit tatsächlich auf der bloßen Differenzierung zwischen den Gruppen und auf deren unterschiedlichem Rückfallverhalten (vgl. Tab. 12) beruht. Zwischen den Gruppen ergaben sich indessen für die klinischen Prognosen und die allgemeine statistische Prognose keine bedeutsamen Unterschiede der Vorhersagegüte. Nur die Güte der statistischen Prognose mit Gewaltdelikten als Kriterium wies deutliche Differenzen auf. Die Post-hoc-Vergleiche zeigen, dass diese Prognosen innerhalb der Gruppe mit frühem Karrierebeginn deutlich schlechter, bei Probanden mit Erstinhaftierung im Heranwachsendenalter hingegen deutlich besser als im Durchschnitt gelangen, die vorgefundenen Unterschiede hielten auch der erforderlichen Alphaadjustierung ohne weiteres stand.

Da zumindest das HCR-20 Schema auf die Vorhersage von Gewaltdelikten fokussiert ist, stellt sich weiterhin die Frage nach Leistungsunterschieden der Prognosen in Abhängigkeit vom Gewaltpotential der Probanden. Hierzu wurde die Gruppe in Personen mit ($n = 124$) und ohne ($n = 183$) Gewalttaten in der Vorgeschichte oder beim Indexdelikt unterteilt. Abbildung 16 informiert über die differentiellen Leistungen der Prognosen bei diesen Subgruppen. Wiederum ergaben sich leichte Reduktionen der Vorhersagegütemaße im Vergleich mit den allgemeinen Leistungswerten, diesmal auch bei den klinisch-idiographischen Prognosen. Es scheint somit, dass ein Teil der Leistungsfähigkeit der Methoden auf der Berücksichtigung der Gewaltpotentiale der Probanden beruht. Indessen konnten keine differentiellen Leistungsunterschiede zwischen den Gruppen gefunden werden, auch nicht bei der spezifischen Vorhersage von Gewalttaten. Trotz der teilweisen Spezialisierung der statistischen Instrumente auf Gewaltprognosen gelang es in diesem Sinne, auch Gewaltpotentiale bei Probanden, die bis zum Prognosezeitpunkt noch nicht einschlägig auffällig waren, teilweise zu erfassen.

146

**Abbildung 16** Güte (AUC in Klammern SE) klinisch-idiographischer (linke Spalte) und statistischer (rechte Spalte) Prognosen in Abhängigkeit vom Gewaltpotential für allgemeine (obere Reihe) und gewalttätige (untere Reihe) Rückfallereignisse

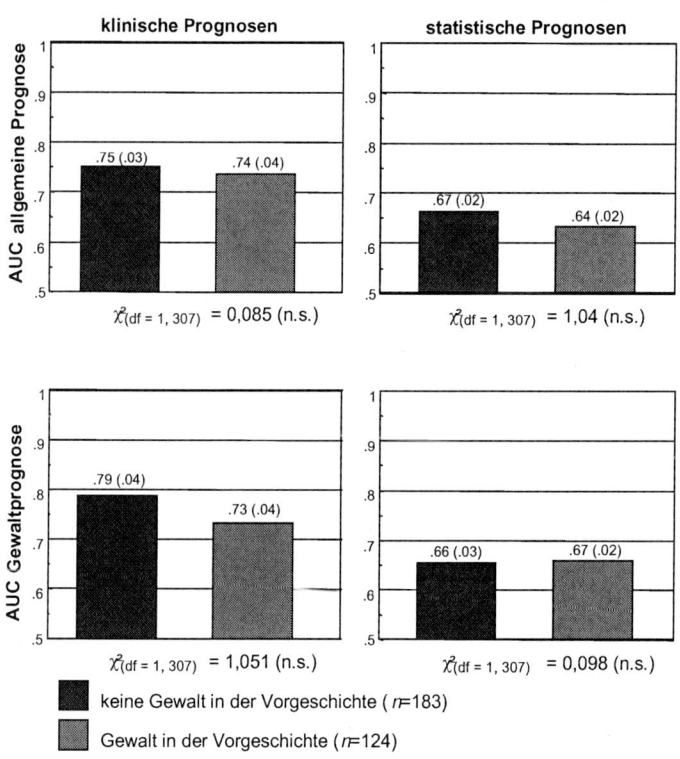

Weiterhin wurde nach der Komplexität der delinquenten Vorgeschichte differenziert. Um hinreichende Zellbesetzungen zu gewährleisten, wurde dabei nur zwischen polytroper (mehr als drei verschiedene Delikttypen in der Vorgeschichte, $n = 155$) und nicht polytroper (bis zu drei Delikttypen, $n = 152$) Vordelinquenz unterschieden. Abbildung 17 gibt die Vorhersageleistungen der Prognosen in den so differenzierten Subgruppen wieder. Auch hier lagen die Leistungswerte insbesondere der statistischen Prognosen auf etwas niedrigerem Niveau als die allgemeinen Kennwerte, d. h., auch die Diskriminationsfähigkeit im Hinblick auf die Vielschichtigkeit der Vorgeschichte schien einen Teil der Leistungen auszumachen. Unterschiede zwischen den Gruppen ergaben sich indessen nur für die allgemeine statistische Prognose. Hier gelang die Vorhersage in der nicht polytropen Subgruppe offensichtlich besser, wohingegen der Wert für die polytrope Subgruppe kaum mehr über Zufallsniveau lag. Hier deutet sich möglicherweise ein Nachteil der starken Gewichtung der strafrechtlichen Vorgeschichte in den aktuarischen Prognosesystemen an, da die Identifikation der (statistisch eher wenigen) Personen, die nach relativ umfangreicher und komplexer Vorgeschichte doch noch aus der eingeschlagenen Karriere aussteigen, nur schlecht gelang. Hier scheint die klinisch-idiographische Prognose, trotz auch hier bestehender (statistisch allerdings nicht bedeutsamer) Abstriche, im Vorteil.

**Abbildung 17**   Güte (AUC in Klammern SE) klinisch-idiographischer (linke Spalte) und statistischer (rechte Spalte) Prognosen in Abhängigkeit von der Deliktvielfalt in der Vorgeschichte für allgemeine (obere Reihe) und gewalttätige (untere Reihe) Rückfallereignisse

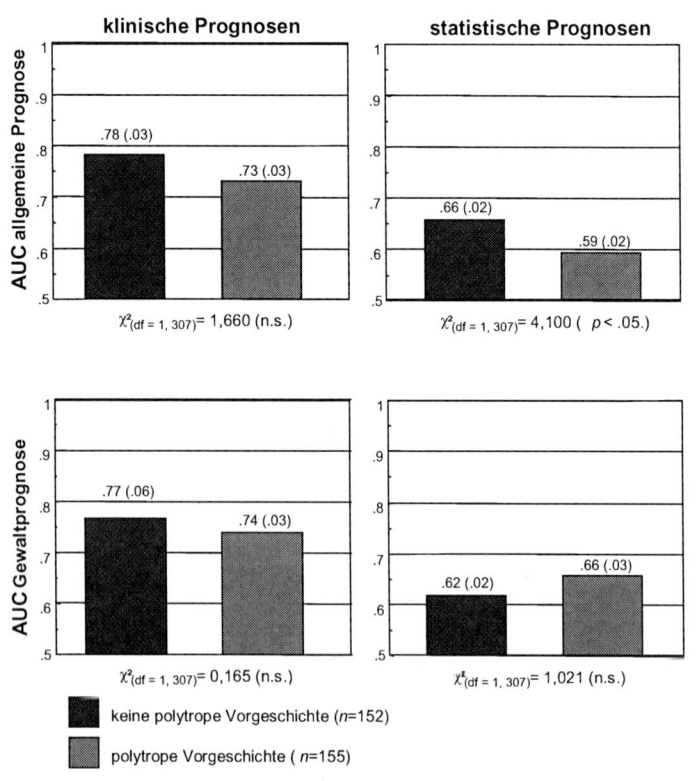

Um einen abschließenden zusammenfassenden Eindruck von der Güte der Prognosen bei unterschiedlicher strafrechtlicher Vorgeschichte zu gewinnen, wurde eine grobe Unterteilung nach dem allgemeinen Schweregrad der Vordelinquenz vorgenommen, wobei der Schweregrad der Delikte, nicht aber die Frequenz im Mittelpunkt stand.

**Abbildung 18** Güte (AUC in Klammern SE) klinisch-idiographischer (linke Spalte) und statistischer (rechte Spalte) Prognosen in Abhängigkeit von der Deliktschwere in der Vorgeschichte für allgemeine (obere Reihe) und gewalttätige (untere Reihe) Rückfallereignisse

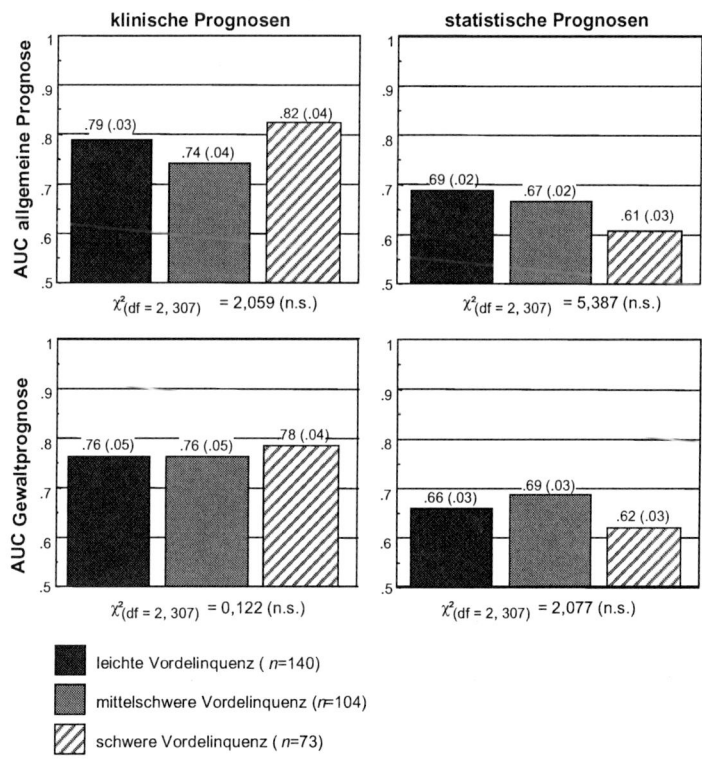

Als operationales Kriterium dienten die Sanktionsschwere für einzelne Taten und teilweise die Deliktart. Als „schwer" wurde die Vorgeschichte klassifiziert, wenn gravierende Gewalttaten vorkamen, die zu Freiheitsstrafen von mehr als zwei Jahren führten ($n = 73$). Als leicht wurde die Vorgeschichte angesehen, wenn bis zum

Indexdelikt noch keine Freiheitsstrafe von mehr als einem Jahr für einzelne Delikte verbüßt wurde (d. h., in der Summe der Vorgeschichte konnte auch mehr Freiheitsentzug resultieren). In diesem Sinne wurden $n = 140$ Probanden in die Gruppe mit leichter Vordelinquenz eingeordnet. Alle übrigen Probanden ($n = 104$) wurden in die Mittelkategorie eingeordnet.

Auch bei dieser Unterteilung ergaben sich zunächst leichte Abstriche im Niveau der Vorhersagegüte der Prognosen gegenüber den Leistungsdaten für die Gesamtgruppe (vgl. Abb. 18) – d. h., auch hier scheint sich noch einmal zu bestätigen, dass ein Teil der prognostischen Leistungsfähigkeit vor allem der statistischen Prognosen durch die Berücksichtigung der Vorgeschichte und ihrer statistischen Zusammenhänge mit Rückfälligkeit bedingt ist. Den statistischen Prognosen schien die Trennung rückfälliger und nicht rückfälliger Probanden mit schwerer Vordelinquenz tendenziell schlechter zu gelingen, die Unterschiede waren indessen statistisch nicht bedeutsam.

Fasst man abschließend die Erfahrungen über die Zusammenhänge der Prognosegüte mit der strafrechtlichen Vorgeschichte zusammen, so ist zunächst der Eindruck festzuhalten, dass die Leistungsdaten innerhalb homogener Gruppen mit ähnlicher Vorgeschichte gegenüber der Gesamtgruppe leicht abgenommen haben. Da die Prognosen die Vorgeschichte explizit berücksichtigen und beachtliche Zusammenhänge zwischen Vorgeschichte und Rückfallverhalten bestehen, ist zu vermuten, dass dieser Effekt vor allem auf der Differenzierungsfähigkeit der Prognosen zwischen Personen mit unterschiedlicher strafrechtlicher Vorgeschichte beruht. Zumindest die klinisch-idiographischen Prognosen erzielten aber auch innerhalb der homogenen Gruppen noch vergleichsweise gute Werte, so dass sich ihr Vorhersagepotential keineswegs in der bloßen Berücksichtigung früherer Taten erschöpfte.

## 4.5.9.2 Prognosegüte und psychische Störung

Alle einbezogenen aktuarischen Prognoseinstrumente messen psychopathologischen Gesichtspunkten eine mehr oder weniger starke prognostische Bedeutung bei, vor allem das HCR-20 war ursprünglich primär für Personen mit psychischen Störungen konzipiert worden. Es stellt sich daher die Frage, inwieweit bei Personen mit und ohne psychische Störungen Unterschiede der Vorhersagegenauigkeit bestehen. Um dieser Frage nachzugehen, wurde die Stichprobe in Personen mit unterschiedlichen psychischen Auffälligkeiten unterteilt und die so entstandenen Sub gruppen wurden entsprechend der im Vorabschnitt skizzierten Vorgehensweise analysiert.

Um zunächst einen allgemeinen Anhaltspunkt für psychische Auffälligkeiten in der Vorgeschichte zu erhalten, wurden zunächst Personen mit ($n = 65$) und ohne ($n = 242$) Suizidversuche in der Vergangenheit separiert, wobei eine entsprechend positive Suizidanamnese im Rahmen der medizinischen Basisuntersuchung der Stichprobe das Kriterium war. Abbildung 19 zeigt, dass insgesamt nur geringe Unterschiede der Vorhersagegüte bei Probanden mit und ohne positive Suizidanamnese bestanden, wenngleich für alle Prognosemethoden und Rückfallkriterien die Werte bei den Probanden mit Suizidversuchen etwas niedriger lagen. Nur bei der allgemeinen statistischen Vorhersage ergab sich ein deutlicher Einbruch der Vorhersagegüte bei den Probanden mit Suizidversuchen in der Vergangenheit. Dabei ist ergänzend anzumerken, dass die Rückfallquoten dieser Gruppe höher waren als in der Gruppe ohne Suizidversuche[35].

**Abbildung 19**    Güte (AUC in Klammern SE) klinisch-idiographischer (linke Spalte) und statistischer (rechte Spalte) Prognosen in Abhängigkeit von früheren Suizidversuchen für allgemeine (obere Reihe) und gewalttätige (untere Reihe) Rückfallereignisse

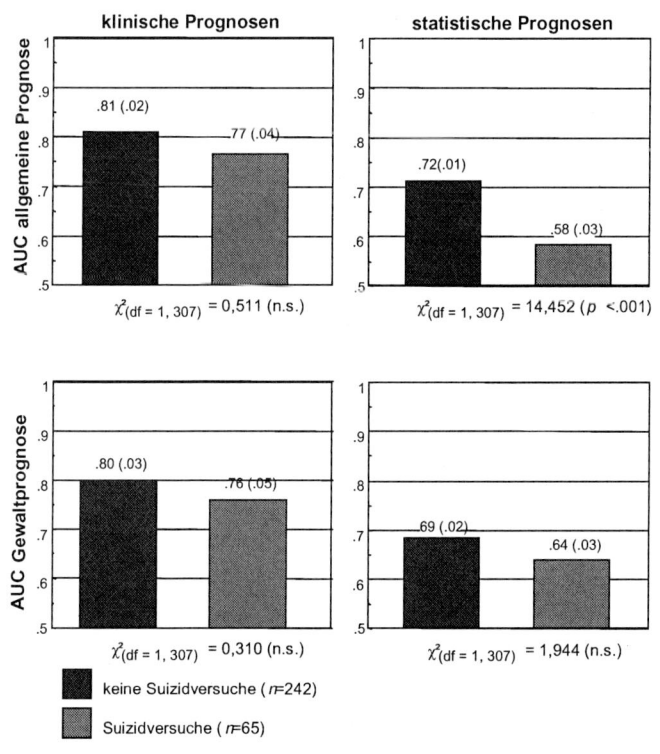

allgemeine Rückfälle (5 Jahre): 74 % gegenüber 60 % ($\chi^2_{(1, 307)}$ = 4,26, $p < .05$)

$^{35}$ erneute Haftstrafe (5 Jahre):    71 % gegenüber 53 % ($\chi^2_{(1, 307)}$ = 6,67, $p < .01$)

Als kriminologisch bedeutsame psychopathologische Variable gelten Persönlichkeitsstörungen, die dementsprechend in allen einbezogenen aktuarischen Instrumenten eine Rolle spielen.

**Abbildung 20**   Güte (AUC in Klammern SE) klinisch-idiographischer (linke
Spalte) und statistischer (rechte Spalte) Prognosen bei Probanden
mit und ohne Persönlichkeitsstörungen für allgemeine (obere
Reihe) und gewalttätige (untere Reihe) Rückfallereignisse

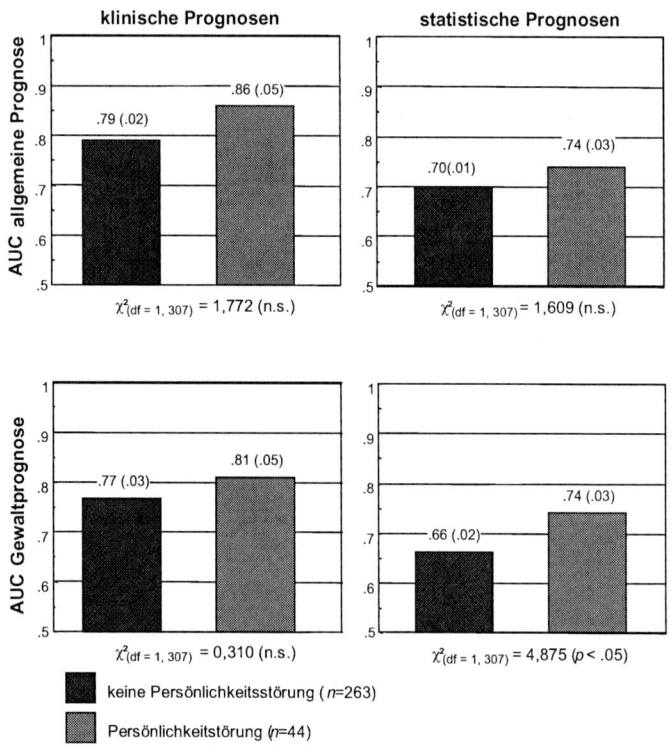

Da im Rahmen der medizinischen Basisuntersuchung keine Diagnosen von Persönlichkeitsstörungen vorgenommen wurden, mussten die Probanden anhand verfügbarer Diagnosen, d. h. anhand von Vorgutachten oder entsprechenden Angaben in
der Gefangenenpersonalakte, nach dem Vorliegen einer klinisch relevanten Persönlichkeitsstörung beurteilt werden. Es ist daher damit zu rechnen, dass die Variable
vor allem bei geringfügigen Anlassdelikten und entsprechend sparsamerer Akten-
lage einen Bias aufweist und die tatsächliche Prävalenz in der Stichprobe vermut-

lich unterschätzt. Insgesamt fanden sich bei $n = 44$ Probanden diagnostische Hinweise auf das Vorliegen einer Persönlichkeitsstörung. Abbildung 20 gibt die Vorhersagegüte der Prognosen bei Probanden mit und ohne entsprechende Diagnose wieder.

Bei den Persönlichkeitsstörungen als Maßstab für psychische Auffälligkeit ergaben sich die nominell besseren Vorhersagegütewerte bei den jeweils auffälligen Probanden. Aber auch hier waren die Unterschiede eher klein und überschritten meist nicht die statistische Bedeutsamkeitsschwelle. Nur bei den statistischen Gewaltprognosen war der Unterschied auf dem Alphaniveau von 5 % überzufällig, wobei auch hier nachzutragen ist, dass die persönlichkeitsgestörten Probanden in höherem Ausmaß zu gewalttätigen Rückfällen neigten (37 % gegenüber 21 %; $\chi^2_{(1, 307)} = 5{,}37, p < .05$).

Kriminologisch hochbedeutsam sind schließlich etwaige Suchtmittelprobleme von Straftätern. Diese wurden für die folgende Untersuchung eher streng operationalisiert. Gewertet wurde die Diagnose einer Alkohol- oder Opiatabhängigkeit oder zumindest eines chronischen Missbrauchs dieser Stoffe im Rahmen der medizinischen Basisuntersuchung und/oder ein im Rahmen der Indexhaft stattgefundener Suchtmittelentzug. Nach diesem Kriterium wurden $n = 120$ Probanden als suchtmittelabhängig bzw. süchtig klassifiziert. Abbildung 21 zeigt die Leistungsdaten der Prognosen in Abhängigkeit von dieser Diagnose.

Wiederum ergaben sich durchgängig leicht höhere Werte bei den psychisch auffälligeren Probanden, wobei die Unterschiede nur bei den statistischen Prognosen überzufällig waren. Die Unterschiede schienen bei den Gewaltprognosen ausgeprägter, wobei die statistische Vorhersage einen recht deutlichen Einbruch der Leistungsgüte bei den nicht auffälligen Probanden hinnehmen musste. Auch hier ist anzumerken, dass die Probanden mit Suchtproblemen in etwas höherem Maß zu gewalttätigen Rückfällen neigten, wobei der Unterschied zu den übrigen Probanden jedoch nur bei den gravierenden Gewalttaten (über zwei Jahre Freiheitsstrafe) die Schwelle zur statistischen Bedeutsamkeit streifte (14 % gegenüber 7 %; $\chi^2_{(1, 307)} = 3{,}63, p < .10$).

Insgesamt ergaben sich in einzelnen Bereichen somit einige Leistungsunterschiede der Prognosen in Abhängigkeit von psychopathologischen Faktoren. Im Vergleich zur strafrechtlichen Vorgeschichte ist indessen anzumerken, dass die Verfahren – insbesondere die statistischen Prognosen – keine durchgreifenden Einbußen am Grundniveau der Vorhersagegüte hinnehmen mussten. Wenn man von den einzelnen Einbrüchen absieht, bewegten sich die Werte weitgehend in den Größenordnungen der Leistungsgüte für die Gesamtgruppe. Ihre grundsätzliche Leistungsfähigkeit scheint insoweit weniger auf ihrer psychopathologischen Diskriminationsfähigkeit zu beruhen.

**Abbildung 21** Güte (AUC in Klammern SE) klinisch-idiographischer (linke Spalte) und statistischer (rechte Spalte) Prognosen bei Probanden mit und ohne Suchtmittelprobleme für allgemeine (obere Reihe) und gewalttätige (untere Reihe) Rückfallereignisse

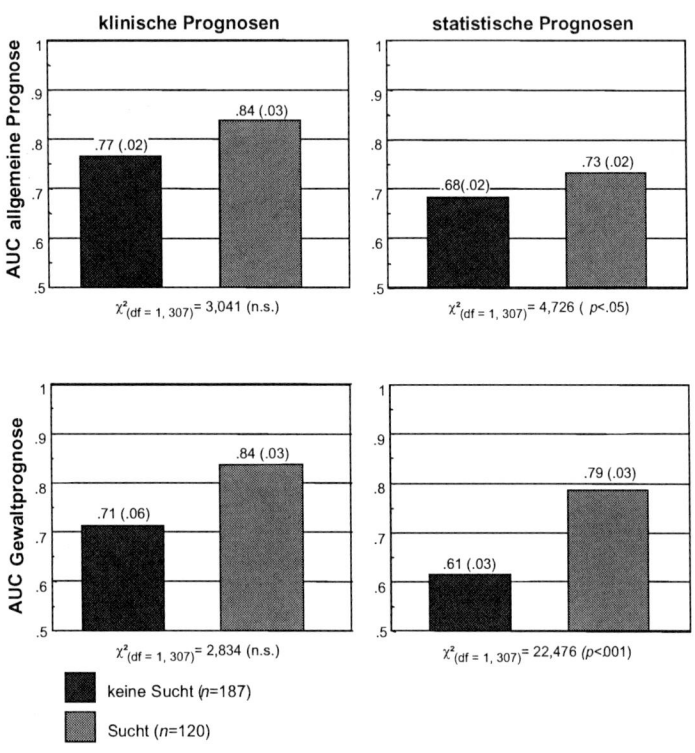

### 4.5.9.3 Prognosegüte und Lebensphase

In den Eingangskapiteln wurde bereits ausführlich auf Zusammenhänge zwischen delinquentem Verhalten und dem Lebensalter eingegangen (vgl. Kap. 1.3.3). Demnach variieren Häufigkeit und Intensität krimineller Aktivitäten nicht nur grundsätzlich in Abhängigkeit von Alter und Lebensphase, vorliegende Längsschnittstudien zeigen zudem unterschiedliche Muster von Entwicklungsverläufen. Für prognostische Problemstellungen bedeutet dies, dass zu unterschiedlichen Lebensphasen Probanden mit unterschiedlichen Verlaufsformen zu separieren sind, und es stellt sich die Frage, ob hierfür jeweils dieselben Prädiktoren verantwortlich sind oder ob nicht vielmehr in Abhängigkeit von der Lebensphase verschiedene Faktoren eine Rolle spielen.

**Abbildung 22** Güte (AUC in Klammern SE) klinisch-idiographischer (linke Spalte) und statistischer (rechte Spalte) Prognosen bei Probanden in unterschiedlichen Lebensphasen für allgemeine (obere Reihe) und gewalttätige (untere Reihe) Rückfallereignisse

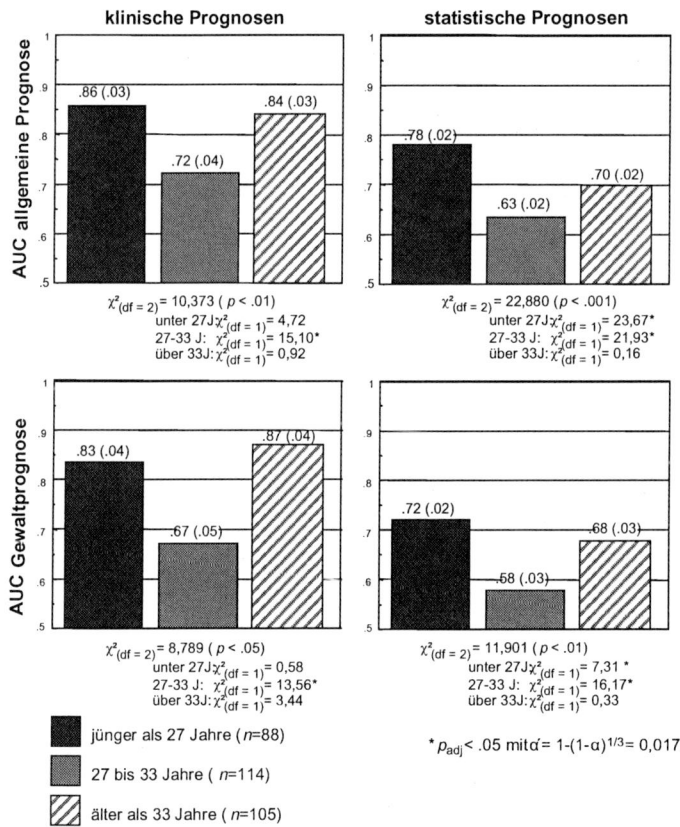

Um dieser Frage – genauer: der Frage, ob die Prognosemethoden die jeweils relevanten Faktoren hinreichend erfassen – nachzugehen, wurden die Probanden nach ihrem Alter zum Prognosezeitpunkt in drei Gruppen unterteilt. Die Mittelgruppe bildeten dabei Probanden um das 30. Lebensjahr, da in diesem Altersbereich für die Gesamtgruppe der Gipfel krimineller Aktivitäten lag und sich zu diesem Alter wichtige Verlaufstypen hinsichtlich der Fortsetzung ihrer Karriere separieren (vgl. Abb. 2). Als Altersgrenzen wurden dabei das 27. und das 33. Lebensjahr gewählt,

155

insgesamt wurden damit $n = 114$ Probanden in die Mittelkategorie eingeteilt (jüngere Probanden: $n = 88$; ältere Probanden: $n = 105$). Abbildung 22 gibt die Leistungsdaten der Prognosen für die Altersgruppen wieder. Die Graphik macht deutlich, dass in der Mittelgruppe der Probanden im Alter um das 30. Lebensjahr alle Prognosen deutlich unzuverlässiger waren als in den übrigen Altersgruppen; die statistische Gewaltprognose erzielte kaum mehr ein überzuverlässiges Ergebnis. Die Unterschiede waren alle statistisch bedeutsam, wobei die Post-hoc-Tests zeigen, dass diese Unterschiede vor allem auf den geringen Werten der Mittelgruppe beruhen. Bei den statistischen Prognosen gelang die Vorhersage bei den jüngeren Probanden am besten, bei den älteren ergab sich ein Wert nahe dem Durchschnittswert. Insgesamt aber scheint es, dass mit den gängigen Prognosemethoden Schwierigkeiten bestehen, rückfällige und nicht rückfällige Probanden, die am allgemeinen Scheitelpunkt krimineller Aktivitäten stehen, zuverlässig zu trennen. Dies deutet darauf hin, dass für diese Probanden bei der Frage nach Fortsetzung oder Beendigung ihrer strafrechtsbedeutsamen Aktivitäten möglicherweise andere Faktoren bedeutsam sind, als die in den gängigen Instrumenten berücksichtigten Prädiktoren. Indessen ist festzustellen, dass die Prognostiker bei ihren klinisch-idiographischen Einschätzungen die Rückfallwahrscheinlichkeit auch bei dieser schwierigen Gruppe noch valide einzuschätzen vermochten, die Gütewerte erreichten immerhin ein moderates Niveau. Nachzutragen ist schließlich, dass sich das Rückfallverhalten der Altersgruppen vor allem im Hinblick auf gewalttätige Rückfälle unterschied, demnach neigte die jüngere Gruppe häufiger zu Gewalttaten (33 % gegenüber 21 % und 16 %; $\chi^2_{(2, 307)} = 8{,}07$, $p < .05$) und vor allem zu gravierenden Gewalttaten (18 % gegenüber 6 % und 6 %; $\chi^2_{(2, 307)} = 11{,}02$, $p < .01$).

## 4.5.10 Fehlprognosen und Grenzen der Vorhersagbarkeit

### 4.5.10.1 Deskriptive Analyse der klinisch-idiographischen Fehlprognosen

Um einerseits etwaigen Verbesserungsmöglichkeiten der Prognosezuverlässigkeit nachzugehen, andererseits aber auch die Grenzen der Vorhersagbarkeit delinquenten Rückfallverhaltens zu erkunden, wurden als erstes die klinisch-idiographischen Fehlprognosen bzw. Prognoseirrtümer einer näheren Analyse unterzogen. Zu diesem Zweck waren zunächst einmal operationale Definitionen zur Identifikation dieser Irrtümer erforderlich, wobei zwischen allgemeiner Prognose und Gewaltprognose unterschieden werden sollte. Folgende Definitionen wurden zugrunde gelegt:

- Allgemeine Rückfallprognosen: Als „zutreffend" wurde eine Prognose zur allgemeinen Rückfälligkeit dann eingeschätzt, wenn ein prognostizierter Rückfall („eher ungünstige" bzw. „sehr ungünstige" Prognose) bzw. eine prognostizierte Legalbewährung („eher günstige" bzw. „sehr günstige" Prognose) tatsächlich stattgefunden hatte. Auch wenn es bei günstiger Prognose zu einem Rückfall unter der Voraussetzung kam, dass es sich nur um ein geringfügiges Delikt (keine Freiheitsstrafe) handelte, das zudem frühestens erst nach zehn Jahren eingetreten war, wurde die Prognose noch als zutreffend gewertet. Bei „uneindeutigen" Vorhersagen wurde die Prognose dann als zutreffend bewertet, wenn die eingetretene Entwicklung als eine unter bestimmten Rahmenbedingungen erwartete mögliche Variante diskutiert worden war. Als falschnegativ wurde sie hingegen bewertet, wenn eine nicht in Betracht gezogene weitere intensive kriminelle Karriere (mehrere Haftstrafen) oder wenn ein schwerer Rückfall (Haftstrafe über 2 Jahren) eingetreten war. Alle übrigen Fälle wurden entsprechend als falsch-positiv bzw. falschnegativ klassifiziert[36].

Nach dieser Definition wurden $n = 258$ (84 %) Prognosen als zutreffend, $n = 18$ (6 %) als falsch-negativ und $n = 31$ (10 %) als falsch-positiv gewertet.

- Gewaltprognosen: Aufgrund der höheren Bedeutsamkeit der Vorhersagegenauigkeit bei schweren Gewaltstraftaten wurden bei der Beurteilung in diesen Fällen strengere Bewertungskriterien zugrunde gelegt. So wurde auch eine „uneindeutige" Gewaltprognose in jedem Fall als falschnegativ gewertet, wenn tatsächlich ein schweres Gewaltdelikt (Gewaltdelikt mit Freiheitsstrafe über zwei Jahren) erfolgt war, auch wenn es erst mehrere Jahre bis Jahrzehnte nach der Entlassung aus der Indexhaft verübt wurde. Im übrigen war die Definition wie bei den allgemeinen Prognosen, nur dass es als Kriterium ausschließlich auf Gewaltdelikte nach Entlassung aus der Indexhaft ankam.

Nach dieser Definition wurden $n = 280$ (91 %) Prognosen als zutreffend, $n = 18$ (6 %) als falsch-negativ und $n = 9$ (3 %) als falsch-positiv gewertet.

Einige der folgenden Betrachtungen beziehen sich auf Informationen aus Nachbefragungen der Probanden, die zwischen 2001 und 2003 stattgefunden haben. Von den 219 Probanden, die zu diesem Zeitpunkt noch lebten (jedenfalls von den Behörden nicht als verstorben gemeldet waren) und von denen die Meldebehörden eine aktuelle deutsche Adresse mitteilen konnten (die also nicht unbekannt oder ins Ausland verzogen bzw. unter der Meldeadresse postalisch nicht zu erreichen waren), konnten insgesamt $n = 151$ Probanden (69 % der angeschriebenen Probanden) für Nachuntersuchungen gewonnen werden. Fünfzehn Probanden (7 %) lehnten eine Teilnahme ab, 37 Probanden (17 %) antworteten auch auf wiederholte Anschreiben nicht. In 10 Fällen (5 %) war eine Nachuntersuchung aus Krankheitsgründen und in drei Fällen wegen anhaltend nicht eingehaltener Termine nicht möglich.

Sichtet man zunächst die falsch-negativen allgemeinen Rückfallprognosen, so ist als erstes festzustellen, dass sich in 8 der 18 Fälle die unerwarteten Rückfallereignisse erst vergleichsweise lange Zeit nach dem Prognosezeitpunkt, nämlich fünf bis zehn Jahre nach der Entlassung aus der Indexhaft, ereigneten. Da 11 der 18 falsch-negativ eingeschätzten Probanden in die Nachbefragung einbezogen werden konnten, liegen in diesen Fällen einige Informationen aus der Biographie nach Ent-

---

[36]  falsch-negative Prognose: Bewährung erwartet, Pb wird jedoch rückfällig
falsch-positive Prognose: Rückfall erwartet, Pb bewährt sich jedoch

lassung aus der Indexhaft vor. Hierbei zeigte es sich, dass in vier Fällen Hinweise auf kritische Lebensereignisse (Partnerschaftskrisen, Arbeitsplatzverluste) im zeitlichen Umfeld der Rückfälle bestanden, die von den Probanden in einen ursächlichen Zusammenhang für die erneute Delinquenz gebracht wurden. Im Hinblick auf die statistischen Prognosen der klinisch falsch-negativ eingeschätzten Fälle ergaben sich für das LSI-R ($M$ = 16,61, $SD$=6,49), das HCR-20 ($M$ = 12,61, $SD$=5,28) und die PCL-R ($M$ = 10,17, $SD$=2,98) im Mittel klar unter dem Gesamtdurchschnitt liegende Werte. Auch die aktuarischen Instrumente kamen somit weitgehend zu unterdurchschnittlichen Risikoeinschätzungen, lediglich in zwei Fällen hätte eine striktere Beachtung des HCR-20 zu einer etwas ungünstigeren und damit korrekten Einschätzung geführt. Bei der Nachanalyse aller Fälle (die allerdings nicht mehr blind war, sondern in Kenntnis der weiteren Entwicklung erfolgte) ergab sich in 9 der 18 Fälle der Eindruck einer möglicherweise etwas zu unkritischen ursprünglichen Wertung, da zwar wenig unmittelbare Risiken, jedoch ebenso wenig tragfähige Schutzfaktoren bestanden, die für eine erfolgreiche Resozialisierung und Legalbewährung offenbar nötig gewesen wären.

Bei den falsch-positiven allgemeinen Rückfallprognosen ($n$=31) ist zunächst festzustellen, dass sich in fünf Fällen durchaus noch Rückfälle ereigneten, jedoch erst nach vergleichsweise langer Zeitdauer (ein Fall nach sieben Jahren, die übrigen nach 15 bis 18 Jahren) und mit vergleichsweise geringfügigen Delikten (keine Haftstrafen), so dass die ungünstigen Prognosen trotz der Rückfälle als falsch-positiv gewertet wurden. In weiteren drei Fällen gab die polizeiliche Ermittlungskartei (Informationssystem zur Verbrechensbekämpfung, ISVB[37]) Hinweise auf Rückfälle nach der Einsichtnahme in das Bundeszentralregister, hierbei handelte es sich jedoch um sehr späte Rückfälle. Indessen fanden sich im ISVB bei 5 der 31 falsch-positiv eingestuften Probanden Hinweise auf durchaus erhebliche und teilweise recht chronische strafrechtliche Normverstöße (vier bis 20 Ermittlungsverfahren in der Zeit zwischen der Entlassung aus der Indexhaft und 2004), die von der Polizei als ermittelt an die Staatsanwaltschaft abgegeben wurden, jedoch offenbar nicht den Weg ins Bundeszentralregister fanden.

Von den insgesamt 31 als falsch-positiv eingestuften Fällen konnten 17 Probanden nachuntersucht werden. In zwölf Fällen ergaben sich Hinweise auf Lebensveränderungen, die von den Probanden als mitursächlich für den strafrechtlichen Karriereausstieg angesehen wurden. Es handelte sich hierbei um langfristig stabile Arbeitsmöglichkeiten bei zuvor unsteter Arbeitsbiographie, erfolgreiche Drogen- oder Alkoholbehandlungen bzw. erfolgreiche Eigentherapien (nach zumindest erheblichem Abusus während der delinquenten Zeit), den Eintritt einer schweren, dauer-

---

[37] Zu beachten ist, dass im ISVB nur Berliner Ermittlungsfälle (nur in Einzelfällen auch Amtshilfeersuchen auswärtiger Behörden) enthalten sind und weiterhin nur die noch lebenden Probanden erfasst sind.

haften Erkrankung, einen bewussten Wegzug aus Berlin oder eine neue, stabile Partnerschaft (bzw. mehrere dieser Faktoren), die zur Haftentlassung nicht absehbar waren. Die statistischen Instrumente ergaben bei den falsch-positiven Probanden, mit Ausnahme der PCL-R ($M = 11,32$, $SD = 3,66$), im Mittel überdurchschnittliche Scorewerte (LSI-R: $M = 28,32$, $SD = 4,54$; HCR-20: $M = 18,03$, $SD = 4,72$) und wären somit auch zu eher erhöhten Risikoeinschätzungen gelangt. Nur in einem Fall wäre die Prognose bei alleiniger Berücksichtigung der aktuarischen Instrumente klar günstiger und damit zutreffend ausgefallen. Sichtet man alle falsch-positiven Fälle im Nachgang und in Kenntnis der tatsächlichen Entwicklungen noch einmal kritisch, so ergeben sich in zehn Fällen Hinweise auf eine möglicherweise etwas zu strenge ursprüngliche Wertung, insofern potentielle Schutzfaktoren bestanden, die in ihrer Wirkung jedoch offenbar unterschätzt bzw. als nicht hinreichend eingeschätzt wurden.

Im Hinblick auf Irrtümer bei den Gewaltprognosen ist zunächst noch einmal darauf hinzuweisen, dass in der Studie Gewaltprognosen auch bei Probanden zu stellen waren, die bis zum Prognosezeitpunkt noch nicht mit Gewalttaten auffällig geworden waren. In diesen Fällen handelt es sich mithin nicht um Rückfallprognosen, sondern um prädeliktische Prognosen auf der Grundlage von Einschätzungen der gewalttätigen Gefährdungspotentiale. Tatsächlich hatten von den 18 bei den Gewaltprognosen falsch-negativ klassifizierten Probanden nur die Hälfte im Vorfeld der Prognose bereits Gewalttaten verübt und nur vier hatten im Vorfeld eine schwere Gewalttat begangen oder waren mehrfach wegen kleinerer Gewaltdelikte aufgefallen. Im Hinblick auf die Zeitdauer bis zum nicht vorhergesagten Gewaltdelikt ist festzustellen, dass in acht der 18 Fälle die Gewalttat erst relativ spät (5 bis 17 Jahre nach Entlassung aus der Indexhaft) erfolgte.

Zehn der 18 Probanden mit unvorhergesagten Gewaltdelikten konnten nachbefragt werden. Hier ergab sich jedoch nur in einem Fall ein Hinweis auf eine mögliche Ursache für den unerwarteten Verlauf. Der betreffende Proband war nach seinen Angaben einige Jahre nach der Haftentlassung drogenabhängig geworden und hatte im Rahmen von Beschaffungsdelikten eine Raubtat begangen. Die übrigen Probanden neigten bei der Nachbefragung eher zur Bagatellisierung bzw. Externalisierung (Justizirrtum, Notwehrhandlung o. Ä.).

Die Werte der aktuarischen Instrumente lagen bei den falsch-negativen Probanden weitgehend im Durchschnittsbereich, in keinem Fall ergab sich bei Anlegung der zuvor beschriebenen Schwellenwerte eine Einordnung in die jeweilige Hochrisikogruppe. Auch die nochmalige kritische Sichtung der Fälle ergab in keinem Fall Hinweise auf greifbare Gewaltpotentiale, die im Nachgang eine andere Wertung gerechtfertigt hätten.

Bei den neun falsch-positiven Einschätzungen ist zunächst festzustellen, dass alle Probanden dieser Gruppe im Vorfeld der Prognose mit Gewaltdelikten auffällig gewesen waren, wenn auch in einem Fall nur mit leichten Gewalttaten. Weiterhin ergaben sich in fünf der neun Fälle Hinweise auf (in allen Fällen mehrfache) Ermittlungsverfahren aufgrund von Gewaltdelikten im ISVB. Hierbei handelte es sich zumeist um (gefährliche) Körperverletzungen, in zwei Fällen aber auch um räuberische Erpressungen und in einem Fall um Körperverletzung im Rahmen eines sexuellen Kindesmissbrauchs. Diese von der Polizei als ermittelt an die Staatsanwaltschaft abgegebenen Fälle fanden jedoch offenbar nicht den Weg in das Bundeszentralregister.

Sieben der neun Probanden mit falsch-positiver Gewaltprognose konnten nachbefragt werden. In sechs Fällen führten die Probanden Veränderungen der Lebensumstände an, die zur positiven Entwicklung beigetragen hätten. Hierbei handelte es sich wiederum um Suchtmittelabstinenz nach vorherigem Missbrauch (oder Sucht), um nachhaltige Erkrankungen, um den Eintritt in eine stabile Partnerschaft oder um einen vollständigen Umgebungswechsel mit Wegzug aus Berlin. In den aktuarischen Instrumenten zeigten die Probanden mit falsch-positiver Gewaltprognose im Mittel deutlich überdurchschnittliche Scorewerte (LSI-R: $M = 30,67$, $SD = 4,72$; HCR-20: $M = 25,11$, $SD = 4,11$; PCL-R: $M = 18,56$, $SD = 4,36$), wobei im HCR-20 acht und in den beiden anderen Instrumenten fünf der neun Probanden in die jeweilige Risikogruppe eingeordnet wurden, die übrigen jeweils in die Mittelgruppe. Insofern haben auch die aktuarischen Instrumente nicht durchgreifend andere Ergebnisse erzielt.

Insgesamt ergaben die Nachuntersuchungen der Probanden mit Prognoseirrtümern wenig Hinweise auf durchgreifende Verbesserungspotentiale der Prognosemethodik. Bei den falsch-positiven Prognosen deutete sich in einigen Fällen eher ein Kriteriumsbias an, der durch die strengen Voraussetzungen an erneute Zentralregistereintragungen bedingt ist (vgl. hierzu Kap. 1.3.1), so dass die Zahlen die tatsächlichen Irrtumsquoten eher überschätzen dürften. Auch ergaben sich in nicht wenigen Fällen Hinweise auf besondere Lebensumstände mit Relevanz für die unerwarteten Entwicklungsverläufe, deren konkrete Vorhersage sich realistischerweise außerhalb der Möglichkeiten seriöser Prognosemethoden bewegt. Nicht zuletzt hätte nur in Einzelfällen eine ausschließlich aktuarische Prognose zutreffendere Ergebnisse geliefert.

### 4.5.10.2 Grenzanalyse mit künstlichen neuronalen Netzen

Um die Grenzen der Vorhersagbarkeit im Sinne einer möglichst vollständigen Ausschöpfung aller systematischen Beziehungen zwischen erfassbaren Tat- oder Tätermerkmalen und dem Rückfallverhalten auszuloten, wurden künstliche neuronale Netze auf die Erkennung solcher Zusammenhänge und die Vorhersage strafrechtlicher Rückfälle hin trainiert. Zwar dürften neuronale Netze aufgrund ihrer letztlich untransparenten Funktionsweise für Prognosen in der Strafrechtspraxis nicht in Frage kommen (vgl. Kap. 1.1.4). Wegen ihrer Potenz, unterschiedlichste Beziehungsstrukturen zwischen Variablen identifizieren und abbilden zu können, eignen sie sich jedoch als möglicher methodischer Zugang zur Erkundung der Größenordnung der durch andere Methoden nicht ausgeschöpften Vorhersagepotentiale.

Da neuronale Netze ausgewogene Zellbesetzungen erfordern, wurden für die hiesigen Zwecke die Vorhersagen auf allgemeine Rückfallereignisse (erneute Straftat, erneute Haftstrafe) innerhalb von fünf Jahren nach Entlassung aus der Indexhaft beschränkt. Als potentielle Prädiktoren wurden für das Training die 18 besten Einzelprädiktoren aus der strafrechtlichen Vorgeschichte der Probanden (vgl. Tab. 12) und den aktuarischen Instrumenten (vgl. Tab. 32) ausgewählt. Da keine empirischen Erfahrungen über geeignete Netzwerkarchitekturen vorlagen, wurden die Trainings in zwei Wellen durchgeführt, wobei die erste Welle (Screening) zunächst der Auswahl geeigneter Lern- und Transferfunktionen sowie einer sinnvollen Anzahl von Zwischenschichten und ihren jeweiligen Neuronen diente und die zweite Welle dem eigentlichen Training. Für beide Wellen wurden eine Trainingsstichprobe von ca. 50 % und eine weitere Stichprobe von ca. 25 % zur parallelen Validierung, die ein Überlernen durch Einbezug von Stichprobenartefakten verhindern sollte, gezogen. Die restliche Teilstichprobe diente der späteren Kreuzvalidierung der trainierten Netze. Mit dem Ziel, tatsächlich optimale Ergebnisse zu erhalten und das Risiko suboptimaler Lösungen, die durch lokale Minima in den Fehlerflächen entstehen können, möglichst gering zu halten, wurden in beiden Wellen mehrere Netze mit jeweils zufälligen Gewichtsinitialisierungen trainiert. Da im Screening viele Parameter zu variieren waren, wurden insgesamt 15200 Netze trainiert, im Haupttraining jeweils 50 (ausführlich: Galow, 2003).

Bei der abschließenden Kreuzvalidierung anhand der verbliebenen 75 Probanden erzielte das beste Netz zur Vorhersage allgemeiner Rückfälle Leistungswerte von AUC = .86 ($SE$ = .04) und rho=.59 (Rangkorrelation nach Spearman), das beste Netz zur Vorhersage erneuter Haftstrafen erreichte AUC = .83 ($SE$ = .05) bzw. rho = .56 (jeweils 5-Jahreszeitraum). Die Werte lagen damit etwas über den Ergebnissen der idiographischen Vorhersagen, die Unterschiede waren jedoch nicht statistisch bedeutsam ($z_{(AUCallg)}$ = 1,05, $p$ > .10; $z_{(AUCHaft)}$ = 0,73, $p$ > .10), so dass auch diese Analyse keine Hinweise auf durchgreifende Verbesserungspotentiale im Sinne größerer unausgeschöpft gebliebener systematischer Zusammenhänge ergab. Sie lagen allerdings deutlich über den Werten aller aktuarischen Instrumente, diese Unterschiede waren durchgängig statistisch bedeutsam ($z_{(AUC)}$ zwischen $z_{min}$ = 2,67 und $z_{max}$ = 3,31, mindestens $p$ < .01).

### 4.5.10.3 Vorhersage der Vorhersagbarkeit

Ziel des Konzepts der Vorhersage der Vorhersagbarkeit („prediction of predictabi-lity", Ghiselli, 1960 u. a.) ist die Entwicklung von Methoden, die es erlauben, die Zuverlässigkeit von Prognosen einzuschätzen; es eignet sich beispielsweise dazu, die Stärken und Schwächen von Prognosemethoden näher zu erkunden. In diesem Sinne war es das Anliegen der folgenden Analysen, Personengruppen zu identifi-zieren, bei denen die aktuarischen Prognoseinstrumente ungenau sind und nur un-zuverlässige Ergebnisse erbringen.

Hierfür war zunächst eine Messskala erforderlich, die für jeden Probanden die Zuverlässigkeit der statistischen Prognosen ausdrückt. Zu diesem Zweck wurden (binär logistische) Regressionen mit den Scorewerten der einzelnen Prognosein-strumente und der Rückfälligkeit (Kriterium war eine erneute Haftstrafe innerhalb von fünf Jahren nach Entlassung aus der Indexhaft) als abhängige Variable gerech-net und die Differenz zwischen den tatsächlichen und den im Modell vorhergesag-ten Werten bestimmt. Da sich die so gebildeten Skalen für das LSI-R, das HCR-20 und die PCL-R faktisch nicht unterschieden (alle Korrelationen lagen über .97), wurde eine Durchschnittsskala aus den quadrierten Modellabweichungen gebildet, die gewissermaßen die Unzuverlässigkeit der statistischen Prognosen insgesamt ausdrückte. Zu beachten ist, dass durch die Quadrierung nicht mehr zwischen den Richtungen der Abweichungen (Über- vs. Unterschätzung der Rückfallwahrschein-lichkeit) unterschieden wurde, sondern die Skala nur mehr die Unzuverlässigkeit insgesamt darstellt (für eine Diskussion der Frage, inwieweit Differenzierungen der Abweichungsrichtung sinnvoll sind und welche Probleme sie aufwerfen, vgl. Wiggins, 1973). Für die folgende Suche nach Einflussvariablen auf die Prognose-zuverlässigkeit wurde eine zufällige Teilstichprobe von $n = 200$ (ca. 66 % der Ge-samtstichprobe) gezogen.

Es wurde erwartet, dass sich Zusammenhänge zunächst mit der strafrechtlichen Vorgeschichte ergeben würden, allerdings nicht als bloßer linearer, sondern viel-mehr als kurvilinearer Zusammenhang. Der Grund für diese Vermutung war die Annahme, dass eindeutige Verhältnisse i. S. einer entweder weitgehend leeren oder aber intensiven strafrechtlichen Vorgeschichte klarere Zusammenhänge mit der Rückfälligkeit aufweisen als eine unspezifische „mittlere" Vorbelastung, was durch die Prognoseinstrumente, die der strafrechtlichen Vorgeschichte ja ein recht starkes Gewicht beimessen, erfasst werden sollte. Tatsächlich zeigten CHAID-Analysen, die zur Ermittlung geeigneter Schwellen mit der Anzahl der Vorstrafen und der Anzahl der Vorinhaftierungen durchgeführt wurden, die erwarteten kurvilinearen Zusammenhänge, die jeweils in drei Gruppen unterteilt die besten Differenzierun-gen erreichten. Demnach erschienen die Schwellenwerte mit einer bis fünf Vorstra-fen ($F_{(2, 197)} = 4,06$; $p < .05$) oder einer bis zwei früheren Haftstrafen ($F_{(2, 197)} = 3,50$; $p < .05$) am trennschärfsten. Auch die Analyse des Einflusses der Vielschichtigkeit der Vorgeschichte auf die Prognosezuverlässigkeit zeigte einen kurvilinearen Zusammenhang dergestalt, dass mono- oder polytrope Vordelinquenz mit höherer, eine Vorgeschichte mit zwei oder drei verschiedenen Deliktvarianten hingegen mit einer geringeren Zuverlässigkeit einhergingen ($F_{(2, 197)}$ = 3,51; $p < .05$). Alle drei Variablen wurden daher dichotomisiert, wobei den jeweils mittleren Werten der Wert 1 und den übrigen der Wert 0 zugeordnet wurde. Als weitere bedeutsame Variable der strafrechtlichen Vorgeschichte wurden noch Gewaltdelikte und Haftstrafen in der Jugend identifiziert, die jeweils negativ mit der Unzuverlässigkeitsskala korrelierten und daher umgepolt wurden.

Neben der strafrechtlichen Vorgeschichte war das Alter zum Prognosezeitpunkt von Bedeutung, das die bereits an früherer Stelle gezeigten kurvilinearen Zusammenhänge aufwies (vgl. Abb. 22; $F_{(2, 197)}$ = 3,57; $p < .05$) und daher wie oben beschrieben dichotomisiert wurde. Darüber hinaus wurden eine Vielzahl weiterer Merkmale aus der Biographie (Schul- und Berufsstatus, Heimerfahrungen, Merkmale einer multiproblembelasteten Herkunftsfamilie), der Persönlichkeit (Freiburger Persönlichkeitsinventar, kriminogene Einstellungsskalen), dem Leistungs- (Leistungsprüfsystem, d2-Aufmerksamkeits-Belastungs-Test) und dem klinischen Bereich (Fragebogen zur Beurteilung der Suizidgefährdung, Persönlichkeitsstörung, Suchtmittelabusus) sowie einige Verhaltens- (Anlasstat, Geständnis bei Indextat, Zuverlässigkeit bei Lockerungsmaßnahmen, Arbeitsmotivation und disziplinarische Vorkommnisse in Haft) und soziale Variablen (Ehestatus, Partnerkontakte, soziales Umfeld) auf ihre möglichen Zusammenhänge mit der Zuverlässigkeit der statistischen Prognosen geprüft. Die allermeisten von ihnen trugen nicht substantiell zu einer Aufklärung bei. Lediglich die Tatsache, ob es im Vollzugsverlauf zu disziplinarischen Vorkommnissen gekommen war, zeigte einen bedeutsamen Zusammenhang in Form einer negativen Korrelation, weswegen die Variable negativ gepolt wurde.

Um allzu große Überschneidungen der im ersten Schritt vorselektierten Variablen zu vermeiden, wurde eine Regressionsanalyse gerechnet, die sukzessive rückwärts für das Gesamtmodell unbedeutende Variablen ausschloss (Kriterium war ein F-Wert kleiner als 2,17). Hierdurch wurden die Anzahl früherer Inhaftierungen und die Frage nach einer Haftstrafe in der Jugend wieder aus der Variablenliste entfernt. Die multiple Korrelation zwischen den fünf verbliebenen Variablen des resultierenden Modells und der (Un-)Zuverlässigkeitsskala betrug $R = .36$. Tabelle 39 fasst die ausgewählten Variablen mit Bedeutung für die Zuverlässigkeit der statistischen Prognose noch einmal zusammen.

**Tabelle 39**     Prädiktoren zur Vorhersage der Unzuverlässigkeit statistischer
Rückfallprognosen bei der Entwicklungsstichprobe ($n = 200$)

| | | MW (SE) | mittlere Differenz (SE) | t [a] |
|---|---|---|---|---|
| Altersgruppe von 27-33 Jahren: | nein vs. ja | .18 (.15) vs. .24 (.17) | -.06 (.02) | -2,40* |
| Zwischen 1-5 Vorstrafen: | nein vs. ja | .18 (.15) vs. .24 (.17) | -.05 (.02) | -2,01* |
| Kein Gewaltdelikt in Jugend: | nein vs. ja | .11 (.10) vs. .21 (.16) | -.10 (.05) | -2,27* |
| 2-3 versch. Deliktarten bislang: | nein vs. ja | .18 (.16) vs. .25 (.15) | -.06 (.02) | -2,60** |
| Keine disziplin. Vorkommnisse | nein vs. ja | .13 (.13) vs. .22 (.17) | -.09 (.02) | -3,77** |

[a] t-Test mit df=198, außer der Variablen 5, wo aufgrund ungleicher Varianzen ein korrigierter Test ($df$ = 82,90) gerechnet wurde
* $p < .05$; ** $p < .01$

Es schien somit, dass Personen im (jedenfalls kriminologisch gesehen) „mittleren"
Alter um die 30 Jahre mit unspezifischer, d. h. weder besonders gravierender noch
aber unbescholtener strafrechtlicher Vorgeschichte und mit unauffälligem Verhalten während der Strafhaft durch die aktuarischen Prognoseinstrumente weniger
zuverlässig einzuschätzen sind als andere Strafgefangene. Um dies abschließend zu
prüfen, wurden die Variablen zu einem einfachen Summenscore verrechnet (0 bis 5
Unzuverlässigkeitsmerkmale) und die Validität der so gebildeten Skala bei der
Vorhersage der Prognosezuverlässigkeit an der Kreuzvalidierungsstichprobe, die ja
nicht in die Entwicklung eingegangen war, noch einmal überprüft. Im Vergleich
zur Entwicklungsstichprobe war die Höhe der Korrelation zwischen der Vorhersageskala und der Zuverlässigkeitsskala deutlich kleiner (Spearman´s rho = .24 gegenüber .37), sie zeigte gleichwohl noch eine substantielle Größenordnung.
Vergleicht man die Verteilungsverhältnisse der mittleren Ausprägungen der Zuverlässigkeitsskala auf den einzelnen Stufen der Vorhersageskala zwischen Entwicklungs- und Kreuzvalidierungsstichprobe, so wird die Ursache für den Validitätsverlust deutlich (Abb. 23). Die Verteilung deutete zwar immer noch auf einen
weitgehend stetigen Zusammenhang; dieser war aber nicht mehr so linear ausgeprägt wie bei der Entwicklungsstichprobe, sondern zeigte vielmehr einen stufigen
Verlauf. Aus diesem Grund erschien es zweckmäßig, die Skala für die folgenden
Untersuchungen zu dichotomisieren mit 0 bis 2 Punkten für „zuverlässig einschätzbare" Probanden und 3 bis 5 Punkten für „unzuverlässig einschätzbare" Probanden.

**Abbildung 23**   Mittlere Unzuverlässigkeit statistischer Prognosen in Abhängigkeit von der Ausprägung der Vorhersageskala in der Entwicklungs- und in der Kreuzvalidierungsstichprobe

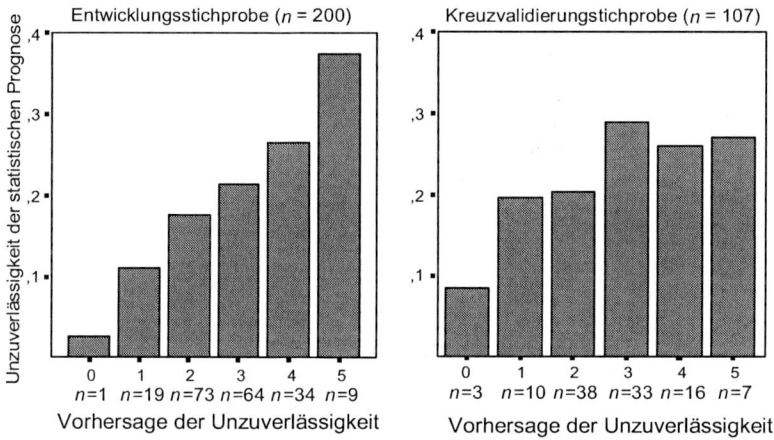

**4.5.10.4  Leistungsgüte klinisch-idiographischer und statistischer Prognosen bei zuverlässig und unzuverlässig prognostizierbaren Probanden**

Um zu überprüfen, inwieweit auch die klinisch-idiographischen Prognosen von Einschränkungen der Leistungsgüte bei den mit den aktuarischen Instrumenten nur unzuverlässig einschätzbaren Probanden tangiert waren, und um der Frage nach der Verlässlichkeit von Gewaltprognosen in Abhängigkeit von der Verlässlichkeitseinschätzung nachzugehen, wurden Vergleichsanalysen der als unterschiedlich zuverlässig prognostizierbar klassifizierten Probanden[38] vorgenommen (methodisches Vorgehen wie in Kap. 4.5.9). Es zeigte sich, dass auch die allgemeinen klinisch-idiographischen Rückfallprognosen bei Probanden mit hohem Unzuverlässigkeitsscore eine geringere Vorhersagevalidität erreichten als die übrigen Probanden (vgl. Abb. 24).

---

[38]  Die Rückfallquoten für allgemeine Rückfälle innerhalb von fünf Jahren nach Haftentlassung betrugen für die als zuverlässig prognostizierbar eingeschätzten Probanden 70 %, bei den als unzuverlässig prognostizierbar eingeschätzten Probanden 58 % (Unterschied mit $\chi_{(1,\,307)}$ = 4,02, $p < .05$ bedeutsam), für erneute Haftstrafen innerhalb von fünf Jahren 63 % und 51 % ($\chi_{(1,\,307)}$ = 4,60, $p < .05$). Für Gewaltdelikte innerhalb der Gesamtkatamnese waren die Quoten 28 % und 18 % ($\chi_{(1,\,307)}$ = 3,82, $p < .05$) und für gravierende Gewaltdelikte 11 % und 9 % ($\chi_{(1,\,307)}$ = 0,30, $p > .10$). Abgesehen von gravierenden Gewalttaten waren die als zuverlässig prognostizierbar eingeschätzten Probanden somit im Mittel häufiger und schwerer rückfällig als die als unzuverlässig prognostizierbar eingeschätzten Fälle.

**Abbildung 24** Güte (AUC in Klammern SE) klinisch-idiographischer (linke Spalte) und statistischer (rechte Spalte) Prognosen bei Probanden mit hoher und geringer Prognosezuverlässigkeitseinschätzung für allgemeine (obere Reihe) und gewalttätige (untere Reihe) Rückfallereignisse

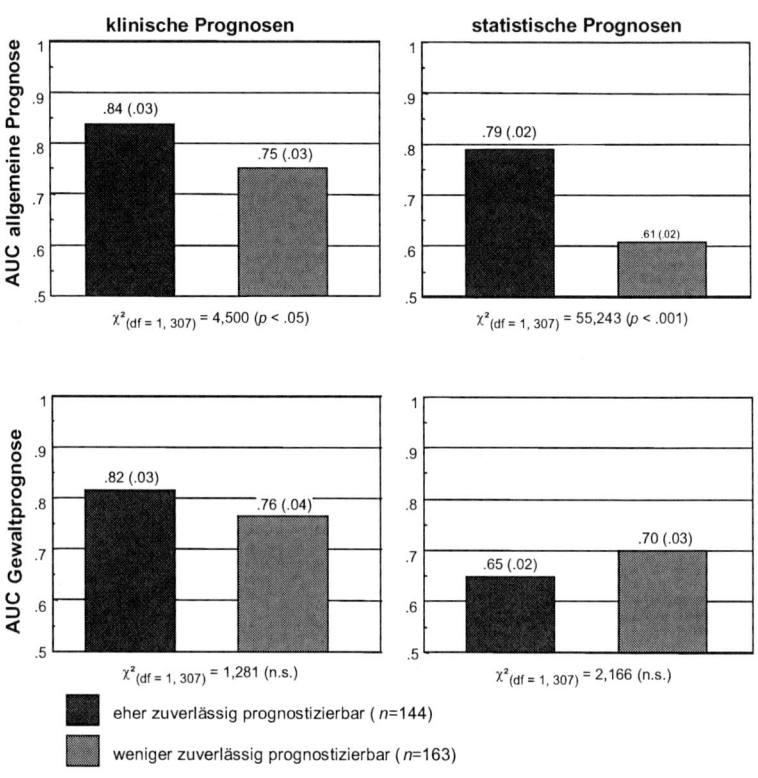

Allerdings war der Validitätsschwund bei weitem nicht so groß wie bei den statistischen Prognosen; auch bei den als unzuverlässig prognostizierbar eingeschätzten Probanden erzielte die klinische Methodik mit AUC = .75 ($SE$ = .03) noch einen durchaus guten Wert, der allen aktuarischen Instrumenten überlegen war[39]. Demgegenüber erzielte die statistische Prognose bei dieser Gruppe zwar noch einen statistisch signifikanten, praktisch aber nur noch gering bedeutsamen prognosti-

---

[39] Sämtliche Paarvergleiche zwischen der klinisch-idiographischen Prognose und den aktuarischen Instrumenten ergaben hochsignifikante Ergebnisse mit z = 2,99 bis 5,22 ($p$ < .01).

schen Informationsgewinn von AUC = .61 (*SE* = .02). Die Abbildung zeigt jedoch auch, dass der Validitätsverlust bei den als unzuverlässig prognostizierbar eingeschätzten Probanden die Gewaltprognosen nicht tangierte. Im Gegenteil waren die statistischen Gewaltprognosen bei dieser Gruppe nominal sogar leicht besser, der Unterschied war jedoch nicht bedeutsam.

### 4.5.11 Integrative nomothetische Prognose

Zieht man eine erste Zwischenbilanz der bisher referierten Ergebnisse aus der CRIME-Studie, so ist zunächst festzuhalten, dass sich die in die Studie einbezogenen und untersuchten aktuarischen Prognoseinstrumente amerikanischer Provenienz mit einigen wenigen Adaptationen an hiesige Verhältnisse auch bei der deutschen Strafgefangenenstichprobe als reliabel und valide anwendbar bewährt haben. Die für unterschiedliche Rückfallkriterien und Beobachtungszeiträume überprüften Vorhersageleistungen lagen durchgängig in Größenordnungen, wie sie auch aus internationalen Studien berichtet wurden. Die Instrumente scheinen insoweit grundsätzlich übertragbar. Auf der anderen Seite wurden auch einige Nachteile bzw. Grenzen der Instrumente deutlich. Hierzu zählten insbesondere eine recht ausgeprägte Mittelfeldproblematik, nicht unbeträchtliche Größenordnungen falschpositiver Prognosen – vor allem bei etwas gravierenderen Rückfallereignissen als Kriterium – und teilweise recht hohe Fluktuationen der Prognosegüte bei unterschiedlichen Zielgruppen.

Demgegenüber erzielten die im Projekt mittels einer dezidierten klinisch-idiographischen Beurteilungsmethodik realisierten Prognosen (die jedoch explizit in Kenntnis und unter Berücksichtigung der statistischen Zusammenhänge erfolgten) nicht nur insgesamt eine höhere Leistungsgüte für unterschiedliche Kriterien und Beobachtungszeiträume. Vor allem waren die Mittelfeldproblematik und die Rate falsch-positiver Klassifikationen geringer ausgeprägt, und die Vorhersagegüte schien unempfindlicher gegenüber Variationen der Zielgruppe. Die Untersuchungen zu den Grenzen der Vorhersagbarkeit strafrechtlicher Rückfälle ließen wenig Raum für die Annahme substantieller Verbesserungsmöglichkeiten der klinisch-idiographischen Beurteilungen i. S. systematischer unausgeschöpfter Zusammenhänge. Auch die methodenübergreifenden Untersuchungen deuteten letztlich darauf hin, dass die den aktuarischen Instrumenten entnehmbaren Effekte weitgehend berücksichtigt worden sind.

Indessen ließen die Leistungsdaten der aktuarischen Instrumente durchaus noch Verbesserungspotentiale erkennen. In Ermangelung entsprechender Rückfallnormen fehlen zudem derzeit noch die Voraussetzungen, auf Grundlage der aktuarischen Instrumente zu einer Einschätzung der Größenordnung der jeweiligen Rückfallwahrscheinlichkeit zu gelangen – lediglich für das LSI-R liegen bislang solche Rückfallnormen vor, die aber nur einen kurzen Beobachtungszeitraum von einem Jahr abdecken. Allerdings stellt sich angesichts der teilweise recht deutlichen Abhängigkeiten der Vorhersageleistungen von unterschiedlichen Subgruppen auch die Frage, ob die (prinzipiell mögliche) Entwicklung von Normen für die Rückfallwahrscheinlichkeit bei unterschiedlichen Ausprägungen auch tatsächlich hinreichend stabile Ergebnisse brächte und insofern überhaupt sinnvoll wäre.

Im Folgenden soll daher ein etwas anderer Weg beschritten werden, zu einer verbesserten Einschätzung der statistischen Rückfallerwartung zu gelangen. Dabei soll den mannigfachen aktuarischen Prognoseinventaren nicht ein neues Instrument hinzugefügt werden. Ziel ist vielmehr die Entwicklung einer allgemein nutzbaren Strategie, die es erlaubt, neben den durch die bestehenden Inventare erfassten Merkmalen Kenntnisse aus anderen Forschungszweigen einzubeziehen, die in den Instrumenten jedoch nicht oder nur unzureichend erfasst werden. Es geht somit um den Versuch einer Strategie zur Nutzbarmachung empirischer Befunde aus unterschiedlichen Bereichen für eine möglichst genaue Einschätzung der statistischen Rückfallwahrscheinlichkeit.

### 4.5.11.1 Eine integrative Strategie zur Einschätzung des statistischen Rückfallrisikos (nomothetische Prognose)

Die Entwicklung einer Strategie für die Einschätzung der statistischen Rückfallwahrscheinlichkeit unter Nutzung der Erfahrungen aus unterschiedlichen Forschungszweigen folgte einer Logik, die bereits den Aufbau des Kapitels über die empirisch-wissenschaftlichen Grundlagen von Kriminalprognosen (Kap. 1.3) prägte. Der erste Schritt bestand demnach darin, Basisraten als einen ersten Hinweis auf die zu erwartenden Wahrscheinlichkeitsverhältnisse für Rückfälle heranzuziehen (Kap. 1.3.1). Diese lassen sich als grobe Schätzung der Rückfallwahrscheinlichkeit bei Annahme statistischer Durchschnittsverhältnisse in den empirisch relevanten Einflussbereichen interpretieren und sollten demnach geeignet sein, den weiteren Beurteilungsprozess auf ein sinnvolles Ausgangsniveau zu eichen. Weitere Schritte sollten der systematischen, hypothesengeleiteten Prüfung der Frage dienen, ob es sich bei einem zu beurteilenden Fall tatsächlich um einen solchen statistischen Durchschnittsfall handelt, oder ob nicht Gründe die Annahme rechtfertigen, dass die zu beurteilende Person vom Prototyp des Durchschnittsfalls abweicht. Das Grundkonzept hat insoweit Ähnlichkeit mit den typologieorientierten Prognoseansätzen; auch dort geht es um systematische Vergleiche eines Einzelfalls mit Prototypen, die im Prinzip nichts anderes als eine idealisierte Verdichtung empirischer Durchschnittsfälle darstellen (vgl. Kap 2.3.1.2). Der Unterschied besteht in der Zielstellung. Es geht bei den Vergleichen nicht um die Herausarbeitung individueller Besonderheiten, wie es das Anliegen des typologischen Ansatzes ist. Ziel ist es vielmehr, zu einer zunehmend spezifischeren statistischen Aussage zu gelangen, indem empirische Erfahrungen aus unterschiedlichen Zweigen auf den Einzelfall bezogen werden. Die Prognose bleibt damit eine nomothetische Prognose, weil sie nach wie vor auf statistische Durchschnittserfahrung baut. Allerdings ist die Bezugsgruppe im Idealfall deutlich spezifischer als bei der bloßen Basisrate, da sie eine Personengruppe umfasst, die der zu beurteilenden Person in einer Reihe von Faktoren mit empirisch belegter Relevanz für das Prognoseproblem gleicht und die Effekte dieser Faktoren berücksichtigt.

Für die Frage nach etwaigen Unterschieden der Zielperson zum allgemeinen Durchschnitt der Gesamtgruppe (Basisrate) wäre als erstes nach der Ausprägung und etwaigen Häufung klassischer Schutz- und Risikofaktoren aus der empirischen Rückfallforschung zu fragen (Kap. 1.3.2). Diese Frage ist ohne Zweifel derzeit am zweckmäßigsten mit Hilfe der modernen aktuarischen Prognoseinstrumente zu beantworten. Sie stellen letztlich systematische Zusammenstellungen mannigfaltiger statischer und dynamischer Tat- und Tätermerkmale mit empirisch gesicherter Bedeutung für die Rückfallwahrscheinlichkeit dar, sind relativ umfangreich, insbesondere im Hinblick auf die prognostische Bedeutung von Kumulationen und geringer Ausprägung der erfassten Merkmale untersucht und daher vermutlich jeder ad hoc vorgenommenen Einschätzung – auch wenn sie auf der Basis von Kriterienkatalogen erfolgt – methodisch überlegen. Die Befunde über die Verteilungscharakteristika der hier untersuchten Instrumente und die Ergebnisse zu den Rückfallquoten der durch die Instrumente gebildeten Risikogruppen zeigten dabei, dass die Verfahren bei der Klassifikation von Probanden in solche mit über- oder unterdurchschnittlicher Merkmalsausprägung eher konservativ operieren und nur bei vergleichsweise deutlich ausgeprägten Verhältnissen zu klaren Ergebnissen kommen. Diese für prognostische Zwecke eher nachteilige Mittelfeldproblematik mag im hiesigen hypothesenprüfenden Kontext durchaus vorteilhaft sein, da sie nur wirklich gesicherte Effekte berücksichtigt und damit eher stabile Ergebnisse erwarten lässt.

Neben der Frage einer bloßen Häufung oder einer unterdurchschnittlich ausgeprägten Ansammlung potentiell relevanter Einzelmerkmale spielen bestimmte Konfigurationen von Merkmalen eine Rolle, die theoretisch gut fundiert und empirisch relativ umfassend untersucht sind. Es geht dabei um Personengruppen, die im strafrechtlichen Kontext zwar selten anzutreffen sind, jedoch als ausgesprochene Hochrisikoklientel imponieren. Es erscheint daher zweckmäßig, gezielt die Hypothese zu prüfen, ob eine prognostisch zu beurteilende Person einer empirisch bekannten Hochrisikogruppe angehört. Zu der am besten untersuchten Hochrisikogruppe dieser Art zählen ohne Zweifel Träger der Diagnose „Psychopathy", wie sie mit der PCL-R erfasst wird. Zwar zeigte die PCL-R in der hiesigen Studie weitgehende

Ähnlichkeiten mit den übrigen aktuarischen Instrumenten, was ihre grundsätzliche Performance anging. Dies mag aber zu einem Gutteil durch die Stichprobe bedingt gewesen sein, die eine unselektierte Strafgefangenenpopulation darstellte und daher nur sehr wenige tatsächliche Psychopathen im Sinne der PCL-R enthielt. Legt man internationale Schwellenwerte zur Identifikation von Psychopathy zugrunde, so wurden zwar wenige Probanden entsprechend klassifiziert, diese jedoch zeigten auch in der CRIME-Studie ein sehr hohes Rückfallpotential. Doch nicht nur Psychopathen stellen Hochrisikogruppen mit hoher Deliktperseveranz dar. Als weitere spezielle Hochrisikogruppen kommen z. B. auch Sexualstraftäter mit überschießender (nicht bloß instrumenteller) Gewaltanwendung bei verfestigter Störung der Sexualpräferenz im Sinne eines Sadismus in Frage oder auch manifest pädophile Missbrauchstäter mit ausschließlicher Fixierung auf kindliche, v. a. auch männliche kindliche Sexualobjekte (vgl. hierzu z. B. Knight, Prentky & Cerce, 1994), insbesondere wenn die Vorgeschichte einen progredienten Verlauf zunehmender Intensität der Sexualdelinquenz zeigt. Von der Methodik her lassen sich Analysen der Zugehörigkeit zu den inhaltlich definierten Hochrisikogruppen mit Hilfe von Inventaren (wie der PCL-R) oder Klassifikationssystemen (z. B. Knight et al, ebd.) realisieren.

Sofern die Prüfung der Hypothese einer Hochrisikogruppenzugehörigkeit negativ verläuft, ließe sich als viertes umgekehrt die Frage stellen, inwieweit die zu beurteilende Person einer dezidierten Niedrigrisikogruppe angehört. Hierzu zählen beispielsweise Personen ohne strafrechtliche Vorgeschichte und ohne biographisch nachweisbare besondere Aggressionsbereitschaft, die am Scheitelpunkt einer sich zuspitzenden partnerschaftlichen Beziehungskrise ein Gewaltdelikt begangen haben (vgl. Rasch, 1995). Im Unterschied zur Frage nach Hochrisikogruppen hängt die Untersuchung der Niedrigrisikogruppenzugehörigkeit sachlogisch jedoch mit der Frage nach der Ausprägung von Risikofaktoren zusammen, da die Annahme der Zugehörigkeit zu einer Niedrigrisikogruppe vermutlich nur im Falle des Fehlens bzw. bei deutlich unterdurchschnittlicher Ausprägung der einschlägigen Risikofaktoren sinnvoll ist. In methodischer Hinsicht fehlen indessen derzeit noch Instrumente zur dezidierten Niedrigrisikodiagnostik, so dass eine Zuordnung nur kriteriumsorientiert bei Vorliegen spezifischer kriminologischer Konfigurationen erfolgen kann.

Bereits in den Eingangskapiteln wurde auf die Bedeutung der Lebensphase für die Rückfallwahrscheinlichkeit eingegangen (Kap. 1.3.3), wonach Delinquenz- und Rückfallrisiken keineswegs gleichmäßig über die Biographie von Rechtsbrechern verteilt sind, sondern vielmehr im Lebenszyklus variieren. Selbst persistente Hochrisikogruppen, wie etwa die Träger der Diagnose von Psychopathy, zeigen mit dem Alter eine nachlassende Delinquenzintensität (vgl. z. B. Hare, McPherson & Forth, 1988). Es ist daher zweckmäßig, das Alter der zu beurteilenden Person zu berücksichtigen und nach den statistisch zu erwartenden Auswirkungen eines vom Durchschnittsalter der Bezugsgruppe ggf. abweichenden Lebensalters zu fragen. Theoretisch ließen sich auch weitergehende entwicklungskriminologische Aspekte berücksichtigen, da es vermutlich bestimmte Schutz- und Risikoprädiktoren gibt, deren Bedeutung in Abhängigkeit von der Lebensphase variiert (vgl. Kap. 1.3.3). Derzeit reichen die empirischen Kenntnisse über altersabhängige Einflussfaktoren jedoch noch nicht aus, um Schlussfolgerungen für eine systematische Einschätzung der Effekte für die statistische Rückfallwahrscheinlichkeit im Einzelfall zu ziehen.

Als Letztes wurden eingangs mögliche Effekte von Behandlungsmaßnahmen diskutiert, deren Zweck ja gerade die gezielte Reduktion von Rückfallrisiken ist. Hierzu liegt mittlerweile eine recht breite empirische Befundlage vor, die für eine Einschätzung zu erwartender Effekte eine hinreichende Grundlage bieten sollte. Allerdings ist nochmals darauf hinzuweisen, dass im hiesigen Rahmen die Beurteilung nicht unabhängig von der Hochrisikogruppenanalyse ist, da nach aktuellem Sachstand davon auszugehen ist, dass gerade Hochrisikogruppen mit den derzeit verfügbaren Behandlungsmethoden offenbar nicht oder nur sehr schwer erreichbar sind (vgl. i. e. Kap. 1.3.4). Dasselbe gilt letztlich für Niedrigrisikogruppen. Auch hier ist der zu erwartende statistische Behandlungseffekt auf das Rückfallverhalten sehr gering, was indessen am ohnehin geringen Ausgangsrisiko dieser Gruppe liegt (vgl. Andrews et al., 1990). Mit einem zusätzlichen statistisch bedeutsamen Behandlungseffekt ist daher kaum mehr zu rechnen. Für die übrigen Personengruppen ließe sich ein erwartbarer Durchschnittseffekt in Rechnung stellen, sofern eine Behandlung erfolgreich bzw. regelrecht beendet wurde. Für Behandlungsabbrecher hingegen deuten die einschlägigen Studien darauf hin, dass eher mit einer erhöhten Rückfallrate zu rechnen ist (vgl. i. e. Kap. 1.3.4).

Abbildung 25 fasst die sechs Schritte noch einmal zusammen. Das Schema stellt das Modell für die Einschätzung des statistisch erwartbaren Rückfallrisikos einer Person dar, das systematisch die verfügbaren empirischen Kenntnisse über Rückfälligkeit und ihre Einflussfaktoren nutzt und zudem angemessenen Gebrauch von bewährten aktuarischen Prognoseinventaren macht. Die Hoffnung besteht darin, dass durch die Verbreiterung der Beurteilungsbasis der Informationsgewinn gegenüber der alleinigen Bezugnahme auf die aktuarischen Instrumente höher und hierdurch möglicherweise auch die Mittelfeldproblematik etwas gemildert wird.

Voraussetzungen wären allerdings zunächst der empirische Nachweis der grundsätzlichen Umsetzbarkeit und Validität des Konzepts sowie der Nachweis von Vorteilen gegenüber dem alleinigen Gebrauch aktuarischer Instrumente. Hierzu sind Kenntnisse der Effektstärken erforderlich, die den einzelnen Merkmalsbereichen beizumessen sind. Sieht man von der recht breiten Wirkungsforschung zu Behandlungsmaßnahmen ab, so reichen die derzeit verfügbaren Forschungsbefunde indessen nicht in allen Bezügen aus, um diese Effektstärken angemessen einzu-

**Abbildung 25** Ablaufschema einer systematischen Einschätzung der statistischen Rückfallwahrscheinlichkeit (nomothetische Prognose)

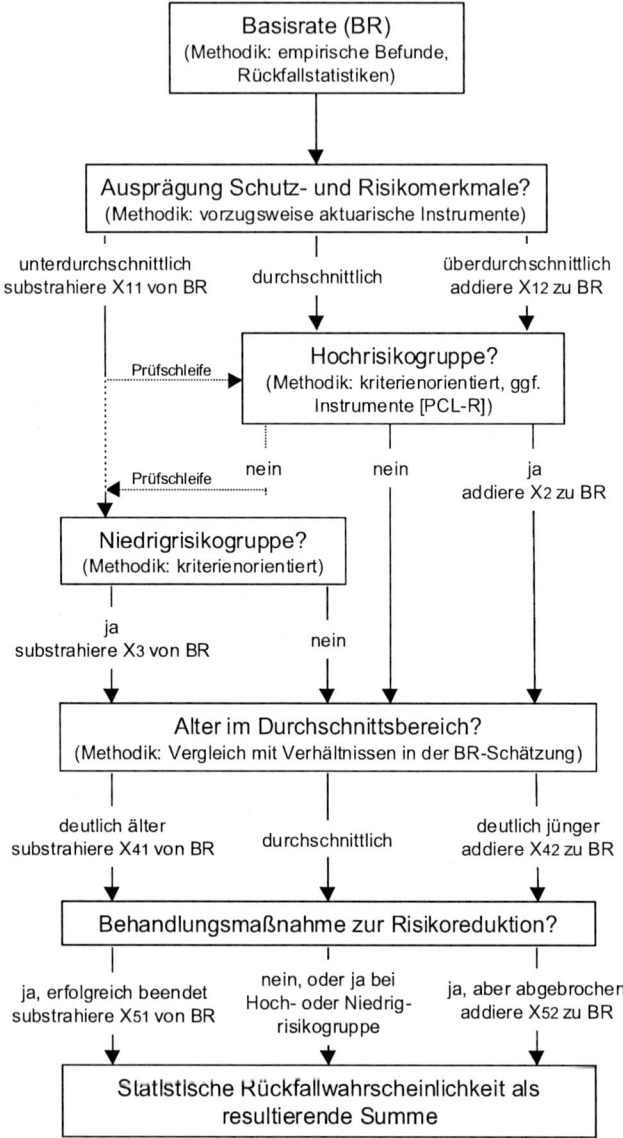

X_Index: jeweilige Effektstärke auf die Rückfallwahrscheinlichkeit

schätzen. Um das Modell gleichwohl einer empirischen Überprüfung unterziehen zu können, wurden Schätzungen einiger Parameter auf der Grundlage der Verhältnisse in der Studie vorgenommen. Hierfür war die erneute Ziehung einer zufälligen Teilstichprobe (Entwicklungsstichprobe) erforderlich, die wiederum in einer Größenordnung von $n = 200$ (etwa 2/3 der Gesamtstichprobe) erfolgte. Die übrigen Probanden dienten der anschließenden Kreuzvalidierung.

Die Schätzung der Effektgrößen der im Modell als relevant erachteten Merkmalsbereiche wirft die Frage nach ihren Interdependenzen auf. Im Modell selbst sind einige sachlogische (Niedrigrisikogruppe nur bei unterdurchschnittlichen Risikofaktoren) oder empirisch bekannte (kein Behandlungseffekt bei Hoch- oder Niedrigrisikogruppe) Zusammenhänge bereits berücksichtigt worden. Gleichwohl ist es denkbar, dass auch Alterseffekte nicht unabhängig sind und Zusammenhänge mit anderen Merkmalsbereichen aufweisen – dass also beispielsweise Alterseffekte bei Hochrisikogruppen eine andere Größenordnung aufweisen als in anderen Gruppen. Tatsächlich gibt es empirische Hinweise darauf, dass die Alterskurve delinquenten Verhaltens bei bestimmten Hochrisikogruppen – etwa bei bestimmten pädophilen Sexualstraftätern – gegenüber der allgemeinen Straftäterpopulation verschoben ist und sie auch in höheren Altersstufen noch eine Hochrisikoklientel darstellen (vgl. Beier, 1999; Hanson, 2001). Für die hier relevante Hochrisikogruppe der Psychopathen deuten längsschnittliche Verlaufsstudien indessen darauf hin, dass die Kurve in ihrem Verlauf sich nicht so sehr von der Verlaufskurve sonstiger Straftäter unterscheidet (z. B. Hare, McPherson & Forth, 1988) – wenn sie auch freilich auf einem insgesamt deutlich höheren Niveau liegt. Für die folgenden Entwicklungsschritte wurde daher davon ausgegangen, dass etwaige Alterseffekte unabhängig von den übrigen Merkmalsbereichen sind[40].

Zur Basisratenschätzung für die Bestimmung des Ausgangsniveaus im Modell wurde in der vorliegenden Studie auf eine Rückfalluntersuchung von Dünkel und Geng (2003) zurückgegriffen – zugrunde gelegt wurden deren Angaben über die Quoten erneuter Haftstrafen bei verschiedenen Deliktgruppen innerhalb eines Beobachtungszeitraums von zehn Jahren nach Entlassung aus dem Regelvollzug. Die Studie schien für die hiesigen Zwecke die geeignetste Rückfalluntersuchung zu sein, da sie insgesamt relativ umfangreich war ($N = 510$; Regelvollzug: $n = 323$), eine weitgehend unselektierte Strafgefangenenpopulation betraf, einen vergleichsweise langen Beobachtungszeitraum umfasste (zehn Jahre nach Haftentlassung) und zudem eine Untersuchung an entlassenen Gefangenen aus der größten Berliner Vollzugsanstalt (JVA Berlin-Tegel, wo auch die meisten Probanden der hiesigen Studie waren) darstellt – wenn sie auch einen etwas früheren Entlassungszeitpunkt

---

[40] Die o. g. (alters-)pädophilen Täter kamen in der Stichprobe nicht vor, andernfalls wären sie von etwaigen Alterseffekten auszuschließen.

betraf (1971-1974). Indessen scheinen die Rückfallquoten der meisten Delikte nicht sehr unterschiedlich, was nicht zuletzt daran liegt, dass es sich bei den Tätern oftmals um polytrop straffällige Personen handelt und insofern eine gewisse Zufälligkeit darin liegt, mit welchem Delikt sie zum Untersuchungszeitpunkt in Haft waren. Für die hiesigen Zwecke wurde daher auf eine Untersuchung von Beck und Shipley (1997) Bezug genommen, die immerhin über 16.000 Straftäter umfasste und nur die Differenzierung zwischen zwei großen (inhaltlich durchaus heterogenen) Deliktbereichen als prognostisch relevant identifizierte. Es wurde somit lediglich zwischen Delikten mit erhöhtem Rückfallrisiko (Eigentums-, Vermögens- und Raubdelikte sowie Körperverletzung) und den übrigen Delikten differenziert, da weitergehende Unterscheidungen das Risiko von Überdifferenzierungen beinhalten und keine empirischen Belege ihrer Bedeutsamkeit vorliegen. Deren Rückfallbasisraten wurden auf der Grundlage der von Dünkel und Geng (2003) genannten Rückfallzahlen geschätzt, wobei die Quoten der jeweiligen Gruppen gemittelt wurden (anhand der Fallzahlen gewichtet).

Um für die Schätzung der Effektgrößen[41] eine hinreichend stabile Basis zu erhalten, wurden nur entweder empirisch bereits als bedeutsam belegte Effekte (Alterseffekt, vgl. Kap. 1.3.3., und Behandlungseffekt, vgl. Kap. 1.3.4) oder in der Entwicklungsstichprobe als statistisch bedeutsam erscheinende Effekte ($\alpha$ = 5 %) berücksichtigt. Auch diese wurden anhand des Kriteriums erneuter Haftstrafen innerhalb der Gesamtbeobachtungsdauer eingeschätzt. Einem Vorschlag von Nuffield (1982) zur Reduzierung von Stichprobenbesonderheiten folgend, wurden ferner nur Effektgrößen > 5 % berücksichtigt, die zudem auf 5 %-Stufen abgerundet wurden. Das bedeutet, dass ein in der Entwicklungsstichprobe vorgefundener Unterschied der Rückfallquote von beispielsweise 12 % höherer oder geringerer Rückfallhäufigkeit bei Vorliegen eines der Prüfkriterien als 10 %-Effekt gewertet wurde.

Zur Frage über- oder unterdurchschnittlicher Ausprägung bzw. Häufung von Schutz- und Risikofaktoren wurden die aus LSI-R und HCR-20 gebildeten Risikogruppen (vgl. Kap. 4.5.6) zugrunde gelegt und zu einem Summenscore mit den Stufen 0 (in beiden Verfahren unterdurchschnittlich) bis 4 (in beiden Verfahren überdurchschnittlich) vereint, wobei anzumerken ist, dass Unterschiede zwischen LSI-R und HCR-20 über zwei Stufen (ein Instrument unter- und im anderen überdurchschnittlich) nicht vorkamen. Der Vergleich der Rückfallquoten (erneute Haftstrafen, Gesamtkatamnese) ergab dabei hochsignifikante Unterschiede zwischen den so entstandenen Abstufungen ($\chi^2_{(4, 200)}$ = 23,46, $p$ <.001), wobei zwischen den beiden Basisratenstufen keine wesentlichen Effektunterschiede bestanden (Vergleich der AUC mit $\chi^2_{(1, 200)}$ = 0,05, $p$ >.9). Nach dem oben skizzierten Vorgehen wurden ihnen daher folgende Effektgrößen zugeordnet:

---

[41] Unter Effektgrößen werden im hiesigen Kontext Prozentwertdifferenzen verstanden.

0 (in LSI-R *und* HCR-20 unterdurchschnittlich, $n = 20$): -35 %
1 (in einem Instrument unterdurchschnittlich, $n = 24$): -10 %
2 (in beiden Instrumenten durchschnittlich, $n = 87$) : 0 %
3 (in einem Instrument überdurchschnittlich, $n = 35$): +15 %
4 (in LSI-R *und* HCR-20 überdurchschnittlich, $n = 35$): +20 %.

Zur Erfassung der Zugehörigkeit zu einer Hochrisikogruppe wurde auf die PCL-R Bezug genommen, Sexualstraftäter mit eindeutig sadistischer Prägung oder pädophile Missbrauchstäter mit ausschließlicher Orientierung auf kindliche Sexualpartner und progredientem Verlauf kamen in der Stichprobe nicht vor. Im Hinblick auf die Ausprägung des Merkmals Psychopathy wurde auf den vom Autor der PCL-R genannten Schwellenwert von 20 für eine Verdachtsdiagnose Bezug genommen, wobei der Wert zu einer eher konservativen Klassifikation beiträgt, weil er für die Verhältnisse in Europa möglicherweise zu hoch angesetzt ist (vgl. Kap. 3.2.1.1). Bei diesem Schwellenwert wurden $n = 17$ Probanden der Entwicklungsstichprobe als Hochrisikoprobanden eingestuft. Deren Rückfallquote lag deutlich über der Rate der übrigen Probanden mit überdurchschnittlicher Ausprägung der übrigen Risikofaktoren ($\chi^2_{(1, 69)} = 4{,}56$, $p < .05$), als Effektgröße wurde ein Wert von +20 % ermittelt.

Im Rahmen der CRIME-Studie wurden mehrere Versuche unternommen, Instrumente zur gezielten Identifikation von Niedrigrisikogruppen zu entwickeln (vgl. Dobrovoda, 2003; Melcher, 2003), die jedoch wenig erfolgreich verliefen[42]. Für die hiesigen Zwecke wurde für die Zuordnung zur Niedrigrisikogruppe daher ein konfiguraler Ansatz mit spezifischen kriminologischen Konstellationen verfolgt. Entsprechend eingeordnet wurden Täter mit fahrlässigen Tötungsdelikten unter der Voraussetzung, dass sie keine weiteren parallelen Delikte oder Vorstrafen aufwiesen, Täter mit Beziehungsdelikten ebenfalls unter der Voraussetzung, dass sie keine weiteren parallelen Delikte oder Vorstrafen aufwiesen und Täter mit Unterhaltspflichtverletzungen unter der Voraussetzung, dass vor der Indexhaft noch keine Haftstrafe erfolgt war und es sich bei etwaigen Vorstrafen ausschließlich ebenfalls um Unterhaltspflichtverletzungen handelte (für die zuvor aber keine Haftstrafe vollzogen wurde). Elf Probanden der Entwicklungsstichprobe erfüllten eines

---

[42] Hierbei ging es nicht um die Identifikation spezieller kriminologischer Konfigurationen, sondern vielmehr um die Frage, ob die Erfassung und Quantifizierung potentieller Resilienz- oder Schutzfaktoren eine zuverlässige Identifikation nicht rückfälliger Strafgefangener erlaubt. Die auf unterschiedlichem Wege entwickelten Verfahren erzielten insgesamt durchaus passable Leistungswerte, die sich etwa auf dem Niveau der übrigen aktuarischen Instrumente bewegten (vgl. Dobrovoda, 2003; Melcher, 2003). Indessen waren sie deutlich besser bei der Identifikation von Rückfälligen, wohingegen die Zuverlässigkeit der Klassifikation als „Low-risk-Proband" geringer war. In diesem Sinne schien es, dass Schutzfaktoren zwar eine notwendige, nicht aber hinreichende Bedingung für eine Legalbewährung darstellen.

der Kriterien. Sie wiesen eine deutlich geringere Rückfallquote als die übrigen Probanden mit unterdurchschnittlicher Risikoausprägung in LSI-R und HCR-20 auf ($\chi^2_{(1,43)} = 3,85$, $p < .05$), weswegen der Zugehörigkeit zur Niedrigrisikogruppe im oben definierten Sinn eine Effektgröße von $-35\,\%$ zugeordnet wurde.

Alterseffekte wurden wegen ihrer empirisch belegten Zusammenhänge mit der Rückfallwahrscheinlichkeit (vgl. Kap. 1.3.3) auf jeden Fall einbezogen. Im Hinblick auf die im Rahmen der hiesigen Studie vorgenommene Gruppierung[43] (Kap. 4.9.3.3) ergaben sich jedoch nur relativ kleine Effektgrößen. Demnach wurden der Altersgruppe unter 27 Jahren eine Effektgröße von $+5\,\%$ beigemessen und der Altersgruppe über 33 Jahren ein Wert von $-10\,\%$.

Behandlungseffekte wurden anhand der umfangreichen empirischen Befundlage eingeschätzt. Als Behandlung wurde dabei eine Unterbringung in der Sozialtherapeutischen Anstalt der Justizvollzugsanstalt Berlin-Tegel definiert, die über eine bloße Probebehandlung hinausging. Da die meisten vorliegenden Metaanalysen über eine mittlere Effektstärke von ca. 10 % geringere Rückfallquoten im Vergleich mit (parallelisierten) unbehandelten Gruppen berichten (vgl. z. B. Lösel, 2003), wurde diese Größe zugrunde gelegt. Dies mag eine etwas zu konservative Schätzung sein, da mehrere vorliegende Effektstudien der Berliner Sozialtherapie etwas höhere Zahlen, nämlich etwa 20 % bei Neuinhaftierung als Kriterium, ergaben (vgl. Dünkel & Geng, 2003; Schneider, 1999). Da die Unterschiede sich jedoch noch im Rahmen möglicher Zufallsfluktuationen bewegten, erschien die auf zahlreiche Metaanalysen bauende Schätzung letztlich zuverlässiger. Im Hinblick auf den Effekt abgebrochener Behandlungsversuche boten die Metaanalysen hingegen keine Informationen. Aus den beiden o. g. Einzelstudien ließen sich jedoch Effekte zwischen 10 % und 30 % höherer Rückfallrate (in Abhängigkeit vom Kriterium) entnehmen, für das Kriterium erneuter Haftstrafen lagen sie etwa bei 10 %.

Abbildung 26 gibt Aufschluss über die letztlich zugrunde gelegten Einschätzungen der Basisraten und fasst noch einmal die aus vorhandenen empirischen Befunden oder aus den Gegebenheiten in der Entwicklungsteilstichprobe geschätzten Effektgrößen für die unterschiedlichen Merkmalsbereiche zusammen.

---

[43] Die Altersverhältnisse bei Dünkel und Geng (2003) unterschieden sich nicht bedeutsam von den hiesigen Verhältnissen.

**Abbildung 26**   Schema zur Einschätzung der statistischen Rückfallwahrscheinlichkeit auf der Basis der Effekte in der Entwicklungsteilstichprobe ($n = 200$)

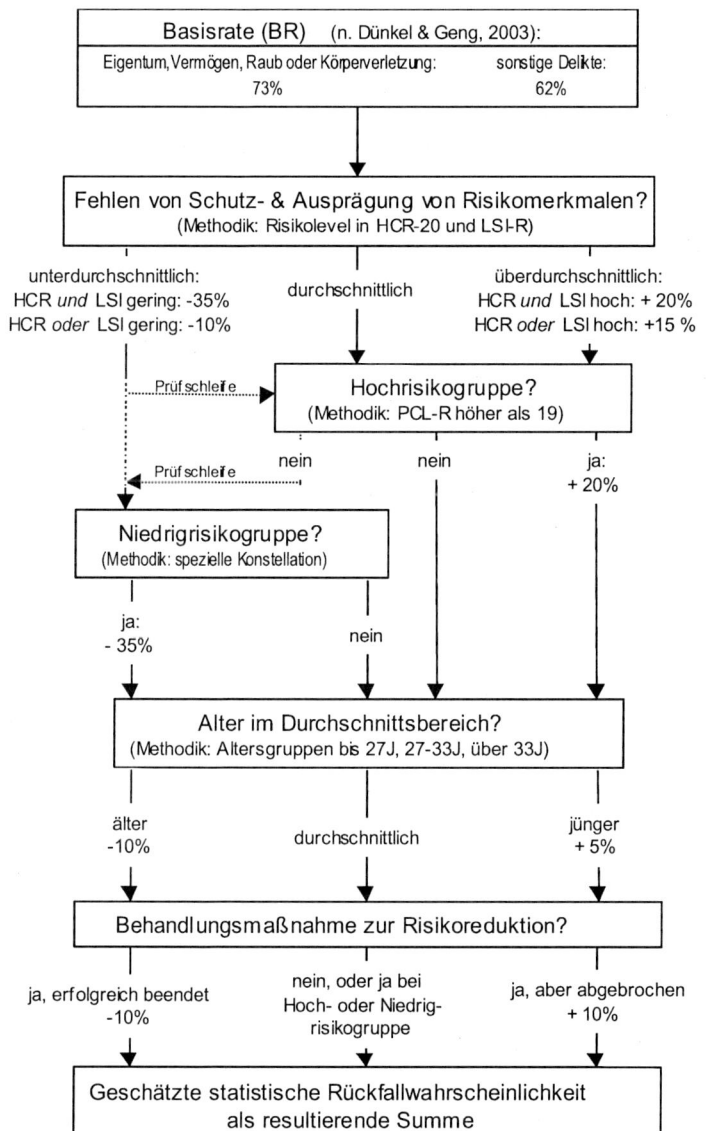

4.5.11.2  Untersuchung der Validität der integrativen Einschätzung der statistischen Rückfallwahrscheinlichkeit (nomothetische Prognose)

Anhand des Schemas nach Abbildung 26 wurde die statistische Rückfallwahrscheinlichkeit der Probanden, die nicht in die Entwicklung des Modells einbezogen
waren (Kreuzvalidierungsstichprobe, $n$ = 107) eingeschätzt, um die Brauchbarkeit
der Prozedur und die Güte der Einschätzungen untersuchen zu können. Die so erzielten Vorhersagewerte lagen im Mittel bei $M$ = 64,81 ($SD$ = 25,91). Die Verteilung der Werte wies jedoch eine leicht rechtssteile Charakteristik auf und wich vom
Verlauf einer Normalverteilung ab (Test nach Kolmogoroff-Smirnov mit z = 1,68,
$p$ < .01). Da es in Einzelfällen vorkam, dass die Rückfallschätzungen außerhalb des
sinnvollen Wertebereichs lagen (zwei Einschätzungen unter 0 % und sieben über
100 %), vor allem aber für bestimmte Auswertungszwecke (Prüfung der Quotenschätzungen) wurde die Skala gruppiert und den jeweiligen Gruppen wurden – um
die realen Werteabstände zu wahren – Werte entsprechend dem Mittelwert der
Probanden innerhalb des jeweiligen Wertebereichs zugeordnet. Die Bereiche zwischen 20 und 59 % erwarteter Rückfallwahrscheinlichkeit mussten hierbei etwas
größer gewählt werden, um vertretbare Zellbesetzungen zu erhalten. Die Gruppierung wurde folgendermaßen vorgenommen:

- unter 20 mit einem Mittelwert von 11 ($n$ = 10)
- 20-39 mit einem Mittelwert von 34 ($n$ = 7)
- 40-59 mit einem Mittelwert von 50 ($n$ = 15)
- 60-69 mit einem Mittelwert von 64 ($n$ = 32)
- 70-79 mit einem Mittelwert von 76 ($n$ = 19)
- 80-90 mit einem Mittelwert von 86 ($n$ = 8)
- über 90 mit einem Mittelwert von 100 ($n$ = 16).

Aus den genannten Verteilungsangaben wird deutlich, dass auch diese Risikoskala
eine gewisse Mittelfeldproblematik aufwies, im mittleren Bereich mit geschätzten
Rückfallwahrscheinlichkeiten zwischen 60 und 70 % häuften sich die Probanden
etwas. Dennoch erschien die Verteilung insgesamt breitgipfliger als die Verteilun-
gen der einzelnen aktuarischen Instrumente. Auch blieb durch die vorgenommene
Transformation der Originalskala die rechtssteile Charakteristik erhalten (Test nach
Kolmogoroff-Smirnov mit z = 2,03  $p$ < .01), was nicht zuletzt die tatsächliche
Rückfallverteilung besser repräsentiert als eine streng symmetrische Form.

Als nächstes wurde die prognostische Leistungsgüte der Skala für verschiedene
Rückfallkriterien und Beobachtungszeiträume bestimmt und mit den Werten der
aktuarischen Instrumente in der Kreuzvalidierungsstichprobe (Summenskala aus
den Risikogruppenzuordnungen; vgl. Kap. 4.5.11.1) verglichen. Tabelle 40 gibt die
Ergebnisse wieder. Es wird deutlich, dass die Werte der integrativen Einschätzungen zwar nicht das Niveau der klinisch-idiographischen Vorhersagen erreichten,

jedoch durchgängig über den Gütewerten der aktuarischen Instrumente lagen. Insbesondere schienen die langfristigen Prognosen zuverlässiger, die Unterschiede für den gesamten Katamnesezeitraum überschritten im Area-Test für die Gesamtkatamnese, trotz der vergleichsweise kleinen Stichprobe, die Schwellen bloßer statistischer Zufallsdifferenzen ($z = 1,88$ bzw. $1,81$; $p < .05$). Am Rande sei schließlich noch angemerkt, dass sich die Gütewerte in der Kreuzvalidierungsstichprobe kaum von denen der Entwicklungsstichprobe unterschieden, teilweise leicht höher lagen. Insoweit schien die Skala relativ unempfindlich gegenüber zufälligen Fluktuationen innerhalb der Stichprobe, was möglicherweise eine Folge der konservativen Vorgehensweise bei der Konstruktion war.

**Tabelle 40**    Vorhersagegüte [a] der integrativen und aktuarischen Prognosen für verschiedene Rückfallkriterien und Beobachtungszeiträume in der Kreuzvalidierungsstichprobe ($n = 107$)

| | jede neue Verurteilung | | erneute Strafhaft | | Rückfallschwereindex (5-stufig) [b] | |
|---|---|---|---|---|---|---|
| | integrative Prognose | aktuarische Instrumente | integrative Prognose | aktuarische Instrumente | integrative Prognose | aktuarische Instrumente |
| kurzfristiger Zeitraum (2 Jahre) | $r_{pbis}$=.53*** <br> AUC=.82*** <br> $SE_{AUC}$=.04 | $r_{pbis}$ =.46*** <br> AUC =.79*** <br> $SE_{AUC}$ =.05 | $r_{pbis}$ =.46*** <br> AUC =.81*** <br> $SE_{AUC}$ =.04 | $r_{pbis}$=.43*** <br> AUC=.80*** <br> $SE_{AUC}$=.04 | rho =.48*** <br> — <br> — | rho =.43*** <br> — <br> — |
| mittelfristiger Zeitraum (5 Jahre) | $r_{pbis}$=.46*** <br> AUC =.75*** <br> $SE_{AUC}$ = .05 | $r_{pbis}$ =.34*** <br> AUC =.70*** <br> $SE_{AUC}$ = .04 | $r_{pbis}$ =.37*** <br> $AUC$ =.70** <br> $SE_{AUC}$ = .05 | $r_{pbis}$ =.31** <br> AUC=.68** <br> $SE_{AUC}$ = .05 | rho =.44*** <br> — <br> — | rho =.34*** <br> — <br> — |
| langfristiger Zeitraum (Gesamt) | $r_{pbis}$=.43*** <br> AUC =.74*** <br> $SE_{AUC}$ = .05 | $r_{pbis}$=.26** <br> AUC =.66** <br> $SE_{AUC}$ = .06 | $r_{pbis}$ = .39*** <br> AUC =.71*** <br> $SE_{AUC}$ = .06 | $r_{pbis}$=.26** <br> AUC=.65** <br> $SE_{AUC}$ = .06 | rho =.47*** <br> — <br> — | rho =.35*** <br> — <br> — |

[a] erste Zeile: punktbiseriale Korrelation; beim Rückfallschwereindex: rho (Spearman); zweite Zeile: AUC aus ROC-Analysen
dritte Zeile: Standardfehler der AUC

[b] Rückfallschwereindex: 0 (keine neue Verurteilung), 1 (keine [vollzogene] Freiheitsstrafe), 2 (erneute vollstreckte Freiheitsstrafe[n] bis zu 2 Jahren), 3 ([auch] längere Freiheitsstrafe[n] von mehr als 2 Jahren), 4 (Gewaltdelikt mit FS über 2 Jahren)

** $p < .01$    *** $p < .001$

In Anbetracht der relativ kleinen Zellbesetzungen innerhalb der einzelnen Skalenbereiche verbieten sich subtile statistische Auswertungen der Exaktheit der numerischen Rückfallquotenschätzungen. Um dennoch einen Eindruck von den tatsächlichen Rückfallquoten innerhalb der Schätzbereiche zu erhalten, wurden Diagramme mit den entsprechenden Rückfallzahlen erstellt, die zumindest einen optischen Ein-

druck vermitteln. Abbildung 27 gibt die Diagramme für verschiedene Rückfallereignisse und Katamnesezeiträume wieder.

**Abbildung 27**     Rückfallraten in Abhängigkeit von der geschätzten Rückfallquote
für verschiedene Rückfallkriterien und Beobachtungszeiträume in
der Kreuzvalidierungsstichprobe ($n = 107$)

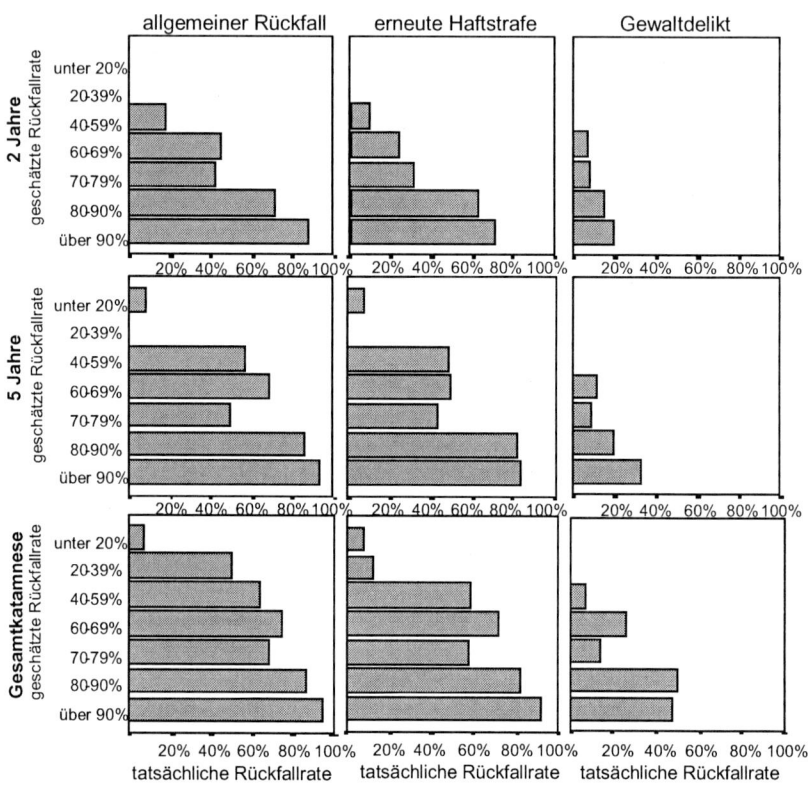

Es wird deutlich, dass sich eine gute Spreizung der Rückfallwerte, d. h. eine gute
Differenzierung zwischen allen Abstufungen der Schätzskala, nur bei den kurzfristigen Vorhersagezeiträumen ergab. Längerfristig blieb die Rangzuordnung zwar
weitgehend erhalten, die Spreizung wurde jedoch sichtlich unschärfer und ließ nur
mehr zwei bis drei klar unterscheidbare Level erkennen.

Die beiden Gruppen von Probanden mit Risikoeinschätzungen zwischen 40 und
70 % zogen offenbar mit einiger zeitlicher Verzögerung in ihrem Rückfallverhalten

nach. Bei der langfristigen Vorhersage von Rückfallereignissen zeigte die Skala insoweit eine ähnliche Mittelfeldproblematik wie die aktuarischen Instrumente, wenn auch in geringerem Ausmaß im Hinblick auf die etwas größeren Fallzahlen von Probanden, die in die Randbereiche mit zuverlässiger Vorhersage eingeordnet wurden, und im Hinblick auf die etwas günstigere rechtsschiefe Verteilungscharakteristik. In numerischer Hinsicht einigermaßen zuverlässig erwiesen sich die Quotenschätzungen auf längere Sicht indessen nur für Probanden, deren Rückfallwahrscheinlichkeit auf weniger als 40 %, mehr als 80 % oder zwischen 60 und 69 % eingeschätzt worden war (bei Wiederinhaftierung als Kriterium). Die Rückfälligkeit der Gruppe mit einer erwarteten Rückfallquote zwischen 70 und 79 % wurde hingegen systematisch überschätzt.

Abschließend wurde der Frage nachgegangen, inwieweit die Güte der Einschätzungen von Spezifika einzelner Subgruppen tangiert wird. Hierzu wurde das Instrument zur Vorhersage der Prognostizierbarkeit von Probanden aus dem Vorkapitel herangezogen. Tabelle 41 gibt die Korrelationen zwischen den Rückfallschätzungen und den Rückfallereignissen für gut und schlecht prognostizierbare Probanden wieder.

Es zeigte sich, dass der mit zunehmender Beobachtungsdauer einhergehende Verlust an Vorhersagegüte der nomothetischen Prognose offenbar weitgehend auf den als schlecht prognostizierbar eingeschätzten Fällen beruhte, für die gut prognostizierbaren Probanden blieben die Vorhersageleistungen weitgehend stabil auf vergleichsweise sehr hohem Niveau. Der Unterschied war beachtlich; trotz der für die schwache Teststärke recht geringen Größe der Kreuzvalidierungsstichprobe überschritten die zugehörigen z-Werte für Korrelationsdifferenzen auf mittelfristige Sicht die Schwelle bloßer Zufallsdifferenzen, jedenfalls für die nicht gewalttätigen Rückfälle.

Ergänzend ist anzumerken, dass die Zuverlässigkeit der Prognose stark von der Anzahl der Veränderungen an der Basisratenschätzung, die im Zuge der nomothetischen Prognose vorgenommen wurde, abhing. Bildet man hieraus einen einfachen Summenwert (von 0 [= keine Veränderung von der BR-Schätzung] bis 5 [= auf allen Ebenen Veränderungen vorgenommen]), so korreliert dieser mit der Unzuverlässigkeitszuordnung immerhin zu $r_{bis} = -.42$. Letztlich war dies auch zu erwarten gewesen. Es bedeutet nichts anderes, als dass jene Straftäter, die in den aus empirischer Sicht prognostisch relevanten Bereichen stets (oder jedenfalls gehäuft) als unspezifische Durchschnittsfälle mittlerer Merkmalsausprägung erscheinen, mit den nomothetischen, d. h. auf diese empirische Erfahrung bauenden Prognosemethoden schlecht zu erreichen sind. Sie sind und bleiben in der Optik dieser Methodenklasse „Durchschnittsfälle" mit entsprechend unspezifischer Prognose. Im Licht dieser Feststellung erklärt sich auch die vergleichsweise hohe Unzuverlässigkeit gerade der mit einem Rückfallrisiko zwischen 70 und 79 % eingeschätzten Fälle (vgl. Abb. 27). Diese Gruppe enthält 87 % aller perfekten „Durchschnittsproban-den", bei denen im Zuge der nomothetischen Prognose keine einzige Veränderung an der anfänglichen Basisratenschätzung vorgenommen wurde – knapp die Hälfte der Probanden dieser Gruppe zählte hierzu. Solange keine weitergehenden empiri-schen Kenntnisse vorliegen, die die spezifischen kriminogenen Bedingungsfakto-ren dieser Personengruppe erhellen könnten, bedarf es eines offensichtlich anderen methodischen – nämlich idiographisch orientierten – Zugangs, um überhaupt die Möglichkeit zu eröffnen, diese Straftäter prognostisch näher zu erfassen.

Tabelle 41   Vorhersagegüte der integrativen Rückfallschätzungen bei gut und schlecht prognostizierbaren Probanden für unterschiedliche Rückfall-ereignisse und Beobachtungszeiträume in der Kreuzvalidie-rungsstichprobe ($n = 107$)

| | gut prognostizierbar $r(Z_r)$ [a] | schlecht prognostizierbar $r(Z_r)$ [a] | $z$ [b] |
|---|---|---|---|
| **Kurzfristiger Beobachtungszeitraum (2 Jahre):** | | | |
| allgemeiner Rückfall | .61*** (.71) | .50*** (.55) | 0,80 |
| erneute Haft | .58*** (.66) | .37** (.39) | 1,38 |
| Gewaltdelikt | .36** (.38) | .05 (.05) | 1,64 |
| Rückfallschwereindex | .59*** (.68) | .41** (.44) | 1,21 |
| **Mittelfristiger Beobachtungszeitraum (5 Jahre):** | | | |
| allgemeiner Rückfall | .63*** (.74) | .28* (.29) | 2,28* |
| erneute Haft | .59*** (.67) | .14 (.14) | 2,69** |
| Gewaltdelikt | .37** (.39) | .05 (.05) | 1,70* |
| Rückfallschwereindex | .64*** (.76) | .20 (.20) | 2,79** |
| **Langfristiger Beobachtungszeitraum (Gesamtkatamnese):** | | | |
| allgemeiner Rückfall | .61*** (.71) | .21 (.21) | 2,49** |
| erneute Haft | .59*** (.68) | .18 (.18) | 2,49** |
| Gewaltdelikt | .38** (.40) | .24 (.25) | 0,78 |
| Rückfallschwereindex | .64*** (.76) | .27* (.28) | 2,42** |

[a] punktbiseriale Korrelationen, in Klammern Fisher's Z-transformierte Korrelation ($Z_r$)
[b] Test der $Z_r$ Werte auf Unterschiede mit $n_1 = 51$ und $n_2 = 56$
* $p < .05$ ** $p < .01$ *** $p < .001$

Freilich bestehen auch hier Grenzen. Nicht zuletzt lässt die zeitliche Verzögerung, mit der die Vorhersagegüte bei den als schlecht prognostizierbar klassifizierten Probanden absank, eine verstärkte und langfristig wirksame Abhängigkeit des Rückfallverhaltens dieser Gruppe von wechselnden situationalen Rahmenbedin-gungen vermuten, demgegenüber die gut prognostizierbaren Probanden offenbar recht stabile Verhältnisse aufweisen. Die konkrete Vorhersage langfristig wechselnder Rahmenbedingungen überschreitet indessen die Möglichkeiten seriöser Prognosen. Denkbar erscheint jedoch die grundsätzliche Feststellung einer möglicherweise dispositionell erhöhten Abhängigkeit von äußeren Rahmenbedingungen und deren Berücksichtigung bei der Prognosebeurteilung im Sinne eines längerfristig erhöhten Rückfallrisikos. Dass dies zumindest teilweise möglich ist, darauf deuten nicht zuletzt die besseren Leistungen der idiographischen Prognosen insbesondere bei den schlecht prognostizierbaren Probanden.

## 4.6 Ergänzende Auswertungen und Erhebungen

Im Rahmen der Projektarbeiten wurden einige weitere, für das Prognoseproblem relevante Auswertungen und Erhebungen durchgeführt, deren Ergebnisse an dieser Stelle wiedergegeben werden sollen. Dabei handelte es sich einerseits um Untersuchungen an zusätzlichen aktuarischen Instrumenten und mathematischen Schätzalgorithmen zur Beurteilung des Rückfallrisikos. Diese sollten weiteren Aufschluss über die soziokulturelle Übertragbarkeit im Ausland gewonnener Erfahrungen über die Bedeutung von Rückfallprädiktoren geben. Andererseits wurden zwei zusätzliche Erhebungen an besonderen Zielgruppen durchgeführt. Sie betrafen Personengruppen, die zwar im Strafvollzug eine Minderheit darstellen und daher in der unausgelesenen CRIME-Stichprobe entsprechend selten vorkamen, die jedoch für die Prognosepraxis von besonderer Bedeutung sind: Täter mit sehr gravierenden Gewaltverbrechen als Anlasstat und Sexualstraftäter.

### 4.6.1 Der Violence Risk Appraisal Guide (VRAG)

Beim *Violence Risk Appraisal Guide* (VRAG, Harris, Rice & Quinsey, 1993) handelt es sich in gewisser Weise um ein Konkurrenzverfahren zum HCR-20, da es auch auf die Vorhersage gewalttätiger Rückfallereignisse spezialisiert ist – eine Beschreibung des Instruments und der enthaltenen Merkmale findet sich in den einleitenden Kapiteln (Kap. 2.1.3.1). Der VRAG wurde im Rahmen einer Qualifikationsarbeit von einer hinsichtlich der tatsächlichen Rückfälligkeit der Probanden blinden Studienabsolventin der Psychologie mit rechtspsychologischem Studienschwerpunkt nach entsprechender Schulung an den Daten der CRIME-Stichprobe eingeschätzt (Hupp, 2003). Zugrunde lag eine Teilstichprobe im Umfang von $n = 257$ Probanden, da zum Untersuchungszeitpunkt noch nicht alle Daten vollständig ausgewertet waren bzw. zur Verfügung standen.

Hinsichtlich der Ausprägung des Gesamtscores ergab sich für den VRAG wiederum eine symmetrische Verteilungsform, die nicht wesentlich von einer Normalverteilung abwich (Test nach Kolmogoroff-Smirnov mit z = 0,801) mit einer mittleren Ausprägung von $M$ = 6,06 ($SD$ =7,11) und einem Range von –14 bis +25. Die Verteilungsform ließ insoweit eine ähnliche Mittelfeldproblematik vermuten, wie sie auch die anderen aktuarischen Instrumente aufwiesen. Sie verschärfte sich noch, wenn man die Rohwerte in die von den Testautoren genannten Risikolevels transformierte. Abbildung 28 gibt die Verteilung der so entstandenen Risikolevels wieder.

**Abbildung 28**     Verteilung der Risikolevel im VRAG bei einer unselektierten Strafgefangenenstichprobe ($n$ = 257)

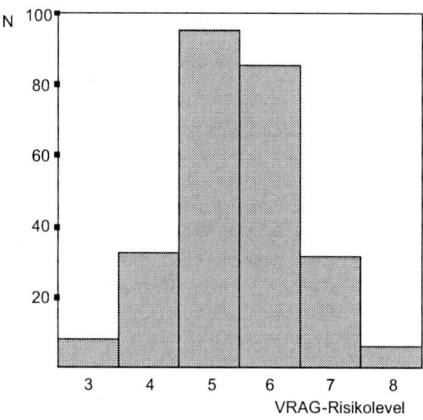

Enttäuschend waren zunächst die Leistungsdaten bei der Vorhersage des Rückfallverhaltens. Die Korrelationen zwischen Rohwert oder Risikolevel und den verschiedenen Rückfallereignissen waren zwar statistisch durchgängig signifikant, sie lagen jedoch nur in mäßigen Größenordnungen zwischen $r_{pbis(min)}$ = .18 (Kriterium: gravierendes Gewaltdelikt, Gesamtkatamnese) und $r_{pbis(max)}$ = .29 (Kriterium: Rückfallschwereindex, 5-Jahreszeitraum; siehe i. e. Hupp, 2003). Die Leistungen besserten sich jedoch, wenn man die Stichprobe auf Personen eingrenzte, die im Vorfeld (bei Vordelikten oder dem Indexdelikt) überhaupt schon einmal mit Gewalttaten auffällig geworden waren ($n$ = 100) – allerdings nur bei der Vorhersage erneuter Gewalttaten. Für kurz- (2 Jahre: $r_{pbis}$ = .26) und mittelfristige Gewaltrückfälle (5 Jahre: $r_{pbis}$ = .31, bei gravierenden Gewalttaten mit $r_{pbis}$ = .33) lagen sie nominell sogar etwas über den Werten für das HCR-20, verfehlten aber weitgehend die valide Vorhersage sonstiger Straftaten.

Die Befunde lassen vermuten, dass der VRAG stärker auf Gewaltstraftäter und die Vorhersage von Gewaltrückfällen spezialisiert ist als das HCR-20, das bei den CRIME-Probanden recht gute Leistungen auch bei der Vorhersage allgemeiner strafrechtlicher Rückfälle zeigte. Dies mag nicht zuletzt an der größeren Bedeutung von Spezifika des Tatverhaltens liegen, die der VRAG der Vorhersage erneuter Taten beimisst, während das HCR-20 ein relativ großes Gewicht auf die Erfassung allgemeiner dissozialer und delinquenter Merkmale legt (vgl. Tab. 5).

### 4.6.2 Algorithmen zur Einschätzung der Rückfallwahrscheinlichkeit

Ziel der Erprobung der *Offender Group Reconviction Scale* (OGRS; Copas & Marshall, 1998) und des Algorithmus von Beck und Shipley (1997) im Rahmen der CRIME-Studie war es, neben der Prüfung der grundsätzlichen Übertragbarkeit von Rückfallprädiktoren aus ausländischen Studien auch Hinweise über die Vergleichbarkeit der Größenordnung von Effektstärken und der strukturellen Zusammenhänge einzelner Merkmale mit hiesigen Verhältnissen zu gewinnen. Immerhin handelt es sich bei den Verfahren nicht um aktuarische, auf einfachen Summierungen beruhende Prognoseinstrumente, wie die übrigen hier erprobten Verfahren, sondern um subtile mathematische Algorithmen, die auf der Grundlage einiger weniger und einfach zu erhebender Eckdaten aus der strafrechtlichen Vorgeschichte der Probanden zu einer unmittelbaren Einschätzung der Rückfallwahrscheinlichkeit gelangen wollen.

Um diese Frage zu untersuchen, wurde zunächst die OGRS (eine Beschreibung des Algorithmus gibt Kap. 1.3.1) auf die Probanden der CRIME-Stichprobe angewendet und die resultierenden Wahrscheinlichkeitsschätzungen wurden in neun Bereiche ($p$ bis unter .15, .15 bis unter .25 usw.) unterteilt. Abbildung 29 gibt die so gruppierten Rückfallwahrscheinlichkeitsschätzungen der OGRS und die tatsächlichen Rückfallquoten innerhalb eines 2-Jahreszeitraums nach Entlassung aus der Indexhaft (für diesen Zeitraum ist die OGRS konstruiert) wieder.

Sieht man von dem leichten Einbruch bei der Gruppe mit einer eingeschätzten Rückfallwahrscheinlichkeit von etwa 80 % ($p$ = .75 bis unter .85) ab, so zeigte die OGRS eine sehr beachtliche Genauigkeit ihrer Einschätzungen; die Abweichungen von der Diagonalen im Diagramm (sie repräsentiert eine perfekte Übereinstimmung zwischen Vorhersage und tatsächlicher Rückfallquote) erscheinen minimal. Der Befund gibt insofern einen Hinweis darauf, dass Rückfallprädiktoren, die im Ausland als bedeutsam imponieren, möglicherweise nicht nur hinsichtlich ihrer grundsätzlichen Relevanz übertragbar sind. Zumindest in England (dem Herkunftsland der OGRS) scheinen auch ihre quantitativen und strukturellen Zusammenhänge weitgehend ähnlich.

**Abbildung 29** Schätzung der Rückfallwahrscheinlichkeit mit der OGRS und tatsächliche Rückfallquoten (alle Delikte) innerhalb von 2 Jahren nach Haftentlassung

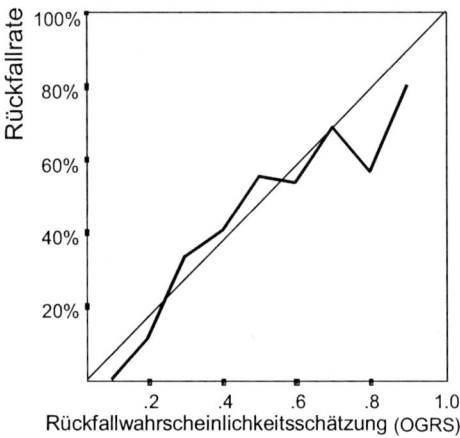

Allerdings ist darauf hinzuweisen, dass die OGRS als Prognoseinstrument nur bedingt geeignet ist, auch im Hinblick auf die Einschätzung von Basisraten. Zunächst wies der Score eine recht beträchtliche Mittelfeldproblematik auf, d. h., sehr viele Probanden der CRIME-Studie wurden in mittlere Rückfallwahrscheinlichkeitsbereiche eingeordnet. Wichtiger erscheint es noch, dass die Einschätzungen sehr schnell unvalide wurden, sobald andere Rückfallkriterien als jede erneute Straftat (z. B. eine Neuinhaftierung) oder längere Beobachtungszeiträume als die hier untersuchten zwei Jahre angelegt wurden. Hierfür war die Skala nicht konstruiert, insofern ist ihr dies nicht anzulasten. Für Prognosezwecke im Kontext von Begutachtungen sind indessen andere Kriterien angemessener.

Als weiterer Algorithmus wurde ein von Beck und Shipley (1997) an über 16.000 aus US-amerikanischen Haftanstalten entlassenen Strafgefangenen entwickeltes Modell zur Einschätzung der Wiederinhaftierung innerhalb eines Zeitraums von drei Jahren nach der Entlassung an den Probanden der CRIME-Stichprobe erprobt. Die Modellgleichung berücksichtigt fünf Variablen, die auf der Basis von Logitanalysen aus einer größeren Anzahl von erprobten Faktoren als bedeutsam extrahiert wurden (das Entlassungsalter, die Anzahl früherer Inhaftierungen im Erwachsenenalter, frühere Fluchten, die Art des Indexdelikts und die Tatsache, ob überhaupt frühere Haftstrafen bereits vollzogen wurden), und nach Maßgabe ihrer jeweiligen Einflussgrößen verrechnet werden[44].

**Abbildung 30**    Schätzung der Rückfallwahrscheinlichkeit mit einem von Beck und Shipley (1997) entwickelten Algorithmus und tatsächliche Rückfallquoten (erneute Strafhaft) für verschiedene Beobachtungszeiträume

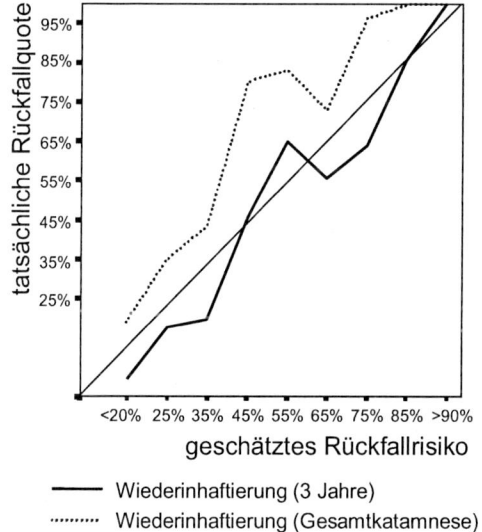

Entsprechend dem von den Autoren vorgeschlagenen Vorgehen wurden die erwarteten Rückfallwahrscheinlichkeiten für die Probanden der CRIME-Stichprobe errechnet und in Prozentwerte umgewandelt. Die resultierenden Wahrscheinlichkeitsschätzungen wurden wiederum in neun Bereiche (unter 20 %, 20-29 % usw.)

---

[44] Die einzelnen Merkmale werden dabei entsprechend ihrer durch die Logitanalyse ermittelten Effektgrößen einzeln gewichtet und (einschließlich einer Konstanten von .317) aufsummiert. Folgende Gewichte liegen hierbei zugrunde:
Alter unter 25 Jahre: .721; 25-34 Jahre: .015; über 35 Jahre: -.736; bis zu 3 Inhaftierungen: -.582; 4-6 Inhaftierungen: -.112; über 6 Inhaftierungen .694; Flucht während der Haftzeit: .224 sonst -.224; hoch rückfallgefährdete Deliktart (entsprechend einer Liste; vgl. Kap. 4.5.11.1): .178 sonst -.178; frühere Haftstrafen .175 sonst -.175
Der inverse natürliche Logarithmus des so gewichteten Summenwertes entspricht der erwarteten Rückfallwahrscheinlichkeit als Effekt-Koeffizient (odds ratio) und kann bei Bedarf in Prozent- oder *p*-Werte umgerechnet werden.

unterteilt, um Gruppen zu erhalten, für die die Rückfallquoten bestimmt werden konnten. Abbildung 30 gibt die so gruppierten Rückfallwahrscheinlichkeitsschätzungen und die zugehörigen tatsächlichen Rückfallquoten (erneute Strafhaft) für einen 3-Jahreszeitraum (für diesen Zeitraum ist der Algorithmus konstruiert) und für die Gesamtkatamnese nach Entlassung aus der Indexhaft wieder.

Wiederum ergab sich eine recht beachtliche Treffergenauigkeit der Rückfallquotenschätzungen, sofern man dieselbe Beobachtungsdauer und dasselbe Kriterium zugrunde legt, anhand derer der Algorithmus entwickelt wurde. Indessen waren die nach Beck und Shipley (1997) vorgenommenen Einschätzungen gegenüber der OGRS stabiler gegenüber Variationen der Beobachtungsdauer. Zwar unterschätzte der Algorithmus mit Zunahme der Beobachtungszeit die tatsächlichen Quoten, da das Niveau der Basisrate insgesamt anstieg. Die Abweichungen waren jedoch für die verschiedenen Schätzwertbereiche relativ konstant (vgl. die Kurve für die Gesamtkatamnese in Abb. 30).

Aufgrund der vergleichsweise hohen Treffgenauigkeit der Algorithmen zur Einschätzung der Rückfallraten wurde probeweise die in Kapitel 4.5.11 entwickelte Strategie für eine integrative Einschätzung der statistischen Rückfallwahrscheinlichkeit modifiziert, indem die anfängliche Schätzung der Basisrate durch einen der Algorithmen ersetzt wurde. Hierzu wurde der Algorithmus von Beck und Shipley herangezogen, da er für einen längeren Vorhersagezeitraum konzipiert ist. Darüber hinaus wurde die Berücksichtigung von Alterseffekten weggelassen, weil das Alter im Algorithmus bereits enthalten ist. Die folgende Tabelle 42 informiert über die Gütekennwerte der so modifizierten integrativen Schätzwerte für die Kreuzvalidierungsstichprobe (vgl. Kap. 4.5.11) und für die nach ihrer Prognostizierbarkeit unterteilten Subgruppen.

Insgesamt ergaben sich sehr hohe Gütekennwerte der so modifizierten Schätzungen, die durchgängig deutlich oberhalb der ursprünglichen Koeffizienten lagen. Aber auch hier zeigte sich bei den als schlecht prognostizierbar eingestuften Probanden mit zunehmender Beobachtungsdauer eine sichtlich nachlassende Vorhersagezuverlässigkeit – eine Ausnahme stellte nur die langfristige Gewaltprognose dar, die bei den als schlecht prognostizierbar eingestuften Probanden etwas besser gelang (wie auch mit den aktuarischen Instrumenten, vgl. Abb. 24). Insgesamt galt jedoch auch hier, dass empirische Durchschnittsfälle mit der statistischen Methodik auf längere Sicht gesehen nur eingeschränkt einschätzbar waren.

**Tabelle 42** Gütekennwerte[a] der modifizierten integrativen Schätzung der Rückfallwahrscheinlichkeit für unterschiedliche Kriterien und Beobachtungszeiträume in der Kreuzvalidierungsstichprobe sowie bei gut und
schlecht prognostizierbaren Teilgruppen

| | Gesamt ($N = 107$) | gut prognostizierbar ($n = 51$) | schlecht prognostizierbar ($n = 56$) |
|---|---|---|---|
| **Kurzfristiger Beobachtungszeitraum (2 Jahre):** | | | |
| allgemeiner Rückfall | $r = .63$ *** <br> AUC = .86 *** (.04) | $r = .62$ *** <br> AUC = .85 *** (.05) | $r = .65$ *** <br> AUC = .89 *** (.05) |
| erneute Haft | $r = .61$ *** <br> AUC = .87 *** (.04) | $r = .66$ *** <br> AUC = .88 *** (.05) | $r = .55$ *** <br> AUC = .85 *** (.05) |
| Gewaltdelikt | $r = .22$ * <br> AUC = .75 * (.10) | BR zu gering | BR zu gering |
| Rückfallschwereindex | rho = .62 *** | rho = .63 *** | rho = .62 *** |
| **Mittelfristiger Beobachtungszeitraum (5 Jahre):** | | | |
| allgemeiner Rückfall | $r = .50$ *** <br> AUC = .79 *** (.04) | $r = .65$ *** <br> AUC = .89*** (.05) | $r = .35$** <br> AUC = .69** (.07) |
| erneute Haft | $r = .46$ *** <br> AUC = .76 (.05) | $r = .66$ *** <br> AUC = .88 *** (.05) | $r = .26$ <br> AUC = .63 (.08) |
| Gewaltdelikt | $r = .29$ ** <br> AUC = .77 ** (.07) | $r = .42$ ** <br> AUC = .80 ** (.07) | $r = .02$ <br> AUC = .59 (.08) |
| Rückfallschwereindex | rho = .50 *** | rho = .69 *** | rho = .28 * |
| **Langfristiger Beobachtungszeitraum (Gesamtkatamnese):** | | | |
| allgemeiner Rückfall | $r = .44$ *** <br> AUC = .78 *** (.05) | $r = .57$ *** <br> AUC = .85 *** (.06) | $r = .31$ * <br> AUC = .70 * (.08) |
| erneute Haft | $r = .44$ *** <br> AUC = .75 (.05) | $r = .59$ *** <br> AUC = .85 *** (.06) | $r = .28$ * <br> AUC = .66 * (.07) |
| Gewaltdelikt | $r = .33$ *** <br> AUC = .73 (.06) | $r = .31$ * <br> AUC = .70 * (.08) | $r = .38$ ** <br> AUC = .80 * (.10) |
| Rückfallschwereindex | rho = .52 *** | rho = . 67 *** | rho = .34 ** |

[a] erste Zeile punktbiseriale Korrelationen, bei Rückfallschwereindizes Spearman´s rho
zweite Zeile AUC (in Klammern der Standardfehler der AUC)
* $p < .05$ ** $p < .01$ *** $p < .001$

## 4.6.3 Täter mit gravierenden Gewalttaten

Es handelte sich um die Untersuchung einer Gelegenheitsstichprobe, nämlich um Strafgefangene und Sicherungsverwahrte (gem. § 66 StGB), die in den 80er und der ersten Hälfte der 90er Jahre des vorigen Jahrhunderts am Institut für Forensische Psychiatrie der Freien Universität Berlin zur Frage ihrer Entlassungsprognose begutachtet wurden. Einbezogen wurden alle entsprechenden Begutachtungen, sofern eine Entlassung aus der Vollzugsanstalt tatsächlich erfolgt war, eine Beobachtungszeit von mindestens drei Jahren nach Entlassung bis zur Abfrage des BZR (Dezember 2002) zur Verfügung stand und die Probanden nicht zwischenzeitlich verstorben waren (dies war bei immerhin 12 % der Probanden der Fall). Einbezogen wurden letztlich $N$ = 48 Probanden, die alle drei Bedingungen erfüllten. Die tatsächliche Beobachtungszeit nach Haftentlassung variierte für diese Probanden zwischen 3 und 20 Jahren, im Mittel betrug sie $M$ = 12,13 Jahre ($SD$ = 4,58).

Grundlage für die Beurteilung der in den verschiedenen Instrumenten enthaltenen Merkmale waren die Gutachtentexte, die Urteilstexte sowie auszugsweise Kopien bzw. Zusammenfassungen der wesentlichen Inhalte der Ermittlungs- und der Gefangenenpersonalakte, ggf. auch weiterer Aktenbefunde (Krankenunterlagen o. Ä.). Das Rückfallverhalten wurde anhand der Bundeszentralregisterauszüge beurteilt, erfasst wurden rechtskräftige Neuverurteilungen aufgrund von Straftaten aus der Zeit nach Entlassung aus der Indexhaft. An Prognoseinstrumenten wurden, wie in der Hauptstudie, das LSI-R, das HCR-20 und die PCL-R einbezogen. Diese wurden im Rahmen einer Qualifikationsarbeit blind (hinsichtlich der weiteren strafrechtlichen Entwicklung der Probanden) durch eine Studienabsolventin der Psychologie mit rechtspsychologischem Studienschwerpunkt nach entsprechender Schulung in der Anwendung der Instrumente bearbeitet (Weise, 2003). In 30 Fällen wurde eine unabhängige Zweitbeurteilung durch eine Mitarbeiterin der CRIME-Studie durchgeführt; die Beurteilerübereinstimmungen lagen durchgängig auf ähnlichem Niveau, wie sie in der CRIME-Studie vorgefunden wurden (vgl. Kap. 4.5.4), für die jeweiligen Gesamtscores lagen alle Produkt-Moment- und Intraclass-Korrelationen über .9 (ebd.).

Die Anlage der Studie bringt einige rechtlich bedingte methodische Einschränkungen mit sich. Zunächst sind unmittelbar die Auswahl (nur entlassene Probanden), mittelbar aber auch die Beobachtungsdauer und das Alter der Probanden mit der Prognose konfundiert. Da es sich zu einem Großteil um Gefangene mit lebenslanger Freiheitsstrafe ($n$ = 33) und bei einigen weiteren um Sicherungsverwahrte ($n$ = 9) handelte, war die Entlassung der meisten Probanden an die gesetzliche Voraussetzung einer hinreichend günstigen Prognose gebunden. Da kaum anzunehmen ist, dass die zugrunde liegenden damaligen Beurteilungen gänzlich unvalide waren, handelt es sich somit um eine Stichprobe, die Personen mit geringem Rückfallrisiko einseitig bevorzugt – dies schränkt die Untersuchung von Irrtümern insbesondere bei falsch-positiven Beurteilungen ein (zu weiteren Effekten und Einschränkungen des Selektionsproblems vgl. i. e. Kap. 1.3.1). Eine weitere Einschränkung ergibt sich dadurch, dass Probanden mit ungünstiger prognostischer Beurteilung zumeist nicht im zeitlichen Umfeld der ursprünglichen Begutachtung, sondern teilweise erst sehr viel später entlassen wurden. Tatsächlich wurden 26 Probanden innerhalb eines Jahres nach der Begutachtung entlassen, die übrigen erst Jahre später. Da die Beurteilung der Instrumente auf der Grundlage der Informationen bis zum Gutachtenzeitpunkt erfolgte, handelt es sich für diese Probanden nicht um Risikobeurteilungen zum Entlassungszeitpunkt, sondern um eine Momentaufnahme aus dem Verlauf des Vollzugs. Diese rechtlich bedingten methodischen Einschränkungen sind bei der Wertung der Ergebnisse zu berücksichtigen.

Bei den Anlasstaten der Probanden handelte es sich in 75 % der Fälle um Tötungsdelikte (33 als Mord [davon einer als versuchter Mord] und drei als Totschlag klassifizierte Taten), die in ca. der Hälfte der Fälle im Rahmen von Raubdelikten begangen wurden. In sechs Fällen handelte es sich um Sexualdelikte, in vier Fällen ausschließlich um Raubdelikte und in zwei Fällen um schwere Eigentumsdelikte. Knapp 70 % der Probanden verbüßten eine lebenslange Freiheitsstrafe, weitere 19 % eine Sicherungsverwahrung gem. § 66 StGB und die übrigen zeitlich befristete Freiheitsstrafen im Umfang zwischen 4,5 und 12 Jahren.

Bemerkenswert erscheint das Rückfallverhalten dieser Gruppe. Die Hälfte ($n = 24$) wies keinerlei Neueinträge im BZR nach Haftentlassung mehr auf, weitere 29 % ($n = 14$) lediglich Einträge wegen geringfügiger strafrechtlicher Normverstöße, für die keine Freiheitsstrafen verhängt wurden. Die Probanden wurden also erheblich seltener rückfällig als die Probanden der CRIME-Stichprobe, was an den o. g. Selektionseffekten und nicht zuletzt am fortgeschrittenen Alter nach langjährigem Freiheitsentzug gelegen haben mag (die mittlere Haftdauer betrug $M = 15,81$ Jahre [$SD = 6,47$], das mittlere Entlassungsalter lag bei $M = 45,17$ Jahren [$SD = 7,81$]). Von den zehn zu erneuter Freiheitsstrafe verurteilten Probanden waren allerdings acht mit gravierenden Gewaltdelikten (Gewaltstraftaten, die mit Freiheitsstrafe von mehr als zwei Jahren geahndet wurden) rückfällig geworden und ein weiterer mit schwerer Körperverletzung (12 Monate Freiheitsstrafe). Insoweit war das Rückfallverhalten dieser Gruppe deutlich schärfer profiliert als bei den Probanden der CRIME-Stichprobe: Die Probanden der Gutachtenstichprobe wurden weitgehend nicht bzw. nur mit Bagatelldelikten rückfällig; aber wenn sie erneute Straftaten begingen, dann in der Regel mit erheblichem Schweregrad.

Vor allem das LSI-R und das HCR-20 erzielten recht beachtliche Leistungsdaten bei der Vorhersage der Rückfälligkeit der Probanden. Die Rangkorrelation (Spearman) des LSI-Scores mit dem Rückfallschwereindex (vgl. Kap. 4.3.2) lag bei $rho = .60$, die AUC für die Vorhersage einer erneuten Freiheitsstrafe betrug AUC $= .86$

($SE = .07$; $KI^{95\%}$:.73 - .99). Das HCR-20 erreichte für die genannten Rückfallkriterien immerhin noch eine Rangkorrelation von $rho = .49$ und eine AUC von
AUC = .78 ($SE = .09$; $KI^{95\%}$:.61 - .95). Lediglich der PCL-R Score zeigte nur mittlere Zusammenhänge mit der Rückfälligkeit der Probanden ($rho = .34$; AUC = .62
bei $SE = .10$ und $KI^{95\%}$:.42 - .82), was möglicherweise auf die o. g. Selektion von
Probanden mit eher geringem Rückfallrisiko und die Spezialisierung der PCL auf
die Erfassung einer bestimmten Hochrisikoklientel zurückzuführen war. Tatsächlich fiel auf, dass die Probanden der Gutachtenstichprobe – trotz der gravierenden
Anlassdelikte – in den Instrumenten im Mittel geringere Scorewerte erzielten als
die Probanden der CRIME-Stichprobe ($M_{LSI} = 20,83$, $SD = 5,63$; $M_{HCR} = 15,35$,
$SD = 5,89$; $M_{PCL} = 9,83$, $SD = 5,46$). Insoweit mögen Hochrisikoprobanden durch
die rechtlich bedingten Selektionsprozesse insbesondere bei der Frage der Beendigung einer zeitlich unbefristeten Maßnahme weitgehend herausgefiltert worden
sein. Diejenigen Rückfälligen, die diesen Selektionsprozess aber überstanden hatten, wären jedoch weitgehend durch das LSI-R und das HCR-20 identifiziert worden. Bei einem Schwellenwert von 26 Punkten im LSI-R wären immerhin sechs
der neun gewaltrückfälligen Probanden entsprechend klassifiziert worden (bei drei
falsch-positiven Klassifikationen, die jedoch alle mit geringfügigen Taten auffällig
geworden sind), mit dem HCR-20 und einem Schwellenwert von 20 wären ebenfalls diese sechs gewalttätigen Rückfalltäter identifiziert worden (allerdings bei
sechs falsch-positiven Klassifikationen, von denen einer gar keine erneuten Einträge im BZR mehr aufwies).

Bemerkenswert erscheint es schließlich, dass die strafrechtliche Vorgeschichte
– die in den meisten Rückfallstudien als starker Prädiktor imponiert – bei der hiesigen hochselektierten Stichprobe kaum eine Rolle spielte; die entsprechende LSI-
Subskala korrelierte nur zu $r_{pbis} = .14$ mit erneuten Haftstrafen und zu $r_{pbis} = .04$ mit
gravierenden Rückfällen, die H-Skala des HCR-20 nur zu $r_{pbis} = .20$ mit erneuten
Freiheitsstrafen und zu $r_{pbis} = .01$ mit gravierenden Gewaltrückfällen. Dies mag nicht
zuletzt daran liegen, dass 42 der 48 Probanden (88 %) bereits vor der Indexhaft
Freiheitsstrafen (37 Probanden mehrfach) im Umfang von durchschnittlich rund
4 ½ Jahren ($M = 4,36$ Jahre, $SD = 4,05$) verbüßten. Die Vorgeschichte vermochte
bei dieser Ausgangslage kaum mehr zur validen Differenzierung beizutragen. Tatsächlich waren es vor allem die dynamischen Risikofaktoren, die eine Vorhersage
erlaubten – allen voran die Leistungsskala des LSI-R ($rho = .57$ mit Rückfallindex)
und die familiär-partnerschaftliche Bindung ($rho = .45$).

Abschließend ist zu ergänzen, dass für die Stichprobe auch eine integrative Einschätzung des statistischen Rückfallrisikos nach dem Modell des Vorkapitels (vgl.
Kap. 4.5.11, mit dem Algorithmus nach Beck & Shipley [1997] zur Basisratenschätzung) erprobt wurde. Die Vorhersagen erzielten Gütewerte, die denen des
LSI-R entsprachen – was insofern nicht verwundert, als die Skalen zu $r = .92$ kor-

relierten. Für diese Stichprobe war gegenüber der hohen Vorhersagegüte des LSI-R insofern keine Verbesserung mehr zu erzielen (wohl aber gegenüber den anderen aktuarischen Skalen); allerdings wurden die Vorhersageleistungen durch die Erweiterung auch nicht verwässert.

### 4.6.4 Sexualstraftäter

Es handelte sich um eine Evaluationsstudie zur spezialpräventiven Effizienz von Sozialtherapie bei Sexualstraftätern, in deren Rahmen auch aktuarische Instrumente zur Rückfallprognose erprobt wurden. Es ging um eine Totalerhebung aller zwischen 1988 und 1998 entlassenen und in der Sozialtherapeutischen Anstalt Berlin-Tegel behandelten Straftäter mit Sexualdelikten als Anlasstat, denen jeweils per Paarzuordnung der nach kriminologischen Gesichtspunkten ähnlichste unbehandelte Sexualstraftäter aus dem Regelvollzug der JVA Tegel zugeordnet wurde. Kriterien hierfür waren ein vergleichbares Anlassdelikt (auch hinsichtlich des Begehungsmodus und der Opferwahl), eine ähnliche rechtliche Würdigung im Hinblick auf die Straflänge, eine vergleichbare strafrechtliche Vorgeschichte und ein ähnliches Alter zum Tat- und Entlassungszeitpunkt. Insgesamt wurden $N = 136$ (je zur Hälfte behandelte und unbehandelte) Täter einbezogen (weitere methodische Details bei Ziethen, 2003). Die Beobachtungszeit nach Haftentlassung variierte zwischen 4 und 15 Jahren, im Mittel lag sie bei $M = 8,86$ Jahren ($SD = 2,94$).

Als aktuarische Prognoseinstrumente wurden das *Sexual Violence Risk - 20* Schema (SVR-20, Boer, Hart, Kropp & Webster, 1997; eine Beschreibung des Verfahrens findet sich in Kap. 2.1.3.2) und eine Kurzform der PCL, die *PCL:SV* (Short Version; Hart, Cox & Hare, 2000), die die 12 am besten mit der Gesamtskala der PCL-R korrelierenden Items umfasst, einbezogen. Sie wurden durch die studentische Mitarbeiterin der CRIME-Studie im Rahmen ihrer psychologischen Abschlussarbeit anhand der Gefangenenpersonal- und Behandlungsakten erhoben, die zum Erhebungszeitpunkt blind im Hinblick auf das Rückfallverhalten der Probanden war. Diese erzielten im SVR-20 einen mittleren Gesamtscore von $M = 15,32$ Punkten ($SD = 5,58$) und in der PCL-SV von $M = 13,02$ ($SD = 5,57$), die Verteilungen wiesen erneut eine weitgehend symmetrische Charakteristik auf, bedeutsame Abweichungen vom Verlauf einer Normalverteilung ergaben sich nicht (Test nach Kolmogoroff-Smirnov mit $z = 0,91$ bzw. $z = 1,18$).

Bei den Anlasstaten handelte es sich in 68 % der Fälle um Vergewaltigungs- bzw. sexuelle Nötigungsdelikte; in 19 % lagen sexuelle Missbrauchsdelikte an Kindern vor, bei den übrigen Fällen handelte es sich um Mischformen (sexuelle Gewalttaten an Kindern oder beide Deliktvarianten gemeinsam verurteilt). Im Mittel verbüßten die Täter für diese Taten eine Freiheitsstrafe von 4,2 Jahren ($SD = 1,93$).

Rund 75 % der Probanden war bereits vor dem Anlassdelikt vorbestraft. Einschlägige Vordelikte mit Sexualstraftaten wiesen 33 % auf, ausschließlich mit Sexualdelikten waren indessen nur zehn Probanden (7 %) vorbestraft.

Von den 136 Probanden der Studie blieben 29 (21 %) innerhalb der Beobachtungsdauer nach Haftentlassung ohne Neueintrag im BZR, weitere 34 (25 %) fielen zwar erneut mit Delikten auf, für die jedoch keine Freiheitsstrafen verhängt wurden. Die Quote erneuter einschlägiger Sexualdelikte lag bei 27 % und unterschied sich zwischen Behandlungs- und Kontrollgruppe nicht (vgl. Ziethen, 2003). Die folgende Tabelle 43 gibt eine Übersicht über die Zusammenhänge der Gesamtscores der aktuarischen Instrumente mit den verschiedenen Rückfallereignissen.

**Tabelle 43** Leistungskennwerte von SVR-20 und PCL:SV bei der Vorhersage verschiedener Rückfallereignisse bei Sexualstraftätern ($N = 136$)

|  | SVR-20 | PCL:SV |
|---|---|---|
| Rückfall überhaupt | $r_{pbis} = .31$*** <br> AUC = .72*** ($SE = .05$) | $r_{pbis} = .32$ *** <br> AUC = .73*** ($SE = .05$) |
| erneute Haftstrafe | $r_{pbis} = .32$ *** <br> AUC = .68*** ($SE = .05$) | $r_{pbis} = .36$*** <br> AUC = .71*** ($SE = .05$) |
| erneutes Sexualdelikt | $r_{pbis} = .22$ * <br> AUC = .65** ($SE = .05$) | $r_{pbis} = .13$ <br> AUC = .58 ($SE = .05$) |
| Rückfallschwereindex [a] | rho = .36 *** | rho = .33 *** |

[a] Rückfallschwereindex mit 0 (keine neue Verurteilung), 1 (keine neue Haftstrafe), 2 (erneute Haftstrafe bis 1 Jahr, nicht wegen Sexualdelikten); 3 (längere Haftstrafen, nicht wegen Sexualdelikten); 4 (erneutes Sexualdelikt)
* $p < .05$; ** $p < .01$; *** $p < .001$

Es zeigte sich, dass die Scores der aktuarischen Instrumente statistisch hochsignifikant mit der allgemeinen Rückfälligkeit zusammenhingen und hier eine mittlere Leistungsgüte erzielten. Demgegenüber war die Vorhersagegenauigkeit einschlägiger Rückfallereignisse bei dieser Stichprobe gering; die PCL:SV verfehlte hier die Grenze statistischer Bedeutsamkeit. Zumindest bei der hier untersuchten Zielgruppe von Sexualstraftätern mit weitgehend polytroper Straffälligkeit (die den Großteil der Sexualstraftäter im Strafvollzug ausmachen; vgl. z. B. Kröber, 1999b) schien die spezifische Vorhersage einschlägiger Delikte mit den aktuarischen Instrumenten somit eher schlecht zu gelingen – dies deckt sich mit Erfahrungen aus dem Ausland mit den einschlägigen Verfahren (vgl. i. e. Kap. 2.1.3.2). Ergänzend ist jedoch anzumerken, dass das SVR-20 (wie das HCR-20) nicht als statistisches Prognoseinstrument i. e. S. gedacht ist, sondern als Hilfsmittel für eine klinische Beurteilung des einschlägigen Rückfallrisikos. Es benennt potentiell relevante Bereiche, die im Einzelfall in ihrer individuellen Bedeutung abzuschätzen sind. Eine probeweise klinische Beurteilung des einschlägigen Rückfallrisikos der Probanden auf Grundlage des SVR-20 durch die Examenskandidatin korrelierte mit der einschlägigen Rückfälligkeit immerhin zu *rho* = .35 (AUC = .71 bei *SE* = .05).

Schließlich wurde auch für die Sexualstraftäterstichprobe das Modell der integrativen Einschätzung des statistischen Rückfallrisikos aus Kap. 4.5.11 (mit dem Algorithmus nach Beck & Shipley, 1997, zur Basisratenschätzung) erprobt. Angesichts der spezifischen Stichprobe waren jedoch einige Modifikationen erforderlich. Da zur Erhebung der Ausprägung von Risiko- und Schutzfaktoren nur die SVR-20 vorlag und diese in internationalen Validierungen gegenüber den anderen aktuarischen Systemen meist eine geringere Vorhersagegüte aufwies (vgl. Kap. 2.1.3.2), wurden die Scorewerte anhand der Verteilungsverhältnisse in drei Gruppen aufgeteilt (Schwellen bei 10 und 20 Punkten, was ca. einer Standardabweichung unter- bzw. oberhalb des Mittelwerts entsprach; s. o.) und der über- und unterdurchschnittlichen Gruppe eine relativ konservative Effektstärke von ± 10 % zugeordnet. Als Hochrisikogruppen wurden, neben hohen PCL-Werten (Schwellenwert im PCL:SV bei 18, vgl. Hart et al., 2000), auch Personen mit Sexualdelikten an nicht näher bekannten Opfern (fremde Opfer oder Kurzbekanntschaften) bei eindeutig sadistischem Gepräge sowie einschlägig vorbestrafte Täter mit (auch) männlichen Opfern eingestuft (zu den Hintergründen vgl. Kap. 4.5.11.1), wobei wiederum eher konservativ die Zugehörigkeit zu einer Hochrisikogruppe mit einer Effektstärke von 10 %, die gleichzeitige Zugehörigkeit zu mehreren Hochrisikogruppen mit 20 % gewertet wurde. Als Niedrigrisikogruppe wurden Personen ohne jegliche Vorstrafen und anderweitige Hinweise auf dissoziale Persönlichkeitszüge angesehen, die aufgrund inzestuöser Missbrauchshandlungen an eigenen Kindern i. S. eines endogamen Inzests in Strafhaft waren (vgl. hierzu Hirsch, 1994) und mit einer erwarteten Effektstärke von -10 % (vgl. Hanson, 2001) gewertet wurden. Tabelle 44 gibt die Gütekennwerte der so erstellten Skala mit den verschiedenen Rückfallereignissen wieder.

Trotz der hier nur sehr grob und konservativ vorgenommenen Schätzungen von Effektstärken für die verschiedenen Einflussfaktoren lieferte die integrative Skala durchgängig höhere Koeffizienten als die aktuarischen Instrumente, wenn die Unterschiede angesichts der geringen Stichprobengröße die Schwellen statistischer Bedeutsamkeit auch knapp verfehlten. Der Befund lässt dennoch erahnen, dass mit den erprobten Instrumenten (die hier als statistische Verfahren behandelt wurden) die Möglichkeiten zur Einschätzung von Rückfallwahrscheinlichkeiten auf der Grundlage empirisch gesicherter Zusammenhänge auch bei der eher schwierigen Klientel der Sexualstraftäter noch nicht ausgeschöpft sind, sondern noch Verbesserungspotentiale bestehen.

**Tabelle 44**  Leistungskennwerte der integrativen nomothetischen Prognose bei der Vorhersage verschiedener Rückfallereignisse bei Sexualstraftätern ($N = 136$)

|  | nomothetische Prognose |
|---|---|
| Rückfall überhaupt | $r_{pbis} = .39$*** <br> AUC $= .80$*** ($SE = .04$) |
| erneute Haftstrafe | $r_{pbis} = .48$ *** <br> AUC $= .79$*** ($SE = .04$) |
| erneutes Sexualdelikt | $r_{pbis} = .31$ *** <br> AUC $= .70$*** ($SE = .05$) |
| Rückfallschwereindex [a] | rho $= .51$ *** |

[a] Rückfallschwereindex mit 0 (keine neue Verurteilung), 1 (keine neue Haftstrafe), 2 (erneute Haftstrafe bis 1 Jahr, nicht wegen Sexualdelikten); 3 (längere Haftstrafen, nicht wegen Sexualdelikten); 4 (erneutes Sexualdelikt)

* $p < .05$; ** $p < .01$; *** $p < .001$

# 5    Fazit

## 5.1    Bewertung der Befunde der CRIME-Studie

Bei der CRIME-Studie handelt es sich um eine teils retrospektiv, teils prospektiv angelegte Langzeituntersuchung einer größeren und weitgehend unausgelesenen Zugangsstichprobe in den Berliner Männerstrafvollzug aus der Mitte der 70er Jahre des vorigen Jahrhunderts. Diese Strafgefangenen wurden zu Begin ihrer damaligen Haftzeit umfangreichen psychologischen und medizinischen Untersuchungen unterzogen, und deren weiterer Werdegang seither wurde anhand verschiedener Erhebungen verfolgt. Die Größenordnung der Stichprobe umfasste nach Abzug zwischenzeitlich verstorbener Probanden, für die die Zentralregister für die Beurteilung des strafrechtsrelevanten Verhaltens mittlerweile gelöscht wurden, $N = 307$ Personen. Zu beachten ist, dass die im Rahmen der Studie untersuchten Prognosemethoden retrospektiv für den Zeitpunkt der Entlassung aus der seinerzeitigen Indexhaft auf der Grundlage der bis zu diesem Zeitpunkt verfügbaren Informationen erstellt wurden (wohl aber blind im Hinblick auf die weitere Entwicklung der Betroffenen). Die tatsächliche weitere strafrechtsbedeutsame Entwicklung der Probanden war insofern von der Prognose unbeeinflusst. Hierdurch ist eine unverzerrte Untersuchung der Güte der mit den verschiedenen Methoden erzielten prognostischen Beurteilungen für einen vergleichsweise langen Beobachtungszeitraum möglich.

### 5.1.2 Stärken und Grenzen nomothetischer Prognosen

Das erste Hauptziel der Studie bestand darin, eine Auswahl der international bedeutsamsten, jedoch ausnahmslos im nordamerikanischen Ausland entwickelten Prognoseinstrumente der „dritten Generation" (Andrews & Bonta, 1998) an einer deutschen Strafgefangenenstichprobe zu erproben. Untersucht wurde zunächst das *Level of Service Inventory – Revised* (LSI-R, Andrews & Bonta, 1995), das zur Familie der Verfahren des so genannten Risk-Needs Assessments (vgl. Kap. 2.1.2) gehörig eine Anzahl theoretisch begründeter und empirisch als relevant bestätigter potentieller Risikobereiche zu erfassen sucht und unter Prognoseforschern als „... the current measure of the choice" (Gendreau et al., 1996, S. 590) gilt. Als zweites wurde das *HCR-20* (Webster et al., 1997) einbezogen, das aus den Bedürfnissen der klinischen Praxis heraus entwickelt wurde und mittlerweile zu den weltweit meistuntersuchten Instrumenten zur Einschätzung des Risikos speziell auch gewalttätiger Rückfälle zählt (vgl. Kap. 2.1.3). Als letztes Instrument wurde schließlich die *Psychopathy Checklist – Revised* (PCL-R, Hare, 1991) erprobt, die Merkmale einer spezifischen Persönlichkeitskonfiguration (eben „Psychopathy") zu erfassen sucht, deren Träger sich in vielen transkulturellen Studien (vgl. Cooke, 1998 u. a.) als kriminologisch besonders brisante Hochrisikogruppe erwiesen haben (vgl. Kap. 2.3.1.1). Obwohl die genannten Instrumente mittlerweile auch hierzulande zunehmend die Diskussion beherrschen und bereits in der Praxis angekommen sind, fehlten bislang systematische Studien an deutschen Straftäterpopulationen, die ihre Validität unter hiesigen Bedingungen geprüft hätten. Es ging somit zunächst darum, Aufschluss über ihre grundsätzliche Übertragbarkeit auf deutsche Verhältnisse und Hinweise über ihre prognostische Leistungsfähigkeit bei Zielgruppen aus dem deutschen Justizvollzug zu erlangen. Hierzu wurden die Instrumente als statistische Prognoseverfahren behandelt, die jeweils eine Anzahl potentieller Rückfallprädiktoren erfassen und aus ihrer Ausprägung und Häufung Rückschlüsse auf die strafrechtliche Rückfallwahrscheinlichkeit der beurteilten Personen ziehen.

Die Übertragbarkeit von Instrumenten, die im Ausland entwickelt wurden und sich dort bewährt haben, setzt zunächst ganz allgemein die Übertragbarkeit von Erfahrungen voraus, die im Ausland über Rückfallprädiktoren und ihre Effektgrößen gesammelt wurden. Bei der hier untersuchten Stichprobe aus dem Berliner Justizvollzug zeigte es sich, dass die aus vielen ausländischen Studien berichteten und in diversen Metaanalysen verdichteten Befunde über die Bedeutung statischer und dynamischer Schutz- und Risikofaktoren weitgehend mit den hier vorgefundenen Zusammenhängen vergleichbar waren – teilweise schienen die Effektgrößen eher noch etwas stärker (vgl. Kap. 4.5.1 und Kap. 4.5.2). Dies galt etwa für Zusammenhänge zwischen der strafrechtlichen Vorgeschichte und dem Rückfallverhalten, die vergleichsweise ausgeprägt waren. Das mag jedoch an der Art der untersuchten Stichprobe liegen, die eine unausgelesene Zugangsklientel in den Justizvollzug und keine spezielle Risikoselektion darstellte. Nicht zuletzt zeigte es sich bei einer zusätzlich durchgeführten Erhebung an einer Extremgruppe mit sehr gravierenden und gewalttätigen Anlassdelikten (Gutachtenstichprobe) – und entsprechend langen Haftzeiten sowie hierdurch bedingten höheren Altersjahrgängen bei der Entlassung –, dass bei diesen Probanden die Bedeutung der Vorgeschichte für die Frage der Rückfälligkeit zurücktrat und dynamische Rückfallprädiktoren wichtiger schienen (vgl. Kap. 4.6.3). Grundsätzlich bestätigte sich jedoch auch bei der Hauptstichprobe, dass die international zunehmend beachteten dynamischen, d. h. potentiell veränderbaren und damit auch Behandlungsbemühungen grundsätzlich zugänglichen Risikofaktoren wichtige Rückfallprädiktoren darstellen. Weiterhin zeigten verschiedene in Großbritannien und in den USA entwickelte Algorithmen zur unmittelbaren quantitativen Einschätzung des Rückfallrisikos entlassener Strafgefangener (die *Offender Group Reconviction Scale* [OGRS], Copas & Marshall, 1998, und ein von Beck & Shipley, 1997, entwickelter Vorhersagealgorithmus) bei ihrer

Erprobung an der hiesigen Stichprobe recht beachtliche Genauigkeiten der Schätzungen (vgl. Kap. 4.6.2). Dies deutet darauf hin, dass offenbar nicht nur ähnliche Faktoren eine grundsätzliche Bedeutung für die Frage der Rückfallwahrscheinlichkeit von Straftätern aufweisen, sondern auch vergleichbare strukturelle und quantitative Zusammenhänge bestehen.

Im Hinblick auf die eigentliche erste Hauptzielstellung, die Überprüfung der Anwendbarkeit der o. g. aktuarischen Prognoseinstrumente bei Straftätern aus dem deutschen Strafvollzug, zeigte es sich, dass diagnostisch und rechtspsychologisch erfahrene und in den jeweiligen Verfahren eingearbeitete Personen sehr hohe Übereinstimmungen ihrer Urteile bei Anwendung der Instrumente zu erzielen vermochten (vgl. Kap. 4.5.4). Für die Gesamtscores lagen sämtliche Übereinstimmungskoeffizienten (Produkt-Moment- oder Intraclass-Korrelationen) oberhalb von .9 und insoweit in Größenordnungen, wie sie auch international berichtet werden (z. B. Andrews & Bonta, 1998). Auch für die Subskalen der Instrumente ergaben sich meist gute Werte. Hier fielen nur einige wenige Risikobereiche des LSI-R etwas ab, sie werden indessen auch nur mit sehr wenigen Items erfasst und erschweren hierdurch eine reliable Beurteilung. Insgesamt scheint es jedoch, dass sich unter den genannten Voraussetzungen an Ausbildung und Qualifizierung der Anwender sehr hohe Beurteilerübereinstimmungen mit den Instrumenten erzielen lassen. Dies ist nicht nur unter methodischen Gesichtspunkten eine wichtige Vorbedingung für valide Prognosen. Ein Mindestmaß intersubjektiver Beurteilerübereinstimmung stellt auch unter rechtlichen Gesichtspunkten eine Grundvoraussetzung für Prognosemethoden im strafrechtlichen Umfeld dar (vgl. Kap. 1.1.4).

Die Vorhersagegüte wurde anhand unterschiedlicher Kriterien (verschiedene Rückfallschweregrade und -qualitäten) und Prognosezeiträume untersucht. Dabei ergaben sich durchgängig bedeutsame (zumeist hochbedeutsame) Zusammenhänge zwischen den Scorewerten der untersuchten Instrumente und den verschiedenen Rückfallereignissen. Die zugehörigen Validitätsmaße (Korrelationen und AUC-Maße) lagen in Größenordnungen, wie sie auch aus internationalen Studien berichtet wurden – für kurze Vorhersagezeiträume (zwei Jahre nach Haftentlassung) teilweise noch etwas höher (vgl. Kap. 4.5.6). Die Befunde sprechen insoweit dafür, dass sich die aus Nordamerika stammenden Instrumente durchaus auf hiesige Verhältnisse übertragen lassen und eine mit internationalen Erfahrungen vergleichbare Leistungsfähigkeit erzielen – zumindest bei den hier untersuchten männlichen erwachsenen Strafgefangenen. Nicht zuletzt handelte es sich um eine echte Kreuzvalidierung, die zudem noch einem soziokulturellen Transfer unterzogen wurde.

Ein Vergleich der spezifischen Leistungen der Verfahren deutete eine leichte Überlegenheit des LSI-R bei der kurzfristigen Vorhersage des allgemeinen Rückfallverhaltens an, während die PCL-R tatsächlich insbesondere eine kleine, aber dauerhaft hoch rückfallgefährdete Risikogruppe zu erfassen schien. Das HCR-20 Schema zeigte indessen die besten Allround-Eigenschaften, da es für alle Zeiträume und Rückfallkriterien hochbedeutsame Zusammenhänge mit dem Rückfallverhalten aufwies und zudem relativ gute Werte auch bei der spezifischen Gewaltprognose erzielte. Dies bestätigte sich nicht zuletzt bei der Untersuchung der prognostischen Beiträge der Subskalen der Instrumente. Für die meisten Subskalen des LSI-R ergaben sich Zusammenhänge, deren Bedeutung mit der Länge des Beobachtungszeitraums allerdings nachließ. Dies wird jedoch seinem Anspruch gerecht, vor allem dynamische (in ihrer Ausprägung und Wirkung insoweit veränderbare) Aspekte des Rückfallrisikos erfassen zu wollen. Für die PCL-R nahm hingegen zumindest die Bedeutung des ersten Faktors (interpersonelle Merkmale von Psychopathy) mit zunehmender Beobachtungsdauer eher zu, was ihren Anspruch, eine langfristig stabile Risikokonstellation erfassen zu wollen, unterstreicht. Die Subskalen des HCR-20 zeigten eine große zeitliche Stabilität ihrer prognostischen Bedeutsamkeiten, die auch für sehr lange Zeiträume (im Mittel immerhin fast 20 Jahre) kaum nachzulassen schien. Dies mag überraschen, da der zweite und dritte Merkmalsbereich (C- und R-Skala) explizit auf dynamische Risikomerkmale setzen. Es scheint jedoch, dass durch die C- und R-Skala des HCR-20, wenn schon keine statischen, so doch recht stabile Dispositionen und insofern nur bedingt „dynamische" Faktoren erfasst werden.

Trotz der genannten Unterschiede im Hinblick auf spezifische Stärken und Schwächen der einzelnen Instrumente hielten diese Spezifika einer systematischen Überprüfung nicht stand. Eine paarweise Testung auf Unterschiede der Leistungen der Instrumente für die einzelnen Rückfallkriterien und Beobachtungszeiträume ergab nur bei drei (von 33) Vergleichen knapp überzufällige Leistungsdifferenzen, die jedoch der notwendigen Alphaadjustierung nicht standhielten (vgl. Kap. 4.5.6.5). Dies lag nicht zuletzt an den vergleichsweise hohen statistischen Zusammenhängen zwischen den Scorewerten; trotz unterschiedlicher theoretischer Grundlagen und Konstruktionsprinzipien lagen die Interkorrelationen der Instrumente zwischen .61 (LSI-R und PCL-R) und .80. (LSI-R und HCR-20; vgl. Kap. 4.5.5). Eine übergreifende Überlegenheit eines der untersuchten Instrumente fand sich insoweit nicht, ebenso wenig eine belegbare spezifische Überlegenheit für besondere Problemstellungen, die nachhaltig genug gewesen wäre, um spezielle Indikationsempfehlungen zu rechtfertigen.

Insgesamt sprechen die Ergebnisse der CRIME-Studie jedoch nicht nur für eine bloße Übertragbarkeit der untersuchten Instrumente auf hiesige Verhältnisse, sondern auch für eine grundsätzliche Validität der durch sie erzielbaren Prognosen. Darüber hinaus deuteten sich die von den Testautoren jeweils beabsichtigten spezifischen Zwecke in den Ergebnissen zumindest in Form entsprechender Rangfolgen der jeweiligen Leistungsgütewerte an, wenn die Unterschiede zu den anderen Instrumenten auch nicht groß genug waren, um eine Überlegenheit statistisch zu belegen. Gleichwohl empfehlen sich die Instrumente durchaus für eine Anwendung auch hierzulande.

Auf der anderen Seite ergaben nähere Untersuchungen der Instrumente und ihrer spezifischen Eigenschaften auch einige Schwächen bzw. Grenzen. Zu den wichtigsten Schwächen zählte dabei zunächst eine nicht unerhebliche Mittelfeldproblematik. Bereits die Verteilungen der Scorewerte innerhalb der Stichprobe ließen ihre Neigung erkennen, eine symmetrische Form entsprechend einer Normalverteilung anzunehmen (vgl. Kap. 4.5.3). Diese Eigenschaft fand sich durchgängig auch bei einigen weiteren, probeweise untersuchten statistischen und aktuarischen Prognoseinstrumenten (vgl. Kap. 4.6). Letztlich mag dies bei Scorewerten, die auf Summenbildungen unterschiedlicher Risikofaktoren beruhen, auch nicht überraschen. Es bedeutet jedoch, dass bei Anwendung der Instrumente überproportional viele Personen in Mittelbereiche nahe dem Gesamtmittelwert eingeordnet werden, und es liegt auf der Hand, dass deren Rückfallverhältnisse weitgehend denen der Gesamtgruppe – mithin der allgemeinen Basisrate – entsprechen. Sieht man sich internationale Studien etwas genauer an, kann man feststellen, dass sich die Mittelfeldproblematik offenbar keinesfalls auf die hiesigen Untersuchungen beschränkt (vgl. z. B. Marczyk et al, 2003; s. a. Kap. 1.4.2) – wenn sie in der Literatur auch kaum diskutiert wird. Es scheint sich insoweit um ein methodenimmanentes Problem des statistischen Ansatzes (zumindest der auf Summenscores bauenden Verfahren) zu handeln. Für die Praxis bedeutet dies jedoch, dass bei Anwendung der Instrumente eine hohe Ausgangswahrscheinlichkeit besteht, dass der durch die Verfahren erzielbare Informationsgewinn (jedenfalls im Hinblick auf die statistische Prognose) gering ist. Tatsächlich zeigte es sich, dass auf mittlere und längere Sicht ein statistisch bedeutsamer Informationsgewinn bei Anwendung der untersuchten Instrumente nur mehr bei Unterscheidung dreier Risikogruppen – unterdurchschnittlich, durchschnittlich, überdurchschnittlich – bestand. Vor allem beim HCR-20, in etwas geringerem Ausmaß aber auch bei den übrigen Instrumenten, war die Größenordnung der dabei als durchschnittlich klassifizierten Probanden überproportional groß (immerhin 63 %). Die Rückfallzahlen dieser Durchschnittsprobanden unterschieden sich dabei kaum von den jeweiligen Basisraten (vgl. Kap. 4.5.6). Ein tatsächlicher Informationsgewinn in Form klar von der Basisrate abweichender statistischer Rückfallerwartungen war mit den Instrumenten insoweit nur für eine eingeschränkte Anzahl der Probanden möglich.

Die nähere Untersuchung der Rückfallverläufe in den verschiedenen Risikogruppen und der Verteilung von Irrtumsrisiken erbrachte Ergebnisse, wie sie aufgrund entscheidungstheoretischer Zusammenhänge (vgl. Kap. 1.2.4) zu erwarten waren. Für niedrigschwellige Rückfallereignisse (jeder neue Strafrechtsverstoß) mit entsprechend hoher Basisrate waren auf längere Sicht die Quoten falschnegativer Prognosen (Rückfall trotz „günstiger" Prognose) deutlich größer als die entsprechenden Quoten falsch-positiver Einschätzungen (Bewährung trotz „ungünstiger" Prognosen) – die Hochrisikogruppe der PCL-R ist gar zu 100 % erneut strafrechtlich in Erscheinung getreten. Allerdings ist anzumerken, dass auf kurze (zwei Jahre) und z. T. auch auf mittlere (5 Jahre) Sicht das LSI-R und vor allem das HCR-20 recht geringe Quoten echter falsch-negativer Einschätzungen lieferten – die langfristig falsch-negativ beurteilten Probanden wurden erst mit deutlicher zeitlicher Verzögerung rückfällig. Für hochschwellige Rückfallereignisse als Kriterium, allen voran gravierende Gewaltdelikte, die eine entsprechend geringe Basisrate aufwiesen, waren die Verhältnisse erwartungsgemäß umgekehrt. Hier waren falsch-negative Prognosen seltene Ausnahmen, wohingegen die Quoten falschpositiver Einschätzungen recht hoch waren. Ein weitgehend ausgewogenes Verhältnis zwischen den beiden Irrtumsrisiken ergab sich bei erneuten Haftstrafen als Rückfallkriterium. Hier lagen die entsprechenden Basisraten jedoch auch in mittleren Bereichen (nach fünf Jahren bei 57 %, für die Gesamtkatamnese bei 64 %; vgl. Kap. 4.5.1).

Die Ergebnisse der Verteilungsanalysen der Irrtumsrisiken entsprachen insoweit in weiten Zügen der theoretischen Erwartung. Bemerkenswert ist allerdings die Feststellung aus der Untersuchung der zeitlichen Rückfallprofile der verschiedenen Risikogruppen, dass vor allem bei gewalttätigen Rückfallereignissen es stets eines vieljährigen Beobachtungszeitraums bedurfte, bis die Instrumente ihr prognostisches Potential vollständig entfaltet hatten. Es verging somit ein nicht unbeträchtlicher Zeitraum, bis die als gefährdet eingestuften Probanden tatsächlich mit Gewalttaten in Erscheinung traten. Dies mag zum Teil an Verzerrungen des Beobachtungszeitraums liegen, da die gefährdeten Probanden verstärkt auch mit anderweitigen Delikten auffällig wurden und insofern nur Anteile der Beobachtungszeit tatsächlich in Freiheit verbrachten (sog. Time-at-risk-Problematik, vgl. Kap. 1.3.1). Für die Forschungspraxis bedeutet dies jedoch, dass entweder mit entsprechend bereinigten oder aber, wie hier, mit sehr langen Beobachtungszeiträumen gearbeitet werden sollte, um Verzerrungen in den Ergebnissen zu vermeiden.

Eine weitere Schwäche der aktuarischen Prognoseinstrumente bestand in einer gewissen Abhängigkeit ihrer Leistungsgüte von Spezifika der jeweiligen Zielgruppe. So ergaben verschiedene Differenzierungen der Stichprobe nach ihrer strafrechtlichen Vorgeschichte zunächst den Befund allgemein nachlassender Prognoseleistungen innerhalb der so homogenisierten Subgruppen im Vergleich zu den allgemeinen Leistungswerten (vgl. Kap. 4.5.9.1). Dies lässt vermuten, dass ein Teil ihrer Vorhersageleistungen auf ihrer bloßen Differenzierungsfähigkeit zwischen Probanden mit umfangreicher und geringfügiger Vordelinquenz beruht – um die empirisch hinlänglich bekannten statistischen Zusammenhänge zwischen strafrechtlicher Vorgeschichte und Rückfallwahrscheinlichkeit von Straftätern zu berücksichtigen, hätte es allerdings kaum der subtilen und aufwendigen Methodik der

Instrumente bedurft. Gleichwohl ist festzuhalten, dass auch innerhalb der Subgruppen mit homogener Vorbelastung noch bedeutsame Vorhersagegütewerte erreicht wurden, insoweit erschöpften sich die prognostischen Fähigkeiten nicht in der Berücksichtigung vergangener Strafrechtsverstöße.

Neben dem pauschalen Verlust an Vorhersagekraft bei hinsichtlich der Vorgeschichte homogenen Straftätergruppen zeigten sich einige weitere Stärken und Schwächen der aktuarischen Instrumente bei spezifischen Tätergruppen. So schien es, dass aktuarische Prognosen bei Straftätern mit psychopathologischen Auffälligkeiten (Täter mit Persönlichkeitsstörungen und/oder Suchtproblemen) etwas besser gelingen als bei in dieser Hinsicht unauffälligen Tätern (vgl. Kap. 4.5.9.2). Ein regelrechter Einbruch der Vorhersagegüte zeigte sich allerdings bei Tätern einer bestimmten Altersgruppe. So überschritten die Leistungskennwerte bei Tätern im Alter zwischen 27 und 33 Jahren kaum mehr die Schwellen einer statistisch nachweisbar gegenüber dem Zufall verbesserten Prognose (vgl. Kap. 4.5.9.3). Sieht man sich die Ergebnisse entwicklungskriminologischer Untersuchungen zu den Verlaufsformen delinquenten Verhaltens im Lebenslängsschnitt von Straftätern an (vgl. Dahle, 1998, 2001; vgl. auch Kap. 1.3.3), so wird zunächst deutlich, dass diese Lebensphase den allgemeinen Scheitelpunkt der Wahrscheinlichkeit entsprechender Handlungen im biographischen Verlauf erwachsener Straftäter markiert. Weiterhin wird deutlich, dass sich in dieser Lebensphase verschiedene Varianten strafrechtlicher Entwicklungen trennen, die die Prognose in besonderer Weise vor Probleme stellen. Einerseits geht es um Personen mit weitgehend unbescholtener strafrechtlicher Vergangenheit, von denen ein Teil jedoch am Beginn einer im Weiteren nicht unerheblichen strafrechtlichen Entwicklung steht. Die Prognose steht insoweit vor der Aufgabe, Gelegenheitstäter von biographisch spät beginnenden Karrieretätern zu trennen, die bis dahin eine strafrechtlich ähnliche Vorgeschichte aufwiesen. Andererseits geht es um Personen mit früh beginnender und nicht selten ganz erheblicher Vordelinquenz, von denen ein Teil in der Lebensphase um das 30. Lebensjahr die eingeschlagene Karriere jedoch beendet – auch diese Gruppen sind nicht auf der Grundlage ihrer bis zu diesem Zeitpunkt gezeigten strafrechtlichen Entwicklung zu differenzieren. Es scheint, dass die aktuarischen Instrumente diese Trennungen nur ansatzweise zu leisten vermögen.

In Anlehnung an das Konzept der „Vorhersage der Vorhersagbarkeit" (prediction of predictability, Ghiselli, 1960 u. a.) wurde der Frage nach den allgemeinen Merkmalen der mittels der aktuarischen Verfahren schlecht prognostizierbaren Probanden noch weiter nachgegangen. Die beste Vorhersage der Prognose(un)zuverlässigkeit lieferte dabei eine Skala, die aus insgesamt fünf Merkmalen bestand. Schlecht prognostizierbar i. d. S. waren Probanden im bereits genannten Alter zwischen 27 und 33 Jahren, die in mehreren Dimensionen eine unspezifische (d. h. weder unbescholtene noch besonders gravierende) strafrechtliche Vorgeschichte aufwiesen und die sich im Strafvollzug weitgehend unauffällig verhielten (vgl. Kap. 4.5.10.3). Probanden, die wenigstens drei der fünf Merkmale aufwiesen, waren hinsichtlich ihrer allgemeinen Prognose mit den Instrumenten kaum mehr valide einzuschätzen, wobei allerdings festzuhalten ist, dass die Gewaltprognosen für diese Gruppe durchaus valide waren.

Auf der Suche nach den Grenzen der Vorhersagbarkeit i. S. systematischer Zusammenhänge zwischen erfassbaren Tat- und Tätermerkmalen und der Rückfallwahrscheinlichkeit ergab ein systematisches Training künstlicher neuronaler Netze, denen die 18 vorhersagestärksten Prädiktoren vorgegeben wurden, dass mit den bisherigen Leistungen der aktuarischen Instrumente die Grenzen offenbar noch nicht erreicht sind (vgl. Kap. 4.5.10.2; s. a. Galow, 2003). Tatsächlich erzielten die besten Netze zur Vorhersage allgemeiner strafrechtlicher Rückfälle bei der Kreuzvalidierung Gütewerte ihrer Prognosen, die deutlich über den entsprechenden Werten der aktuarischen Instrumente lagen. Zwar eignen sich neuronale Netze aus rechtlichen Gründen kaum für Vorhersagezwecke im strafrechtlichen Umfeld (vgl. Kap. 1.1.4), die Leistungsunterschiede lassen aber nicht unbeträchtliche Zusammenhangspotentiale erkennen, die von den derzeitigen aktuarischen Instrumenten offenbar ungenutzt bleiben.

Es wurde daher der Frage nachgegangen, inwieweit sich durch den Einbezug weiterer empirisch gesicherter Erkenntnisse über Einflussfaktoren auf die Rückfallwahrscheinlichkeit, die in den derzeitigen Instrumenten nicht oder nur sehr unzureichend berücksichtigt werden, die statistischen Prognosen verbessern und die Probleme der aktuarischen Instrumente reduzieren lassen. Dabei wurde von groben Schätzungen der Basisrate von Rückfällen für verschiedene Deliktgruppen ausgegangen, die als erste Einschätzung der Rückfallwahrscheinlichkeit bei Annahme statistischer Durchschnittsverhältnisse aufgefasst wurden. Hierauf aufbauend wurde eine Strategie konzipiert, die entlang empirisch belegter potentieller Einflussbereiche systematisch die Hypothese prüft, inwieweit die zu beurteilende Person tatsächlich statistischen Durchschnittsverhältnissen entspricht oder aber hiervon abweicht mit entsprechenden Folgen für die zu erwartende Rückfallwahrscheinlichkeit. Dabei wurde auf die aktuarischen Instrumente als Methodik zur Prüfung der Ausprägung von Schutz- oder Risikofaktoren Bezug genommen und durch Fragen nach der etwaigen Zugehörigkeit zu besonderen Hoch- oder Niedrigrisikogruppen, möglichen Alterseffekten und etwaigen Behandlungseffekten ergänzt (vgl. i. e. Kap. 4.5.11.1). In der Kreuzvalidierung erzielten die auf diesem Weg vorgenommenen statistischen Prognosen höhere Gütewerte als die aktuarischen Instrumente allein, vor allem im Hinblick auf ihre langfristige Zuverlässigkeit. Auch erschien die Mittelfeldproblematik der Größenordnung unspezifischer Vorhersagen gegenüber den aktuarischen Instrumenten geringer. Aber auch für diese integrativen Prognosen ließ sich eine Empfindlichkeit der Vorhersagegüte gegenüber Besonderheiten der Zielgruppe feststellen. Bei den als „gut prognostizierbar" klassifizierten Probanden erzielte sie nämlich sehr hohe und vor allem auch langfristig zuverlässige Gütekennwerte, wohingegen die Validität bei den als „schlecht prognostizierbar" eingestuften Probanden mit Zunahme des Beobachtungszeitraums deutlich nachließ (vgl. Kap. 4.5.11.2). Auffallend war dabei, dass die „schlecht prognostizierbaren" Probanden weitgehend jene waren, die auf allen Stufen der integrativen Beurteilung der statistischen Rückfallwahrscheinlichkeit stets mittlere (bzw. unspezifische) Ausprägungsgrade aufwiesen und insofern übergreifend als empirische Durchschnittsfälle imponierten, die im hypothesenprüfenden Konzept auf keiner Stufe eine Modifikation der ursprünglichen groben Basisratenschätzung erfuhren.

Letztlich war dies zu erwarten gewesen, da hier eine methodenimmanente Grenze des nomothetischen Ansatzes erkennbar wird. Personen, die nach Maßgabe des empirischen Forschungsstandes in allen potentiell relevanten Einflussbereichen stets als durchschnittlich bzw. unspezifisch imponieren, sind mit Prognosemethoden, die auf empirische Erfahrung bauen, notwendigerweise nur unzureichend zu fassen – jedenfalls solange nicht weitere Erkenntnisse vorliegen, die geeignet wären, die spezifischen Bedingungsfaktoren für Rückfall und Bewährung dieser Personengruppe zu erhellen.

Auf eine weitere methodenimmanente Begrenzung statistischer oder allgemein nomothetischer Prognosemethoden ist abschließend noch einmal hinzuweisen. Sie betrifft nicht die Begrenzung ihrer Validität bei der Vorhersage strafrechtlicher Rückfälle, sondern Defizite bei der Erfüllung rechtlicher Anforderungen an Kriminalprognosen im (deutschen) Strafrecht. Diese Methoden basieren prinzipbedingt auf empirischen Erfahrungswerten, die an größeren Personengruppen gewonnen wurden, und repräsentieren somit durchschnittliche Zusammenhänge zwischen Merkmalen und Rückfallwahrscheinlichkeit. In diesem Ansatz ist kein Raum für die Berücksichtigung etwaiger individueller Besonderheiten, die in Einzelfällen eine Rolle spielen können. Genau dies erwartet aber die Rechtsprechung von strafrechtlichen Kriminalprognosen, wenn gefordert wird, dass im Rahmen der Beurteilung die Anlasstatdynamik zu analysieren, die individuellen Tatursachen herauszuarbeiten und die Entwicklung des Täters im Hinblick auf diese individuellen Tatursachen im Verlauf des bisherigen Strafvollzuges nachzuvollziehen sind (vgl. Kap. 1.1.4). Diese Aufgabe lässt sich mit dem nomothetischen Ansatz allein nicht bewältigen.

## 5.1.3 Stärken und Grenzen idiographischer Prognosen

In die CRIME-Studie wurde auch eine dezidierte klinisch-idiographische Methodik zur Beurteilung des Rückfallrisikos bei Strafgefangenen einbezogen und hinsichtlich ihrer Anwendbarkeit und Leistungsgüte überprüft. Es handelte sich hierbei um ein Prozessmodell, das auf der Grundlage biographischer Rekonstruktionen und Tathergangsanalysen retrospektiv die individuellen Hintergründe der bisherigen Straftaten (insbesondere der Anlasstat) zu erklären sucht, aus diesem individuellen Erklärungsmodell die personalen Risikofaktoren extrahiert und nach der Entwicklung dieser Faktoren seit der Anlasstat und nach ihrer aktuellen Ausprägung zum Beurteilungszeitpunkt fragt. Das Konzept stellt eine universelle Methodik dar, die zunächst keine inhaltlichen Vorgaben hinsichtlich relevanter Einzelmerkmale macht, sondern das Prognoseproblem grundsätzlich in abgrenzbare, logisch aufeinander aufbauende diagnostische Teilaufgaben zerlegt und Anforderungen an die Qualität ihrer Bewältigung formuliert. Die Methodik stellt nicht unerhebliche Ansprüche an den Anwender, der nicht nur über fundierte Kenntnisse der Grundlagen diagnostischer Urteilsbildung, sondern auch über einen guten Überblick über die kriminologische und psychologische Theorienlandschaft verfügen muss. Die Methode berücksichtigt aber explizit die rechtlichen Anforderungen an strafrechtliche Kriminalprognosen und stellt Konzepte zur Verfügung, um die das Prognoseproblem definierenden Rechtsbegriffe in diagnostisch handhabbare Konstrukte zu überführen (vgl. i. e. Kap. 2.3.2.2).

Eine Besonderheit der im Rahmen der CRIME-Studie erstellten klinisch-idiographischen Prognosen war es, dass die letztlich zu treffenden Beurteilungen explizit erst nach Einschätzung einer für den jeweiligen Einzelfall geeigneten Basisrate sowie in Kenntnis und unter Berücksichtigung der durch die aktuarischen Instrumente erhobenen Ausprägung in den klassischen Risikobereichen erfolgten (wohl aber blind im Hinblick auf die weitere strafrechtliche Entwicklung der Probanden). Diese Bezugnahme auf statistische Erwartungsgrößen sollte den idiographischen Urteilsbildungsprozess auf ein adäquates Ausgangsniveau kalibrieren und gewährleisten, dass wesentliche empirisch gesicherte Kenntnisse nicht übersehen werden. Im Kern ging es somit um die Frage, ob mit Hilfe einer auf empirischen Erfahrungen aufbauenden idiographischen Methodik eine gegenüber einer rein statistisch-nomothetisch orientierten Vorgehensweise verbesserte Vorhersagegüte erzielt werden kann und ob insbesondere deren im Vorkapitel beschriebenen Probleme und Einschränkungen reduziert werden können. Dabei wurden getrennte Einschätzungen der allgemeinen Rückfallwahrscheinlichkeit sowie der Wahrscheinlichkeit speziell gewalttätiger Straftaten vorgenommen und jeweils auf einer fünfstufigen Skala beurteilt.

Die Verteilung dieser Wahrscheinlichkeitseinschätzungen ergab ein vollständig anderes Bild als die Scoreverteilungen der aktuarischen Instrumente. Bei der allgemeinen Rückfallprognose zeigte sich eine erheblich rechtssteile Charakteristik, die größte Gruppe war diejenige mit der Extremeinstufung einer „sehr ungünstigen" Prognose. Demgegenüber zeigte die Gewaltprognose eine ausgeprägt linkssteile Verteilungsform; fast die Hälfte der Probanden wurde als „sehr günstig" im Hinblick auf ihr Risiko gewalttätiger Straftaten eingeschätzt, ein gutes weiteres Viertel erhielt immerhin noch eine „eher günstige" Gewaltprognose. Im Hinblick auf die Verteilungscharakteristika der Prognosen war die Mittelfeldproblematik im Vergleich zu den aktuarischen Instrumenten somit deutlich geringer ausgeprägt, wobei festzustellen ist, dass die beiden schiefen Verteilungen eher den tatsächlichen Basisratenverhältnissen für erneute allgemeine und speziell gewalttätige Straftaten entsprechen als eine symmetrische Verteilungsform.

Auch für die idiographischen Beurteilungen wurden anhand der bereits genannten Teilstichprobe ($n = 30$) unabhängige Mehrfachbeurteilungen vorgenommen, um Aufschluss über den Grad an Beurteilerübereinstimmung zu erhalten. Erwartungsgemäß lagen die Übereinstimmungskoeffizienten bei der idiographischen Methodik etwas niedriger als bei den hoch operationalisierten aktuarischen Beurteilungssystemen. Mit Werten um .80 (Produkt-Moment- und Intraclass-Korrelationen) lagen die Größenordnungen jedoch auf einem auch für individualdiagnostische Zwecke durchaus akzeptablen und für eine komplexe individualdiagnostische Beurteilung auf durchaus gutem Niveau (vgl. Kap. 4.5.4). Dabei ist noch einmal darauf hinzuweisen, dass eine gute Beurteilerübereinstimmung nicht nur unter methodischen, sondern auch unter rechtlichen Gesichtspunkten die Grundvoraussetzung für eine Prognosemethode in der Strafrechtspraxis darstellt. Außerhalb der aktuarischen Prognoseinstrumente sind systematische Untersuchungen hierzu bislang jedoch seltene Ausnahmen.

Erwartungsgemäß korrelierten auch die idiographischen Beurteilungen bedeutsam mit den Scorewerten der aktuarischen Instrumente, die Koeffizienten lagen zwischen $r_{min} = .45$ (idiographische Gewaltprognose mit dem LSI-R) und $r_{max} = .70$ (allgemeine Rückfalleinschätzung und LSI-R), im Mittel betrugen sie $M_r = .58$ ($SD_r = .10$). Die Zusammenhänge waren nicht unerwünscht, da die idiographischen Urteile ja expliziten Gebrauch von den Erkenntnissen der aktuarischen Beurteilung machen sollten; andererseits waren sie nicht so groß, dass Unterschiede in den prognostischen Leistungskennwerten von vornherein ausgeschlossen gewesen wären.

Die Vorhersagegüte wurde auch für die klinisch-idiographischen Prognoseeinschätzungen für unterschiedliche, nach Schweregrad und Qualität abgestufte Rückfallkriterien und unterschiedliche Vorhersagezeiträume untersucht. Auch hier ergaben sich ausnahmslos hochsignifikante Zusammenhänge zwischen den Beurteilungen und den verschiedenen Rückfallkriterien, die zugehörigen Validitätsmaße

(Korrelationen, AUC-Maße) waren dabei durchgängig höher als die entsprechenden Werte der aktuarischen Instrumente (vgl. Kap. 4.5.7). Die Rückfallverläufe der unterschiedlich beurteilten Risikograde und die Analyse der Irrtumsverteilungen ergaben dabei ähnliche Zusammenhänge wie bei den aktuarischen Instrumenten; die Größenordnung der Irrtümer war aber deutlich geringer. Insbesondere waren auch die zahlenmäßig häufigen Extremeinstufungen „sehr ungünstiger" allgemeiner Rückfallprognose und „sehr günstiger" Gewaltprognose valide in dem Sinne, dass sie von den zugehörigen, ohnehin schon deutlich von mittleren Wertebereichen abweichenden Basisraten noch klar abwichen. Andererseits waren die eher seltenen Selektionen „günstiger" und „sehr günstiger" allgemeiner bzw. „ungünstiger" und „sehr ungünstiger" Gewaltprognose valide, als deren Rückfallraten ganz erheblich von den zugehörigen Basisraten abwichen.

Ein systematischer Leistungsvergleich der Vorhersagegüte zwischen den idiographischen Beurteilungen und den aktuarischen Instrumenten ergab – mit Ausnahme der kurz- und mittelfristigen Gewaltprognosen – durchgängig statistisch bedeutsame Unterschiede. Der Leistungsgewinn der auf den aktuarischen Instrumenten aufbauenden idiographischen Beurteilungen gegenüber den bloßen Instrumenten bewegte sich außerhalb statistisch erwartbarer Zufallsschwankungen und war systematisch (vgl. Kap. 4.5.8). Weiterhin zeigte es sich, dass die prognostischen Leistungen der idiographischen Beurteilungen deutlich unempfindlicher gegenüber wechselnden Spezifika der Zielgruppe waren und auch bei hinsichtlich der strafrechtlichen Vorgeschichte oder hinsichtlich psychopathologischer Besonderheiten homogenen Gruppen zuverlässig blieb (vgl. Kap. 4.5.9). Zwar ergab sich bei der allgemeinen Rückfallprognose eine statistisch bedeutsame Verringerung der Gütekennwerte bei den als schwer prognostizierbar eingestuften Probanden, die insbesondere auf einer geringeren Leistungsgüte bei der Altersgruppe der 27- bis 33-Jährigen beruhte. Aber auch für diese Probanden ergab sich mit AUC = .75 noch ein vergleichsweise guter Wert (vgl. 4.5.10.4). Ein Vergleich der prognostischen Leistungen mit den im Vorkapitel skizzierten Vorhersagen trainierter künstlicher neuronaler Netze ergab nominell leicht geringere Gütekennwerte, die Unterschiede lagen jedoch im Erwartungsbereich statistischer Zufallsschwankungen (vgl. Kap. 4.5.10.2).

Die Analyse der Ursachen und Hintergründe für Prognoseirrtümer ergab zunächst Hinweise darauf, dass einige der vermeintlich falsch-positiv beurteilten Probanden (Bewährung trotz ungünstiger Prognose) möglicherweise durchaus noch ein auch in strafrechtlicher Hinsicht auffälliges Verhalten zeigten. Tatsächlich fanden sich in der polizeilichen Ermittlungsdatenbank zum Teil vielfältige Ermittlungsverfahren gegen die Betroffenen, auch wegen relativ gravierender Geschehnisse, die zwar von der Polizei als ermittelt an die zuständige Staatsanwaltschaft abgegeben worden waren, in der Folge jedoch nicht zu einer rechtskräftigen Verurteilung führten bzw. nicht den Weg in das Bundeszentralregister fanden (zur Dunkelfeldproblematik siehe auch Kap. 1.4.1). Weiterhin ergaben sich aus den biographischen Angaben der Probanden im Rahmen von Nachuntersuchungen in nicht wenigen Fällen Hinweise darauf, dass die unerwarteten Verläufe mit biographischen Ereignissen mit Relevanz für das delinquente Verhalten der Betreffenden korreliert waren (bzw. von den Betreffenden selbst in einen ursächlichen Zusammenhang gebracht wurden), deren Eintritt nur schwerlich vorherzusagen war. Dies deckt sich mit aktuell noch laufenden Untersuchungen zu den Ursachen und Hintergründen von Abbrüchen krimineller Rückfallkarrieren nach erheblicher Vordelinquenz. Auch bei diesen Analysen zeigte es sich, dass solche Veränderungen gehäuft mit Lebensereignissen einhergingen; von Bedeutung erscheinen insbesondere eine neue (dann aber stabile) Partnerschaft, realistische Möglichkeiten für einen legalen Lebenswandel (stabiler, einigermaßen befriedigender Arbeitsplatz), Abstinenz nach kriminogen bedeutsamem Suchtmittelabusus (erfolgreiche Therapie, seltener auch Eigenentzug) und nicht zuletzt gesundheitliche Einschränkungen (Invalidität nach Unfall oder schwerer Erkrankung; vgl. zum Ganzen von Strempel di Chio, i. Vorb.). Insoweit ergaben sich in einigen Fällen Hinweise auf eine mögliche Überschätzung der tatsächlichen Raten falsch-positiver Klassifikationen und in nicht wenigen Fällen Anhaltspunkte für Irrtumsursachen, die schwerlich zu berücksichtigen gewesen wären. Auch waren bei den idiographischen Fehlprognosen die aktuarischen Scorewerte in die jeweilige Irrtumsrichtung verschoben und hätten zumeist dasselbe Ergebnis ergeben.

Insgesamt zeigen die Ergebnisse somit, dass mittels der untersuchten idiographischen Prognosemethodik hinreichend objektive und insbesondere auch valide Einschätzungen der Rückfallwahrscheinlichkeit von Straftätern möglich sind. Die Einschätzungen waren dabei insgesamt zuverlässiger als die Scorewerte der aktuarischen Instrumente, insbesondere aber reduzierten sie deutlich deren methodenimmanente Probleme und Einschränkungen. Nun ist das Ergebnis einer gegenüber statistischen Beurteilungen überlegenen klinisch-idiographischen Beurteilungsstrategie nicht gerade ein alltäglicher Befund empirischer Prognoseforschung – die meisten empirischen Arbeiten fanden bislang eine Überlegenheit statistischer Vorhersagen (vgl. Kap. 2.1.1). Es ist jedoch noch einmal darauf hinzuweisen, dass es sich bei den hier untersuchten idiographischen Prognosen um Beurteilungen handelte, die mittels dezidierter Methodik vorgenommen wurden; es handelte sich mithin nicht um nicht weiter beschreibbare Einschätzungen durch als klinische Experten fungierende Personen. Sie setzten zudem explizit auf zuvor vorgenommene statistische Einschätzungen auf und modifizierten diese nur bei Vorliegen begründbarer Zusammenhänge.

## 5.2 Eine integrative Methodik zur prognostischen Urteilsbildung

Die Ergebnisse der CRIME-Studie zeigen, dass sowohl die auf empirische Erfahrungen bauende statistisch-nomothetische Vorgehensweise als auch die auf Erklärung der individuellen Zusammenhänge fußende klinisch-idiographische Beurteilungsstrategie sinnvoll sind und – unter der Voraussetzung qualifizierter Anwender – zu hinreichend objektiven und validen Ergebnissen führen. Sie können im Rahmen eines Urteilsbildungsprozesses unterschiedliche Zwecke erfüllen und dafür Sorge tragen, dass die Vorzüge der jeweiligen Methodenfamilie in die Beurteilung einfließen, deren Nachteile und Begrenzungen jedoch zumindest teilweise reduziert bzw. kompensiert werden. Aufgabe der nomothetischen Beurteilungsabschnitte wäre es demnach, zu gewährleisten, (1.) dass empirisch gesicherte Erfahrungen über Rückfälligkeit und ihre Einflussfaktoren in systematischer Form in die Beurteilung eingehen, (2.) dass wesentliche Aspekte mit empirischer Evidenz nicht übersehen werden und, last but not least, (3.) können sie eine Grundvorstellung von denjenigen Wahrscheinlichkeitsverhältnissen vermitteln, die es zu prognostizieren gilt, einschließlich der zu erwartenden Irrtumsrisiken. Aufgabe der idiographischen Beurteilungsabschnitte wäre indessen zunächst die Reduktion der methodenimmanenten Probleme des statistischen Ansatzes – allen voran die nicht unbeträchtliche Mittelfeldproblematik unspezifischer statistischer Vorhersagen, die recht hohen Quoten falsch-positiver Einschätzungen von Rückfallereignissen mit geringer Basisrate und die teilweise erhebliche Abhängigkeit der Prognosezuverlässigkeit von Spezifika der Zielgruppe –, indem Schutz- und Risikofaktoren nach Maßgabe ihrer individuellen Bedeutung für das strafrechtsrelevante Verhalten bewertet und gewichtet werden und individuelle Besonderheiten mit evidenter Bedeutung für die Rückfallwahrscheinlichkeit Berücksichtigung finden. Aufgabe der idiographischen Beurteilungsabschnitte wäre es aber auch, den Urteilsbildungsprozess überhaupt an die rechtlichen Anforderungen an Inhalt und Methodik strafrechtlicher Kriminalprognosen anzupassen, indem sie Gewähr dafür tragen, dass dem Einzelfall in hinreichendem Ausmaß Rechnung getragen wird und seine individuellen Zusammenhänge systematisch aufgearbeitet werden.

Voraussetzung wäre jedoch eine integrative Strategie, die den Beurteilungsprozess zu systematisieren und Bezüge zwischen den einzelnen Beurteilungsstrategien herzustellen vermag. Die primär korrigierende Funktion der idiographischen Beurteilungsschritte legt es dabei nahe, mit einer systematischen Beurteilung des nach empirischen Gesichtspunkten erwartbaren Rückfallrisikos zu beginnen. Nicht zuletzt bauten die in der Studie untersuchten klinisch-idiographischen Beurteilungen auf Basisratenschätzungen und den durch die aktuarischen Instrumente erzielbaren Erkenntnissen auf und haben nur unter dieser Voraussetzung ihre Leistungsgüte erzielt.

Im Rahmen der hiesigen Studie wurde eine Strategie entwickelt und erprobt, die von der Einschätzung der Basisrate als grobem Maßstab des Rückfallrisikos unter Annahme statistischer Durchschnittsverhältnisse ausgeht und in mehreren weiteren Schritten systematisch der Frage nachgeht, ob der zu beurteilende Fall im Licht der Erkenntnisse verschiedener relevanter Wissenschaftszweige von der Grundannahme eines Durchschnittsfalls abweicht. Hierzu wurden die Befunde aktuarischer Prognoseinstrumente als Maß der Ausprägung und Häufung tat- und täterbezogener Schutz- und Risikofaktoren einbezogen und durch solche empirisch gesicherten Erkenntnisse über Einflussbereiche auf die Rückfallwahrscheinlichkeit ergänzt, die in den Verfahren nicht oder nur unzureichend berücksichtigt werden (vgl. i. e. Kap. 4.5.11). Die mit dieser Methodik erzielten Einschätzungen des Rückfallrisikos erwiesen sich letztlich als treffsicherer als die allein auf den aktuarischen Instrumenten fußenden Prognosen, vor allem vermochten sie bereits einige ihrer Probleme und Einschränkungen sichtbar zu reduzieren. Es bietet sich somit an, bei Kriminalprognosen eine vergleichbare Integration der empirischen Erkenntnisse der verschiedenen Wissenschaftszweige vorzunehmen[45]. Dabei bestehen freilich Grenzen im Hinblick auf den aktuellen Stand der empirischen Forschung. Immerhin mussten auch in der Studie einige Effektgrößen auf der Grundlage der in der hiesigen Stichprobe (bzw. einer Teilstichprobe, die zur Entwicklung diente) vorfindbaren Verhältnisse geschätzt werden, da der empirischen Literatur keine hinreichenden Hinweise zu entnehmen waren. Hierbei lag eine Querschnittsstichprobe aus dem Strafvollzug zugrunde, so dass die Verhältnisse bei extremen Tätergruppen, die entsprechend selten vorkommen und in dieser Stichprobe daher unterrepräsentiert sind, u. U. quantitativ anders sein könnten. Hier wird man einstweilen – solange keine weitergehenden spezifischen Forschungsbefunde vorliegen – auf entsprechend grobe Einschätzungen angewiesen sein und hierbei gut daran tun, Effekte feststellbarer Abweichungen der zu beurteilenden Person von den Durchschnittsverhältnissen der die Basisrate repräsentierenden Gruppe in Zweifelsfällen eher konservativ einzuschätzen.

Gerade bei selten vorkommenden Tätern ist natürlich darauf zu achten, dass die zu berücksichtigenden Effekte auch bei diesen Tätergruppen belegt sind. So wurde bereits an früherer Stelle auf einige Interdependenzen hingewiesen. Demnach sind beispielsweise bei Tätern, die dezidierten Hoch- oder Niedrigrisikogruppen angehören, kaum empirisch belegbare Behandlungseffekte zu erwarten. Auch ist in Anbetracht empirischer Erfahrungen bei bestimmten Straftätern mit einer pädophilen Störung der Sexualpräferenz kaum, oder jedenfalls erst mit ganz erheblich verzögerten Alterseffekten zu rechnen (z.B. Hanson, 2001). Weiterhin ist zu gewährleisten, dass sich die zugrunde gelegten Durchschnittsgrößen an den Verhältnissen der

---

[45] Freilich ließe sich die Beurteilungsstrategie methodisch verfeinern (vgl. hierzu Kap. 5.3).

Bezugsgruppe orientieren, die der ursprünglichen Basisratenschätzung zugrunde lag. So sind beispielsweise gerade bei Tätern mit extremer Gewaltkriminalität als Anlassdelikt aufgrund der sehr langen Haftzeiten die Altersverhältnisse bei Haftentlassung im Mittel ganz anders als in der CRIME-Studie. Schätzt man die Basisrückfallrate auf der Grundlage einer ähnlichen Population (was angemessen, weil spezifischer wäre), so sind Alterseffekte gegenüber jüngeren Tätern bereits berücksichtigt. Etwaige darüber hinausgehende Effekte setzen erst auf einem entsprechend höheren Niveau an. In Zweifelsfällen mit sehr ungewöhnlicher Ausgangskonstellation wird man auf die Berücksichtigung des einen oder anderen potentiellen Einflussbereichs völlig verzichten müssen, sofern keine empirischen Erkenntnisse vorliegen. Schließlich ist noch anzumerken, dass bei der hiesigen Stichprobe unausgelesener Strafgefangener die Ausprägung allgemeiner Schutz- und Risikofaktoren anhand der Ausprägung im LSI-R und HCR-20 abgeschätzt wurde. In Sonderfällen, beispielsweise zur Abschätzung des einschlägigen Rückfallrisikos eines Sexualstraftäters, erscheint die Ergänzung durch spezifische Verfahren zweckmäßig. So zeigte es sich im Rahmen einer weiteren ergänzenden Studie mit Sexualstraftätern, dass das dort erprobte SVR-20 Schema eine zwar nur moderat ausgeprägte, aber spezifische Validität bei der Vorhersage (auch) einschlägiger Rückfälle mit Sexualstraftaten aufwies (vgl. Kap. 4.6.4) – nicht aber die ebenfalls dort erprobte PCL:SV.

Die vorgeschlagene Beurteilungsstrategie zur Einschätzung des statistischen Rückfallrisikos entbindet den Anwender insofern nicht von der Voraussetzung fundierter Kenntnisse der einschlägigen empirischen Literatur und hinreichender methodischer Kompetenzen, um realistische Einschätzungen erwartbarer Effektgrößen vorzunehmen. Sie sind für eine angemessene Anwendung und ggf. Adaptation an die Voraussetzungen des zu beurteilenden Falls unentbehrlich; eine unreflektierte und allzu schematische Anwendung verspricht hingegen kaum zuverlässige Befunde. Mit der erforderlichen Sorgfalt durchgeführt, stellt sie jedoch eine gewisse Gewähr dafür dar, die verfügbaren empirischen Erfahrungen bei der Beurteilung des Einzelfalls auch angemessen zu berücksichtigen.

Als klinisch-idiographische Methodik wurde im Rahmen der Untersuchungen auf eine allgemein anwendbare Strategie der systematischen Prognosebeurteilung Bezug genommen (vgl. Kap. 2.3.2.2). Die Befunde belegen an einer unausgelesenen und vom Prognoseergebnis unbeeinflussten Stichprobe die Möglichkeit einer objektiven Anwendbarkeit und valider Ergebnisse – Voraussetzung ist allerdings auch hier, dass der Anwender über Kenntnisse der einschlägigen empirischen und theoretischen Literatur verfügt und Kompetenzen über die Grundlagen diagnostischer Urteilsbildung mitbringt. In der Studie wurden die Beurteilungen dabei explizit unter Berücksichtigung der statistisch erwartbaren Zusammenhänge vorgenommen; sie dienten der Kalibrierung des Urteilsbildungsprozesses auf ein für den Einzelfall geeignetes Ausgangsniveau. Insoweit handelte es sich in gewisser Weise bereits um ein integratives Vorgehen. Gleichwohl erscheinen im Licht der Ergebnisse einige weitergehende Bezüge zweckmäßig.

Bislang wurden die aktuarischen Prognoseinstrumente als bloße statistische Verfahren behandelt, die jeweils eine Anzahl von Merkmalen zu erfassen suchen, die mit der statistischen Rückfallwahrscheinlichkeit zusammenhängen. Dies wird den Instrumenten jedoch nur zum Teil gerecht. Sie enthalten explizit auch solche Merkmale, die auf der Grundlage von Theorien inhaltlich mit Straffälligkeit verknüpft sind. Sie stellen somit nicht nur Verfahren zur Einschätzung statistischer Rückfallrisiken dar, sondern auch Messmethoden zur Erfassung theoretischer Konstrukte mit Relevanz für das fragliche Rückfallverhalten – immerhin erwiesen sich auch die Subskalen der Instrumente im Rahmen der Studie weitgehend als prognostisch valide (vgl. Kap. 4.5.6.6). Ihre inhaltliche Bedeutung erschließt sich freilich erst auf der Grundlage der jeweiligen Theorie; gleichwohl bieten sie damit Potentiale, die auch zur individuellen Erklärung der vorherzusagenden Phänomene beitragen können. Es bietet sich somit an, von diesen – empirisch belegten und theoretisch begründeten – Eigenschaften dieser Instrumente im Rahmen des idiographischen Beurteilungsprozesses Gebrauch zu machen. Nicht zuletzt lag ein solcher „klinischer" Gebrauch in der Absicht der Autoren der meisten moderneren Verfahren (vgl. Kap. 2.1), und es liegen zumindest erste Hinweise dafür vor, dass gerade ein solcher Gebrauch valide sein kann (vgl. Kap. 4.6.3).

Der Nachteil der Bindung der Instrumente an bestimmte theoretische Konzepte besteht in der Eingrenzung ihres Erklärungspotentials auf die Reichweite der jeweiligen Theorie – nicht für jeden Rechtsbrecher erscheint etwa die stark auf klassisch-kriminelle Phänomene abhebende theoretische Grundlegung des LSI-R angemessen. Daher ist es zweckmäßig, die im Rahmen des Urteilsbildungsprozesses erforderliche Herausarbeitung einer individuellen Kriminaltheorie zunächst auf idiographischem Wege auf der Grundlage biographischer Rekonstruktionen, der Aufarbeitung der Entwicklung der strafrechtlichen Vorgeschichte und ihrer biographischen Einbettung sowie genauer Tathergangsanalysen zu realisieren (vgl. Kap. 2.3.2.2; s. a. Kap. 1.2.1). Die durch die aktuarischen Instrumente als für die zu beurteilende Person bedeutsam registrierten Merkmalsbereiche könnten jedoch eine Kontrollfunktion ausüben, die Gewähr dafür bietet, empirisch relevante Sachverhalte mit theoretisch-inhaltlicher Bedeutung nicht zu übersehen. Diese Merkmale wären freilich in die Biographie des Einzelfalls einzubetten, und es wäre nach ihrer jeweiligen spezifischen Bedeutung im individuellen Bedingungsgefüge der Anlasstat (ggf. auch relevanter Vordelikte) zu fragen. Insoweit könnten die Instrumente eine auf das Individuum abgestimmte, gleichwohl aber reglementierte Mindestbreite der idiographischen Beurteilungsgrundlagen garantieren. Diese Kontrollfunktion beschränkt sich dabei keineswegs auf die erste diagnostische Aufgabe des idiographischen Beurteilungsprozesses (Entwicklung einer individuellen Delinquenz-theorie). Zumindest das HCR-20 beinhaltet in seiner C-Skala explizit Ereignisse und Entwicklungen im Vollzugsverlauf und in der R-Skala potentielle Risikobereiche für die Zeit nach der Entlassung, Letzteres gilt auch für die dynamischen Merkmalsbereiche des LSI-R. In diesem Sinne könnten die modernen aktuarischen Instrumente auch für die übrigen Teilschritte des idiographischen Beurteilungsprozesses eine analoge Kontrollfunktion ausüben.

Der Vorteil einer solchen regelhaften Erweiterung der idiographischen Beurteilungsmethodik besteht in einer gewissen Standardisierung und einer damit einhergehenden Erhöhung der Transparenz des Urteilsbildungsprozesses, ohne dass eine von vornherein vorgenommene Einschränkung auf bestimmte Theorien die Methodik in ihrer Reichweite begrenzt. Prinzipiell ließen sich dabei auch weitere Hilfsmittel einbeziehen. Neben anderen aktuarischen Prognoseinstrumenten (die freilich zunächst an hiesigen Täterpopulationen zu validieren wären) könnten Prognosechecklisten (vgl. Kap. 1.4.4. und Kap. 2.2) eine ähnliche Aufgabe erfüllen, wobei zu bedenken ist, dass derzeit noch nicht alle der in den gängigen Instrumenten enthaltenen Merkmale empirisch validiert sind. Ferner könnten, hierauf wurde an früherer Stelle bereits hingewiesen, bei bestimmten Fallkonstellationen auch empirische Typologien mit theoretischer Fundierung nützlich sein (vgl. Kap. 2.3.1.2). Wichtig erscheint jedoch der Hinweis, dass all diese Hilfsmittel den Anwender nicht von der Erfordernis befreien, seine für den individuellen Fall entwickelten Erklärungskonzepte auf ihre Verträglichkeit mit allgemeinen Theorien und empirischen Befunden hin zu überprüfen (vgl. hierzu Kap. 1.2.1 und Kap. 2.3.2.2). Sie sind lediglich Hilfs- und Kontrollmittel, die die Beurteilungsgrundlagen ggf. ergänzen und eine gewisse Standardisierung ermöglichen. Sie können jedoch nicht wesentliche Teile eines rationalen Urteilsbildungsprozesses ersetzen. Abbildung 31 fasst die bisherigen Beurteilungsschritte noch einmal zusammen.

Die beiden auf methodisch unterschiedlichen Wegen erzielten Beurteilungen sind im Modell nicht unabhängig voneinander, gleichwohl liefern sie zunächst zwei mögliche Risikoeinschätzungen, und es stellt sich dem Diagnostiker die Frage nach der Vereinbarkeit der Urteile. Kommen beide Beurteilungsstrategien zum selben Schluss, so hat man – eine sorgfältige Fallbearbeitung vorausgesetzt – eine gewisse Gewähr dafür, dass in die Prognose die nach aktuellem wissenschaftlichem Stand relevanten Methoden und Kenntnisse eingeflossen sind. Schwieriger, aber häufig von hohem informativen Wert (vgl. Steller & Dahle, 2001), sind diskrepante Einschätzungen, bei denen im Zuge der individuellen Beurteilung Modifikationen an der auf empirischer Evidenz fußenden Einschätzung vorgenommen wurden. Solche Diskrepanzen bedürfen der Aufklärung in Form einer näheren Begründung.

# Abbildung 31   Beurteilungsschritte einer integrativen Kriminalprognose (I)

## Analyse des Ausgangsrisikos (statistischnomothetische Prognose)

(1.) geeignete *Basisrückfallrate (BR)* als Ausgangswahrscheinlichkeit im Falle statistischer Durch - schnittsverhältnisse

*Quellen:*Rückfallstudien &-statistiken
ggfls. geeigneter Schätzalgorithmus

Leitfrage der nächsten Schritte: Handelt es sich beim Pb um einen statistischen „Durchschnittsfall"

(2.) Ausprägung risikosteigernder und -reduzierender *Tat- und Tätermerkmale?*
*Quellen:* Instrumente (z. B. LSI-R, HCR -20)

(3.) Zugehörigkeit zu einer *Hochrisikogruppe?*
*Quellen:*Psychopathy (PCL), ggf. bestimmte Konstelationen (z. B.sex. Devianz)

(4.) Zugehörigkeit zu einer *Niedrigrisikogruppe?*
*Quellen:* best. Konstellation (z. B. Beziehungstäter)

(5.) Proband überdurchschnittlich *jung oder alt?*
*Quellen:* Vergleich mit Basisrückfallrate,
Alterseffektforschung, Verlaufsforschung

(6.) Sind *Behandlungseffekte* zu erwarten?
*Quellen:*Gefangenen-/Behandlungsakten
Behandlungseffektforschung

## Analyse des individuellen Risikos (klinisch-idiographische Prognose)

(1.) Individuelle Delinquenztheorie
*Quellen:* Biographie, strafrechtliche Vorgeschichte Tathergangsanalyse

*Kontrolle auf Vollständigkeit:* relevante Merkmale aktuarischer Instrumente; Checklisten; Typologien

*Kontrolle der Güte:* Verträglichkeit mit bewährten Theorien und empirischen Befunden; semantische Konsistenz; keine unbelegten Vorannahmen

(2.) Analyse personaler & situationaler Risiken

(3.) Entwicklungstheorie personaler Risiken
*Quellen:* relevantes (psychologisch äquivalentes) Verhalten im Vollzug; ggf. Entwicklung relevanter Störungen/Defizite;Aging-Effekte, Entwicklung kompensatorischer Faktoren

*Kontrolle auf Vollständigkeit und Güte:* wie unter 1 (außer Typologien)

*Kontrolle auf Relevanz:* Fokus auf spezifischen personalen Risikofaktoren (aus Schritt 2)

(4.) IST-Stand personaler Risikofaktoren
*Quellen:* psychologische Querschnittsdiagnostik
*Kontrolle der Güte:* Standards diagn Urteilsbildung
*Kontrolle der Vollständigkeit:* wie unter 3

(5.) Wenn-Dann-Analyse verbleibender Risiken
*Quellen:*bisherige riskante Konstellationen (Schritt 2)

(6.) Riskante Handlungsfelder in Freiheit
*Quellen:* Außenbezüge, soziale & berufliche Perspektiven, Freizeitpräferenzen; Lebensplanung; Zugänglichkeit potentieller Opfer usw.

*Kontrolle auf Vollständigkeit:* wie unter 3
*Kontrolle der Güte:* Plausibilität
*Kontrolle der Relevanz:* wie unter 3

Sie können einerseits durch besondere Gewichtungen einzelner Schutz- oder Risikofaktoren entstehen, die im Lichte einer individuellen Biographie wohlbegründet sein mögen. Sie können aber auch dadurch entstehen, dass in der idiographischen Perspektive Faktoren bedeutsam erscheinen, für die eine hinreichende empirische Evidenz nicht vorliegt – dies könnten beispielsweise besondere körperliche Gebrechen sein, die einen Rückfall trotz hoher statistischer Risiken eher unwahrscheinlich erscheinen lassen; bei primär rational agierenden Tätern (etwa bestimmten Betrügern) mag im Einzelfall eine Erbschaft die Erwartung nachhaltig veränderter Kosten-Nutzen-Kalküle beim Betreffenden rechtfertigen, oder umgekehrt gibt es auch Straftäter mit sehr spezifischen Risikofaktoren, die in empirischen Vorhersagen nicht berücksichtigt und daher unterschätzt werden. Letztlich handelt es sich jedoch auch bei diesen beispielhaft aufgeführten individuellen Besonderheiten um implizit unterstellte Regelhaftigkeiten, deren Zusammenhänge mit Rückfälligkeit aufgrund ihres hohen Spezifitätsgrades jedoch empirisch (bislang) nicht belegt sind und insofern auf Augenscheinvalidität fußen.

Dieser Aspekt, aber auch die Befunde der CRIME-Studie über Merkmale der Zuverlässigkeit statistischer Prognosen (vgl. die Kap. 4.5.10.3, 4.5.10.4 und 4.5.11.2), legt es nahe, bei diskrepanten Beurteilungen unterschiedliche Schwellen für den erforderlichen Begründungsgrad anzulegen. Bei eher unzuverlässigen statistischen Prognosen – das sind namentlich jene Fälle, die in den relevanten Schritten der nomothetischen Prognosebeurteilung stets als unspezifische statistische Durchschnittsfälle imponieren – wäre es demnach eher gerechtfertigt, bei entsprechenden Hinweisen von der statistischen Erwartung abzurücken, denn die nomothetische Prognose beruht letztlich nur auf einer groben Einschätzung mit einem relativ geringem Grad an empirischer Evidenz. Im Falle eindeutiger nomothetischer Prognosen mit hoher Zuverlässigkeitserwartung bedarf eine ggf. hiervon abweichende Beurteilung indessen schon sehr guter Argumente.

Gelingt es dem Prognostiker hingegen nicht, etwaige Diskrepanzen zwischen seinen auf nomothetischem und idiographischem Wege gewonnenen Einschätzungen aufzuklären, tut er wahrscheinlich gut daran, seine idiographischen Beurteilungsschritte noch einmal im Einzelnen nachzuvollziehen. In diesem Fall besteht aller Grund zur Annahme, dass er einen wesentlichen Aspekt übersehen hat. Abbildung 32 fasst die zuletzt formulierten Überlegungen noch einmal zusammen.

**Abbildung 32**  Beurteilungsschritte einer integrativen Kriminalprognose (II)

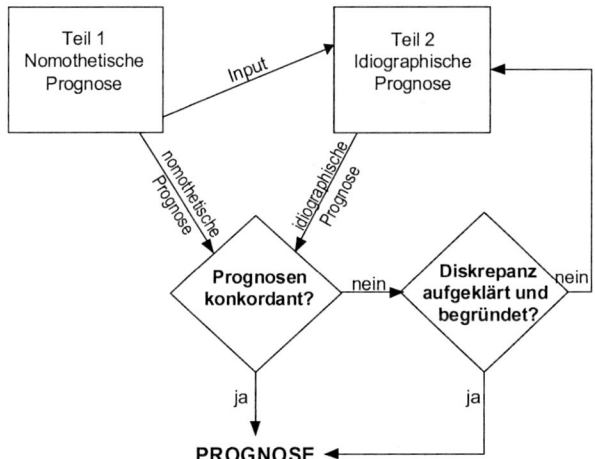

Zusammenfassend ist festzuhalten, dass das Konzept zur integrativen Beurteilung der Rückfallprognose von Straftätern die modernen aktuarischen Prognoseinstrumente einbezieht und sie systematisch durch empirisch kontrollierte Erfahrungen aus Bereichen, die in den Instrumenten nicht oder nur unzureichend berücksichtigt sind, ergänzt. Es beinhaltet weiterhin eine dezidierte idiographische Beurteilungsmethodik, die den rechtlichen Anforderungen an den Individualisierungsgrad und an die aufzuarbeitenden Inhalte strafrechtlicher Kriminalprognosen genügt, die zentralen Rechtsbegriffe explizit in diagnostisch handhabbare Konzepte übersetzt und deren grundsätzliche objektive und valide Anwendbarkeit empirisch belegt ist. Schließlich ist das Konzept flexibel genug, ggf. auch weitere prognostische Hilfsmittel, wie etwa Straftätertypologien oder Prognosechecklisten, adäquat einzubeziehen und von ihren Möglichkeiten Gebrauch zu machen – ohne dabei Gefahr zu laufen, sie allzu schematisch und damit missbräuchlich anzuwenden. Eine sorgfältige Urteilsbildung entlang der im Konzept beschriebenen Beurteilungsschritte bietet insoweit eine gewisse Gewähr dafür, die nach gegenwärtigem Kenntnisstand relevanten Sachverhalte in die Prognosebildung einzubeziehen und zu einem wissenschaftlich fundierten Urteil zu gelangen. Die Methode stellt freilich hohe Anforderungen an die allgemeinen und spezifischen Kompetenzen des Anwenders.

## 5.3 Forschungsdesiderate

Mit der CRIME-Studie liegt erstmals eine empirische Studie vor, die eine Anzahl der derzeit modernsten Beurteilungsmethoden und -strategien zur Einschätzung der Rückfallwahrscheinlichkeit von Straftätern umfassend an einer unausgelesenen und weitgehend unverzerrten Stichprobe aus dem deutschen Strafvollzug erprobt und hinsichtlich ihrer Anwendungsobjektivität und der Güte ihrer Vorhersagen für unterschiedliche Kriterien und Vorhersagezeiträume untersucht hat. Im Rahmen der Arbeiten wurden ferner einige Entwicklungen methodischer Strategien vorgenommen, die zu einer Erhöhung der Prognosegüte beizutragen vermochten. Diese wurden mit den Mitteln der Studie zwar kreuzvalidiert; weitere Untersuchungen an zusätzlichen Stichproben wären jedoch zur Überprüfung der Stabilität und Generalisierbarkeit der vorgefundenen Leistungszuwächse wünschenswert. Dies gilt nicht zuletzt auch für den hier erprobten Ansatz zur Vorhersage der Vorhersagbarkeit, der sich nicht nur als nützliches Konzept für die spezifische Leistungsanalyse von Vorhersagemethoden erwies, sondern durchaus auch praktische Implikationen für die Einschätzung der individuellen Zuverlässigkeit prognostischer Aussagen hat. Weiterer Forschungsbedarf besteht schließlich für das Modell einer umfassenden integrativen Beurteilungsstrategie, das sich im Licht der einzelnen Untersuchungsergebnisse und unter Berücksichtigung strafrechtlicher Erfordernisse als derzeit sinnvollste Vorgehensweise bei der Beurteilung der Kriminalprognose von Straftätern ergab.

Für die im Rahmen der integrativen Prognose erforderliche Strategie zur übergreifenden Einschätzung des statistischen Ausgangsrisikos ließen sich längerfristig elaboriertere Vorgehensweisen denken als das hier vorgeschlagene Modell einer konservativ angelegten schrittweisen hypothesenprüfenden Verfahrensweise, die von der Basisrate ausgehend sukzessiv nach den Merkmalen der Person in unterschiedlichen potentiell relevanten Bereichen fragt und etwaige Effekte besonderer Merkmalsausprägungen auf relativ einfache Weise (nämlich additiv unter Berücksichtigung einiger theoretisch und empirisch bekannter Interdependenzen) integriert. Hierzu ließen sich etwa CHAID-orientierte Ansätze nutzen, wie sie im *Iterative Classification Tree* von Monahan et al. (2000, vgl. Kap. 2.1.3.1) versucht wurden. Viel versprechend erschiene auch die Erprobung moderner KI-basierter Algorithmen wie z. B. der ID3- oder c4.5-Algorithmus (Quinlan, 1993), da diese Ansätze im Unterschied zu neuronalen Netzen (wie sie hier zum Zwecke der Grenzanalyse der Vorhersagbarkeit strafrechtlicher Rückfälle herangezogen wurden, vgl. Kap. 4.5.10.2) auch Erklärungspotentiale für die vorgefundenen Effekte bieten und dem konfiguralen Ansatz der integrativen Methodik entsprechen. Immerhin werden solche Vorhersagemodelle in anderen Anwendungsbereichen relativ erfolgreich für Verhaltensvorhersagen genutzt und haben sich gegenüber methodischen Alternativen oft als überlegen erwiesen (z. B. für die Vorhersage von Flugstornierungen, vgl. Neuling, Riedel & Kalka, 2004). All diese Ansätze setzen indessen einen nicht unbeträchtlichen Forschungsaufwand an umfangreichen Stichproben voraus, der einen entsprechenden Forschungsverbund implizieren würde. Kurzfristige Fortschritte sind daher kaum zu erwarten. Natürlich ließen sich auch klassische statistische Prozeduren zur Verfeinerung denken wie etwa Logitanalysen oder Bayes-Ansätze. Allerdings wäre auch hier der erforderliche Forschungsaufwand vermutlich nicht geringer, da umfangreiche Stichproben zu untersuchen wären. Ein mit den hiesigen begrenzten Mitteln probeweise durchgeführter Versuch mit dem Bayes-Ansatz[46] ergab bei der Kreuzvalidierung einen erheblichen Schwund an Vorhersagegenauigkeit und erbrachte letztlich schlechtere Ergebnisse als das simple additive Modell[47].

Spezieller Forschungsbedarf besteht für Personengruppen, die sich mit den derzeit verfügbaren Methoden als weniger zuverlässig einschätzbar gezeigt haben. Hier ist insbesondere eine Personengruppe zu nennen, die sich um das 30. Lebensjahr am Scheitelpunkt krimineller Aktivitäten erwachsener Straftäter befindet. Die entwicklungskriminologische Analyse dieser Lebensphase deutete dabei darauf hin, dass die Prognose hier vor besonderen Aufgaben steht, da sie unterschiedliche Personengruppen mit bis dahin sehr ähnlicher strafrechtlicher Vorgeschichte differenzieren muss (vgl. Kap. 5.1.1). Dies scheint mit den derzeit verfügbaren Mitteln nur ansatzweise zu gelingen. Allerdings lassen nähere Untersuchungen erhoffen, weitergehende Kenntnisse über die Hintergründe von Fortsetzung und Abbruch der kriminellen Entwicklung bei dieser Personengruppe zu erlangen. So waren Personen diesen Alters, denen nach umfangreicher strafrechtlicher Vorgeschichte ein Ausstieg aus der eingeschlagenen Karriere gelang, vorzugsweise intelligentere Täter, deren Delinquenz in erhöhtem Maße auf kriminogenen Kosten-Nutzen-Erwägungen beruhte und die ihren Ausstieg vor allem mit einem rationalen Entscheidungsprozess begründeten – Voraussetzung schien allerdings die reale Möglichkeit einer einigermaßen befriedigenden legalen Lebensgestaltung (vgl. i. e.

---

[46] Bayes-Ansätze versuchen die Wahrscheinlichkeit einer Hypothese (hier also die Wahrscheinlichkeit eines Rückfalls bzw. alternativ die Bewährungswahrscheinlichkeit einer Person) bei Vorliegen einer speziellen Konfiguration von Merkmalen (hier also die Ausprägung von Risikomerkmalen, die Zugehörigkeit zu Hoch- oder Niedrigrisikogruppen, das Alter und eine etwaige Behandlung einer Person) auf der Grundlage der Basisrate und der Auftretenswahrscheinlichkeit dieser Konfiguration bei rückfälligen und nicht rückfälligen Probanden zu schätzen. Eine Einführung in das Konzept und seine Vorzüge und Begrenzungen gibt z. B. Schaefer (1984).

[47] Dies lag nicht zuletzt daran, dass dem derzeitigen Forschungsstand kaum die erforderlichen A-priori-Wahrscheinlichkeiten zu entnehmen waren, so dass viele Einschätzungen auf der Grundlage der Entwicklungsstichprobe erfolgen mussten. Weiterhin sind Verletzungen der Unabhängigkeitsannahmen des Modells zu erwähnen, die indessen nur mit sehr hohem Aufwand zu korrigieren wären (vgl. auch hierzu Schaefer, 1984).

Dahle, i. Vorb.). Insofern scheinen Kenntnisfortschritte der mit der Rückfälligkeit assoziierten Zusammenhänge bei den derzeit noch wenig zuverlässig prognostizierbaren Tätergruppen denkbar, die auf mittlere Sicht zu einer Verbesserung der Prognosen führen könnten.

Dringend erforderlich wären weiterhin gezielte Validierungsstudien an Straftätergruppen, die zwar im Strafvollzug selten vorkommen und in der unausgelesenen hiesigen Stichprobe daher nur eine kleine Gruppe ausmachten, die die Gutachtenpraxis aber in besonderer Weise bestimmen: Täter mit gravierenden Gewalttaten als Anlassdelikt sowie Täter mit gravierenden Sexualdelikten. Für die Tätergruppe mit gravierenden Gewaltstraftaten deutete eine erste, im Rahmen der hiesigen Studie durchgeführte Zusatzerhebung an einer Gelegenheitsstichprobe (Gutachtenprobanden) darauf hin, dass die Prognosen bei dieser Zielgruppe möglicherweise eher zuverlässiger sein könnten als bei unausgelesenen Tätergruppen mit mittlerer Deliktschwere. Dies deckt sich mit theoretischen Überlegungen, da bei dieser Tätergruppe wegen der hohen Schwellen für die begangenen Taten mit extremeren (psychischen oder bei Tatbegehung situativen) Verhältnissen als bei einer straffälligen Durchschnittsklientel zu rechnen ist (vgl. Kap. 1.2.2), die diagnostischen Mitteln zugänglich sein sollten. Für die Gruppe der Täter mit gravierenden Sexualdelikten deutete eine ebenfalls im Rahmen der Projektarbeiten durchgeführte Zusatzerhebung (sozialtherapeutisch behandelte und unbehandelte Sexualstraftäter) darauf hin, dass – jedenfalls mit aktuarischen Prognosen vorgenommene – Vorhersagen einschlägiger Rückfälle mit Sexualstraftaten nicht einfach und andere strafrechtliche Rückfälle besser prognostizierbar sind. Dies deckt sich mit internationalen Erfahrungen (vgl. Kap. 2.1.3.2); dennoch scheinen methodisch fundierte klinisch-idiographische Beurteilungen zuverlässigere Einschätzungen auch der einschlägigen Rückfallwahrscheinlichkeit zu ermöglichen als bloße statistische Instrumente (vgl. Kap. 4.6.3). Bei diesen Zusatzerhebungen handelte es sich jedoch um erste Ansätze einer gezielt auf spezielle Zielgruppen fokussierten Untersuchung der Leistungsgüte prognostischer Einschätzungen, die nur einige Aspekte einbezog und einige methodische Begrenzungen beinhaltete. Hier besteht somit dringender weiterer Forschungsbedarf, insbesondere auch hinsichtlich der Größenordnung und Verteilung von Irrtumsrisiken.

Auch im Hinblick auf die in der Praxis viel diskutierten Prognosechecklisten ist noch Forschungsbedarf zu erkennen. Hierzu zählt etwa die Frage nach der grundsätzlichen Objektivität ihrer Anwendbarkeit, d. h. die systematische Untersuchung der Größenordnungen, mit der unabhängige Anwender zu vergleichbaren Urteilen gelangen. Auch wäre die prognostische Validität dieser Beurteilungen an unverzerrten, d. h. von diesen Prognosen unabhängigen Stichproben zu überprüfen. Insofern diese Instrumente im Rahmen der hiesigen Arbeit weniger als eigenständige Prognosemethoden, sondern vielmehr als potentielle Hilfsmittel bzw. Kontrollinstrumente zur Überprüfung der Vollständigkeit der Grundlagen idiographischer Beurteilungen angesehen wurden, erscheint jedoch die systematische Überprüfung der Validität der enthaltenen Merkmale vordringlicher. Für die meisten Merkmale mögen zwar empirische Belege ihrer Bedeutsamkeit vorliegen; einige Aspekte fußen jedoch einstweilen eher auf Plausibilität und impliziten Theorien als auf empirischer Evidenz.

Die jüngsten Gesetzesänderungen im Hinblick auf die Einführung der Möglichkeit zur vorbehaltlichen und insbesondere zur nachträglichen Anordnung von Sicherungsverwahrung (§§ 66a, b StGB) stellen die Prognosen schließlich vor besondere Aufgaben. Diese Varianten zielen auf eine Gefährlichkeitsprognose, die vor allem auf der Grundlage solcher Sachverhalte fußen soll, die sich erst im Laufe des Strafvollzuges ergeben. Nach der Gesetzesbegründung zu § 66b StGB soll es dabei um „... hochgefährliche Straftäter (...) (gehen), von denen auch nach vollständiger Verbüßung der Freiheitsstrafen schwere Straftaten gegen das Leben, die körperliche Unversehrtheit oder die sexuelle Selbstbestimmung mit hoher Wahrscheinlichkeit zu erwarten sind" (Gesetzentwurf der Bundesregierung vom 10. März 2004, S. 13) – deren Gefährlichkeit allerdings zum Zeitpunkt der Hauptverhandlung noch nicht erkennbar (da keine Anordnung von Sicherungsverwahrung gem. § 66 StGB erfolgte) oder auch nur erahnbar war (da kein Anordnungsvorbehalt gem. § 66a StGB erfolgte). Die Regelung soll „...ausschließlich eine Reaktionsmöglichkeit auf die vermutlich seltenen Fälle bieten, in denen sich die fortdauernde Gefährlichkeit eines Verurteilten erst im Vollzug ergibt" (ebd., S. 18). Der Gesetzestext verzichtet auf die Nennung von Kriterien, an denen die Gefährlichkeit zu beurteilen ist. Beispielhaft führt die Gesetzesbegründung „wiederholte verbal-aggressive Angriffe auf Bedienstete der Justizvollzugsanstalt", „die Drohung des Verurteilten, nach der Entlassung weitere Straftaten zu begehen", „die Begehung einer erneuten Straftat während des Vollzugs der Freiheitsstrafe" sowie „intensive Kontakte zu einem gewaltbereiten Milieu aus der Haft" (ebd., S. 19) auf. Die beispielhaft genannten Anknüpfungspunkte weisen zweifellos eine gewisse Augenscheinvalidität auf. Zumindest für das erstgenannte (Aggressionen gegen Bedienstete) und dritte Kriterium (erneute Delikte) fanden sich im Rahmen der CRIME-Studie auch korrelative Zusammenhänge mit dem Rückfallverhalten, wenn auch nur in sehr moderater Größenordnung. Hier besteht sicherlich ein Erkenntnisbedarf, welche nach den Vorstellungen des Gesetzgebers in Frage kommenden Prädiktoren in welcher Häufigkeit tatsächlich vorkommen und, vor allem, welche tatsächliche prognostische Bedeutung sie aufweisen, insbesondere im Hinblick auf ihre Zusammenhänge mit besonders gravierenden Gewaltdelikten.

## 5.4 Wege zur Verbesserung der prognostischen Begutachtungspraxis

Unabhängig von Feinheiten der jeweiligen Methodik stellen fundierte Kriminal-prognosen sehr hohe Anforderungen an den Prognostiker; sie zählen im Rahmen forensischer Sachverständigentätigkeit zu den „...schwierigsten Leistungen über-haupt" (Rasch, 1999, S. 32). Der Gutachter muss nicht nur über sehr solide Kennt-nisse psychodiagnostischer Grundlagen und Methoden verfügen, einen guten Über-blick über die Theorienbildung in den unterschiedlichen Teildisziplinen der Psy-chologie und verwandter Fächer haben und über die methodischen Fertigkeiten verfügen, um die Theorien auch angemessen beurteilen zu können und ihre An-wendungsbezüge für den Einzelfall zu erkennen. Erforderlich sind darüber hinaus umfangreiche Spezialkenntnisse der Theorienbildung in verschiedenen kriminal-wissenschaftlichen Fächern, der einschlägigen empirischen Forschungslandschaft, der Grundlagen der verschiedenen Prognosemethoden und nicht zuletzt ein gewis-ses Maß an kriminologischer und ggf. auch klinischer Erfahrung. Diese Vorausset-zungen werden im Rahmen des Studiums der für Prognosebegutachtungen poten-tiell in Frage kommenden Fächer derzeit nicht vermittelt. Zwar wird an einigen wenigen deutschen Hochschulen Rechtspsychologie im Rahmen des Diplomstu-diengangs in Psychologie angeboten. Das Fach fristet einstweilen jedoch eher ein Schattendasein; dort wo es angeboten wird, ist der Umfang des Lehrangebots zu begrenzt, um die erforderlichen Kompetenzen in hinreichendem Umfang zu ver-mitteln. Nicht zuletzt gibt es an den psychologischen Fachbereichen der bundes-deutschen Hochschulen – anders als im Ausland – derzeit keine Professur für Rechtspsychologie. Bei dieser Ausgangslage verwundert es wenig, wenn zahlrei-che Untersuchungen der Qualität strafrechtlicher Prognosegutachten seit Jahrzehn-ten regelmäßig erhebliche Mängel beklagen und das wissenschaftliche Niveau von manchen Autoren als „elend" (Steller, 1991) qualifiziert wird. Es sind jedoch seit einiger Zeit Schritte in Richtung einer postgradualen Qualifizierung unternommen worden, die dazu beitragen könnten, die Mängel zu reduzieren. Voraussetzung hier-für wäre allerdings ein hinreichendes Qualitätsmanagement dieser Weiterbildungs-gänge, das Gewähr dafür bietet, dass die angestrebten Zertifizierungen auch für eine hinreichende Qualifizierung der Weiterbildungsabsolventen bürgen. Voraus-setzung wäre allerdings auch, dass diese Zertifizierungen in der Rechtspraxis an-kommen. Sie könnten geeignet sein, dem Rechtsanwender eine Orientierungshilfe bei der Benennung von Prognosesachverständigen zu bieten. Dies impliziert aller-dings, dass der Rechtsanwender diese auch wahrnimmt.

Eng mit den skizzierten Mängeln verbunden ist der derzeit noch zu beklagende Mangel an verbindlichen methodischen Standards für die strafrechtliche Prognose-begutachtung. Hier sind ohne Zweifel zunächst die fachwissenschaftlichen Diszip-linen gefragt, zu einer einvernehmlichen Bewertung des Forschungsstands und der verfügbaren methodischen Möglichkeiten zu gelangen. Aber auch die juristische Seite ist gefordert; immerhin geht es um Rechtsbegriffe und die Erfüllung rechtlich definierter Aufgaben, die zu beurteilen in letzter Konsequenz den Rechtsfachleuten vorbehalten ist. Schließlich hat die Rechtsprechung in einigen psychologischen Gutachtenfeldern – allen voran bei der psychologischen Glaubhaftigkeitsbegutachtung von Zeugenaussagen – vergleichsweise weitreichende Standards formuliert (vgl. BGHSt 45, 164; siehe hierzu auch Steller, 2000), wenngleich in anderen Feldern, wie etwa der Schuldfähigkeitsbegutachtung, ein ähnlicher Mangel an diagnostischen Standards beklagt wird (vgl. z. B. Scholz & Schmidt, 2003). Zwar wird unter Hinweis auf die defizitäre Forschung zur Validität von Kriminalprognosen gelegentlich die Möglichkeit zur Einigung auf methodische Standards grundsätzlich angezweifelt (z. B. Boers, 2001). Gerade die Prognoseforschung hat jedoch in den vergangenen Jahren ganz erhebliche Fortschritte erzielt, die dem Sachstand in anderen Gutachtenfeldern kaum nachstehen, sondern im Gegenteil eher fortschrittlicher erscheinen – insbesondere auch im Hinblick auf die nachweisbare Güte der erzielbaren Vorhersagen. Die Pauschalität der Beurteilung mangelnder Forschungsevidenz erscheint daher zumindest fraglich, mitunter mutet sie auch ideologisch überlagert an. Dabei ist noch einmal darauf hinzuweisen, dass die meisten Forschungsaufwendungen der letzten Jahrzehnte zwar im Ausland betrieben wurden, doch sprechen die Ergebnisse der hiesigen Studie für eine prinzipielle Übertragbarkeit der dort gewonnenen Erfahrungen.

Angesichts des derzeit noch bestehenden Mangels an hinreichend qualifizierten Gutachtern stellt sich weiterhin die Frage, ob es, wie es der § 454 (2) StPO verlangt, sinnvoll ist, bei der Frage einer vorzeitigen Bewährungsentlassung aus der Strafhaft tatsächlich in allen Fällen von Verbrechenstatbeständen, Gewaltdelikten und Sexualstraftaten mit Freiheitsstrafen von mehr als zwei Jahren ein sachverständiges Gutachten zu verlangen. Legt man den Regelfall des § 57 StGB zugrunde, so kann eine solche Aussetzung frühestens nach zwei Dritteln verbüßter Haftzeit erfolgen. Im Grenzfall geht es mithin um einen maximal achtmonatigen Nachlass, und es erscheint sehr zweifelhaft, dass sich eine ungünstige Prognose in diesem kurzen Zeitraum nachhaltig bessert. Im Normalfall dürfte es eher die Aussicht einer noch offen stehenden Reststrafe sein, die die Schwellen für erneute Delikte anhebt, als einige weitere Monate Haftzeit, nach der die Strafe dann aber erledigt ist. Die Prognose wäre somit auch bei einer eher ungünstigen Ausgangslage im Falle vorzeitiger Entlassung meist günstiger als nach Vollverbüßung. Insofern der Gesetzgeber jedoch bei den o. g. Fallkonstellationen bei der Frage vorzeitiger Haftentlassung eine genauere Prüfung der Rückfallprognose für erforderlich hält, ließen sich durchaus valide Prozeduren denken, die vom Aufwand und den Kosten her deutlich unterhalb einer ausführlichen Prognosebegutachtung liegen und gegenüber der derzeitigen Praxis kaum unvalider sein dürften. Immerhin haben sich bereits die im Rahmen der hiesigen Studie erprobten einfachen statistischen Algorithmen zur Einschätzung der Rückfallwahrscheinlichkeit vor allem für kurze Zeiträume von zwei bis drei Jahren und für die Randbereiche mit günstiger bzw. ungünstiger Prognose als vergleichsweise treffsicher erwiesen, so dass eine Selektion hoch rückfallgefährdeter Täter auch mit vergleichsweise einfach anwendbaren Methoden relativ zuverlässig möglich erscheint. Eine Erhöhung der Schwellen für die zwingende Notwendigkeit einer vollständigen Begutachtung könnte somit den derzeit noch eingeschränkt verfügbaren Sachverstand auf gravierende Fälle konzentrieren.

Demgegenüber scheinen Überlegungen sinnvoll, bei einer Kerngruppe mit sehr gravierenden Anlassdelikten den Aufwand zu erhöhen, indem beispielsweise mehrere Gutachter an der Beurteilung der Rückfallprognose beteiligt werden. Dabei ist zu bedenken, dass Fehlprognosen (jedenfalls falsch-negative) gerade bei dieser Gruppe nicht nur ein beträchtliches Risiko für potentielle Opfer darstellen. Der erforderliche Aufwand, um eine solche Fehlprognose nachträglich zu korrigieren, ist ganz erheblich und dürfte die Mühen und Kosten einer Beteiligung mehrerer Gutachter an der Prognoseentscheidung bei weitem übersteigen. Nicht zuletzt verlangt der Gesetzgeber mit der Einführung der nachträglichen Sicherungsverwahrung in § 275a (4) StPO mittlerweile die Einholung der Gutachten zweier Sachverständiger, wenn es ihm hierbei auch offensichtlich eher um die Vermeidung faschpositiver Irrtümer ging und weniger um falsch-negative Einschätzungen. Ein solcher Mehraufwand erscheint jedoch auch bei anderen rechtlichen Fragestellungen mit ähnlich weitreichenden Konsequenzen erwägenswert.

Die Beteiligung mehrerer Gutachter an einer Prognoseentscheidung wirft allerdings die Frage nach ihrem Verhältnis zueinander auf. Zwar äußert sich im Fall der nachträglich angeordneten Sicherungsverwahrung der Gesetzestext hierzu nicht explizit, die Formulierungen und auch die Gesetzesbegründungen lassen jedoch vermuten, dass es sich wohl um unabhängige Gutachter handelt, die, jeder für sich, zu einer eigenständigen Einschätzung gelangen sollen. Ziel ist es dabei, „... eine möglichst breite und zuverlässige Entscheidungsbasis für das Gericht zu schaffen" (Gesetzentwurf der Bundesregierung vom 10. März 2004, S. 29). Dies impliziert einen gewissen Zweifel des Gesetzgebers an der Objektivität (i. S. der erzielbaren Beurteilerübereinstimmung) der den Prognosen zugrunde liegenden Methoden. Angesichts des weiter oben beklagten Mangels an verbindlichen Standards mag dies nicht unberechtigt sein. Es wirft jedoch die Frage auf, warum dieser Zweifel dann nur für die nachträgliche Sicherungsverwahrung Berücksichtigung findet, geht es doch auch bei anderen Rechtsentscheidungen mitunter um ganz erhebliche Rechtsgüter, die der Problemstellung des § 66b StGB in keiner Weise nachstehen. Gleichwohl erscheint das Modell simultan arbeitender unabhängiger Gutachter auch unter methodischen Gesichtspunkten zumindest solange nachvollziehbar, wie verbindliche Standards nicht solche Methoden vorsehen, deren objektive Anwendbarkeit und Validität wissenschaftlich belegt ist, und solange kein hinreichendes Qualitätsmanagement eine ausreichende Qualifikation der Gutachter sicherstellt. Offen bleibt dabei freilich die Frage, wie mit divergierenden Meinungen der Gutachter umzugehen ist.

Im Rahmen des Straf- oder auch Maßregelvollzugs finden sich mitunter Modelle kooperierender Beurteiler, beispielsweise wenn es um Fragen der Lockerungsprognose geht. Hierbei sind mehrere gleichberechtigte Personen an der prognostischen Beurteilung eines Falles beteiligt, die sich gewissermaßen während des Urteilsbildungsprozesses gegenseitig supervidieren und hierdurch gewährleisten sollen, dass nicht wesentliche Aspekte übersehen oder unzureichend begründete Schlussfolgerungen gezogen werden. Andernorts finden sich vergleichbare Modelle auch im engeren strafrechtlichen Kontext. So gibt es etwa in der Schweiz spezielle Fachkommissionen zur Beurteilung so genannter „gemeingefährlicher" Straftäter, die für eine Kerngruppe als besonders brisant eingeschätzter Fälle Prognoseentscheidungen treffen (vgl. Ermer & Dittmann, 2001). Auch hier lässt sich konstatieren, dass ein solches Kooperationsmodell mehrerer gleichberechtigter Beurteiler eine gewisse gegenseitige Kontrollfunktion erfüllen kann und zumindest solange sinnvoll erscheint, wie keine verbindlichen Standards existieren. Gegenüber dem Konkurrenzmodell mehrerer unabhängiger Gutachter mag ein gewisser Vorteil darin bestehen, dass im Kooperationsmodell gewöhnlich Konsensentscheidungen angestrebt werden. Dies bedeutet, dass in Fällen divergierender Einschätzungen ein Diskurs erforderlich wird, der die Hintergründe der Meinungsunterschiede aufklärt und somit zu einer intensiven Auseinandersetzung mit den jeweiligen diskrepanten Argumenten beiträgt. Voraussetzung ist freilich, dass die Urteiler tatsächlich gleichberechtigt sind und nicht soziale oder hierarchische Faktoren den Diskurs behindern.

Unabhängig vom Entwicklungsstand der Prognosemethodik ist festzuhalten, dass – mit Ausnahme rein statistischer Modelle (die ihre methodenimmanenten Grenzen haben und zudem den rechtlichen Anforderungen nicht genügen; vgl. Kap. 5.1.2) – auch die fortschrittlichsten Konzepte keine durchgängig regelgeleiteten Methoden anbieten, die den komplexen Urteilsbildungsprozess in allen Einzelheiten steuern könnten. Im Gegenteil sind im Verlauf dieses Prozesses zahlreiche diagnostische Einzelentscheidungen zu treffen und Bewertungen vorzunehmen. Diese bergen stets ein Irrtumsrisiko in sich, da schon die zugrunde liegenden Zusammenhänge nicht eindeutiger, sondern allenfalls probabilistischer Natur sind. Es geht somit darum, diese Bewertungs- und Entscheidungsprozesse auf eine möglichst rationale, intersubjektive Grundlage zu stellen. Dies lässt Raum, über die Möglichkeit einer weiteren Rollenverteilung mehrerer Gutachter nachzudenken.

In der Psychologie befassen sich die so genannten diagnostischen Entscheidungstheorien mit Fragen der rationalen Begründbarkeit komplexer diagnostischer

Beurteilungen, die unter Risikobedingung zu treffen sind. Von Westmeyer (2000, 2003 u. a.) stammt hierzu der Vorschlag eines so genannten Verhandlungsmodells, das einen Diskurs unterschiedlicher Instanzen zur Begründung diagnostischer Bewertungen und Entscheidungen vorsieht und hierdurch die Irrtumswahrscheinlichkeit zu minimieren sucht: Beteiligt sind der Diagnostiker (bei Westmeyer der „Praktiker"), ein so genannter Rationalitätsprüfer und ein Rationalitätsbeurteiler, denen verschiedene „Sachverständige" und weitere Personen beiseite stehen. Im Kern geht es dabei darum, die Begründungszusammenhänge der im Verlauf des Urteilsbildungsprozesses vorgenommenen zentralen Bewertungen und Entscheidungen aufzuklären und auf ihre wissenschaftliche, d. h. ihre methodische, empirische und theoretische Fundierung hin zu überprüfen. Der Diagnostiker hat hierbei seine zentralen Entscheidungen zu begründen. Der Rationalitätsprüfer fragt nach den für die aufgeführten Gründe verfügbaren empirischen Grundlagen und deren wissenschaftlichem Wert und sucht hierdurch das enthaltene Unsicherheitspotential herauszuarbeiten. Aufgabe des Rationalitätsbeurteilers ist es dann, zu bewerten, ob die getroffene Entscheidung im Licht der empirischen und theoretischen Evidenzen und der verbleibenden Unsicherheiten angemessen war und insofern als hinreichend rational begründet gelten kann. Freilich dachte Westmeyer weniger an tatsächlich unterschiedliche Personen, die diesen Diskurs führen. Es ging ihm um die Beschreibung unterschiedlicher Rollen, die der Diagnostiker in einem inneren Diskurs einnehmen sollte, um sein Vorgehen in systematischer Weise selbstkritisch zu hinterfragen. Gleichwohl ist die Rollenverteilung den Gegebenheiten im Gerichtssaal nicht unähnlich. Auch hier befindet sich der Gutachter in der Rolle des Diagnostikers, der seine Beurteilungen und die zugrunde liegenden Bewertungen offen legt und begründet (jedenfalls sollte es so sein). Die Rolle des Rationalitätsprüfers wird indessen in Abhängigkeit vom Gutachtenergebnis einmal eher von der Anklagevertretung (im Falle eines den Angeklagten entlastenden Ergebnisses) oder von der Verteidigung (im Falle eines den Angeklagten nicht entlastenden oder gar belastenden Ergebnisses) wahrgenommen. Die Rolle des Rationalitätsbeurteilers ist indessen zweifellos dem Richter vorbehalten, der auf der Grundlage dieses Diskurses zu entscheiden hat, ob er das Gutachten zu seiner hinreichenden Überzeugung für rational begründet hält.

Im hiesigen Zusammenhang erscheint es indessen zweifelhaft, ob die Rolle des Rationalitätsprüfers mit den auf juristische Bewertungen spezialisierten Parteien tatsächlich optimal besetzt ist. Eine solche Prüfung des diagnostischen Urteilsbildungsprozesses setzt fundierte Spezialkenntnisse der wissenschaftlichen Grundlagen der mit der Prognosestellung befassten Fächer voraus. Es liegt somit nahe, hiermit einen entsprechend qualifizierten Gutachter zu betrauen. Dieser Zweitgutachter bräuchte dabei keineswegs eine eigene Beurteilung vorzunehmen. Seine Aufgabe ist es, aus einer neutralen Position heraus die der Prognose des Erstgutachters zugrunde liegenden einzelnen Entscheidungen und Bewertungen zu hinterfragen und ihre jeweilige wissenschaftliche Fundierung herauszuarbeiten. Es geht somit nicht um methodische Gutachtenkritik, wie sie vor allem im Bereich der Aussagebegutachtung in jüngerer Zeit Konjunktur hat. Ziel wäre es vielmehr, im Rahmen der (Gerichts-)Verhandlung den Urteilsbildungsprozess des (Haupt-) Gutachters in seinen zentralen Bewertungen und Entscheidungen nachzuvollziehen, um ihn für den eigentlichen Entscheider, den Richter, hinsichtlich seiner Fundierung und Unsicherheitspotentiale transparent zu machen.

Die Übertragung des Verhandlungsmodells aus der diagnostischen Entscheidungstheorie auf strafrechtliche Prognoseentscheidungen mit mehreren Gutachtern könnte somit eine gewisse Gewähr intersubjektiv kontrollierter, rationaler Begründungszusammenhänge der Beurteilung bieten. Weiterhin könnte es dafür Sorge tragen, dass diese Begründungszusammenhänge hinsichtlich ihrer wissenschaftlichen Fundierung und ihrer verbleibenden Unsicherheitspotentiale für den eigentlichen Entscheider, den Richter, transparent werden. Schließlich erscheint das Modell gegenüber vollständigen (konkurrierenden oder kooperierenden) Mehrfachbegutachtungen ökonomischer, da die arbeitsaufwendigen diagnostischen Befunderhebungen nur einmal erforderlich wären. Es stellt freilich hohe Anforderungen an die Qualifikation der beiden beteiligten Sachverständigen und – vor allem – an ihre fachliche und persönliche Souveränität.

# Literaturverzeichnis

Abramson, L. J., Seligman, M. E. & Teasdale, J. D. (1978). Learned helplessness in humans: Critique and reformulation. *Journal of Abnormal Psychology, 87,* 49-74.

Albert, H. (1971). Theorie und Prognose in den Sozialwissenschaften. In E. Topitsch (Hrsg.), *Logik der Sozialwissenschaften* (S. 126-143). Köln: Kiepenheuer & Witsch.

Andrews, D. A. & Bonta, J. (1995). *LSI-R: The Level of Service Inventory-Revised.* Toronto: Multi-Health Systems.

Andrews, D. A. & Bonta, J. (1998). *The psychology of criminal conduct* (2$^{nd}$ ed.). Cincinnati, Ohio: Anderson.

Andrews, D. A., Zinger, I., Hoge, R. D., Bonta, J., Gendreau, P. & Cullen, F. T. (1990). Does correctional treatment work? A clinically relevant and psychologically informed meta-analysis. *Criminology, 28,* 369-404.

Ashford, J. B. & LeCroy, C. W. (1988). Predicting recidivism: An evaluation of the Wisconsin Juvenile Probation and Aftercare Risk Instrument. *Criminal Justice and Behavior, 15,* 141-151.

Barbaree, H. E., Seto, M. C., Langton, C. M. & Peacock, E. J. (2001). Evaluating the predictive accuracy of six risk assessment instruments for adult sex offenders. *Criminal Justice and Behavior, 28,* 490-521.

Barnett, W., Richter, P. & Renneberg, B. (1999). Repeated arson: Data from criminal records. *Forensic Science International, 101,* 49-54.

Bartosh D. L., Garby T., Lewis D. & Gray S. (2003). Differences in the predictive validity of actuarial risk assessments in relation to sex offender type. *International Journal of Offender Therapy and Comparative Criminology, 47,* 422-438.

Beck, A. J. & Shipley, B. E. (1997). *Recidivism of prisoners released in 1983.* Washington: U.S. Department of Justice.

Beier, K. M. (1995). *Dissexualität im Lebenslängsschnitt: Theoretische und empirische Untersuchungen zu Phänomenologie und Prognose begutachteter Sexualstraftäter.* Berlin: Springer.

Berlin, F. S., Galbreath, N. W., Geary, B. & McGlone, G. (2003). The use of actuarials at civil commitment hearings to predict the likelihood of future sexual violence. *Sexual Abuse: A Journal of Research and Treatment, 15,* 377-382.

Besozzi, C. (1999). Die (Un)Fähigkeit zur Veränderung. Eine qualitative Untersuchung über Rückfall und Bewährung von erstmals aus dem Strafvollzug Entlassenen. Verfügbar unter: http://www.ofj.admin.ch/themen/stgb-smr/ber-besozzi-d.pdf. [1.7.2004].

Birkhoff, H. (2001). Probleme des Strafverteidigers mit Prognosegutachten. Strafverteidiger-Forum, 12, 401-406.

Bock, M. (1995). Die Methode der idealtypisch-vergleichenden Einzelfallanalyse und ihre Bedeutung für die Kriminalprognose. In D. Dölling (Hrsg.), *Die Täter-Individualprognose. Beiträge zu Stand, Problemen und Perspektiven der kriminologischen Prognoseforschung* (S. 1-28). Heidelberg: Kriminalistik.

Boer, D. P., Hart, S. D., Kropp, P. R. & Webster, C. D. (1997). *Manual for the Sexual Violence Risk - 20: Professional guidelines for assessing risk of sexual violence.* Vancouver/ CA: The Mental Health, Law, & Policy Institute.

Boers, K. (2003). *Kriminalprognose und kriminologische Prognoseforschung.* Verfügbar unter: http://www.worldhighway.net/sexoffender/Prognosetafeln/Boers/Kriminalprognose%20und%20kriminologische%20Prognoseforschung.htm [1.7.2004].

Bonta, J., Law, M. & Hanson, K. (1998). The prediction of criminal and violent recidivism among mentally disordered offenders: A meta-analysis. *Psychological Bulletin, 123,* 123-142.

Borum, R., Bartel, P. & Forth, A. (2002). *Manual for the Structured Assessment of Violence Risk in Youth* (SAVRY). Tampa: University of South Florida.

Borum, R., Bartel, P. & Forth, A. (ohne Jahresangabe). *SAVRY Research.* Verfügbar unter: www.fmhi.usf.edu/mhlp/savry/SAVRY_Research.htm [1.7.2004].

Bullwein, J. (2002). *Die Bedeutung kriminogener Einstellungen für die Rückfälligkeit von Straftätern.* Unveröffentlichte Diplomarbeit an der Freien Universität Berlin.

Burgess, E. W. (1929). Predicting success or failure upon release from state institutions. *Journal of Juvenile Research, 13,* 270-284.

Cabeza, S. G. (2000). Prognosebildung in der psychiatrischen Kriminaltherapie. In A. Marneros, D. Rössner, A. Haring & P. Brieger (Hrsg.), *Psychiatrie und Justiz* (S. 122-127). München: W. Zuckschwerdt.

Cleckley, H. (1976). *The mask of sanity* (5th ed.). St. Louis, MO: Mosby.

Cohen, J. (1992). A power primer. *Psychological Bulletin, 112,* 155-159.

Cooke, D. J. (1998). Psychopathy across cultures. In D.J. Cooke, A. E. Forth & R. D. Hare (Eds.), *Psychopathy: Theory, Research and Implications for Society* (pp. 13-45). Dordrecht, NL: Kluwer.

Cooke, D. J., Forth A. E. & Hare, R. D. (Eds.) (1998). *Psychopathy: Theory, research and implications for society.* Dordrecht, NL: Kluwer.

Copas, J. & Marshall, P. (1998). The offender group reconviction scale: a statistical reconviction score for use by probation officers. *Applied Statistics, 47,* 159-171.

Copas, J. B., Marshall, P. & Tarling, R. (1996). *Predicting reoffending for discretionary conditional release.* London: Home Office.

Cottle, C. C., Lee, R. J. & Heilbrun, K. (2001). The prediction of criminal recidivism in juveniles. A meta-analysis. *Criminal Justice and Behavior, 28,* 367-394.

Dahle, K.-P. (1997). Kriminalprognosen im Strafrecht – Psychologische Aspekte individueller Verhaltensvorhersagen. In M. Steller & R. Volbert (Hrsg.), *Psychologie im Strafverfahren* (S. 118-139). Bern: Huber.

Dahle, K.-P. (1998). Straffälligkeit im Lebenslängsschnitt. In H.-L. Kröber & K.-P. Dahle (Hrsg.), *Sexualstraftaten und Gewaltdelinquenz. Verlauf - Behandlung - Opferschutz* (S. 47-55). Heidelberg: Kriminalistik.

Dahle, K.-P. (2000). Psychologische Begutachtung zur Kriminalprognose. In H.-L. Kröber & M. Steller (Hrsg.), *Psychologische Diagnostik im Strafverfahren: Indikation, Methodik und Qualitätsstandards* (S. 77-111). Darmstadt: Steinkopff.

Dahle, K.-P. (2001). Violent crime and offending trajectories in the course of life: An empirical life span developmental typology of criminal careers. In D. P. Farrington, C. R. Hollin & M. McMurran (Eds.), *Sex and violence: The psychology of crime and risk assessment* (pp. 197-209). London, New York: Routledge.

Dahle, K.-P. (2004). *Die Berliner CRIME-Studie.* Berlin: Unveröffentlichter Endbericht für die Deutsche Forschungsgemeinschaft.

Dahle, K.-P. (im Druck). Grundlagen und Methoden der Kriminalprognose. In H.-L. Kröber, D. Dölling, N. Leygraf & H. Saß (Hrsg.), *Handbuch der Forensischen Psychiatrie. Band 3. Psychiatrische Kriminalprognose und Kriminaltherapie.* Stuttgart: Steinkopff.

Dahle, K.-P. (in Vorbereitung). Kriminalitätsentwicklung über die Lebensspanne. In K.-P. Dahle & R. Volbert (Hrsg.), *Entwicklungspsychologische Aspekte der Rechtspsychologie.* Göttingen: Hogrefe.

Dahle, K.-P. & Erdmann, K. (2001). *Die Berliner CRIME-Studie. Chronische Rückfalldelinquenz im Individuellen Menschlichen Entwicklungsverlauf.* Verfügbar unter: www.forensik-berlin.de/forschung/crime.html [1.7.2004].

Dahle, K.-P., Schneider, V. & Konrad, N. (2003). Psychotherapie im Justizvollzug nach der Änderung des Strafvollzugsgesetzes. *Psychotherapie, Psychosomatik, Medizinische Psychologie, 53*, 178-184.

Dahle, K.-P. & Steller, M. (2000). Trends und Perspektiven forensischer Sozial- und Psychotherapie. In M. A. Rothschild (Hrsg.), *Das neue Jahrtausend: Herausforderungen an die Rechtsmedizin* (S. 255-270). Lübeck: Schmidt-Römhild.

Dawes, R. M., Faust, D. & Meehl, P. E. (1993). Statistical prediction versus clinical prediction: Improving what works. In G. Keren & C. Lewis (Eds.), *A handbook for data analysis in the behavioral sciences: Methodological issues* (pp. 351-367). Hillsdale, New Jersey: Lawrence Erlbaum Associates.

Dauer, S. & Ullmann, U. (2003). Kriterien zur Prognosebegutachtung – Qualitätskriterien in der Prognosepraxis? In T. Fabian, G. Jacobs, S. Nowara & I. Rode (Hrsg.), *Qualitätssicherung in der Rechtspsychologie* (S.361-376). Münster: Lit.

DeLong, E. R., DeLong, D. M. & Clarke-Pearson, D. L. (1988). Comparing the areas under two or more correlated Receiver Operation Characteristic Curves: A nonparapetric apporach. *Biometrics, 44*, 837-845.

Dhaliwal, G. K., Proporino, F. & Ross, R. R. (1994). Assessment of criminogenic factors, program assignment and recidivism. *Criminal Justice and Behavior, 21*, 454-467.

Dittmann, V. (1998). Die Schweizerische Fachkommission zur Beurteilung „gemeingefährlicher" Straftäter. In R. Müller-Isberner & S. G. Cabeza (Hrsg.), *Forensische Psychiatrie: Schuldfähigkeit, Kriminaltherapie, Kriminalprognose* (S. 173-183). Godesberg: Forum.

Dittmann, V. (2000). Was kann die Kriminalprognose heute leisten? In Schweizerische Arbeitsgruppe für Kriminologie (Hrsg.), *„Gemeingefährliche" Straftäter* (S. 67-95). Zürich: Rüegger.

Dobrovoda, H. (2003). *Entwicklung eines Instrumentes zur Vorhersage eines geringen Rückfallrisikos bei männlichen erwachsenen Straftätern.* Unveröffentlichte Diplomarbeit an der Humboldt-Universität Berlin.

Dolan, M. & Doyle, M. (2000). Violence risk prediction. Clinical and actuarial measures and the role of the Psychopathy Checklist. *British Journal of Psychiatry, 177*, 303-311.

Douglas, K.S. & Weir, J. (2003). *HCR-20 Violence Risk Assessment Scheme: Overview and annotated bibliography.* Verfügbar unter: http://www.cvp.se/publications/Downloadables/HCR%2020%20Annotated%20Bibliography.pdf [1.7.2004].

Doyle, M., Dolan, M. & McGovern, J. (2002). The validity of north american risk assessment tools in predicting in-patient violent behaviour in England. *Legal and Criminological Psychology, 7*, 141-154.

Dünkel, F. & Geng, B. (2003). Rückfall und Bewährung von Karrieretätern nach Entlassung aus dem sozialtherapeutischen Behandlungsvollzug und aus dem Regelvollzug. In M. Steller, K.-P. Dahle & M. Basqué (Hrsg.), *Straftäterbehandlung – Argumente für eine Revitalisierung in Forschung und Praxis* (2. Aufl.) (S. 35-59). Herbolzheim: Centaurus.

Egg, R. (2003). Psychologische Erklärungsmodelle dissozialen Verhaltens. In V. Dittmann & J.-M. Jehle (Hrsg.), *Kriminologie zwischen Grundlagenwissenschaften und Praxis* (S. 37-58). Mönchengladbach: Forum.

Egg, R., Pearson, F. S., Cleland, C. M. & Lipton, D. S. (2001). Evaluation von Straftäterbehandlungsprogrammen in Deutschland: Überblick und Meta-Analyse. In G. Rehn, B. Wischka, F. Lösel & M. Walter (Hrsg.), *Behandlung „gefährlicher Straftäter"* (S. 321-347). Herbolzheim: Centaurus.

Eisenberg, U. (2002). *Beweisrecht der StPO* (4. überarbeitete Aufl.). München: Beck.

Elz, J. (2001). *Legalbewährung und kriminelle Karrieren von Sexualstraftätern – Sexuelle Mißbrauchsdelikte.* Wiesbaden: Kriminologische Zentralstelle.

Elz, J. (2002). *Legalbewährung und kriminelle Karrieren von Sexualstraftätern – Sexuelle Gewaltdelikte.* Wiesbaden: Kriminologische Zentralstelle.

Elz, J. (2003). *Sexuell deviante Jugendliche und Heranwachsende.* Wiesbaden: Kriminologische Zentralstelle.

Endres, J. (2002). Gutachten zur Gefährlichkeit von Strafgefangenen: Probleme und aktuelle Streitfragen der Kriminalprognose. *Praxis der Rechtspsychologie, 12,* 161-181.

Epperson, D. L., Kaul, J. D., Huot, S. J., Hesselton, D. , Alexander, W. & Goldman, R. (1998). *Minnesota Sex Offender Screening Tool – Revised (MnSOST-R).* St. Paul, MN: Minnesota Department of Corrections.

Ermer, A. & Dittmann, V. (2001). Fachkommissionen zur Beurteilung „gemeingefährlicher" Straftäter in der deutschsprachigen Schweiz. *Recht & Psychiatrie, 19,* 73-78.

Eucker, S., Tolks-Brandau, U. & Müller-Isberner, R. (1994). Prognosebildung im Psychiatrischen Maßregelvollzug. *Zeitschrift für Strafvollzug und Straffälligenhilfe, 43,* 154-157.

Farrington, D. P. (2003). Key results from the first forty years of the Cambridge Study in Delinquent Development. In T. P. Thornberry & M. D. Krohn (Eds.), *Taking stock of delinquency: An overview of findings from contemporary longitudinal studies* (pp. 137-183). New York: Kluwer.

Fiedler, P. (2004). Die Bedeutung psychischer Störungen für Sexualdelinquenz. *Report Psychologie, 29,* 524-535.

Flores, A. W., Travis, L. F. & Latessa, E. J. (2003). *Case classification for juvenile corrections: An assessment of the Youth Level of Service/Case Management Inventory (YLS/CMI). Final report.* University of Cincinnati: Center for Criminal Justice Research.

Frisch, W. (1994). Strafrechtliche Prognoseentscheidungen aus rechtswissenschaftlicher Sicht: Von der Prognose zukünftigen Verhaltens zum normorientierten Umgang mit Risikosachverhalten. In W. Frisch (Hrsg.), *Prognoseentscheidungen in der strafrechtlichen Praxis* (S. 55-136). Baden-Baden: Nomos.

Furby, L., Weinrott, M. R. & Blackshaw, L. (1989). Sex offender recidivism: A review. *Psychological Bulletin, 105,* 3-30.

Gadenne, V. (1994). Theoriebewertung. In T. Hermann & W.H. Tack (Hrsg.), *Methodologische Grundlagen der Psychologie. Enzyklopädie der Psychologie, Themenbereich B Methodologie und Methoden, Serie I Forschungsmethodn der Psychologie, Band 1 Methodologische Grundlagen der Psychologie* (S. 389-427). Göttingen: Hogrefe.

Galow, A. (2003). *Validierung neuronaler Netze als Instrument zur Prognose der Rückfälligkeit von Straftätern.* Unveröffentlichte Diplomarbeit an der Freien Universität Berlin.

Gendreau, P., Little, T. & Goggin, C. (1996). A meta-analysis of the predictors of adult offender recidivism: What works! *Criminology, 34,* 575-607.

Gerhardt, U. (1998). Die Verwendung von Idealtypen bei der fallvergleichenden biographischen Forschung. In G. Jüttemann & H. Thomae (Hrsg.), *Biographische Methoden in den Humanwissenschaften* (S. 193-212). Weinheim: Psychologie Verlags Union.

Ghiselli, E.E. (1960). The prediction of predictability. *Educational and Psychological Measurement, 20*, 675-684.

Göppinger, H. (1983). *Der Täter in seinen sozialen Bezügen. Ergebnisse aus der Tübinger Jungtäter-Vergleichsuntersuchung.* Heidelberg: Springer.

Göppinger, H. (1997). *Kriminologie* (5. Aufl. Überarbeitung von M. Bock & A. Böhm). München: Beck.

Gottfredson, M. R. & Hirschi, T. (1990). *A general theory of crime.* Stanford, California: Stanford University Press.

Gretenkord, L. (2001). *Empirisch fundierte Prognosestellung im Maßregelvollzug nach § 63 StGB – EFP-63.* Bonn: Deutscher Psychologen Verlag.

Groß, G. (2004). *Deliktbezogene Rezidivraten von Straftätern im internationalen Vergleich.* Unveröffentlichte Dissertationsarbeit an der Ludwig-Maximilians-Universität München.

Grove, W. M. & Meehl, P. E. (1996). Comparative efficacy of informal (subjective, impressionistic) and formal (mechanical, algorithmic) prediction procedures: The clinical-statistical controversy. *Psychology, Public Policy, and Law, 2*, 293-232.

Grubin, D. (1998). *Sex offending against children: Understanding the risk.* Police Research Series Paper 99. London: Home Office.

Hall, G. C. N. (1995). Sexual offender recidivism revisited: A meta-analysis of recent treatment studies. *Journal of Consulting and Clinical Psychology, 63*, 802-809.

Hanley, J. A. & McNeil, B .J. (1982). The meaning and use of the area under a Receiver Operating Characteristic (ROC) curve. *Radiology, 143,* 29-36.

Hanley, J. A. & McNeil, B. J. (1983). A method of comparing the areas under Receiver Operation Characteristic curves derived from the same cases. *Radiology, 148,* 839-843.

Hanson, R. K. (1997). *The development of a brief actuarial risk scale for sexual offender recidivism.* User Report 97-04. Ottawa: Department of the Solicitor General of Canada.

Hanson, R. K. (2001). *Age and Sexual Recidivism: A Comparision of Rapists and Child Molesters.* User Report 2001-01. Ottawa: Department of the Solicitor General of Canada.

Hanson, R. K. & Bussière, M. T. (1998). Predicting relapse: A meta-analysis of sexual offender recidivism studies. *Journal of Clinical and Consulting Psychology, 66*, 348-362.

Hanson, R. K. & Harris, A. (2000). *The Sex Offender Need Assessment Rating (SONAR): A method for measuring change in risk levels.* User Report 2000-1. Ottawa: Department of the Solicitor General of Canada.

Hanson, R. K. & Morton-Bourgon, K. (2004). *Predictors of sexual recidivism: An updated meta-analysis.* Ottawa: Public Works and Government Services.

Hanson, R. K. & Thornton, D. (1999). *Static-99: Improving actuarial risk assessments for sex offenders.* User Report 99-02. Ottawa: Department of the Solicitor General of Canada.

Hanson, R. K. & Thornton, D. (2000). Improving risk assessments for the sex offenders: A comparison of three actuarial scales. *Law and Human Behavior, 24*, 119-136.

Hare, R. D. (1991). *The Hare Psychopathy Cecklist – Revised: Manual.* Toronto, CA: Multi-Health Systems.

Hare, R. D. (ohne Jahresangabe). *Key references relating to the study of psychopathy.* Verfügbar unter: http://www.hare.org/references/index.html [1.7.2004].

Hare, R. D., McPherson, L. M. & Forth, A. E. (1988). Male psychopaths and their criminal careers. *Journal of Consulting and Clinical Psychology, 56*, 710-714.

Harris, G. T., Rice, M. E. & Quinsey, V. L. (1993). Violent recidivism of mentally disordered offenders: The development of a statistical prediction instrument. *Criminal Justice and Behaviour, 20,* 315-335.

Harris, G. T., Rice, M. E. & Quinsey, V. L. (ohne Jahresangabe). *Replications of the Violence Risk Appraisal Guide or Sex Offender Risk Appraisal Guide in assessing violence risk.* Verfügbar unter: http://www.mhcp-research.com/ragreps.htm [1.7.2004].

Harris, G. T., Rice, M. E., Quinsey, V. L., Lalumière, M. L., Boer, D. & Lang, C. (2003). A multisite comparison of actuarial risk instruments for sex offenders. *Psychological Assessment, 15,* 413-425.

Hart, H. (1923). Predicting parole success. *Journal of Criminal Law and Criminology, 14,* 405-413.

Hart, S. D. (2003). Actuarial risk assessment: Commentary on Berlin et al. *Sexual Abuse: A Journal of Research and Treatment, 15,* 383-388.

Hart, S. D., Cox, D. N. & Hare, R. D. (2000). *The PCL:SV – Psychopathy Checklist: Screening Version.* Toronto, CA: Multi-Health Systems.

Hart, S. D. & Hare, R. D. (1997). Psychopathy: Assessment and association with criminal conduct. In D. M. Stoff, J. Breiling & J. D. Maser (Eds.), *Handbook of Antisocial Behavior* (pp. 22-35). New York: Wiley.

Hartig, J. (2002). *Mögliche Ursachen für die erhöhte Sterblichkeit bei Kriminellen. Eine Untersuchung im Rahmen der CRIME-Studie.* Unveröffentlichte Diplomarbeit an der Freien Universität Berlin.

Hartmann, J., Hollweg, M. & Nedopil, N. (2001). Quantitative Erfassung dissozialer und psychopathischer Persönlichkeiten bei der strafrechtlichen Begutachtung. Retrospektive Untersuchung zur Anwendbarkeit der deutschen Version der Hare-Psychopathie-Checkliste. *Der Nervenarzt, 72,* 365-370.

Hartmann, K. & Eberhard, K. (1972) *Legalprognosetest für dissoziale Jugendliche.* Göttingen: Verlag für Medizinische Psychologie.

Heilbrun, K. (1997). Prediction versus management models relevant to risk assessment: The importance of legal decision-making context. *Law and Human Behavior, 21,* 347-359.

Helbig, S. & Möhring, M. (2000). *Validierung des HCR-20 und des LSI-R anhand von Daten der Berliner CRIME-Studie.* Unveröffentlichte Diplomarbeit an der Freien Universität Berlin.

Hemphill, J. F., Hare, R. D., & Wong, S. (1998). Psychopathy and recidivism: A review. *Legal and Criminological Psychology, 3,* 139-170.

Hemphill, J. F., Templeman, R., Wong, S. & Hare, R. D. (1998). Psychopathy and crime: recidivism and criminal careers. In D. J. Cooke, A. E. Forth & R. D. Hare (Eds.), *Psychopathy: Theory, research and implications for society* (pp. 375 – 399). Dordrecht: Kluver.

Hinz, S. (1987). *Gefährlichkeitsprognosen bei Straftätern: Was zählt? Eine experimentelle Untersuchung zum Gebrauch der Eingangsinformation bei der Vorhersage eines sozial definierten Kriteriums durch klinische Urteiler.* Frankfurt/M: Peter Lang.

Hirsch, M. (1994). *Realer Inzest* (3. überarbeitete Aufl.). Berlin: Springer.

Hoffmann, P. B. (1994). Twenty years of operational use of a risk prediction instrument: The United States Parole Commission's Salient Factor Score. *Journal of Criminal Justice, 22,* 477-494.

Hoge, R. D. & Andrews, D. A. (2001) *Youth Level of Service/Case Management Inventory (YLS/CMI).* Toronto, CA: Multi-Health Systems.

Holt, R. R. (1970). Yet another look at clinical and statistical prediction: Or, is clinical psychology worthwhile? *American Psychologist, 25,* 337-349.

Holt, R. R. (1986). Clinical and statistical prediction: A retrospective and would-be integrative perspective. *Journal of Personality Assessment, 50*, 376-386.

Hupp, E. (2003). *Die Validierung des Violence Risk Appraisal Guide (VRAG) anhand der Daten der Berliner CRIME-Studie*. Unveröffentlichte Diplomarbeit an der Freien Universität Berlin.

Ilacqua, G. E., Coulson, G. E., Lombardo, D. & Nutbrown, V. (1999). Predictive validity of the Young Offender Level of Service Inventory for criminal recidivism of male and female young offenders. *Psychological Reports, 84*, 1214-1218.

Immich, H. (1999). Odds Ratio und Relatives Risiko: Vermengte Effekte? *Versicherungsmedizin, 51*, 83-86.

Jehle, J.-M., Heinz, W. & Sutterer, P. (2003). *Legalbewährung nach strafrechtlichen Sanktionen: Eine kommentierte Rückfallstatistik*. Mönchengladbach: Forum.

Jescheck, H.-H. & Weigend, T. (1996). *Lehrbuch des Strafrechts, Allgemeiner Teil*. Berlin: Duncker & Humblot.

Jüttemann, G. & Thomae, H. (Hrsg.) (2001). *Biographische Methoden in den Humanwissenschaften*. Weinheim: Psychologie Verlags Union.

Karwinkel, U. (2001). *Vergleich der spezifischen Vorhersagekraft ausgewählter Rückfallprädiktoren zwischen drei Altersgruppen des frühen und mittleren Erwachsenenalters. Eine Untersuchung an einer Teilstichprobe der Berliner CRIME-Studie*. Unveröffentlichte Diplomarbeit an der Freien Universität Berlin.

Kersting, M. (2003). Grundrate. In K. D. Kubinger & R. S. Jäger (Hrsg.), *Schlüsselbegriffe der Psychologischen Diagnostik* (S. 183-186). Weinheim: Psychologie Verlags Union.

Kinzig, J. (1997). Die Gutachtenpraxis bei der Anordnung von Sicherungsverwahrung. *Recht und Psychiatrie, 15*, 9-20.

Kinzig, J. (1998). Der Hang zu erheblichen Straftaten – und was sich dahinter verbirgt. *Neue Zeitschrift für Strafrecht, 18*, 14-19.

Kleining, G. & Moore, H. (1968). Soziale Selbsteinstufung (SSE). Ein Instrument zur Messung sozialer Schichten. *Kölner Zeitschrift für Soziologie und Sozialpsychologie, 20*, 502-552.

Klosinski, G. & Bertsch, S. (2001). Jugendliche Brandstifter: Psychodynamik, Familiendynamik und Versuch einer Typologie anhand von 40 Gutachtenanalysen. *Praxis der Kinderpsychologie und Kinderpsychiatrie, 50*, 92-103.

Knecht, T. (1996). Das Problem der Gefährlichkeitsprognose. *Kriminalistik, 50*, 439-445.

Knight, R. A., Prentky, R. A. & Cerce, D. D. (1994). The development, reliability and validity of an inventory for the multidimensional assessment of sex and aggression. *Criminal Justice and Behavior, 21*, 72-94.

Kröber, H-L. (1995). Geständnis und Auseinandersetzung mit der Tat als Gesichtspunkte der Individualprognose nach Tötungsdelikten. In D. Dölling (Hrsg.), *Die Täter-Individualprognose* (S. 63-96). Heidelberg: Kriminalistik.

Kröber, H.-L. (1999a). Gang und Gesichtspunkte der kriminalprognostischen psychiatrischen Begutachtung. *Neue Zeitschrift für Strafrecht, 19*, 593-599.

Kröber, H.-L. (1999b). Sexualstraftäter: Notwendige Differenzierungen als Voraussetzung gezielter Intervention. In S. Höfling, D. Drewes & I. Epple-Waigel (Hrsg.), *Auftrag Prävention: Offensive gegen sexuellen Kindesmißbrauch* (S. 305-315). München: Hanns-Seidel-Stiftung.

Kröber, H.-L. (2000). Psychologische und psychiatrische Begutachtung im Strafrecht. In H.-L. Kröber & M. Steller (Hrsg.), *Psychologische Diagnostik im Strafverfahren: Indikation, Methodik und Qualitätsstandards* (S. 147-160). Darmstadt: Steinkopff.

Kröber, H.-L. (2004). Psychiatrische Aspekte der Sicherungsverwahrung. *Monatsschrift für Kriminologie und Strafrechtsreform,* im Druck.

Kühl, J. & Schumann, K. F. (1989). Prognosen im Strafrecht – Probleme der Methodologie und Legitimation. *Recht & Psychiatrie, 7,* 126-148.

Lamnek, S. (1994). *Neue Theorien abweichenden Verhaltens.* München: Fink.

Lamnek, S. (1996). *Theorien abweichenden Verhaltens* (6. Aufl.). München: Fink.

Langan, P. A. & Levin, D. J. (2002). *Recidivism of prisoners released in 1994.* Washington: U.S. Department of Justice.

Langan, P. A., Schmitt, E. L. & Durose, M. R. (2003). *Recidivism of sex offenders released from prison in 1994.* Washington: U.S. Department of Justice.

Laub, J. H. & Vaillant, M. D. (2000). Delinquency and Mortality: A 50-Year Follow-Up Study of 1,000 Delinquent and Nondelinquent Boys. *American Journal of Psychiatry, 157,* 96-102.

Laux, L. (2003). *Persönlichkeitspsychologie.* Stuttgart: Kohlhammer.

Lesting, W. (2002). Anmerkung zum Beschluss des LG Paderborn vom 5.1.2001 – StVK M 532/00 (12). *Recht & Psychiatrie, 20,* 124-126.

Lewin, K. (1963). *Feldtheorie in den Sozialwissenschaften.* Bern: Huber.

Litwack, T. R. (2001). Actuarial versus clinical assessments of dangerousness. *Psychology, Public Policy, and Law, 7,* 409-443.

Löffler, B. & Welther, R. (1999). *Erprobung der Psychopathy Checklist Revised (PCL-R) an deutschen Strafgefangenen.* Unveröffentlichte Diplomarbeit an der Friedrich-Alexander-Universität Erlangen-Nürnberg.

Lösel, F. (1998). Treatment and management of psychopaths. In D. J. Cooke, A. E. Forth & R. D. Hare (Eds.), *Psychopathy: Theory, research and implications for society* (pp. 303-354). Dordrecht/NL: Kluwer.

Lösel, F. (2003). Meta-analytische Beiträge zur wiederbelebten Diskussion des Behandlungsgedankens. In M. Steller, K.-P. Dahle & M. Basqué (Hrsg.), *Straftäterbehandlung – Argumente für eine Revitalisierung in Forschung und Praxis* (2. Aufl.) (S. 13-34). Herbolzheim: Centaurus.

Lösel, F. & Bender, D. (1998). Aggressives und delinquentes Verhalten von Kindern und Jugendlichen: Kenntnisstand und Forschungsperspektiven. In H.-L. Kröber & K.-P. Dahle (Hrsg.), *Sexualstraftaten und Gewaltdelinquenz* (S. 13-37). Heidelberg: Kriminalistik.

Lusted, L. B. (1978). General problems in medical decision making with comments on ROC analysis. *Seminars in Nuclear Medicine, 8,* 299-306.

Marczyk, G. R., Heilbrun, K., Lander, T. & DeMatteo, D. (2003). Predicting juvenile recidivism with the PCL:YV, MAYSI, and YLS/CMI. *International Journal of Forensic Mental Health, 2,* 7-18.

Marshall, W. L., Jones, R., Ward, T., Johnston, P. & Barbaree, H. E. (1991). Treatment outcome with sex offenders. *Clinical Psychological Review, 11,* 465-485.

Maruna, S., LeBel, T. P., Burnett, R., Bushway, S. & Kierkus, C. (2002). *The dynamics of desistance and prisoner reentry: Findings from a 10-Year follow-up of the Oxford University "Dynamics of Recidivism" Study.* Paper presented at the 2002 American Society of Criminology Annual Meeting. Chicago, Illinois.

McClish, D. (1987). Comparing the areas under more than two independent ROC curves. *Medical Decision Making, 7,* 149-155.

McClish, D. (1992). Combining and comparing area estimates across studies or strata. *Medical Decision Making, 12,* 274-279.

Meehl, P. E. (1954). *Clinical versus statistical prediction: A theoretical analysis and a review of the evidence.* Minneapolis, MN: University of Minnesota.

Melcher, I. (2003). *Indikatoren geringen Rückfallrisikos bei Straftätern: Entwicklung diagnostischer Verfahren zur Identifizierung von Low-Risk-Gruppen.* Unveröffentlichte Diplomarbeit an der Freien Universität Berlin.

Metz, C. E. (1984). Statistical analysis of ROC data in evaluating diagnostic performance. In D. E. Herbert & R. H. Myers (Eds.), *Multiple regression analysis: Applications in the health sciences* (pp. 365-384). Washington, DC: American Institute of Physics.

Metz, C. E. (1998). *ROCKit 0.9.1 – IBM compatible ROCKIT User's Guide.* Chicago: The University of Chicago/Department of Radiology.

Millon, T., Simonsen, E. Birket-Smith, M. & Davis, R. D. (Eds.) (1998). *Psychopathy: Antisocial, criminal and violent behavior.* New York: Guilford.

Mischkowitz, R. (1993). *Kriminelle Karrieren und ihr Abbruch. Empirische Ergebnisse einer kriminologischen Langzeituntersuchung als Beitrag zur „Age-Crime-Debate".* Bonn: Forum.

Moffitt, T. E. (1993). Adolescence-limited and life-course-persistent antisocial behavior: A developmental taxonomy. *Psychological Review, 100,* 674-701.

Monahan, J. (1981). *The clinical prediction of violent behavior.* Rockville: National Institute of Mental Health.

Monahan, J. (2002). The scientific status of research on clinical and actuarial predictions of violence. In D. L. Faigman, D. H. Kaye, M. J. Saks & J. Sanders (Eds.), *Modern scientific evidence: The law and science of expert testimony* (2nd ed.; Vol 1) (pp. 423-445). St. Paul, Minnesota: West Publishers.

Monahan, J., Steadman, H. J., Appelbaum, P. S., Robbins, P. C., Mulvey, E. P., Silver, E., Roth, L. H. & Grisso, T. (2000). Developing a clinically useful actuarial tool for assessing violence risk. *British Journal of Psychiatry, 176,* 312-319.

Mossmann, D. (1994). Assessing predictions of violence: Being accurate about accuracy. *Journal of Consulting and Clinical Psychology, 62,* 783-792.

Motiuk, L. L. (1993). Where are we in our ability to assess risk? *Forum on Corrections Research, 5,* 14-18.

Müller-Isberner, R., Cabeza, S. G. & Eucker, S. (2000). *Die Vorhersage sexueller Gewalttaten mit dem SVR-20.* Haina: Institut für Forensische Psychiatrie.

Müller-Isberner, R., Jöckel, D. & Cabeza, S. G. (1998). *Die Vorhersage von Gewalttaten mit dem HCR-20.* Haina: Institut für Forensische Psychiatrie.

Nebraska State Patrol (ohne Jahresangabe). *Nebraska Sex Offender Risk Assessment Instrument.* Verfügbar unter: http://www.nsp.state.ne.us/sor/documents/docs.cfm [1.7.2004].

Nedopil, N. (2000). *Forensische Psychiatrie* (2. Aufl.). Stuttgart: Thieme.

Neuling, R., Riedel, S. & Kalka, K.-U. (2004). New approaches to origin and destination and no-show forecasting: Excavating the passenger name records treasure. *Journal of Revenue and Pricing Management, 3,* 62-72.

Nowara, S. (1995). *Gefährlichkeitsprognosen bei psychisch kranken Straftätern.* München: Fink.

Nuffield, J. (1982). *Parole decision-making in Canada: Research towards decision guidelines.* Ottawa: Minister of Supply and Services, Canada.

Nunes, K. L., Firestone, P., Bradford, J. M., Greenberg, D. M. & Broom, I. (2002). A comparison of modified versions of the Static-99 and the Sex Offender Risk Appraisal Guide. *Sexual Abuse: A Journal of Research and Treatment, 14,* 253-269.

Osburg, S. (1992). *Psychisch kranke Ladendiebe. Eine Analyse einschlägig erstatteter Gutachten.* Heidelberg: Kriminalistik.

Palmer, E. J. (2001). Risk assessment: Review of psychometric measures. In D. P. Farrington, C. R. Hollin & M. McMurran (Eds.), *Sex and violence: The psychology of crime and risk assessment* (pp. 7-22). London, New York: Routledge.

Patterson, D. (1997). *Künstliche neuronale Netze.* München: Prentice Hall.

Pierschke, R. (1998). Tötungsdelikte nach – scheinbar – günstiger Legalprognose. In H.-L. Kröber & K.-P. Dahle (Hrsg.), *Sexualstraftaten und Gewaltdelinquenz: Verlauf – Behandlung – Opferschutz* (S. 185-189). Heidelberg: Kriminalistik.

Prentky, R., Harris, B., Frizzel, K. & Righthand, S. (2000). An actuarial procedure for assessing risk with juvenile sex offenders. *Sexual Abuse: A Journal of Research and Treatment, 12,* 71-93.

Prentky, R. & Righthand, S. (2003). *Juvenile Sex Offender Assessment Protocol-II (J-SOAP-II): Manual.* Verfügbar unter: http://www.forensicexaminers.com/jsoap.html [1.7.2004].

Quinlan, J. R. (1993). *C4.5: Programs for machine learning.* San Mateo, CA: Morgan Kaufmann.

Quinsey, V., Harris, G. T., Rice, M. & Cormier, C. (1998). *Violent offenders: Appraising and managing risk.* Washington, DC: American Psychological Association.

Rasch, W. (1995). *Tötung des Intimpartners* (2. Aufl.). Bonn: Psychiatrie-Verlag.

Rasch, W. (1997). Verhaltenswissenschaftliche Kriminalprognose. In W. Frisch & T. Vogt (Hrsg.), *Prognoseentscheidungen in der strafrechtlichen Praxis* (S. 17-29). Baden-Baden: Nomos.

Rasch, W. (1999). *Forensische Psychiatrie* (2. überarbeitete Aufl.). Stuttgart: Kohlhammer.

Raynor, P., Kynch, J., Roberts, C. & Merrington, S. (2001). *Two risk and need assessment instruments used in probation services – an evaluation.* Home Office Research Findings No. 143. London: Home Office.

Rehder, U. (1993). Sexuell abweichendes Verhalten – Klassifikation, Ursachen und Behandlung. In R. Egg (Hrsg.), *Sozialtherapie in den 90er Jahren – Gegenwärtiger Stand und aktuelle Entwicklung im Justizvollzug* (S. 71-101). Wiesbaden: Kriminologische Zentralstelle.

Rehder, U. (2001). *RRS. Rückfallrisiko bei Sexualstraftätern: Verfahren zur Bestimmung von Rückfallgefahr und Behandlungsnotwendigkeit.* Lingen: Kriminalpädagogischer Verlag.

Rice, M. E. & Harris, G. T. (2002). Men who molest their sexually immature daughters: Is a special explanation required? *Journal of Abnormal Psychology, 111,* 329-339.

Roberts, C., Burnett, R., Kirby, A. & Hamill, H. (1996) *A system for evaluating probation practice.* Oxford: Centre for Criminological Research.

Salekin, R. T., Rogers, R. & Sewell, K. W. (1996). A review and meta-analysis of the Psychopathy Checklist and Psychopathy Checklist – Revised: Predictive validity of dangerousness. *Clinical Psychology: Science and Practice, 3,* 203-215.

Sampson, R. J. & Laub, J. H. (1993). *Crime in the making. Pathways and turning points through life.* Cambridge, Massachusetts: Harvard University Press.

Schaefer, R. E. (1984). Der Bayes-Ansatz in der diagnostischen Urteilsbildung. In R.S. Jäger, A. Mattenklott & R.-D. Schröder (Hrsg.), *Diagnostische Urteilsbildung in der Psychologie. Grundlagen und Anwendungen.* Göttingen: Hogrefe.

Schmidt, N. (1997). *Grundlagen prognostischer Urteilsbildung in der Strafvollzugspraxis.* Unveröffentlichte Diplomarbeit an der Technischen Universität Berlin.

Schmucker, M. (2004). *Kann Therapie Rückfälle verhindern? Metaanalytische Befunde zur Wirksamkeit der Sexualstraftäterbehandlung.* Herbolzheim: Centaurus.

Schneider, H.-J. (1983). Kriminalprognose. In H.-J. Schneider (Hrsg.), *Kriminalität und abweichendes Verhalten.* Reihe Psychologie des 20. Jahrhunderts, Band 2 (S. 212-249). Weinheim: Beltz.

237

Schneider, H.-J. (1997). Kriminologische Ursachentheorien: Weiter- und Neuentwicklungen in der internationalen Diskussion. *Kriminalistik, 51*, 306-318.

Schneider, V. (1999). *Evaluation der Psychotherapeutischen Beratungs- und Behandlungsstelle der JVA Tegel: Zur rückfallpräventiven Effizienz einer außergewöhnlichen Behandlungsinstitution.* Unveröffentlichte Diplomarbeit an der Freien Universität Berlin.

Scholz, O. B. & Schmidt, A. F. (2003). *Schuldfähigkeit bei schwerer anderer seelischer Abartigkeit: Psychopathologie und gutachterliche Entscheidungshilfen.* Stuttgart: Kohlhammer.

Schorsch, E. (1971). *Sexualstraftäter.* Stuttgart: Enke.

Shover, N. & Thompson, C. (1992). Age, differential expectations, and crime desistance. *Criminology, 30,* 89-104.

Sjöstedt, G. & Langström, N. (2002). Assessment of risk for criminal recidivism among rapists: A comparison of four different measures. *Psychology, Crime & Law, 8,* 25-40.

Soothill, K., Francis, B. & Fligelstone, R. (2002). *Patterns of offending behaviour: a new approach.* Home Office Findings No. 171. London: Home Office.

Spieß, G. (1985). Kriminalprognose. In G. Kaiser, H.-J. Kerner, F. Sack & H. Schellhorst (Hrsg.), *Kleines Kriminologisches Wörterbuch* (S. 253-260). Heidelberg: C.F. Müller.

Stadtland, C. & Nedopil, N. (2004). Vergleichende Anwendung heutiger Prognoseinstrumente zur Vorhersage krimineller Rückfälle bei psychiatrisch begutachteten Probanden. *Monatsschrift für Kriminologie und Strafrechtsreform, 87, 77*-85.

Steller, M. (1983). Haftdauereinflüsse auf Selbstbeschreibungen von Delinquenten: Bezugsgruppeneffekte? *Zeitschrift für Experimentelle und Angewandte Psychologie, 30,* 474-499.

Steller, M. (1991). Strategien zur Verbesserung der forensischen Diagnostik. Überlegungen zur Überwindung des Elends. In R. Egg (Hrsg.), *Brennpunkte der Rechtspsychologie: Polizei, Justiz, Drogen,* (S. 385-399). Bonn: Forum Verlag Godesberg.

Steller, M. (2000). Forensische Aussagepsychologie als angewandte Entwicklungs- und Kognitionspsychologie. *Praxis der Rechtspsychologie, 10,* 9-27.

Steller, M. & Dahle, K.-P. (2001). Diagnostischer Prozess. In R.-D. Stieglitz, U. Baumann & H. J. Freyberger (Hrsg.), *Psychodiagnostik in Klinischer Psychologie, Psychiatrie, Psychotherapie* (2. überarbeitete und erweiterte Aufl.) (S. 39-49). Stuttgart: Thieme.

Stelly, W. & Thomas, J. (2001). *Einmal Verbrecher – immer Verbrecher?* Wiesbaden: Westdeutscher Verlag.

Stelly W., Thomas, J., Kerner, H.-J. & Weitekamp, E. G. (1998). Kontinuität und Diskontinuität sozialer Auffälligkeiten im Lebenslauf. *Monatsschrift für Kriminologie und Strafrechtsreform, 81,* 104-122.

Stephens, K. & Brown, I. (2001). OGRS2 in practice: An elastic ruler? *Probation Journal, 48,* 179-187.

Stieglitz, R.-D., Baumann, U. & Freyberger, H. J. (Hrsg.) (2001). *Psychodiagnostik in Klinischer Psychologie, Psychiatrie, Psychotherapie* (2. überarbeitete und erweiterte Aufl.). Stuttgart: Thieme.

von Strempel-DiChio, M. (in Vorb.). *Merkmale und Merkmalskonstellationen von „Abbrechern" krimineller Rückfallkarrieren.* Diplomarbeit an der Freien Universität Berlin in Vorbereitung.

Streng, F. (1995). Strafrechtliche Folgenorientierung und Kriminalprognose. In D. Dölling (Hrsg.), *Die Täter-Individualprognose* (S. 97-127). Heidelberg: Kriminalistik.

Swets, J. A. (1986). Indices of discrimination or diagnostic accuracy: Their ROC's and implied models. *Psychological Bulletin, 99,* 100-117.

Swets, J. A., Dawes, R. M. & Monahan, J. (2000). Psychological science can improve diagnostic decisions. *Psychological Science in the Public Interest, 1,* 1-26.

Taylor, R. (1999). *Predicting reconviction for sexual and violent offences using the Revised Offender Group Reconviction Scale.* Home Office Research Findings No. 104. London: Home Office.

Thomae, H. (1998). Psychologische Biographik. Theoretische und methodische Grundlagen. In G. Jüttemann & H. Thomae (Hrsg.), *Biographische Methoden in den Humanwissenschaften* (S. 75-97). Weinheim: Psychologie Verlags Union.

Thornberry, T. P. & Krohn, M. D. (Eds.) (2003). *Taking stock of delinquency: An overview of findings from contemporary longitudinal studies.* New York: Kluwer/Plenum.

Tondorf, G. (2002). *Der psychologische und psychiatrische Sachverständige im Strafverfahren.* Heidelberg: C.F. Müller.

Ullrich, S., Paelecke, M., Kahle, I. & Marneros, A. (2003). Kategoriale und dimensionale Erfassung von „Psychopathy" bei deutschen Straftätern. *Nervenarzt, 74,* 1002-1008.

D'Unger, A. V., Land, K. C., McCall, P. L. & Nagin, D. S. (1998). How many latent classes of delinquent/criminal careers? Results from Mixed Poisson Regression Analyses. *American Journal of Sociology, 103,* 1593-1630.

de Vogel, V., de Ruiter, C., van Beek, D. J. & Mead, G. (2003). The value of structured risk assessment. A retrospective study of treated sexual delinquents. *Maandblad Geestelijke Volksgezondheit, 58,* 9-29.

Volbert, R. (1992). *Tötungsdelikte im Rahmen von Bereicherungstaten: Lebensgeschichtliche und situative Entstehungsbedingungen.* München: Fink.

Volckart, B. (1997). *Praxis der Kriminalprognose: Methodologie und Rechtsanwendung.* München: Beck.

Volckart, B. (2002). Zur Bedeutung der Basisrate in der Kriminalprognose. Was zum Teufel ist eine Basisrate? *Recht & Psychiatrie, 20,* 105-114.

Watkins, J. W. N. (1972). Idealtypen und historische Erklärung. In H. Albert (Hrsg.), *Theorie und Realität. Ausgewählte Aufsätze zur Wissenschaftslehre der Sozialwissenschaften* (2. überarbeitete Aufl.) (S. 331-356). Tübingen: Mohr.

Weber, F. (1996). *Gefährlichkeitsprognose im Maßregelvollzug. Entwicklung sowie Reliabilitätsprüfung eines Prognosefragebogens als Grundlage für Hypothesenbildung und langfristige Validierung von Prognosefaktoren.* Herbolzheim: Centaurus.

Weber, F. & Leygraf, N. (1996). *Prognosefragebogen nach Weber & Leygraf.* Herbolzheim: Centaurus.

Weber, M. (1968). Die „Objektivität" sozialwissenschaftlicher und sozialpolitischer Erkenntnis. In J. Winckelmann (Hrsg.), *Gesammelte Schriften zur Wissenschaftslehre* (3. Aufl.) (S. 146-214). Tübingen: Mohr. (Originalarbeit erschien 1904)

Webster, C. D., Douglas, K. S., Eaves, D. & Hart, S. D. (1997). *HCR-20: Assessing risk of violence* (Version 2). Vancouver: Mental Health Law & Policy Institute, Simon Fraser University.

Webster, C. D., Harris, G. T., Rice, M. E., Cormier, C. & Quinsey, V. L. (1994). *The Violence Prediction Scheme: Assessing dangerousness in high risk men.* Toronto, CA: University of Toronto.

Weise, K. (2003). *Validierung des LSI-R, des HCR-20 und der PCL-R anhand von Daten aus Prognosegutachten des Instituts für Forensische Psychiatrie.* Unveröffentlichte Diplomarbeit an der Technischen Universität Berlin.

Westmeyer, H. (2000). Wissenschaftstheoretische Aspekte. In J. Margraf (Hrsg.), *Lehrbuch der Verhaltenstherapie. Band 1* (2. Aufl., S. 31-47). Berlin: Springer.

Westmeyer, H. (2003). Psychologisch-diagnostische Entscheidungstheorie. In K. D. Kubinger & R. S. Jäger (Hrsg.), *Schlüsselbegriffe der Psychologischen Diagnostik* (S. 111-118). Weinheim: Beltz.

Wiggins, J. S. (1973). *Personality and prediction: Principles of personality assessment.* Reading, Massachusetts: Addison-Wesley.

Worling, J. R. (2001). Personality-based typology of adolescent male sexual offenders: Differences in recidivism rates, victim-selection characteristics, and personal victimization histories. *Sexual abuse: A Journal of Research and Treatment, 13,* 149-166.

Wulf, R. (2003). *Kriminologische Einzelfallanalyse.* Interaktive CD-ROM. Bezug über das Internet unter: http://www.jura.uni-tuebingen.de/wulf/KrimCD/KrimCD.htm [1.7.2004].

Zell, A. (1994). *Simulation neuronaler Netze.* München: Addison-Wesley.

Ziethen, F. (2002). *Rückfallpräventive Effizienz der sozialtherapeutischen Behandlung von Sexual-straftätern. Evaluation der Sozialtherapie in der JVA Berlin-Tegel.* Unveröffentlichte Diplomarbeit an der Freien Universität Berlin.

# STUDIEN UND MATERIALIEN ZUM STRAF- UND MAßREGELVOLLZUG

◔ *Hürlimann, Michael:* **Informelle Führer und Einflußfaktoren in der Subkultur des Strafvollzugs**
Band 1, 1993, 232 + LXVII S., ISBN 3-89085-643-X, 29,65 €

◔ *Müller-Dietz, Heinz / Walter, Michael (Hg.):* **Strafvollzug in den 90er Jahren.** Perspektiven und Herausforderungen. Festgabe für Karl-Peter Rotthaus
Band 3, 1995, 260 S., ISBN 3-8255-0029-2, 34,77 €

◔ *Weber, Florian:* **Gefährlichkeitsprognose im Maßregelvollzug.** Entwicklung sowie Reliabilitätsprüfung eines Prognosefragebogens als Grundlage für Hypothesenbildung und langfristige Validierung von Prognosefaktoren.
Band 4, 1996, 140 S., ISBN 3-8255-0056-X, 29,65 € (vergriffen)

***zusätzlich:*** ◔ *Weber & Leygraf:* **Prognosefragebogen nach Weber & Leygraf**
1996, 12 S., ISBN 3-8255-0164-7, 51,13 € (1 Einheit = 50 Fragebögen)

◔ *Rassow, Peter:* **Bibliographie Gefängnisseelsorge**
Band 5, 1998, 300 Seiten, ISBN 3-8255-0196-5, 30,58 €

◔ *Ommerborn, Rainer / Schuemer, Rudolf:* **Fernstudium im Strafvollzug**
Band 6, 1999, 244 S., ISBN 3-8255-0232-5, 25,46 €

◔ *Lösel, Friedrich / Pomplun, Oliver:* **Jugendhilfe statt Untersuchungshaft.** Eine Evaluationsstudie zur Heimunterbringung
Band 7, 1998, 196 S., ISBN 3-8255-0247-3, 30,58 €     Neuauflage 2005 !

◔ *Pecher, Willi:* **Tiefenpsychologisch orientierte Psychotherapie im Justizvollzug.** Eine empirische Untersuchung der Erfahrungen und Einschätzungen von Psychotherapeuten in deutschen Gefängnissen
Band 8, 2. Auflage 2005, 300 + X S., ISBN 3-8255-0234-1, 30,58 €

◔ *Bundesarbeitsgemeinschaft der Lehrer im Justizvollzug (Hg.):* **Justizvollzug & Pädagogik.** Tradition und Herausforderung
Band 9, 2. Auflage 2001, 200 S., ISBN 3-8255-0270-8, 20,35 €

◔ Walther, Jutta: **Möglichkeiten und Perspektiven einer opferbezogenen Gestaltung des Strafvollzugs**
Band 10, 2002, 330 S., ISBN 3-8255-0303-8, 30,60 €

◔ *Rehn, Gerhard / Wischka, Bernd / Lösel Friedrich / Walter, Michael (Hg.):* **Behandlung „gefährlicher Straftäter".** Grundlagen, Konzepte, Ergebnisse
Band 11, 2. überarb. Auflage 2001, 442 S., ISBN 3-8255-0315-1, 35,69 €

---

# STUDIEN UND MATERIALIEN ZUM STRAF- UND MAßREGELVOLLZUG

◯ *Mandt, Brigitte:* **Die Gefährdung öffentlicher Sicherheit durch Entweichungen aus dem geschlossenen Strafvollzug.** Eine empirische Untersuchung am Beispiel des Landes Nordrhein-Westfalen in den Jahren 1986 – 1988
Band 12, 2001, 350 S., ISBN 3-8255-0321-6, 30,58 €

◯ *Ross, Thomas:* **Bindungsstile von gefährlichen Straftätern**
Band 13, 2001, 200 S., ISBN 3-8255-0329-1, 23,53 €

◯ *Böhmer, Mechthild:* **Forensische Psychotherapieforschung.** Eine Einzelfallstudie
Band 14, 2001, 140 Seiten, ISBN 3-8255-0336-4, 20,35 €

◯ *Zabeck, Anna:* **Funktion und Entwicklungsperspektiven ambulanter Sanktionen.** Ein Rechtsvergleich zwischen England / Wales und Deutschland
Band 15, 2001, 380 S., ISBN 3-8255-0334-8, 34,77 €

◯ *Bergmann, Maren:* **Die Verrechtlichung des Strafvollzugs und ihre Auswirkungen auf die Strafvollzugspraxis**
Band 16, 2003, 300 S., ISBN 3-8255-0368-2, 28,– €

◯ *Tzschaschel, Nadja:* **Ausländische Gefangene im Strafvollzug.** Eine vergleichende Bestandsaufnahme der Vollzugsgestaltung bei ausländischen und deutschen Gefangenen sowie eine Untersuchung zur Anwendung des § 456a StPO. Ergebnisse einer in Nordrhein-Westfalen durchgeführten Aktenanalyse
Band 17, 2002, 170 S., ISBN 3-8255-0377-1, 24,60 €

◯ *Giefers-Wieland, Natalie:* Private Strafvollzugsanstalten in den USA. **Eine Perspektive für Deutschland?**
Band 18, 2002, 246 Seiten, ISBN 3-8255-0383-6, 26,90 €

**Neu 2005 !**

◯ *Pecher, Willi / Rappold, Günter / Schöner, Elsava / Wiencke, Henner / Wydra, Bernhard (Hg.):* **„... die im Dunkeln sieht man nicht."** Perspektiven des Strafvollzugs. Festschrift für Georg Wagner
Band 20, 2005, 348 S., ISBN 3-8255-0446-8, ca. 28,– €

◯ *Rehn, Gerhard / Nanninga, Regina / Thiel, Andreas (Hg.):* **Freiheit und Unfreiheit.** Arbeit mit Straftätern innerhalb und außerhalb des Justizvollzuges
Band 21, 2004, 598 S., ISBN 3-8255-0459-X, 33,90 €

◯ *Schmucker, Martin:* **Kann Therapie Rückfälle verhindern?** Meta-analytische Befunde zur Wirksamkeit der Sexualstraftäterbehandlung.
Band 22, 2004, 362 S., ISBN 3-8255-0508-1, 27,50 €

**www.centaurus-verlag.de**